21世纪全国应用型本科土木建筑系列实用规划教材

桥梁工程(第2版)

主　编　周先雁　王解军
副主编　文国华　宋娃丽
参　编　杨仕若　湛发益　郑大伟
　　　　陈爱军　李媛媛　余玲玲
　　　　王智丰
主　审　姚玲森

北京大学出版社
PEKING UNIVERSITY PRESS

内容简介

本书是根据国家教育部、住建部及交通运输部土木工程专业教学指导委员会审定的《桥梁工程》教学大纲编写的。本书的编写着重于让学生能够掌握桥梁工程的基本设计理论，混凝土梁式桥、拱桥以及桥梁支座与墩台的构造与设计原理、设计计算方法和施工技术。随着科学技术的进步与桥梁建设的发展，本书对一些现在较少使用的、老的桥型及相关的知识仅作简单的介绍(如双曲拱桥、悬臂梁桥、T形刚构等)，并增加桥梁领域的新技术及新进展内容(如桥梁结构计算的有限元法等)。

本书可作为高等学校土木工程专业（含桥梁工程方向）本科生必修课的教材，也可作为从事桥梁工程设计、施工、监理及管理等相关工作的工程技术人员的学习参考用书。

图书在版编目(CIP)数据

桥梁工程/周先雁，王解军主编. —2版. —北京：北京大学出版社，2012.8
(21世纪全国应用型本科土木建筑系列实用规划教材)
ISBN 978-7-301-21122-9

Ⅰ. ①桥… Ⅱ. ①周…②王… Ⅲ. ①桥梁工程—高等学校—教材 Ⅳ. ①U44

中国版本图书馆CIP数据核字(2012)第189520号

书　　名：**桥梁工程（第2版）**
著作责任者：周先雁　王解军　主编
策划编辑：卢　东　吴　迪
责任编辑：卢　东　林章波
标准书号：ISBN 978-7-301-21122-9/TU·0258
出 版 者：北京大学出版社
地　　址：北京市海淀区成府路205号　100871
网　　址：http://www.pup.cn　http://www.pup6.cn
电　　话：邮购部62752015　发行部62750672　编辑部62750667　出版部62754962
电子邮箱：pup_6@163.com
印 刷 者：北京鑫海金澳胶印有限公司
发 行 者：北京大学出版社
经 销 者：新华书店
787毫米×1092毫米　16开本　19.25印张　453千字
2008年1月第1版
2012年8月第2版　2016年12月第4次印刷（总第6次印刷）
定　　价：37.00元

第 2 版前言

《桥梁工程》(第 2 版)是土木工程专业的一本专业课教材，是根据国家教育部、住建部及交通运输部土木工程专业指导委员会审定的《桥梁工程》教学大纲编写的。考虑到各学校桥梁工程课程实际的教学学时不同，我们在《桥梁工程》(第 1 版)的基础上，编写修订成《桥梁工程》(第 2 版)、《大跨桥梁》与《桥梁施工》3 本教材，可供土木工程专业（含桥梁工程方向）的学生选用。

本书的编写着重于让学生能够掌握桥梁工程的基本设计理论，混凝土梁式桥、拱桥以及桥梁支座与墩台的构造与设计原理、设计计算方法和施工技术。随着科学技术的进步与桥梁建设的发展，本书对一些现在较少使用的、老的桥型及相关的知识仅作简单的介绍(如双曲拱桥、悬臂梁桥、T 形刚构等)，并增加桥梁领域的新技术及新进展内容(如桥梁结构分析的有限元法等)。

本书共 13 章，第 1 章为概述，第 2 章为桥梁的总体规划设计，第 3 章为桥梁设计作用，第 4 章为桥面布置与构造，第 5 章为混凝土梁桥概述，第 6 章为混凝土梁桥的构造及设计，第 7 章为简支梁桥的计算，第 8 章为梁式桥的支座，第 9 章为拱桥概述，第 10 章为拱桥的设计与构造，第 11 章为拱桥的计算，第 12 章为桥梁墩台的构造与设计，第 13 章为桥梁墩台的计算。

本书由中南林业科技大学周先雁、王解军任主编，湖南城市学院文国华、河北工业大学宋娃丽任副主编。其中第 1 章由周先雁、王智丰修订；第 2 章及 6.4 节由湛发益修订；第 3 章由宋娃丽、李媛媛修订；第 4、8 章由郑大伟修订；第 5 章由王解军修订；6.1～6.3 节由宋娃丽、余玲玲修订；第 7 章由余玲玲修订；第 9、10 章由杨仕若修订，第 11 章由陈爱军修订，第 12、13 章由文国华修订。全书由同济大学姚玲森教授主审。

由于编者时间及水平所限，疏漏之处在所难免，恳请广大读者不吝赐教。

编　者

2012 年 4 月

第1版前言

桥梁工程作为土木工程的专业课，本教材根据全国土木工程专业教学指导委员会和交通部路桥及交通工程专业教学指导委员会审定的《桥梁工程》教学大纲进行编写，并且在此基础上增加了悬索桥部分内容，可供土木工程专业(包括桥梁工程方向)的学生使用。

本教材侧重于学生掌握桥梁工程的基本理论，主要桥梁型式的设计、构造原理与施工方法。对现在较少使用的、老的桥型及相关的知识仅作简单介绍(如：双曲拱桥、悬臂梁桥、T形刚构等)。同时，对桥梁领域的新技术及新进展(如：桥梁结构分析的有限元法及悬索桥等内容)作了阐述。

全书分5篇共有25章，第一篇总论。介绍了桥梁的基本组成和分类及国内外桥梁发展动态；桥梁总体规划设计的原则、方法和程序；桥梁设计荷载、桥梁材料及桥面系的布置与构造。第二篇混凝土梁桥与刚构桥。主要阐述混凝土板桥、简支梁桥及连续梁桥的构造原理、设计计算及施工方法；简要介绍了悬臂梁桥、刚构桥、曲线梁桥的构造与设计，梁式桥的支座。第三篇拱桥。着重介绍了拱桥的特点、组成和主要类型；上承式拱桥的构造原理、计算及施工方法；对中、下承式拱桥仅作了简要阐述。第四篇斜拉桥与悬索桥。主要阐述斜拉桥与悬索桥的构造原理及施工方法，并简要介绍了斜拉桥与悬索桥的计算特点与方法。第五篇桥梁墩台。介绍了常用墩台的构造及设计计算。

本教材由中南林业科技大学周先雁、王解军主编，河北工业大学宋娃丽、湖南城市学院文国华、宁波工程学院施晓春为副主编。其中第1、18章由周先雁编写，第2章及7.6节由湛发益编写，第3、8章及7.1、7.2、7.3节由宋娃丽编写，第4章由姚宏旭编写，第5、10章由郑大伟编写，第6、9、12章及7.4、7.5节由王解军编写，第11章由张玥编写，第13、14章由杨仕若编写，第15、17章由陈爱军编写，第16章由陈强编写，第19章由黄民元编写，第20章由贺国京编写，第21章及22.2节由施晓春编写，22.1节由陈建英编写，第23章由张宇辉编写，第24、25章由文国华编写。余玲玲、李媛媛、王智丰、王兰彩、唐灿完成了部分图形绘制、文字打印及校对工作。全书由同济大学姚玲森教授主审。

由于编写时间所限，疏漏之处在所难免，恳请广大读者不吝赐教。

编　者

2007年12月

目　录

第1章 概述

教学目标

本章主要介绍桥梁的基本组成、分类及国内外桥梁发展状况。通过本章的学习，应达到以下目标。

(1) 掌握桥梁的基本组成。

(2) 掌握桥梁的分类。

(3) 了解桥梁发展状况。

教学要求

知识要点	能力要求	相关知识
桥梁的基本组成	(1) 掌握桥梁的基本组成部分 (2) 掌握桥梁中的一些术语名称及基本概念	(1) 桥梁的上部结构、下部结构和支座 (2) 梁(拱)式桥概貌 (3) 水位、跨径与桥长、高度和净空
桥梁的分类	(1) 掌握桥梁按受力体系分类 (2) 了解桥梁按用途分类 (3) 了解桥梁按主要承重结构采用的材料分类 (4) 掌握桥梁按总长和跨径分类 (5) 了解桥梁的其他分类	(1) 梁式桥的受力特点及适用场合 (2) 拱式桥的受力特点及适用场合 (3) 悬索桥的受力特点及适用场合 (4) 斜拉桥的受力特点及适用场合
桥梁发展状况	(1) 了解桥梁发展的基本历程 (2) 了解我国桥梁建设成就 (3) 了解国外桥梁发展概况	(1) 我国的桥梁建设已处于世界先进水平 (2) 世界桥梁朝着大跨径、新材料、新工艺和新技术的方向发展

基本概念

上部结构、下部结构、支座、水位、净跨径、总跨径、计算跨径、桥梁全长、桥梁高度、桥下净空、桥面净空、桥梁建筑高度、净矢高、计算矢高、梁桥、拱桥

引例

我国幅员辽阔，大小山脉和江河湖泽纵横全国，桥梁成为跨越各种障碍(如河流、沟谷或其他线路等)必须修造的建筑物。桥梁在外观上形式多样，梁桥线条明了，拱桥气势如虹，那么桥梁是如何分类的，桥梁有哪些基本组成部分，桥梁的发展状况如何，这些都是本章要讲述的内容。

大力发展交通运输事业，建立四通八达的交通运输网络，不仅对加速国民经济的发展，同时对促进文化交流、加强民族团结、巩固国防建设、缩小地区差别等方面，都有着十分重要的意义。

自从20世纪80年代改革开放以来，我国道路(特别是高速公路和城市道路)、桥梁建设得到了飞速的发展，使我国的交通运输环境和能力得到了非常大的改变，这对改善投资环境、促进经济腾飞、改善人民生活环境都起到了关键性的作用。

在公路、铁路、城市和农村道路交通建设以及水利建设中，为了跨越各种障碍(如河流、沟谷或其他线路等)必须修建各种类型的桥梁。在工程规模上，桥梁约占道路总价的10%～20%，它同时也是保证全线贯通的咽喉，特别是在战争时期，桥梁工程具有非常重要的战略意义。

纵观世界各大城市，常以工程雄伟且美观的大桥作为城市的标志与骄傲。因而桥梁建筑已不单纯作为交通线上重要的工程实体，也常作为一种空间艺术品存在于社会之中，且被人们传颂。

近二十几年来，我国的桥梁无论是在建设规模上，还是技术水平上，均已跻身于世界先进行列。各种功能齐全、造型美观的高架桥、立交桥，横跨江河、湖泊、海湾等特大跨径桥梁，在全国各地如雨后春笋般出现。

尽管我国的道路与桥梁已具相当规模，但要彻底改变交通运输的面貌，赶上西方发达国家的水平，我国道路与桥梁的建设任务仍然十分繁重和艰巨。广大的桥梁建设者将面临着新颖和复杂桥梁结构及新工艺、新材料的挑战，肩负着促进我国建设的光荣而艰巨的历史使命。

1.1 桥梁的基本组成与分类

1.1.1 桥梁的基本组成

桥梁一般由3个基本部分组成，即上部结构、下部结构和支座。图1.1和图1.2所示分别为公路桥的梁桥和拱桥的概貌。

(1) 上部结构(或称桥跨结构)是桥梁支座以上(拱桥起拱线或刚架桥主梁底线以上)跨越桥孔的总称，是线路中断时跨越障碍的主要承重结构。

(2) 下部结构包括桥墩、桥台和基础。

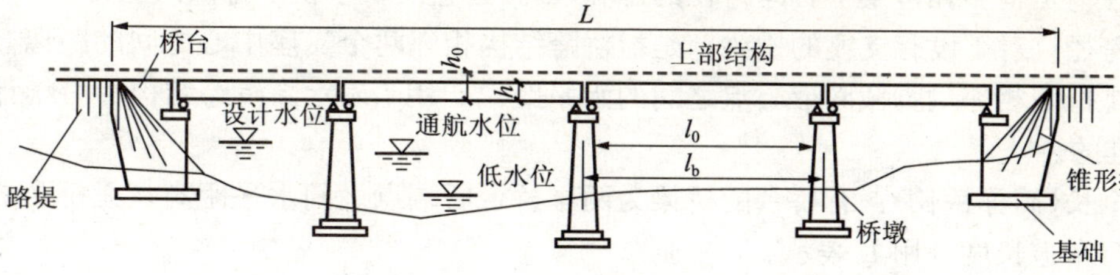

图 1.1 梁桥概貌

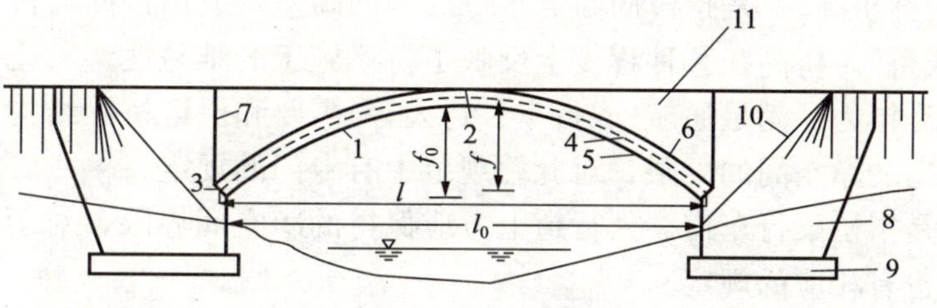

图 1.2 拱桥概貌

1—拱圈；2—拱顶；3—拱脚；4—拱轴线；5—拱腹；6—拱背；
7—变形缝；8—桥墩；9—基础；10—锥坡；11—拱上结构

桥墩和桥台用来支承上部结构并将其传来的恒载和车辆活载传至基础。设置在桥跨中间部分的称为桥墩，设置在桥跨两端与路堤相衔接的称为桥台。桥台除了上述作用外，还起到抵御路堤土压力及防止路堤的滑塌等作用。单孔桥只有两端的桥台，没有中间的桥墩。

桥墩和桥台底部并与地基相接触的部分，称为基础。基础承受从桥墩或桥台传来的全部荷载，它包括竖向荷载以及地震力、船舶撞击墩身等引起的水平荷载。由于基础往往深埋于水下土层之中，是桥梁施工中难度较大且施工复杂的部分，也是确保桥梁安全的关键环节之一。

(3) 支座是设置在墩台的顶部，用于支承上部结构的传力装置。它不仅要传递很大的荷载，并且要保证上部结构能按设计要求产生一定的变位。

在桥梁建筑工程中，除了上述基本组成部分外，在路堤与桥台衔接处，一般在桥台两侧设置石砌的锥形护坡(图 1.1)，以保证迎水部分路堤边坡的稳定。另外，根据需要还常常修筑护岸、导流结构物等附属设施。

下面介绍桥梁中的一些术语名称及基本概念。

1. 水位

河流中的水位是变动的，河流中枯水季节的最低水位称为低水位；洪峰季节河流中的最高水位称为高水位；桥梁设计中按规定的设计洪水频率计算所得出的高水位称为设计洪水位；在各级航道中，能保持船舶正常航行的水位称为通航水位。

2. 跨径与桥长

净跨径：对于梁式桥是指设计洪水位相邻两个桥墩(或桥台)之间的净距，用 l_0 表示(图 1.1)；对于拱式桥是指每孔拱跨两个拱脚截面最低点之间的水平距离(图 1.2)。

总跨径：是指多孔桥梁中各净跨径的总和(Σl_0)，它反映了桥下排洪的能力。

计算跨径：对于设有支座的桥梁，是指桥跨结构相邻两个支座中心之间的距离；对于拱式桥，是指两相邻拱脚截面形心点之间的水平距离，用 l 表示。桥跨结构的力学计算是以 l 为基准的。

桥梁全长(简称桥长)：有桥台的桥梁为两岸桥台后端点之间水平距离；无桥台的桥梁则为桥面行车道长度，用 L 表示。

3. 高度和净空

桥梁高度(简称桥高)：是指桥面与低水位之间的高差，或指桥面与桥下线路路面的之间的距离(指跨线桥)。桥高在某种程度上反映了桥梁施工的难易性。

桥下净空：是指为了满足通航(或行车、行人等)需要和保证桥梁结构安全而对上部结构底缘以下所规定的净空间的界限，对此，规范中有专门的规定。

桥面净空：是指桥梁行车道、人行道上方应保持的净空间界限，对于公路、铁路和城市桥梁，规范中也有相应的规定。

桥梁建筑高度：是指上部结构底缘至桥面顶面的垂直距离(图 1.1 中的 h)。线路定线中所确定的桥面标高与桥下净空界限顶部标高之差，称为桥梁的容许建筑高度。桥梁设计的建筑高度不得大于容许建筑高度，否则，就不能满足桥下的通航或行车等要求。

净矢高(对拱桥而言)：是指从拱顶截面下缘至相邻两跨拱脚截面下缘最低点之连线的垂直距离，用 f_0 表示(图 1.2)。

计算矢高：是指拱顶截面形心至相邻两拱脚截面形心连线的垂直距离，用 f 表示(图 1.2)。

1.1.2 桥梁的分类

目前，所建造的桥梁种类繁多，按照桥梁的受力、用途、材料、规模等有不同的分类方法，下面分别加以介绍。

1. 按桥梁受力体系分

按照桥梁受力体系分类，可分为梁式桥、拱式桥和悬索桥(或称为吊桥)，简称“梁、拱、吊”三大基本体系。另外，由上述三大基本体系相互组合，在受力上形成具有组合特征的桥型，如刚架桥、斜拉桥及系杆拱桥等。

下面分别阐述各种桥梁体系的主要受力特点及适用场合。

1) 梁桥

梁桥是一种在竖向荷载作用下无水平反力的结构［图 1.3(a)、(b)］，由于外力(恒载和活载)的作用方向与桥梁结构的轴线接近垂直，因而与同样跨径的其他结构体系相比，梁桥内产生的弯矩最大，即梁式桥以受弯为主。因此，通常需用抗弯、抗拉能力强的材料(如钢、钢筋混凝土等)来建造。对于中、小跨径的公路桥梁，目前应用最广泛的是标准跨径钢筋混凝土或预应力混凝土简支梁(板)桥，其施工方法一般有预制装配式和现浇两种。这种梁桥结构简单、施工方便，且对地基承载力的要求也不高，对于钢筋混凝土简支梁桥跨径一般小于 25m，当跨径较大时，采用预应力混凝土，但其跨径一般不宜超过 50m。为了改善受力条件和使用性能，地质条件较好时，中、小跨径梁桥均可修建连续梁桥，如图 1.3(c)所示。对于大跨径和特大跨径的梁桥，可采用预应力混凝土、钢和钢-混凝土组合梁桥，如图 1.3(d)、(e)所示。

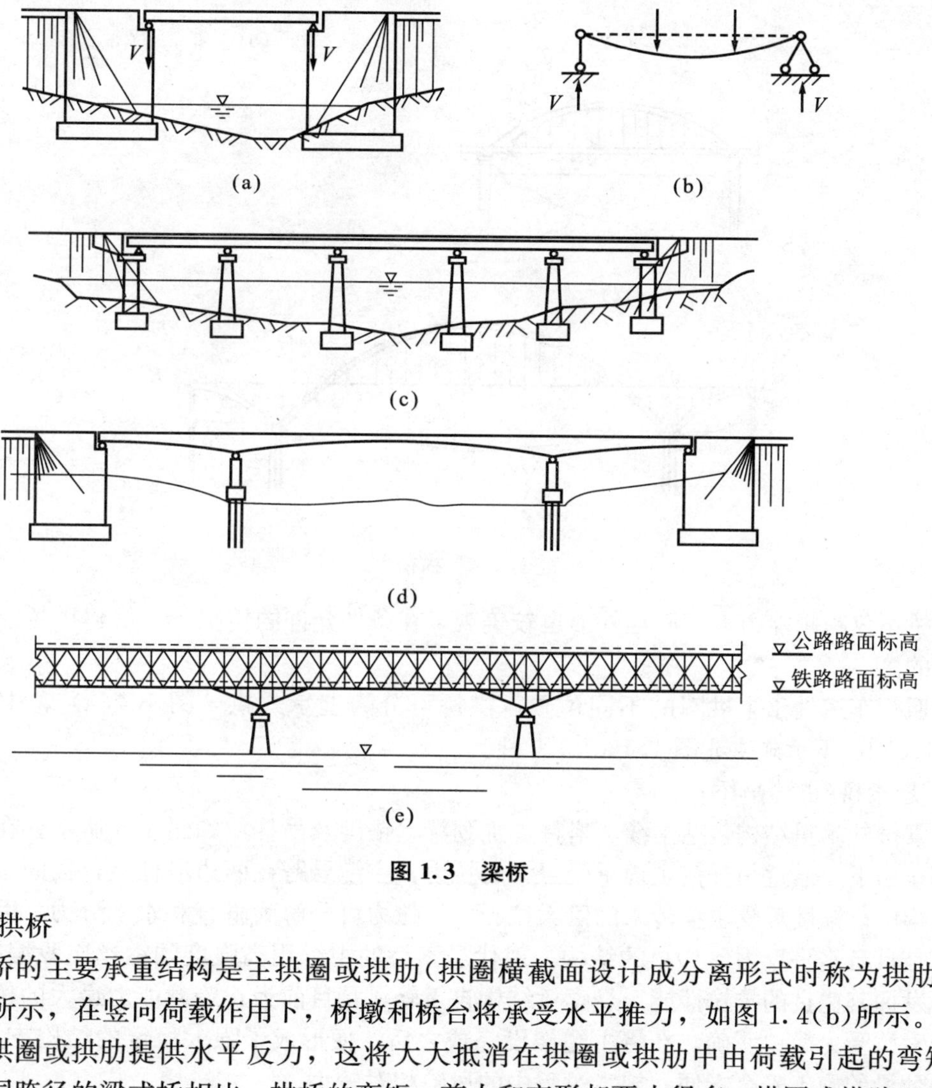

图 1.3 梁桥

2）拱桥

拱桥的主要承重结构是主拱圈或拱肋(拱圈横截面设计成分离形式时称为拱肋)，如图 1.4 所示，在竖向荷载作用下，桥墩和桥台将承受水平推力，如图 1.4(b)所示。同时，墩台向拱圈或拱肋提供水平反力，这将大大抵消在拱圈或拱肋中由荷载引起的弯矩。因此，与同跨径的梁式桥相比，拱桥的弯矩、剪力和变形却要小得多，拱圈或拱肋以受压为主。拱桥对墩台有水平推力及承受重结构以受压为主，这是拱桥的主要受力特点。因此，通常可采用抗压能力强的圬工材料(如砖、石、混凝土等)和钢筋混凝土来建筑。但应当注意，由于拱桥往往有较大的水平推力，为了确保拱桥的安全，下部结构(特别是桥台)和地基必须能承受很大水平推力的能力。一般选择地质条件较好的地域修建拱桥。

当然，在地质条件不适合于修建具有很大水平推力拱桥的情况下，也可采用无水平推力的系杆拱桥，如图 1.4(c)所示，其水平推力由系杆承受，系杆可由预应力混凝土、钢等做成。另外，也可修建近年来发展起来的水平推力很小的“飞雁式”三跨自锚式系杆拱桥，如图 1.4(d)所示，即在边跨的两端施加强大的水平预加力 H，通过边跨拱传至拱脚，以抵消主跨拱脚处的水平推力。

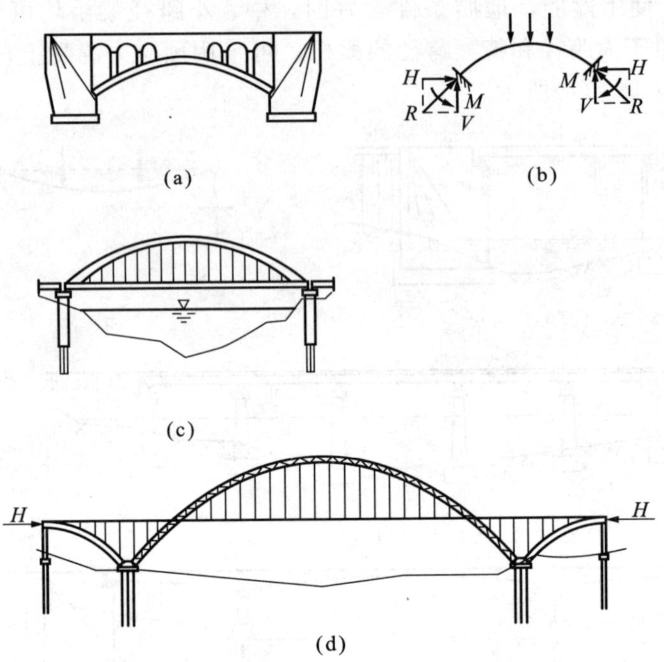

图 1.4　拱桥

拱桥不仅跨越能力大，而且外形也较美观，在条件允许的情况下，修建拱桥往往是经济合理的。

按照行车道处于主拱圈的不同位置，拱桥可分为上承式拱［图 1.4(a)］、中承式拱［图 1.4(d)］、下承式拱［图 1.4(c)］三种。

3) 悬索桥(也称吊桥)

悬索桥的承重结构包括主缆、塔柱、加劲梁、锚碇及吊杆，如图 1.5 所示。在桥面竖向荷载作用下，通过吊杆使主缆承受巨大的拉力，主缆悬跨在两边塔柱上，锚固于两端的锚碇结构中；锚碇承受主缆传来的巨大拉力，该拉力可分解为垂直和水平分力，因此，悬索桥也是具有水平反力(拉力)的结构。现代悬索桥的主缆用高强度的钢丝成股编制而成，以充分发挥其优良的抗拉性能。悬索桥结构自重轻，是目前为止跨越能力最大的桥型。另外，悬索桥受力简单明确，在将主缆架设完成之后，便形成了强大稳定的结构支承系统，使得加劲梁的施工安全方便，施工过程中的风险相对较小。

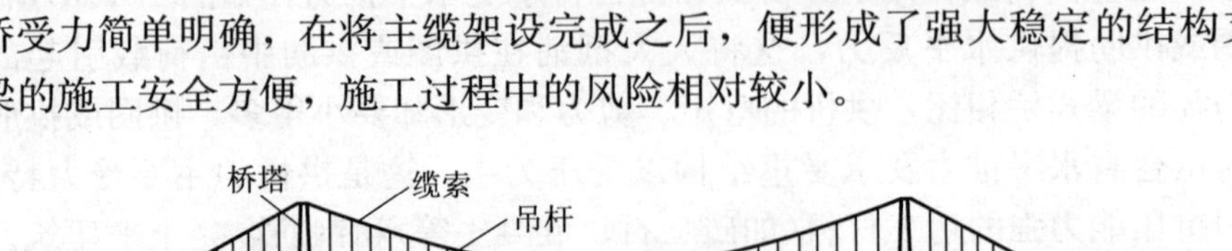

图 1.5　悬索桥

相对于其他体系的桥梁而言，悬索桥的刚度最小，属于柔性结构，在车辆荷载作用下，悬索桥将产生较大的变形。由于悬索桥的刚度小，其静、动力(如抗风等)稳定性应在设计和施工过程中予以高度的重视。

4）刚架桥(或刚构桥)

桥跨结构主梁或板与墩台(或立柱)整体相连的桥梁称为刚架桥。由于梁和柱两者之间是刚性连接，在竖向荷载作用下，将在主梁端部产生负弯矩，在柱脚处产生水平反力。图 1.6(a)所示的门式刚架桥，梁部主要受弯，但其弯矩较同跨径的简支梁小，梁内还有轴力 H 作用，因此，刚架桥的受力状态介于梁桥与拱桥之间，如图 1.6(b)所示。刚架桥的跨中建筑高度可做得较小，因此，通常适用于需要较大的桥下净空和建筑高度受到限制的情况，如跨线桥、立交桥和高架桥等。

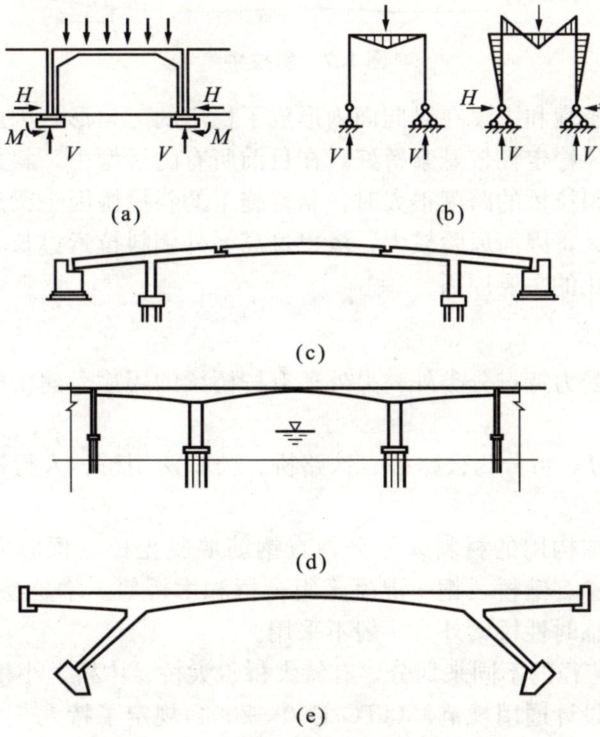

图 1.6　刚架桥

刚架桥在竖向荷载的作用下，一般都会产生水平推力，为此，必须要有良好的地质条件或用较深的基础，也可用特殊的构造措施来抵抗水平推力的作用。另外，刚架桥大多数为超静定结构，因此在混凝土收缩、徐变、温度变化及墩台不均匀沉陷和预应力等因素作用下，均会产生较大的附加内力，应在设计和施工中引起注意。

除了门式刚架桥外，另外还有 T 型刚架桥 [图 1.6(c)]，连续刚构桥 [图 1.6(d)]，斜腿刚架桥 [图 1.6(e)]。

对于大跨径的刚架桥一般均要承受正负弯矩的交替作用，主梁横截面宜采用箱形截面。

5）斜拉桥

斜拉桥的上部结构由塔柱、主梁和斜拉索组成，如图 1.7 所示，斜拉桥实际上是梁式桥与吊桥的组合形式。它的主要受力特点是：斜拉索受拉力，它将主梁多点吊起(类式吊桥)，将主梁的恒载和车辆等其他荷载传至塔柱，再通过塔柱传至基础和地基。塔柱以受压为主。主梁由于被斜拉索吊起，它如同一多点弹性支承的连续梁，从而使主梁内的弯矩较一般梁式桥大大减小，这也是斜拉桥具较大跨越能力的主要原因。主梁由于同时受斜拉索水平力的作用，其基本受力特点为偏心受压构件。

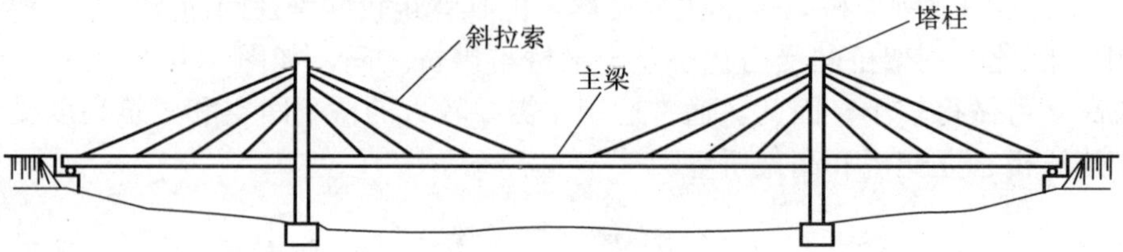

图 1.7　斜拉桥

斜拉桥的塔柱、拉索和主梁在纵向面内形成了稳定的三角形，因此，斜拉桥的结构刚度较悬索桥大，其抗风稳定性较悬索桥好。在目前所有的桥型中，斜拉桥的跨越能力仅次于悬索桥。但是，当斜拉桥的跨度很大时，悬臂施工的斜拉桥因主梁悬臂过长，承受斜拉索传来的水平压力过大，因而风险较大，塔也过高，外侧斜拉索过长，这也是斜拉桥跨越能力不能与悬索桥相比的主要原因。

2. 桥梁的其他分类

桥梁除了上述按受力特点分类外，另外还有按桥梁的用途、建桥的材料、大小规模等进行分类。

(1) 按用途来划分，可分为公路桥、铁路桥、公铁两用桥、人行桥、水运桥(或渡桥)和管线桥等。

(2) 按主要承重结构用的材料来划分，有钢筋混凝土桥、预应力混凝土桥、圬工桥(包括砖、石、混凝土)、钢桥、钢—混凝土组合桥和木桥等。木材易腐，而且资源有限，因此，除了少数用于临时性桥梁外，一般不采用。

(3) 按桥梁总长跨径的不同来划分，有特大桥、大桥、中桥、小桥和涵洞。

我国《公路桥梁设计通用规范》(JTG D60—2004)规定了特大、大、中、小桥按总长和跨径的划分，见表 1-1。

表 1-1　桥梁按总长和跨径分类

桥梁分类	多孔跨径总长 L /m	单孔跨径 L_0 /m	桥梁分类	多孔跨径总长 L /m	单孔跨径 L_0 /m
特大桥	$L>1000$	$L_0>150$	中桥	$30<L<100$	$20\leqslant L_0<40$
大桥	$100\leqslant L\leqslant 1000$	$40\leqslant L_0\leqslant 150$	小桥	$8\leqslant L\leqslant 30$	$5\leqslant L_0<20$

凡是多孔跨径的总长不到 8m 和单孔跨径不到 5m 的泄水结构物，均称为涵洞。

(4) 按跨越障碍的性质，可分为跨河桥、跨线桥(或立交桥)、高架桥和栈桥，高架桥一般指跨越深沟峡谷以代替高路堤的桥梁，以及在城市中跨越道路的桥梁。

(5) 按上部结构的行车道位置，分为上承式桥、中承式桥和下承式桥。桥面布置在承重结构上的称为上承式桥；桥面布置在承重结构之下的称为下承式桥；桥面布置在桥跨结构高度中间的称为中承式桥。

(6) 按桥跨结构的平面布置，可分为正立桥、斜交桥和弯桥(或曲线桥)等。

1.2 桥梁发展状况

1.2.1 桥梁发展的基本历程

纵观世界桥梁建筑的发展史，它同社会上的其他事物一样，也是随着社会生产力的发展而发展的。

17 世纪中期以前，人们主要运用木材、砖、石等建造桥梁，并且受到当时生产力的限制，其跨径较小。到了 18 世纪，第一次工业革命出现了蒸汽机和动力机械等，生产力得到了较大的发展。18 世纪，第一次工业革命，尤其是 19 世纪中叶钢材的出现，使桥梁的发展获得了第一次飞跃，跨度不断增加。到了 20 世纪，钢筋混凝土的应用，以及 20 世纪 30 年代预应力混凝土技术及高强钢材的出现，使桥梁建筑获得了廉价、耐久，且刚度和承载力均较大的建筑材料，从而推动桥梁的发展产生第二次飞跃。20 世纪 50 年代之后，随着计算机和有限元计算方法的出现，大大提高了人们的计算能力，使得大规模的结构计算变为可能，从而推动了桥梁工程向更大跨径方向发展，实现了桥梁建设的第三次飞跃。

总之，桥梁建设发展至今，经历了以上 3 次飞跃，它是伴随着建筑材料、生产力水平和计算能力的发展，而不断发展的。

1.2.2 我国桥梁建设成就

我国作为世界四大文明古国之一，拥有着悠久的历史文化。我们的祖先在世界桥梁史上谱写了许多光辉灿烂的篇章。

根据史料记载，在距今约三千年的周文王时期，我国就已在宽阔的渭河上架设过大型浮桥。在春秋战国时期(公元前 332 年)已在黄河流域和其他地区修建了多孔桩柱式桥梁，以木材为墩柱，上置木梁、石梁等。

在古代，我国的桥梁以石桥居多。举世闻名的河北赵县的赵州桥(图 1.8)，又称安济桥，是隋大业初年(公元 605 年李春所建。它是我国古代石拱桥的杰出代表。该桥是一座空腹式圆弧形石拱桥，净跨 37.02m，宽 9.0m，拱矢高 7.23m，在拱圈两肩上各设有两个不等跨的腹拱，这样既减轻了桥身自重、节省材料，又便于排洪并且增加美观。赵州桥设计构思和施工工艺，当时不仅在我国首屈一指，且在世界上为领先水平，像这样敞肩式拱桥，殴洲到 19 世纪中叶才出现，比我国晚了 1200 多年，该桥桥头关帝阁有一副对联为“船从碧玉环中过，人在苍龙背上行”，这是对该桥的一个真

图 1.8 河北赵县赵州桥

实写照，它不愧为我国文物宝库中的艺术珍品。

我国于1053—1059年在福建泉州建筑的万安桥，也称洛阳桥，是世界上现存的最长、工程最艰巨的石梁桥，该桥长达1106m，共47孔。万安桥位于波涛汹涌的海口江面上，以磐石铺遍桥位的江底，是建桥史上筏形基础的首创，并且用养殖海生牡蛎的方法胶固桥梁基础成为整体，此属世界上绝无仅有的建桥技术。近千年来，能在如此复杂的水文条件下建成如此的长桥，也是世界上罕见的。

1240年建造的福建漳州虎渡桥，也是令人惊奇的一座梁式石桥(图1.9)，该桥总长335m，其中石梁长达23.7m。

建于中唐时代的宝带桥(图1.10)，是现存世界上最长的条孔薄墩连拱桥，共53孔，全长316.8m，如千尺卧虹，巧夺天工。

图1.9　福建漳州虎渡桥

图1.10　宝带桥

著名的石拱桥还有北京永定河上的卢沟桥、颐和园内的玉带桥、十七孔桥和苏州的枫桥等。

然而，由于我国封建社会的长期统治，严重束缚了生产力的发展。到了18世纪和19世纪西方资本主义国家出现了第一次工业革命和第二次工业革命，纷纷进入了工业化的快速发展阶段，而我国都仍然闭关自守，导致我国生产力的发展远远落后于西方国家。在桥梁建设方面，由于生产力的落后，处于停滞不前状态。到解放前，我国绝大多数桥梁仍为木桥、石桥等，且年久失修、破烂不堪。即使不时也修过一些钢桁架桥、吊桥和钢筋混凝土桥等，但与当时世界上桥梁建筑技术相比，已是处于非常落后的状态。

解放以后，尤其是20世纪80年代改革开放以来，我国的综合国力及生产力得到了迅速增强，科技水平迅速提高，我国的交通事业也随之得到快速发展。特别是20世纪90年代以来大力发展高等级公路建设，使得我国的桥梁工程得到了空前的发展，取得了巨大的成就。目前我国在桥梁建设方面，已经跻身世界先进行列。

1. 混凝土梁桥

混凝土梁桥主要有简支梁桥、连续梁桥、连续刚构桥等。

我国跨径最大的简支梁桥是于1997年建成的，昆明南过境干道高架桥——预应力混凝土简支梁桥，跨径63m。

1991年建成的云南库怒江大桥，为预应力混凝土箱形截面连续梁桥，主跨跨径为(85＋154＋85)m；2001年7月建成的南京长江第二大桥北汊桥，主跨为(90＋3×165＋90)m，是我国目前跨径最大的预应力混凝土连续梁桥(图1.11)，在同类型中居亚洲第一。

连续刚构桥既保持了连续梁无伸缩缝、行车平顺的优点，又保持了T型刚构不设支座、方便对称平衡悬臂施工的优点，同时又避免了连续梁和T型刚构的缺点，因此，连续刚构桥在我国得到了快速发展。

图1.11 南京长江第二大桥北汊桥

早在1988年建成的广东番禺洛溪大桥是我国第一座大跨径连续刚构桥，跨径为(65＋125＋180＋110)m。1996年又建成了湖北黄石长江大桥，主跨为245m，主桥连续长达1060m。1997年建成的广东虎门辅航道桥，连续刚构跨径为(150＋270＋150)m，该桥建成时居同类桥世界第一。

2003年建成的云南元江大桥(连续刚构)如图1.12所示，主跨265m，中墩高123.5m，成为同类型桥世界第一高桥。

2. 拱桥

拱桥是我国最常用的桥型之一，其式样之多，数量之大，为各种桥型之冠，也是大跨径桥梁的主要形式之一。

1990年建成的湖南凤凰乌巢河桥(图1.13)，主跨120m，其主拱圈由两条宽2.5m的石板拱组成，板肋间用钢筋混凝土横梁联系，该桥为是当时世界最大跨径的石拱桥。

图1.12 云南元江大桥

图1.13 湖南凤凰乌巢河桥

1999年建成的山西晋城至河南焦作高速公路上的新丹河大桥，该桥跨径146m，桥梁全长425.6m，主跨146m，主拱圈采用80号大料石砌成。该单跨跨径居世界同类桥型首位。

钢管混凝土拱桥是在我国20世纪90年代兴起的一种大跨径拱桥。该桥型是先合龙自重轻、强度高的钢管拱圈，并将其用作施工拱架，再往钢管内压注高强混凝土，形成承载能力大的主拱圈。用该方法分别于1995年建成了广东南海三山西大桥，跨径为200m；1998年建成了广西三岸邕江大桥，主跨为270m；2000年建成了广州丫髻沙大桥，主跨为360m；2005年1月8日竣工通车了重庆巫山长江大桥，主跨为492m(图1.14)，为该类桥型的世界第一；2006年底建成了湖南益阳茅草街大桥，是主跨为368m的自锚式中承钢管混凝土拱桥。

1997年建成了重庆万县长江大桥，主跨为420m(图1.15)，为世界上跨径最大的以钢管混凝土作为劲性骨架的钢筋混凝土拱桥。

图 1.14　重庆巫山长江大桥

图 1.15　重庆万县长江大桥

2003 年建成了上海卢浦大桥(图 1.16)，是世界上跨径最大的钢箱拱桥，拱肋为全焊钢箱结构。该桥为中承式系杆拱桥，主跨跨径达到了 550m。

1995 年建成了贵州江界河桥(图 1.17)，是一座跨度达 330m 的桁架式组合拱桥，居世界同类桥型之首。

图 1.16　上海卢浦大桥

图 1.17　贵州江界河桥

图 1.18　福建青州闽江大桥

3. 斜拉桥

斜拉桥在我国起步较晚，1975 年建成的跨径为 76m 的四川云阳桥是我国第一座斜拉桥，但在 20 世纪 90 年代之后，斜拉桥在我国得到了迅速的发展，修建了一系列跨越大江大河的特大跨径斜拉桥。据不完全统计，我国已建成的斜拉桥已超过 100 余座，其中跨径大于 400m 的已达 20 余座，为世界之首。

1993 年建成的上海杨浦大桥，跨径为 602m(当时世界第一)，1998 年建成的香港订九桥为一座三塔斜拉桥，主跨跨径为(448＋475)m；2001 年建成的福建青州闽江大桥(图 1.18)，为钢混组合梁斜拉桥，主跨达 605m。

混凝土主梁的斜拉桥有1993建成的湖北郧阳汉江大桥，跨径为414m；1995年建成的安徽铜陵长江大桥，跨径为432m；1996年建成的重庆长江二桥，跨径为444m；2001年建成的重庆佛寺长江大桥，跨径为450m；2002年建成的湖北荆州长江大桥(图1.19)，跨径达500m。

2001年分别建成的跨径为628m的南京长江二桥和跨径为460m的武汉军山大桥，均为钢主梁斜拉桥。2005年竣工通车的南京长江三桥是跨径为648m的钢箱梁、钢塔斜拉桥，如图1.20所示。2008年通车的江苏苏通长江大桥以主跨达1088m成为目前世界最大跨径的斜拉桥，并创造了最深桥梁基础、最高索塔、最大跨径、最长斜拉索等4项斜拉桥世界记录。而2009年开通的昂船洲大桥以主跨达1018m成为我国又一座跨径超过千米的斜拉桥。

图1.19　湖北荆州长江大桥

图1.20　南京长江三桥

4. 悬索桥(吊桥)

在我国，特大跨径的悬索桥从20世纪90年代中期开始得到了飞速发展。1995年建成的广东汕头海湾大桥(图1.21)，跨径为452m，是以预应力混凝土箱梁作为加劲梁的悬索桥，开创了我国公路悬索桥之先河；紧接着1966年又建成了西陵长江大桥(l=900m)；1997年建成了虎门大桥(l=888m)；1997年建成了香港青马大桥(l=1377m)；1999年建成了江阴长江大桥(l=1385m)。

图1.21　广图东汕头海湾大桥

2005年建成的江苏润扬长江大桥(图1.22)，跨径达到1490m；2007年12月16日全线贯通的舟山连岛工程西堠门大桥，主跨达1650m，成为世界第二大悬索桥。

图 1.22　江苏润扬长江大桥

1.2.3　国外桥梁发展概况

纵观国外桥梁建筑的发展历史，对于促进和发展现代桥梁有着深远影响的，是继意大利文艺复兴之后，在英国、法国和其他西欧国家内冲破封建贵族制度而开始进入的资本主义时代。尤其是 18 世纪的工业革命促进了生产力的快速发展，从而也促进了桥梁建筑的空前发展。

1855 年法国建造了第一批应用水泥砂浆砌筑的石拱桥。早在 1899—1903 年在卢森堡建成了跨度达 84m 的石拱桥，之后在 20 世纪初，法国建成的戴拉卡混凝土箱形拱桥跨度达 139.80m。1946 年瑞典建成的绥依纳松特桥跨径达 155m，至今为世界上最大跨径的石拱桥。

钢筋混凝土桥的出现，要追溯到 1873 年法国的约瑟夫莫尼尔首创建成的一座用钢筋混凝土材料建造的拱式人行桥。钢筋混凝土拱桥的兴起，推动了拱桥向更大跨径方向发展。1930 年法国建成了三孔 186m 拱桥和 1940 年瑞典建成跨径达 264m 的桑独桥。直到 1979 年，后因支架施工问题，应用受到一定的限制。在南斯拉夫首次用无支架悬臂施工方法，建成了跨度达 390m 的克尔克大桥，该桥跨径保持了 18 年世界纪录。目前，无支架悬臂施工法在大跨度拱桥施工中被广泛采用。

著名的澳大利亚悉尼港湾大桥(图 1.23)，是一座跨径为 503m 的中承式钢桁架拱桥，建于 1932 年。

图 1.23　悉尼港湾大桥

1928 年法国的著名工程师弗莱西奈经过 20 年研究，使预应力混凝土技术付诸现实。此后，新颖的预应力混凝土桥梁首先在法国和德国迅速发展起来，大大推进了梁式桥的发展。第二次世界大战之后(1948 年)，法国应用预应力方法修复了马恩河上的五座桥梁。

德国最早用全悬臂法建造预应力混凝土桥梁，1952 年成功地建成莱因河上的沃伦斯桥(跨度为(101.65+114.20+104.20)m，是具有跨中剪力铰的连续刚构桥)后，该施工方法传遍全世界，可以说是桥梁施工方法的一次革命。10 年后莱因河上另一座本道尔夫桥的问世，将预应力混凝土桥的跨度达到 208m，悬臂施工技术更臻完善。目前世界上跨度最大的预应力混凝土连续梁桥是挪威的伐罗德桥(l=260m，1994 年)；最大跨度的连续刚构桥是挪威的斯托尔马桥(l=301m，1998 年)。

世界上第一座具有钢筋混凝土主梁的斜拉桥是 1925 年在西班牙修建的跨越坦波尔河的水道桥，主跨 60.35m。世界上第一座现代化斜拉桥是 1955 年瑞典建成的斯特罗姆海峡桥，其主跨为 182.6m。美国在 1978 年建成的 P－K 桥跨径为 299m，是世界上第一座密索体系的预应力混凝土斜拉桥。1995 年建成的法国诺曼底大桥(图 1.24)主跨为 856m，位于斜拉桥国外第二。

图 1.24 法国诺曼底(Normandy)大桥(1995 年)

目前，国外已建成的跨径最大的斜拉桥是日本的多多罗桥(图 1.25)，其主跨为 890m，建成于 1999 年。

图 1.25 日本多多罗桥(1999 年)

在悬索桥方面，美国在 19 世纪 50 年代从法国引进了近代悬索桥技术后，于 19 世纪 70 年代就发明了“空中架线法”编纺主缆，1883 年建成了纽约布鲁克林桥，跨径达 483m，开创了现代悬索桥的先河。1937 年建成了旧金山金门大桥(图 1.26)，主跨达 1280m，该桥保持了 27 年桥梁最大跨径的世界纪录。

英国 1974 年建成的享伯尔桥，跨径为 1410m，为当时世界上悬索桥之冠。1996 年建成的丹麦大带桥，跨径为 1624m。

目前世界上跨径最大的悬索桥是日本 1998 年建成的明石海峡大桥(图 1.27)，跨径为 1990m，后因阪神大地震，地壳位移，目前跨径为 1991m。

图 1.26　美国旧金山金门大桥(1937 年)

图 1.27　日本明石海峡大桥(1998 年)

目前世界上已建成和在建的大跨度桥梁统计情况见表 1-2～表 1-5。

表 1-2　预应力混凝土梁桥

序号	桥名	主跨/m	结构形式	桥址	建成年份
1	斯托尔马桥(Stolma)	301	连续刚构	挪威	1998
2	拉脱圣德桥(Raftsundet)	298	连续刚构	挪威	1998
3	亚松森桥(Asuncion)	270	三跨 T 构	巴拉圭	1979
4	虎门大桥辅航道桥	270	连续刚构	中国	1997
5	云南元江大桥	265	连续刚构	中国	2003
6	云南红河大桥	265	连续刚构	中国	2009
7	门道桥	260	连续刚构	澳大利亚	1985
8	伐罗德 2 号桥(Varodd-2)	260	连续梁	挪威	1994
9	宁德下白石大桥	260	连续刚构	中国	2004
10	重庆鱼洞长江大桥	260	连续刚构	中国	2008
11	泸州长江二桥	252	连续刚构	中国	2001
12	重庆嘉华嘉陵江大桥	252	连续刚构	中国	2007
13	宜宾江安长江大桥	252	连续刚构	中国	2007
14	Schottwien 桥	250	连续刚构	奥地利	1989
15	Doutor 桥	250	连续刚构	葡萄牙	1991
16	斯克夏桥(Skye)	250	连续刚构	英国	1995
17	Confederation 桥	250	带挂梁 T 构	加拿大	1997
18	重庆黄花园大桥	250	连续刚构	中国	1999
19	马鞍石嘉陵大桥	250	连续刚构	中国	2002
20	黄石长江大桥	245	连续刚构	中国	1995
21	科罗巴普图瓦普桥(Koror-Bobelthuap)	241	有铰 T 构	美国太平洋托管区	1977

（续）

序号	桥名	主跨/m	结构形式	桥址	建成年份
22	滨名大桥（Hamana）	240	有铰T构	日本	1976
23	江津长江大桥	240	连续刚构	中国	1997
24	重庆高家花园嘉陵大桥	240	连续刚构	中国	1997
25	贵州六广河大桥	240	连续刚构	中国	2000
26	重庆龙溪河大桥	240	连续刚构	中国	2001

表1-3 拱桥

序号	桥名	主跨/m	结构形式	桥址	建成年份
1	重庆朝天门大桥	552	钢桁架	中国	2009
2	上海卢浦大桥	550	钢箱	中国	2003
3	福斯铁路桥	521.2	钢桁架	英国	1980
4	新河峡桥	518.2	钢桁架	美国	1977
5	波司登大桥（泸州合江长江一桥）	518	钢管混凝土	中国	在建
6	贝永桥	504	钢桁架	美国	1931
7	悉尼港湾桥	503	钢桁架	澳大利亚	1932
8	重庆巫山长江大桥	492	钢管混凝土	中国	2005
9	宁波明州大桥	450	双肢钢箱	中国	2011
10	湖北支井河特大桥	430	钢管混凝土	中国	2009
11	广州新光大桥	428	钢箱桁架	中国	2006
12	重庆珊瑚长江大桥	420	钢箱	中国	2007
13	重庆万州区长江大桥	420	钢筋混凝土	中国	1997
14	重庆万县长江大桥	420	钢骨架混凝土箱拱	中国	1997
15	莲城大桥（湘潭湘江四桥）	400	钢管混凝土	中国	2006
16	重庆巫山大宁河桥	400	钢桁架	中国	2008
17	克尔克1号桥（KRK-1）	390	混凝土箱形拱	前南斯拉夫	1980
18	弗里芝特桥	383	钢拱	美国	1973
19	湖南益阳茅草街大桥	368	钢管混凝土	中国	2006
20	曼港桥	366	钢拱	加拿大	1964
21	广州丫髻沙珠江大桥	360	钢管混凝土	中国	2000
22	克尔克1号桥（KRK-1）	390	混凝土箱形拱	前南斯拉夫	1980
23	南京大胜关长江大桥	336	钢桁架	中国	2009

（续）

序号	桥名	主跨/m	结构形式	桥址	建成年份
24	四川新雅江大桥	330	钢筋混凝土	中国	2005
25	郎克恩桥	330	钢拱	英国	1961
26	兹达可夫桥	330	钢拱	捷克	1967
27	贵州江界河大桥	330	混凝土拱	中国	1995

表1-4　斜拉桥

序号	桥名	主跨/m	结构形式	桥址	建成年份
1	苏通长江大桥	1088	混合梁	中国	2008
2	昂船洲大桥	1018	混合梁	中国	2008
3	湖北鄂东长江大桥	926	混合梁	中国	2010
4	多多罗桥(Tatara)	890	混合梁	日本	1999
5	诺曼底桥(Normandy)	856	混合梁	法国	1995
6	荆岳长江大桥	816	混合梁	中国	2010
7	上海长江大桥	730	钢箱梁	中国	2009
8	宁波象山港大桥	688	钢箱梁	中国	建设中
9	南京长江三桥	648	钢箱梁	中国	2005
10	铜陵长江公铁大桥	630	钢桁梁	中国	建设中
11	南京长江二桥南汊桥	628	钢箱梁	中国	2001
12	武汉白沙洲大桥	618	混合梁	中国	2000

表1-5　悬索桥

序号	桥名	主跨/m	结构形式	桥址	建成年份
1	明石海峡大桥(Akashi Kaikyo)	1991	钢桁梁	日本	1998
2	浙江西堠门大桥	1650	钢箱梁	中国	2009
3	大贝尔特东桥(Great Belt East)	1624	钢桁梁	丹麦	1998
4	润扬长江公路大桥南汊桥	1490	钢箱梁	中国	2005
5	南京长江四桥	1418	钢箱梁	中国	建设中
6	恒伯尔大桥(Humber)	1410	钢桁梁	英国	1981
7	江阴长江公路大桥	1385	钢箱梁	中国	1999
8	香港青马大桥	1377	钢箱梁	中国	1997
9	维拉扎诺桥(Verrazana Narrows)	1298	钢桁梁	美国	1964
10	金门大桥(Gold Gate)	1280	钢桁梁	美国	1937

（续）

序号	桥名	主跨/m	结构形式	桥址	建成年份
11	阳逻长江大桥	1280	钢箱梁	中国	2007
12	霍加大桥(Hoga Kusten)	1210	钢桁梁	瑞典	1997
13	湖南矮寨大桥	1176	钢桁梁	中国	2011
14	麦金内克桥(Mackinac)	1158	钢桁梁	美国	1957

从表1－2～表1－5可以看出，我国的桥梁建设无论是从各种桥型的跨径、规模，还是在建桥技术等方面均已处于世界先进水平。世界桥梁的发展趋势是朝着大跨径、新材料、新工艺、新技术方向发展，其中尤其是新材料的发展尤为突出和重要，要想使桥梁朝着更大跨径发展，必须要有高强度、高弹性模量、轻质材料的出现。目前研究较多的有超高强硅粉和聚合物混凝土，高强双相钢丝纤维增强混凝土、轻质高强的玻璃纤维、碳纤维等，这些新材料若能逐步取代目前广泛使用的钢和混凝土材料，必将引起桥梁建设乃至土木工程的又一次新的飞跃。

本章小结

本章主要介绍了桥梁的基本组成、分类及国内外桥梁发展状况。

桥梁一般由3个基本部分组成，即上部结构、下部结构、支座。

在桥梁工程中常用到的一些术语名称及基本概念，如水位、净跨径、总跨径、计算跨径、桥梁全长、桥梁高度、桥下净空、桥面净空、桥梁建筑高度等。

目前所建造的桥梁种类繁多，按照桥梁的受力、用途，材料和规模等的区别，有不同的桥梁分类方法。

桥梁按照受力体系分类，可分为梁式桥、拱式桥和悬索桥(或称为吊桥)，简称“梁、拱、吊”三大基本体系。另外，由上述三大基本体系相互组合，在受力上形成组合特征的桥型，如刚架桥、斜拉桥及系杆拱桥等。

习 题

1. 桥梁一般由哪几个基本部分组成？阐述各基本部分的主要作用。
2. 什么是桥梁的计算跨径、净跨径、总跨径及总长度？
3. 按照受力体系划分，桥梁可分为哪几种基本体系？阐述各种桥梁体系的主要受力特点及适用场合。
4. 简述桥梁高度与桥梁建筑高度的定义。
5. 要进一步增大桥梁最大跨径，有哪些途径？

第2章 桥梁的总体规划设计

教学目标

本章主要介绍桥梁总体规划设计的原则和程序，桥梁方案设计、方案比选的内容和方法。通过本章的学习，应达到以下目标。

(1) 理解桥梁设计的基本原则。

(2) 了解桥梁设计的步骤和基本资料。

(3) 掌握桥梁平、纵、横断面设计的具体内容和方法。

(4) 了解桥梁设计方案比选的内容和方法。

教学要求

知识要点	能力要求	相关知识
桥梁设计的基本原则	(1) 理解桥梁设计的各项原则 (2) 了解各项原则在桥梁设计时的综合运用	(1) 结构的两种极限状态 (2) 桥梁美学
桥梁设计的步骤和基本资料	(1) 了解我国桥梁基本建设程序 (2) 了解桥梁设计所需的基本资料	(1) 概预算基本知识 (2) 地质、地形、水文等基本知识
桥梁平、纵、横断面设计	(1) 掌握桥梁平面设计的原则和方法 (2) 掌握桥梁长度确定、跨径布置和桥道标高布置的原则和方法 (3) 掌握桥梁横断面设计的原则和方法	(1) 道路线形布置 (2) 地质、地形、水文等基本知识 (3) 力学分析 (4) 造价分析
桥梁设计方案比选	(1) 了解桥梁设计方案比选的步骤 (2) 了解桥梁设计方案比选的方法	(1) 桥梁设计基本原则 (2) 力学分析 (3) 桥梁的施工工艺 (4) 经济性分析

基本概念

"三阶段"设计、桥梁分孔、流水净空、通航净空、净空限界

引例

随着社会经济的发展和科学技术的进步，桥梁建设的新结构、新工艺、新材料将不断涌现。卢浦大桥主跨跨径达550m，为世界最大跨径拱桥，创造了主拱截面最大、单座桥梁建造中施工工艺最复杂、用钢量最多、现场焊接焊缝最长、单件构件吊装重量最大、现场钢板焊接厚度最大等10项世界纪录。苏通大桥主跨跨径为1088m，为世界最大跨径斜拉桥，创造了最深桥梁桩基础、最高索塔、最大跨径、最长斜拉索等4项斜拉桥世界纪录。

这些著名的桥梁令人仰慕，优秀的设计思路、新颖的施工工艺、先进的材料等使人们为之惊叹，人们也一定在思考：一座桥梁从开始规划到获得完美的设计方案，再到采取合理先进的施工方案修建成功，该是怎样的一个过程？而其实，身边的任何一座大小桥梁，是否都需要一个从规划到设计再到优中选优的过程？

2.1 桥梁设计的原则、步骤和基本资料

2.1.1 桥梁设计的原则

桥梁是公路、铁路和城市道路的重要组成部分，特别是大、中桥梁的建设对当地政治、经济、国防等都具有重要意义。因此，桥梁工程必须遵照“安全、适用、经济和美观”的基本原则进行设计，同时应充分考虑建造技术的先进性以及环境保护和可持续发展的要求。桥梁建设应遵循的各项原则分述如下。

1. 安全

(1) 所设计的桥梁结构在强度、稳定和耐久性方面应有足够的安全储备。

(2) 防撞栏杆应具有足够的高度和强度，人与车流之间应做好防护栏，防止车辆撞入人行道或撞坏栏杆而落到桥下。

(3) 对于交通繁忙的桥梁，应设计好照明设施并有明确的交通标志，两端引桥坡度不宜太陡，以避免发生车辆碰撞等引起的车祸。

(4) 对于修建在地震区的桥梁，应按抗震要求采取防震措施；对于河床易变迁的河道，应设计好导流设施，防止桥梁基础底部被过度冲刷；对于通行大吨位船舶的河道，除按规定加大桥孔跨径外，必要时设置防撞构筑物等。

2. 适用

(1) 桥面宽度能满足当前以及今后规划年限内的交通流量(包括行人通行)。

(2) 桥梁结构在通过设计荷载时不出现过大的变形和过宽的裂缝。

(3) 桥跨结构的下面有利于泄洪，通航(跨河桥)或车辆和行人的通行(旱桥)。

(4) 桥梁的两端方便于车辆的进入和疏散，而不致产生交通堵塞现象等。

(5) 考虑综合利用，方便各种管线(水、电气、通信等)的搭载。

3. 经济

(1) 桥梁设计应遵循因地制宜、就地取材和方便施工的原则。

(2) 经济的桥型应该是造价和养护费用综合最省的桥型，设计中应充分考虑维修的方便和维修费用少，维修时尽可能不中断交通，或中断交通的时间最短。

(3) 所选择的桥位应是地质、水文条件好，桥梁长度也较短。

(4) 桥位应考虑建在能缩短河道两岸的运距，促进该地区的经济发展，产生最大的效益，对于过桥收费的桥梁应能吸引更多的车辆通过，达到尽可能快回收投资的目的。

4. 美观

一座桥梁应具有优美的外形，表现在结构选型和谐与良好的比例，并具有秩序感和韵律感。它强调的是合理的结构布局和轮廓，而不是豪华的细部装饰。桥型应重视与环境协调，城市桥梁和游览地区的桥梁可较多地考虑建筑艺术上的要求。特殊大桥宜进行景观设计。

2.1.2 桥梁设计的步骤

一座桥梁的规划设计所涉及的因素很多，特别是对于工程比较复杂的大、中桥梁，是一个综合性的系统工程。设计合理与否，将直接影响到区域的政治、经济、文化以及人民的生活。因此必须建立一套严格的管理体制和有序的工作程序。在我国，基本建设程序分为前期工作和正式设计两个大步骤，它们的关系如图2.1所示。现分别简要介绍它们的主要内容及要求。

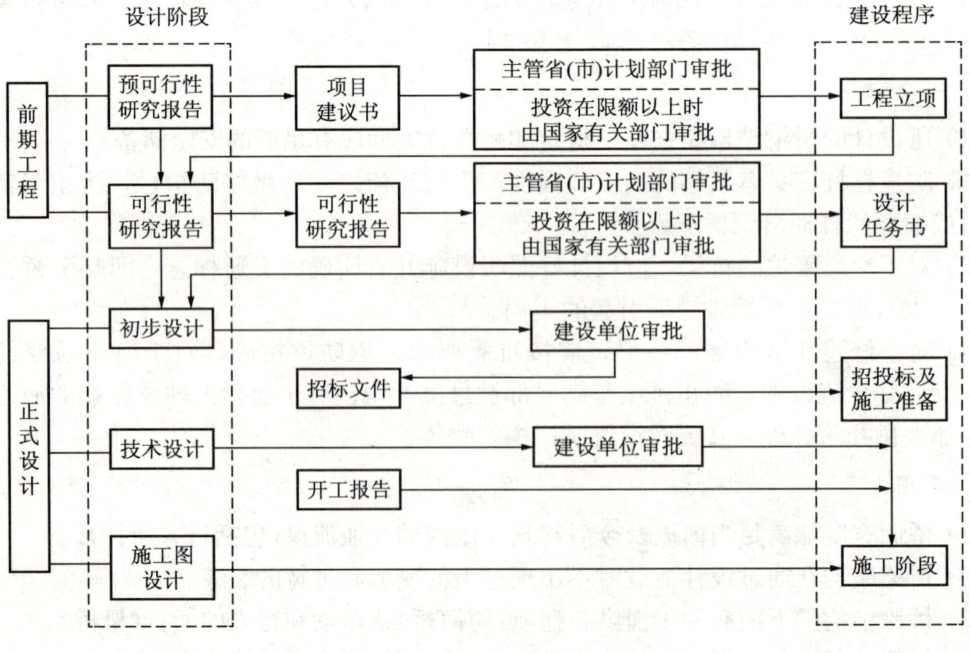

图2.1 设计阶段与建设程序关系图

1.“预可”阶段

“预可”阶段着重研究建桥的必要性以及宏观经济上的合理性。

在“预可”研究形成的“预工程可行性研究报告书”简称“预可报告”中，应从经济、政治、国防等方面，详细阐明建桥理由和工程建设的必要性和重要性，同时初步探讨技术上的可行性。对于区域性线路上的桥梁，应以建桥地点(渡口等)的车流量调查(计及国民经济逐年增长)为立论依据。

“预可”阶段的主要工作目标是解决建设项目的上报立项问题，因而，在“预可报告”中，应编制几个可能的桥型方案，并对工程造价、资金来源、投资回报等问题也应有初步估算和设想。

设计方将“预可报告”交业主后，由业主据此编制“项目建议书”报主管上级审批。

2.“工可”阶段

在“项目建议书”被审批确认后，着手“工可”阶段的工作，在这一阶段，着重研究和制定桥梁的技术标准，包括设计荷载标准、桥面宽度、通航标准、设计车速、桥面纵坡、桥面平、纵曲线半径等，在这一阶段，应与河道、航运、规划等部门共同研究，以共同协商确定相关的技术标准。

在“工可”阶段，应提出多个桥型方案，并按交通部《公路基本建设工程投资估算编制办法》估算造价，对资金来源和投资回报等问题应基本落实。

3. 初步设计

初步设计应根据批复的可行性研究报告、测设合同和初测、初勘或定测、详勘资料编制。

初步设计的目的是确定设计方案，应通过多个桥型方案的比选，推荐最优方案，报上级审批。在编制各个桥型方案时，应提供平、纵、横布置图，标明主要尺寸，并估算工程数量和主要材料数量，提出施工方案的意见，编制设计概算，提供文字说明和图表资料，初步设计经批复后，则成为施工准备、编制施工图设计文件和控制建设项目投资等的依据。

4. 技术设计

对于技术上复杂的特大桥、互通式立交或新型桥梁结构，需进行技术设计。

技术设计应根据初步设计批复意见、测设合同的要求，对重大、复杂的技术问题通过科学试验、专题研究、加深勘探调查及分析比较，进一步完善批复的桥型方案的总体和细部各种技术问题以及施工方案，并修正工程概算。

5. 施工图设计

两阶段(或三阶段)施工图设计应根据初步设计(或技术设计)批复意见、测设合同，进一步对所审定的修建原则、设计方案、技术决定加以具体和深化，在此阶段中，必须对桥梁各种构件进行详细的结构计算，并且确保强度、稳定、刚度、裂缝、构造等各种技术指标满足规范要求，绘制出施工详图，提出文字说明及施工组织计划，并编制施工图预算。

国内一般的(常规的)桥梁采用两阶段设计，即初步设计和施工图设计，对于技术简单、方案明确的小桥，也可采用一阶段设计，即施工图设计。

2.1.3 桥梁基本设计资料

在着手设计之前首先要选择合理的桥位，这常常是影响桥梁设计、施工和使用的全局问题，对于所选定的桥位，必须进一步调查研究，详细分析建桥的具体情况，才能作出合理的设计方案。现将一般桥梁设计中需要进行的资料调查工作分述于下。

(1) 调查研究桥梁的使用任务。即调查桥上的交通种类和行车、行人的往来密度，以确定桥梁的荷载等级和行车道、人行道宽度等。调查桥上是否需要铺设电缆或输水、输气管道等，为此需设置专门的构造装置。

(2) 测量桥位附近的地形，并绘制地形图，供设计和施工用。

(3) 探测桥位的地质情况，包括土壤的分层标高、物理力学性能、地下水等，并将钻探资料绘成地质剖面图，作为基础设计的重要依据。对于所遇到的地质不良现象，如滑坡、断层、溶洞、裂隙等，应详加注明。为使地质资料更接近实际，可以根据初步拟定的桥梁分孔方案将钻孔布置在墩台附近。

(4) 调查和测量河流的水文情况，包括调查河道性质(如河床及两岸的冲刷和淤积、河道的自然变迁等)，收集和分析历年的洪水资料，测量河床断面图，调查河槽各部分的形态标志、糙率等，通过计算确定各种特征水位、流速、流量等。与航运部门协商确定通航水位和通航净空。了解河流上有关水利设施对新建桥梁的影响。

(5) 调查和收集桥位处的地震资料，确定桥梁的抗震设防烈度。

(6) 调查和收集有关气象资料，包括气温、雨量及风速(或台风影响)等情况。

(7) 调查当地建筑材料(砂、石料等)的来源，水泥钢材的供应情况以及水陆交通的运输情况。

(8) 调查了解施工单位的技术水平、施工机械等装备情况，以及施工现场的动力设备和电力供应情况。

(9) 调查新建桥位上、下游有无老桥，其桥型布置和使用情况等。

很明显，为选择桥位就已需要一定的地形、地质和水文等资料，而对于所选定的桥位，又需要进一步为桥梁设计提供更为详尽的依据资料，因此以上各项工作往往是互相渗透，交错进行的。

2.2 桥梁平、纵、横断面设计

2.2.1 桥梁平面设计

道路线形支配着桥梁设计，桥梁是线形的一部分。桥梁的线形与桥头引道要保持平顺，使车辆能平稳地通过。高速公路、一级公路上的各类桥梁除特殊大桥外，其线形布设应满足路线总体布设的要求。而特殊大桥应尽量顺直，以方便桥梁结构的设计。二级、三级、四级公路上的中、小桥与涵洞的线形及其与公路的衔接也应符合路线总体布设的要求。二级、三级、四级公路上的特大桥、大桥桥位选择的余地较小，成为路线控制点时，路线线位应兼顾桥位。

从桥梁本身的经济性和施工方便来说，桥梁纵轴线应尽可能避免与洪水主流流向或桥下线路斜交。对通航河流上的桥梁，其墩台、横梁沿水流方向的轴线应与最高通航水位时的主流方向一致。当斜交不可避免时，斜交角度一般不宜大于45°，在通航河流上不宜大于5°。

桥梁平面线形一般为直线。当受公路线形限制时，可“以直代弯”将直梁布置成折线状设计成在平面上呈曲线形或直接建成曲线桥梁，避免采用反向曲线；墩台布置沿曲线径向排列；曲线半径应符合路线规定。

2.2.2 桥梁纵断面设计

桥梁纵断面设计包括确定桥梁的总跨径、桥梁的分孔、桥道的标高、桥上和桥头引道的纵坡以及基础的埋置深度等。

1. 桥梁总跨径的确定

对于一般跨河桥梁，总跨径一般根据水文计算来确定。由于桥梁墩台和桥头路堤压缩了河床，使桥下过水断面减小，流速加大，引起河床冲刷。因此桥梁的总跨径必须保证桥下有足够的排洪面积，使河床不致遭受过大的冲刷。另一方面，在某些情况下，为了降低工程造价，可以在不超过允许的桥前壅水和规范规定的允许最大冲刷系数的条件下，适当增大桥下冲刷，以缩短总跨长。由此可见，桥梁的总跨径应根据具体情况经过全面分析后加以确定。例如，对于深埋基础，一般允许稍大一点的冲刷，使总跨径能适当减小；对于平原区稳定的宽滩河段，流速较小，漂流物也少，主河槽较大，这时，可以对河滩的浅水流区段作较大的压缩，但必须慎重校核，压缩后的桥梁的壅水不得危及河滩路堤以及附近农田和建筑物。

2. 桥梁的分孔

对于一座较长的桥梁，应当分成若干孔，但孔径划分的大小、有几个河中桥墩、哪些是通航孔，这些问题要根据通航要求、地形和地质情况、水文情况以及技术经济和美观的条件来加以确定。

桥梁的分孔关系到桥梁的造价。跨径和孔数不同时，上部结构和墩台的总造价是不同的。跨径越大，孔数越少，上部结构的造价就越大，而墩台的造价就越小。通常采用最经济的分孔方式，即使得上、下部结构的总造价趋于最低。因此当桥墩较高或地质不良，基础工程较复杂而造价较高时，桥梁跨径就选得大一些；反之，当桥墩较矮或地基较好时，跨径就可选得小一些。在实际工作中，应对不同的跨径布置进行粗略的方案比较，来选择最经济的跨径和孔数。

对于通航河流，在分孔时首先应满足桥下的通航要求。桥梁的通航孔应布置在航行最方便的河域。对于变迁性河流，考虑航道可能发生变化，应多设几个通航孔。当桥梁纵轴线与洪水主流流向的斜交角度大于5°时，宜增加通航孔净宽。

在平原区宽阔河流上的桥梁，通常在主河槽部分按需要布置较大的通航孔，而在两侧浅滩部分按经济跨径进行分孔。如果经济跨径较通航要求者还大，则通航孔也应取用较大跨径。

在山区深谷上、水深流急的江河上，或需在水库上修桥时，为了减少中间桥墩，应加大跨径。如果条件允许的话，甚至可以采用特大跨径的单孔跨越。

对于河流中存在不利的地质段，例如岩石破碎带、裂隙、溶洞等，在布孔时，要将桥基位置移开，或适当加大跨径。

在不同的桥梁结构体系中，为了结构受力合理和用材经济，也需要采用合理的分孔布置。例如根据连续梁的受力特点，大、中跨径的连续梁桥一般宜采用不等跨布置，但多于三跨的连续梁其中间跨一般采用等跨布置。连续梁桥连续超过五跨时的内力情况虽然与五跨时相差不大，但连续过长会造成梁端伸缩量很大，需设置大位移量的伸缩缝，因此，连续梁跨数一般不超过五跨，以三跨连续梁应用最为广泛。当采用三跨或多跨连续梁桥时，为使边跨与中跨的最大正弯矩接近相等，达到经济的目的，边跨取中跨的80%为宜。

跨径的选择也与所采用的施工方法密切相关，如同样是预应力混凝土连续梁桥，当采用顶推法施工或者简支-连续施工时，多采用等跨布置，这样做结构简单，模式统一；采用满堂支架施工时，边跨取中跨长度的70%～80%是经济合理的；采用挂篮悬臂施工法，考虑到一部分边跨采用悬臂施工外，剩余的边跨部分还需另搭脚手架现浇施工，为使脚手架长度最短，则边跨长度取中跨长度的65%为宜。

跨径的选择还与施工能力有关，有时选用较大跨径虽然在经济上是合理的，但限于当时的施工技术能力和设备条件，也不得不将跨径减小。对于大桥施工，基础工程往往对工期起控制作用，在此情况下，从缩短工期出发，就应减少基础数量而修建较大跨径的桥梁。

总之，对于大、中型桥梁来说，分孔问题是设计中最基本、最复杂的问题，必须进行深入全面的分析，才能作出比较完美的方案。

3. 桥道标高的确定

对于跨河桥梁，桥道的标高应保证桥下排洪和通航的需要；对于跨线桥，则应确保桥下安全行车。在平原区建桥时，桥道标高的抬高往往伴随着桥头引道路堤土方量的显著增加。在修建城市桥梁时，桥高了使两端引道的延伸会影响市容，或者需要设置立体交叉或高架栈桥，这会导致提高造价。合理的桥道标高必须根据设计洪水位、桥下通航(通车)净空的需要，并结合桥型、跨径等一起考虑。在有些情况下，桥道标高在路线纵断面设计中已作规定。下面介绍确定桥道标高有关的问题。

1) 流水净空要求

(1) 按计算水位(设计水位计入壅水、浪高等)计算桥面最低高程时，应按下式计算。

$$H_{min}=H_j+\Delta h_j+\Delta h_0 \tag{2-1}$$

$$H_j=H_s+\sum\Delta h \tag{2-2}$$

式中：H_{min}——桥面最低高程(m)；

H_j——计算水位(m)；

H_s——设计水位(m)；

$\sum\Delta h$——考虑壅水、浪高、波浪壅高、河弯超高、水拱、局部股流壅高(水拱与局部股流壅高只取其大者)、床面淤高、漂浮物高度等诸因素的总和(m)；

Δh_j——桥下最小净空(m)，应符合表2-1的规定；

Δh_0——桥梁上部构造建筑高度(m)，应包括桥面铺装高度。

表2-1 非通航河流桥下最小净空 Δh_j

桥梁部位		高出计算水位/m	高出最高流冰面/m
梁底	洪水期无大漂流物	0.50	0.75
	洪水期有大漂流物	1.50	—
	有泥石流	1.00	—
支座垫石顶面		0.25	0.50
拱脚		0.25	0.25

注：无铰拱的拱脚，允许被设计洪水淹没，但不宜超过拱圈高度的2/3，且拱顶底面至计算水位的净高不得小于1m。

当河流有形成流冰阻塞的危险或有漂浮物通过时，应按实际调查的数据，在计算水位的基础上，结合当地具体情况酌留一定富余量，作为确定桥下净空的依据。对于有淤积的河流，桥下净空应适当增加。

在不通航和无流筏的水库区域内，梁底面或拱顶底面离开水面的高度不应小于计算浪高的75%倍加上0.25m。

(2) 按设计最高流冰水位计算桥面最低高程时，应按下式计算。

$$H_{min}=H_{SB}+\Delta h_j+\Delta h_0 \tag{2-3}$$

式中：H_{SB}——设计最高流冰水位(m)，应考虑床面淤高。

(3) 桥面设计高程不应低于式(2-1)或式(2-3)的计算值。

2) 通航净空要求

在通航及通行木筏的河流上，必须设置保证桥下安全通航的通航孔。通航孔桥跨结构下缘的标高，应高出自设计通航水位算起的通航净空高度。所谓通航净空，就是在桥孔中垂直于水流方向所规定的空间界限(图2.2和图2.3中虚线所示的多边形图)，任何结构构件或航运设施均不得伸入其内。《内河通航标准》(GB 50139—2004)规定了水上过河建筑物的通航净空尺度，表2-2列出了天然和渠化河流的通航净空尺寸，对于限制性河道、黑龙江水系和珠江三角洲至港澳内河航道的通航净宽另有相关规定。此外还颁布了《通航海轮桥梁通航标准》(JTJ 311—1997)，适用于沿海、海湾及区域内通航海轮航道的桥梁。表中符号如图2.4所示。

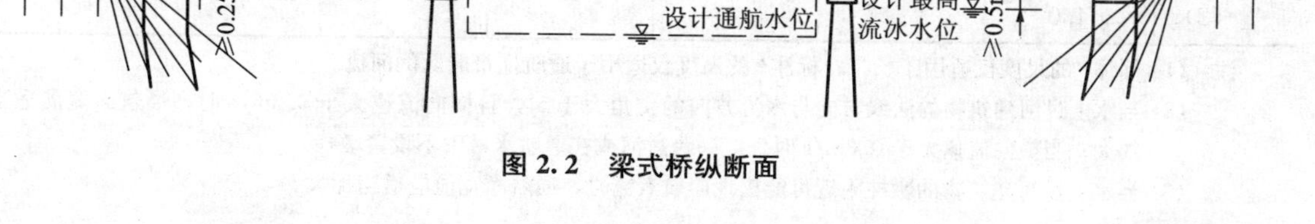

图2.2 梁式桥纵断面

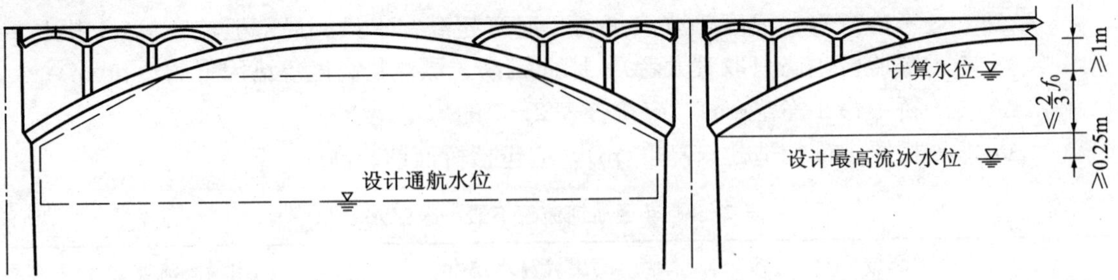

图 2.3　拱桥桥下净空图

表 2-2　天然和渠化河流水上过河建筑物通航净空尺寸(单位：m)

航道等级	净高 H	单向通航孔			双向通航孔		
		净宽 B	上底宽 b	侧高 h	净宽 B	上底宽 b	侧高 h
Ⅰ-(1)	24.0	200	150	7.0	400	350	7.0
Ⅰ-(2)	18.0	160	120	7.0	320	280	7.0
Ⅰ-(3)		110	82	8.0	220	192	8.0
Ⅱ-(1)	18.0	145	108	6.0	290	253	6.0
Ⅱ-(2)		105	78	8.0	210	183	8.0
Ⅱ-(3)	10.0	75	56	6.0	150	131	6.0
Ⅲ-(1)	18.0★	100	75	6.0	200	175	6.0
	10.0						
Ⅲ-(2)	10.0	75	56	6.0	150	131	6.0
Ⅲ-(3)		55	41	6.0	110	96	6.0
Ⅳ-(1)	8.0	75	61	4.0	150	136	4.0
Ⅳ-(2)		60	49	4.0	120	109	4.0
Ⅳ-(3)		45	36	5.0	90	81	5.0
Ⅳ-(4)							
Ⅴ-(1)	8.0	55	44	4.5	110	99	4.5
Ⅴ-(2)	8.0或5.0▲	40	32	5.5或3.5▲	80	72	5.5或3.5▲
Ⅴ-(3)							
Ⅵ-(1)	4.5	25	18	3.4	40	33	3.4
Ⅵ-(2)	6.0			4.0			4.0
Ⅶ-(1)	3.5	20	15	2.8	32	27	2.8
Ⅶ-(2)	4.0						

注：(1) 标注★的尺度仅适用于长江；标注▲的尺度仅适用于通航拖带船队的河流。

(2) 当水上过河建筑物的法线方向与水流方向的交角大于5°，且横向流速大于0.3m/s时，通航净宽需适当加大；当横向流速大于0.8m/s时，应一跨过河或在通航水域中不设置墩柱。

(3) 当水上过河建筑物的墩柱附近可能出现碍航紊流时，通航净宽值应适当加大。

3）跨线桥桥下的交通要求

在设计跨线路（铁道或公路）的立体交叉时，桥跨结构底缘的标高应高出规定的车辆净空高度。对于公路所需的净空限界，见下一节的桥梁横断面设计部分，铁路的净空限界可查阅铁路桥涵设计规范。

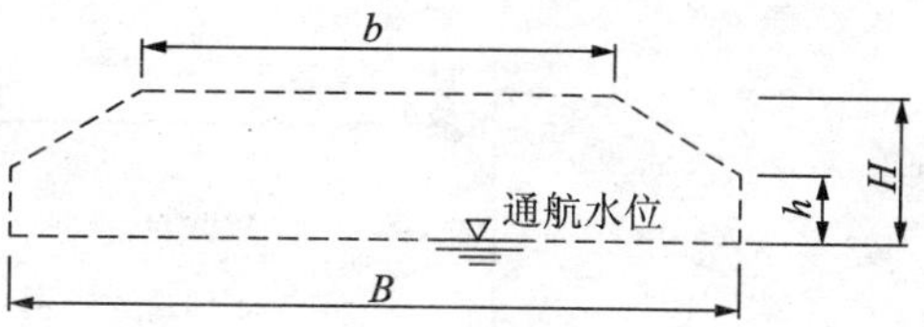

图 2.4 表 2-2 中的符号示意图

综上所述，全桥位于河中各跨的桥道标高均应首先满足流水净空的要求；对于通航或桥下通车的桥孔还应满足通航净空或建筑净空限界的要求；另外，还应考虑桥的两端能够与公路或城市道路顺利衔接等。因此，全桥各跨的桥道标高是不相同的，必须综合考虑和规划，一般将桥梁的纵断面设计成具有单向或双向坡度的桥梁，既利于交通，美观效果好，又便于桥面排水(对于不太长的小桥，可以做成平坡桥)。但桥上纵坡不宜大于4%，桥头引道纵坡不宜大于5%。对于位于市镇混合交通繁忙处的桥梁，桥上纵坡和桥头引道纵坡均不得大于3%，并应在纵坡变更的地方按规定设置竖曲线。

2.2.3 桥梁横断面设计

桥梁横断面的设计，主要是决定桥面的宽度和桥跨结构横截面的布置。桥面宽度决定于行车和行人的交通需要。我国交通部颁布的《公路桥涵设计通用规范》(JTJ D60—2004)中，规定了各级公路桥面净空限界，如图 2.5 所示。桥面净空是指为了保证车辆和行人的安全通过，在桥面以上垂直于行车方向应保留的界限空间，在净空界限范围内不得有任何部件和管线设施侵入。图中所代表的车道宽度、中间带宽度和路肩宽度，可以根据公路等级和设计速度分别从表 2-3、表 2-4、表 2-5 和表 2-6 中选取。在选择上述各项宽度及其一般值和最小值时，应首先考虑与桥涵相连的公路路段的路基宽度，保持桥面净宽与路基同宽。

在可能条件下，在高速公路、一级公路上，一般以建上、下行两座分离的独立桥梁为宜。

高速公路上的桥梁应设检修道，不宜设人行道。一、二、三、四级公路上桥梁的桥上人行道和自行车道的设置，应根据需要而定，并应与前后路线布置协调。人行道、自行车道与行车道之间，应设分隔设施。一个自行车道的宽度为 1.0m；当单独设置自行车道时，不宜小于两个自行车道的宽度。人行道的宽度宜为 0.75m 或 1.0m；大于 1.0m 时，按 0.5m 的级差增加。当设路缘石时，路缘石高度可取用 0.25～0.35m。漫水桥可不设人行道。

高速公路、一级公路上的桥梁必须设置护栏。二、三、四级公路上特大、大、中桥应设护栏或栏杆和安全带，小桥和涵洞可仅设缘石或栏杆。不设人行道的漫水桥应设标杆或护栏。

为利于桥面排水，桥梁应将桥面铺装沿横向设置路拱，路拱的设置应与路线总体布设相协调。对于弯道桥梁，为便于行车，桥面应按线路要求设置超高及加宽。

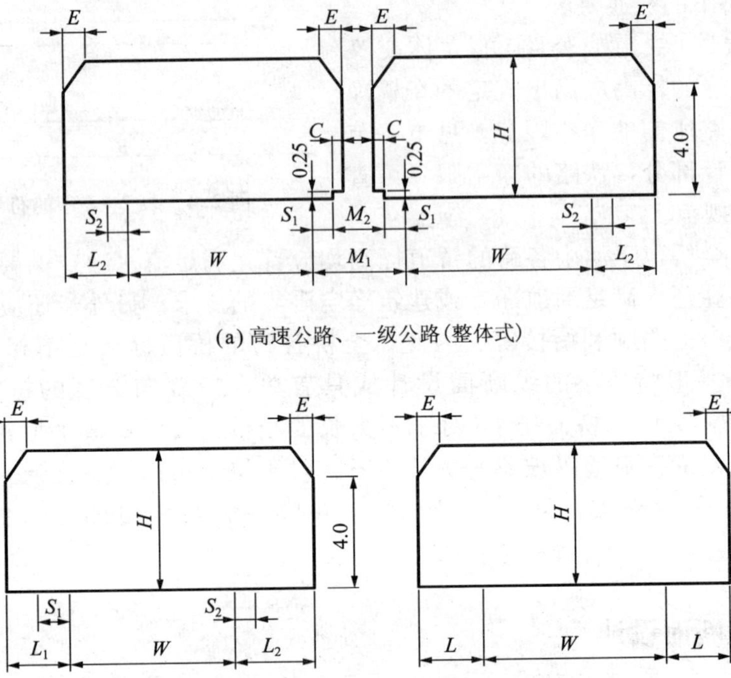

(a) 高速公路、一级公路(整体式)

(b) 高速公路、一级公路(分离式)　　(c) 二、三、四级公路

图 2.5　桥涵净空(单位：m)

注：① 当桥梁设置人行道时，桥涵净空应包括该部分的宽度。

② 人行道、自行车道与行车道分开设置时，其净高不应小于 2.5m。

图中：W——行车道宽度，为车道数乘以车道宽度，并计入所设置的加(减)速车道紧急停车道、爬坡车道、慢车道或错车道的宽度，车道宽度规定见表 2-3；

C——当设计速度大于 100km/h 时为 0.5m，等于或小于 100km/h 时为 0.25m；

S_1——行车道左侧路缘带宽度，见表 2-4；

S_2——行车道右侧路缘带宽度，应为 0.5m；

M_1——中间带宽度，由两条左侧路缘带和中央分隔带组成，见表 2-4；

M_2——中央分隔带宽度，见表 2-4；

E——桥涵净空顶角宽度，$L \leqslant 1$m 时，$E=L$；$L>1$m 时，$E=1$m；

H——净空高度，一条公路应采用一个净高，高速公路和一级、二级公路上的桥梁为 5.0m，三级、四级公路上的桥梁应为 4.5m；

L_1——桥梁左侧路肩宽度，见表 2-5。八车道及八车道以上高速公路上的桥梁宜设置左路肩，其宽度应为 2.50m。左侧路肩宽度内含左侧路缘带宽度；

L_2——桥梁右侧路肩宽度，见表 2-6，当受地形条件及其他特殊情况限制时，可采用最小值。高速公路和一级公路上桥梁应在右侧路肩内设右侧路缘带，其宽度为 0.5m。设计速度为 120km/h 的四车道高速公路上桥梁，宜采用 3.50m 的右侧路肩；六车道、八车道高速公路上的桥梁，宜采用 3.00m 的右侧路肩。高速公路、一级公路上桥梁的右侧路肩宽度小于 2.50m 且桥长超过 500m 时，宜设置紧急停车带，紧急停车带宽度包括路肩在内为 3.50m，有效长度不应小于 30m，间距不宜大于 500m；

L——侧向宽度。高速公路、一级公路上桥梁的侧向宽度为路肩宽度(L_1、L_2)，二、三、四级公路上桥梁的侧向宽度为其相应的路肩宽度减去 0.25m。

表 2-3 车道宽度

设计速度/(km/h)	120	100	80	60	40	30	20
车道宽度/m	3.75	3.75	3.75	3.50	3.50	3.25	3.00(单车道为3.50m)

注：高速公路上的八车道桥梁，当设计左侧路肩时，内侧车道宽度可采用3.50m。

表 2-4 中间带宽度

设计速度/(km/h)		120	100	80	60
中央分隔带宽度/m	一般值	3.00	2.00	2.00	2.00
	最小值	2.00	2.00	1.00	1.00
左侧路缘带宽度/m	一般值	0.75	0.75	0.50	0.50
	最小值	0.75	0.50	0.50	0.50
中间带宽度/m	一般值	4.50	3.50	3.00	3.00
	最小值	3.50	3.00	2.00	2.00

注：“一般值”为正常情况下的采用值；“最小值”为条件受限值时，可采用的值。

表 2-5 分离式断面高速公路、一级公路左侧路肩宽度

设计速度/(km/h)	120	100	80	60
左侧路肩宽度/m	1.25	1.00	0.75	0.75

表 2-6 右侧路肩宽度

公路等级		高速公路、一级公路				二、三、四级公路				
设计速度/(km/h)		120	100	80	60	80	60	40	30	20
右侧路肩宽度/m	一般值	3.00或3.50	3.00	2.50	2.50	1.50	0.75	—	—	—
	最小值	3.00	2.50	1.50	1.50	0.75	0.25	—	—	

注：“一般值”为正常情况下的采用值；“最小值”为条件受限值时，可采用的值。

2.3 桥梁设计方案的选择

2.3.1 设计方案选择的步骤

为了获得经济、适用和美观的桥梁设计方案，设计者必须根据各种自然、技术上的条件，因地制宜，在综合应用专业知识、了解掌握国内外新技术、新材料、新工艺的基础上，进行深入细致的分析研究对比工作，才能科学地得出完美的设计方案。桥梁设计方案的比选和确定可按下列步骤进行。

1. 明确各种标高的要求

在桥位纵断面图上，先行按比例绘出设计水位、通航水位、堤顶标高、桥面标高、通航净空、堤顶行车净空位置图。

2. 桥梁分孔和初拟桥型方案草图

在上述确定了各种标高的纵断面图上，根据泄洪总跨径的要求，作桥梁分孔和桥型方案草图，作草图时思路要宽广，只要基本可行，尽可能多绘一些草图，以免遗漏可能的桥型方案。

3. 方案初筛

对草图方案作技术和经济上的初步分析和判断，筛去弱势方案，从中选出 2～4 个构思好、各具特点、但一时还难以判定孰优孰差的方案，以作进一步详细研究和比较。

4. 详绘桥型方案

根据不同桥型、不同跨度、宽度和施工方法，拟定主要尺寸并尽可能细致地绘制各个桥型方案的尺寸详图。对于新结构，应作初步的力学分析，以准确拟定各方案的主要尺寸。

5. 编制估算或概算

依据编制方案的详图，可以计算出上、下部结构的主要工程数量，然后依据各省、市或行业的“估算定额”或“概算定额”，编制出各方案的主要材料(钢、木、混凝土等)用量、劳动力数量、全桥总造价(分上、下部结构列出)等。

6. 方案选定和文件汇总

全面考虑建设造价、养护费用、建设工期、营运适用性、美观等因素，综合分析，阐述每一个方案的优缺点，最后选定一个最佳的推荐方案。在深入比较过程中，应当及时发现并调整方案中的不尽合理之处，确保最后选定的方案是优中选优的方案。

上述工作全部完成之后，着手编写方案说明。说明书中应阐明方案编制的依据和标准、各方案的主要特色、施工方法、设计概算以及方案比较的综合性评述。对于推荐方案应作较详细的说明。各种测量资料、地质勘察和地震烈度复核资料、水文调查与计算资料等应按附件载入。

2.3.2　桥型总体布置方案实例

图 2.6、图 2.7 所示桥型主桥采用预应力混凝土变截面连续刚构箱梁，两岸引桥采用预应力混凝土 T 梁，先简支后连续。下部构造主桥 6～9 号桥墩采用双肢变截面空心墩，5 号、10 号过渡墩和引桥 11 号桥墩采用空心墩，引桥 1～4 号、12 号、13 号桥墩采用双柱式墩。全桥桥墩基础均采用灌注桩基础。0 号、14 号桥台采用 U 型台，扩大基础。主桥上部结构采用移动挂蓝逐节悬浇施工，引桥上部构造采用预制架设施工，墩身采用爬模或翻模现浇施工，桩基础成孔可采用钻孔或人工挖孔施工。

图 2.8 所示桥型为预应力混凝土先简支后连续空心板桥，下部结构采用钢筋混凝土柱式桥墩、东岸采用肋板式桥台及钻孔灌注桩基础，西岸采用重力式桥台及扩大基础。

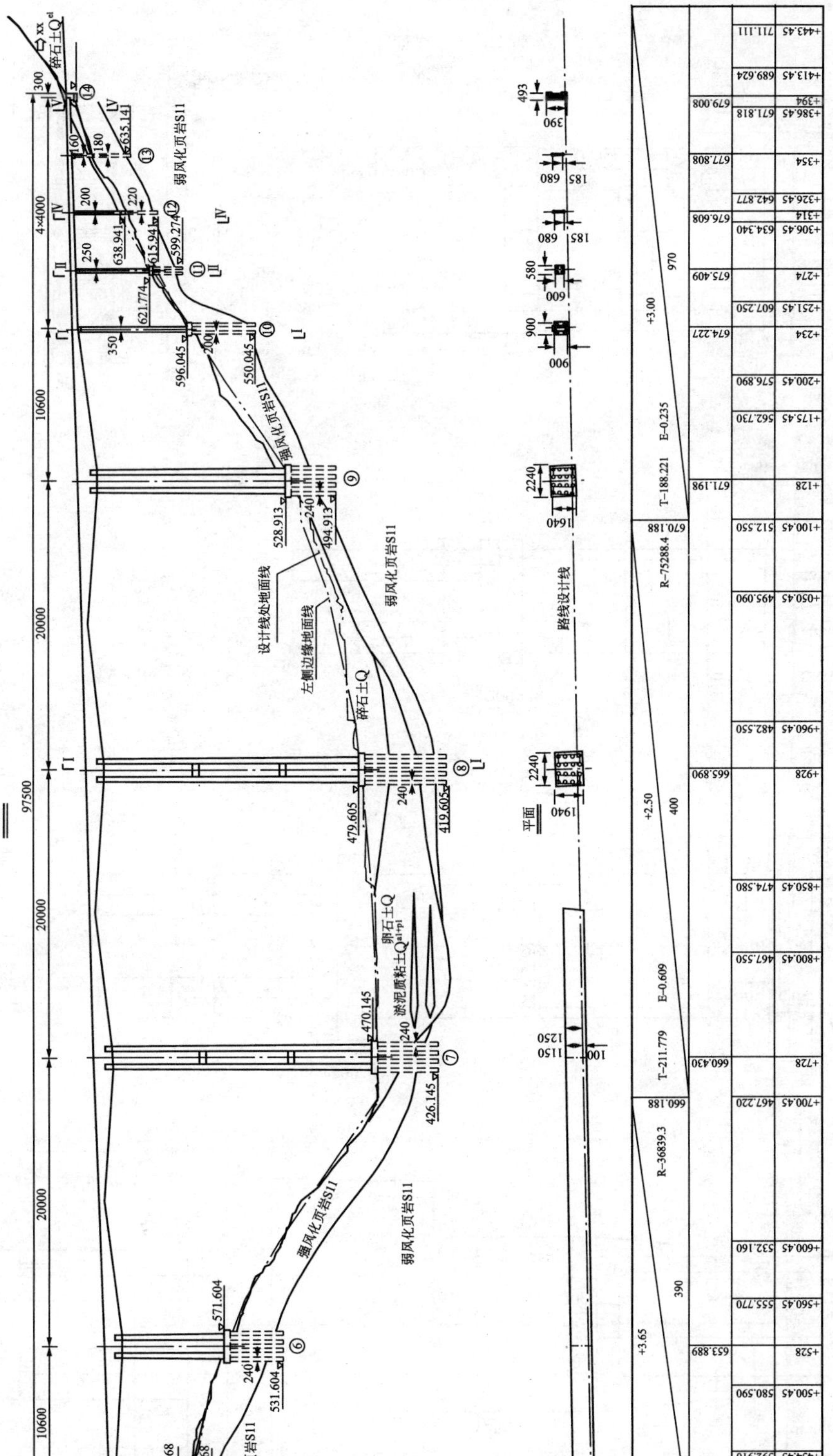

图 2.6 预应力混凝土连续刚构桥总体布置图

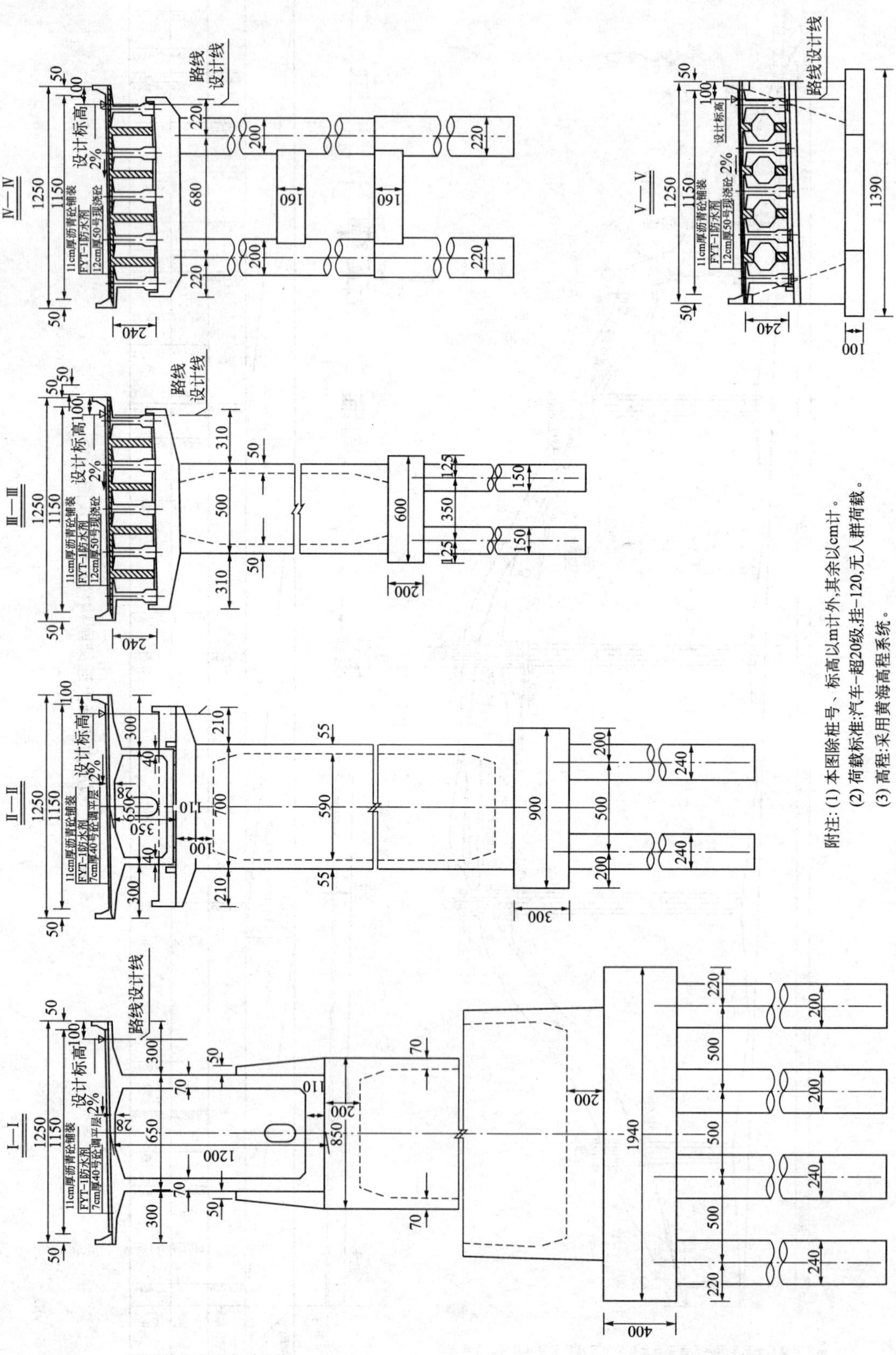

附注：(1) 本图除桩号、标高以m计外，其余以cm计。
(2) 荷载标准：汽车-超20级，挂-120，无人群荷载。
(3) 高程：采用黄海高程系统。

图 2.7　预应力混凝土连续刚构桥横向布置图

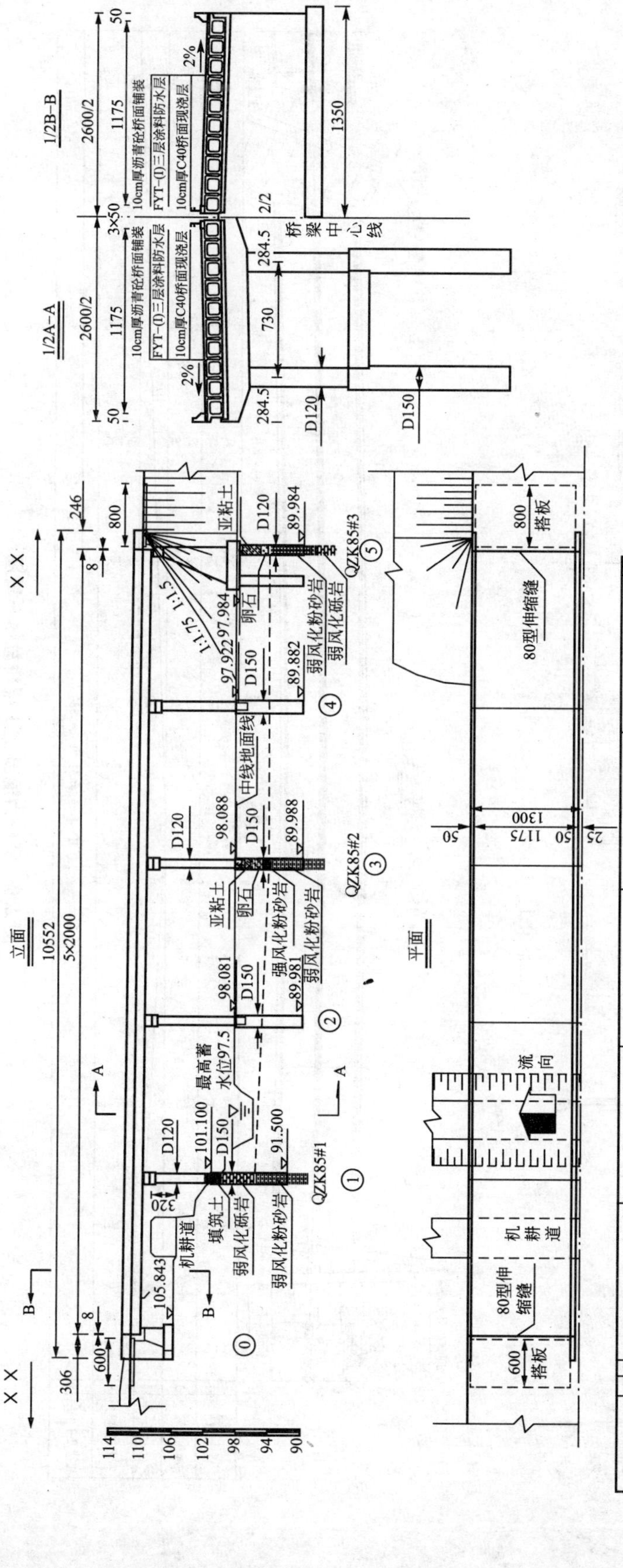

注：(1) 本图尺寸单位除桩号标高以m计外，余均以cm计。
(2) 本桥平面位于直线上纵面位于R=15000m的竖曲线上。
(3) 本桥在05号台上设置伸缩缝4道。

里程桩号(m)	+746.94	+750	+770	+790	+810	+830	+850	+852.46
地面高程(m)	112.00	111.55	100.50	98.40	98.40	98.40	98.40	63.40
坡度(%)/坡长(m)	-1.90% / 785							
设计高程(m)	111.223	111.183	110.937	110.718	110.525	110.359	110.220	110.204

K85

图 2.8 预应力混凝土空心板桥总体布置图

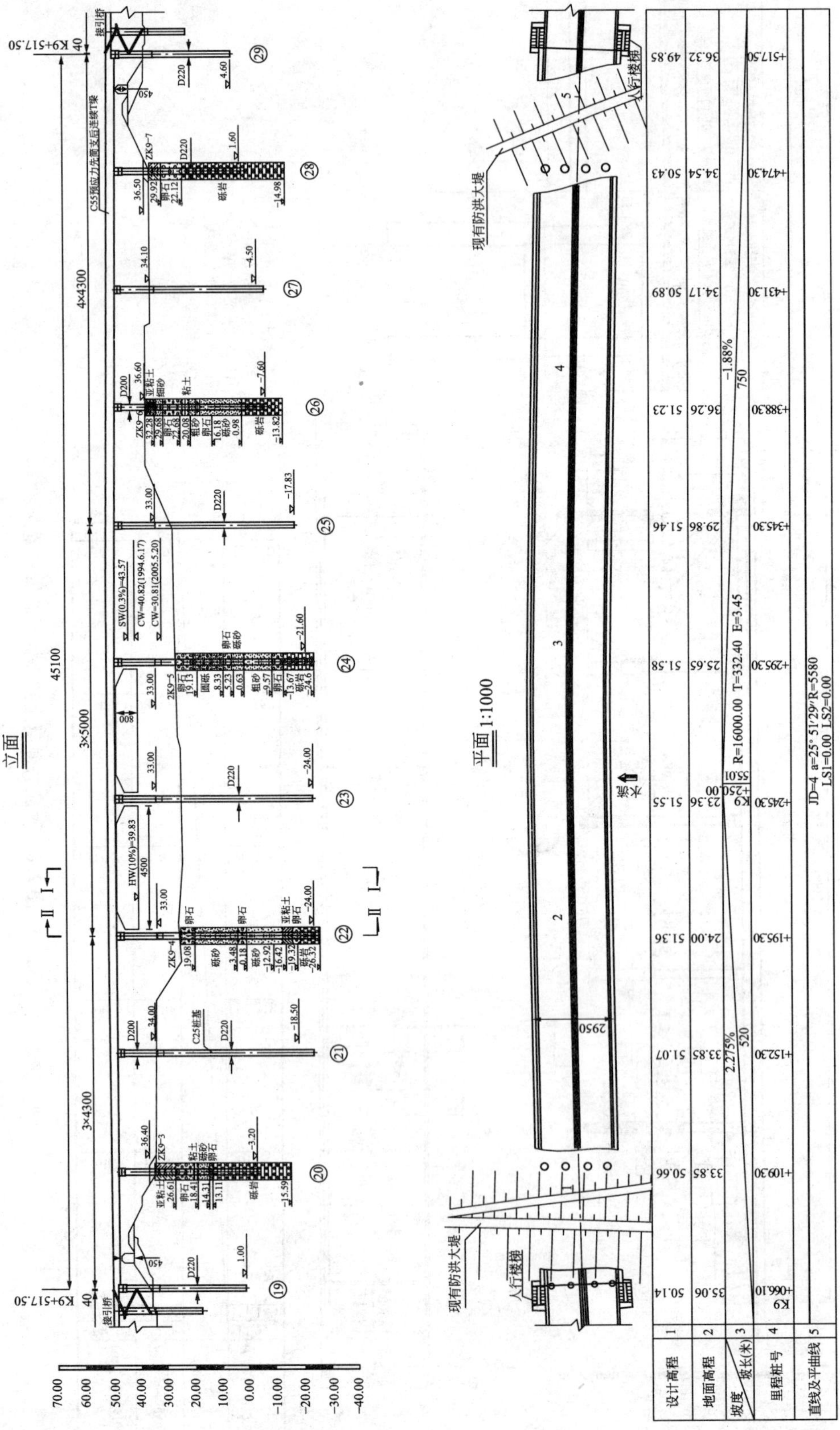

图 2.9 预应力混凝土 T 梁桥总体布置图

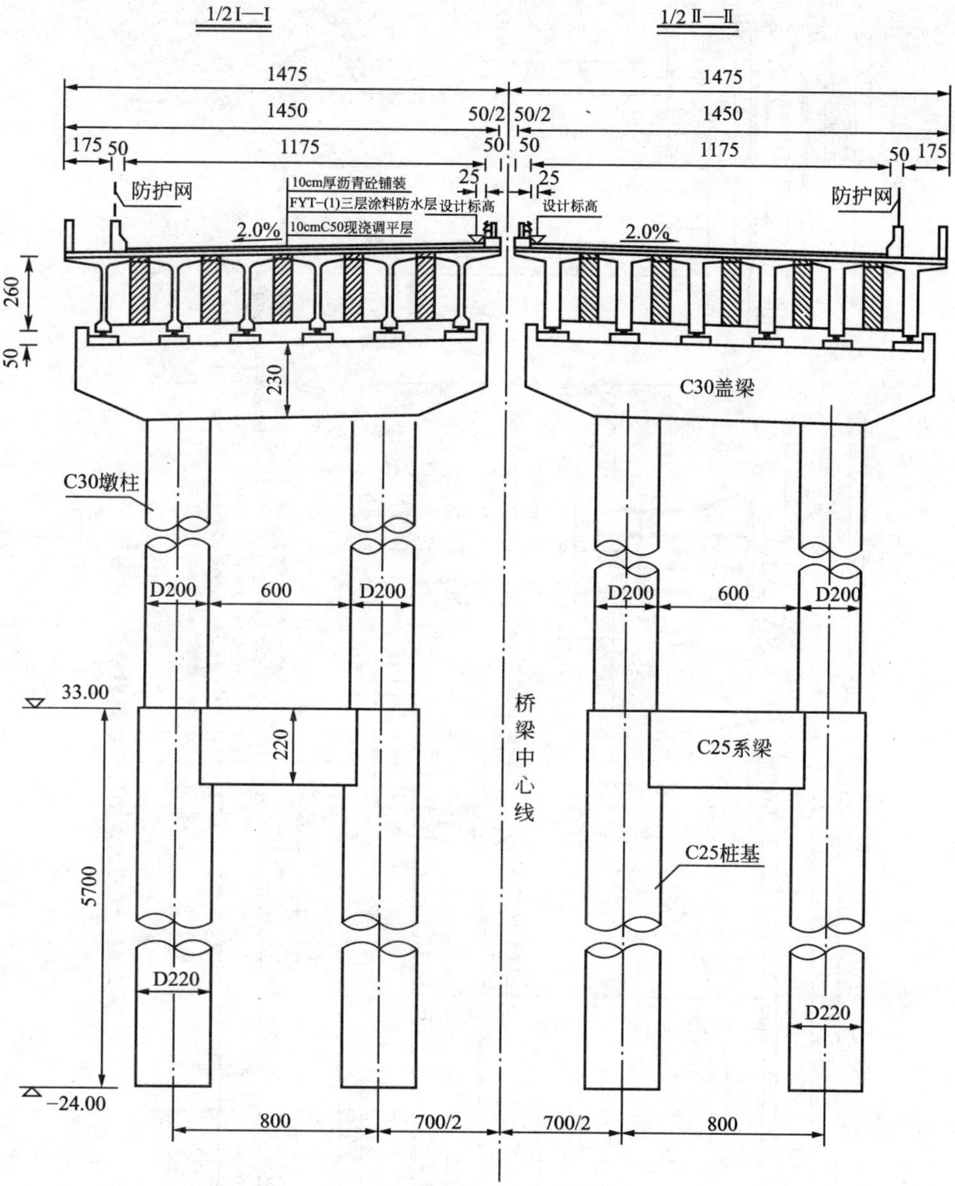

注:

(1) 本图尺寸除桩号、标高、竖曲线要素以m计外,其余以cm计。

(2) 技术标准。

①荷载等级:公路–I级,人群3.45kN/m^2。

②桥宽:主桥29.5m,2×[0.75m(中央分隔带)+11.75m(行车道)+0.5m(防撞栏杆)+1.75m(人行道)]。

③洪水标准:1/300。

④通航标准:Ⅳ(3)级航道,通航净空尺度为45×8(净宽×净高),设两个通航孔。

⑤地震动参数:地震动峰值加速度<0.05g,地震动反应谱特征周期:0.35s。

(3) 高程系统为1985年国家高程基准。

图 2.10　预应力混凝土 T 梁桥横向布置图

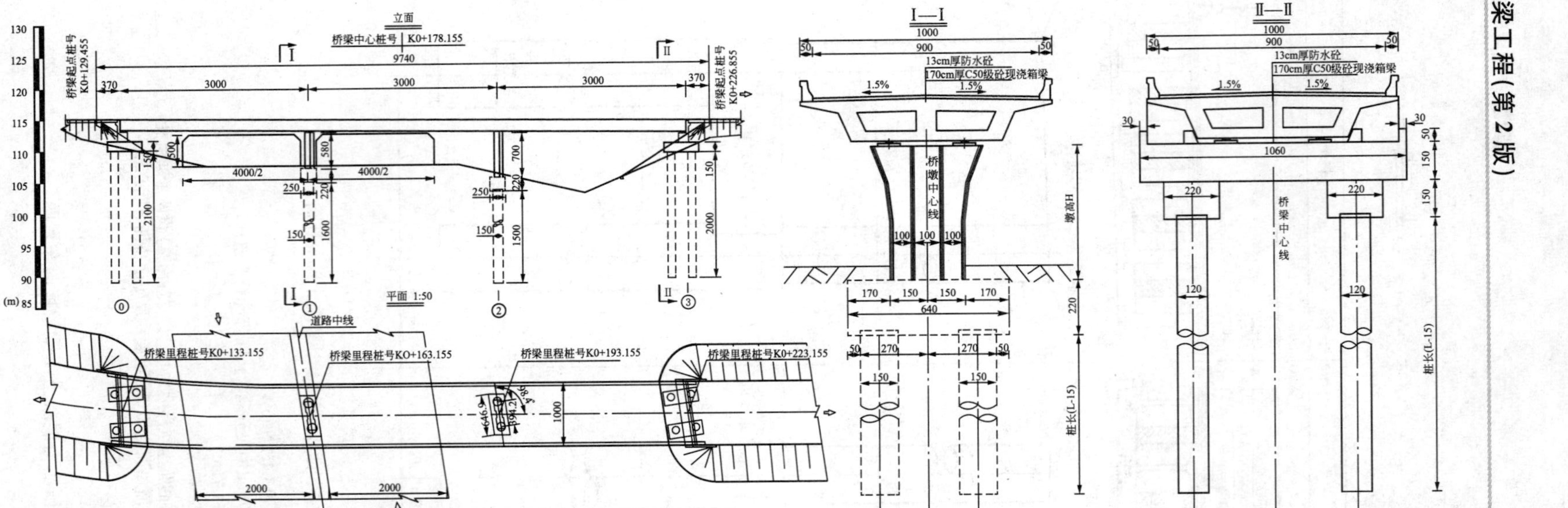

设计高程	115.172	115.135			114.835		114.535		114.235	114.198
坡长 / 坡度	97.4 / −1%									
地面高程	111.483		107.500	109.770		107.500		102.880		111.339
里程桩号	K0 +129.455	+133.155	+147.000	+137.000	+163.155	+187.000	+193.155	+207.000	+223.155	+226.588

注:

(1) 本图尺寸除高程、里程桩号以m计外，其余均以cm为单位。

(2) 设计荷载:公路-Ⅱ级。

(3) 本桥所处地区地震动峰值加速度为0.05g。

(4) 本图高程系统采用***高程系统。

(5) 本桥在0号桥台、3号桥台处分别设置一道D80型的伸缩缝。

(6) 图中H为墩柱高度,L为桩基长度。

(7) 本桥第一跨处在缓和曲线上,桥面变宽，具体见“箱梁一般构造图”。

图 2.11　预应力混凝土连续箱梁桥总体布置图

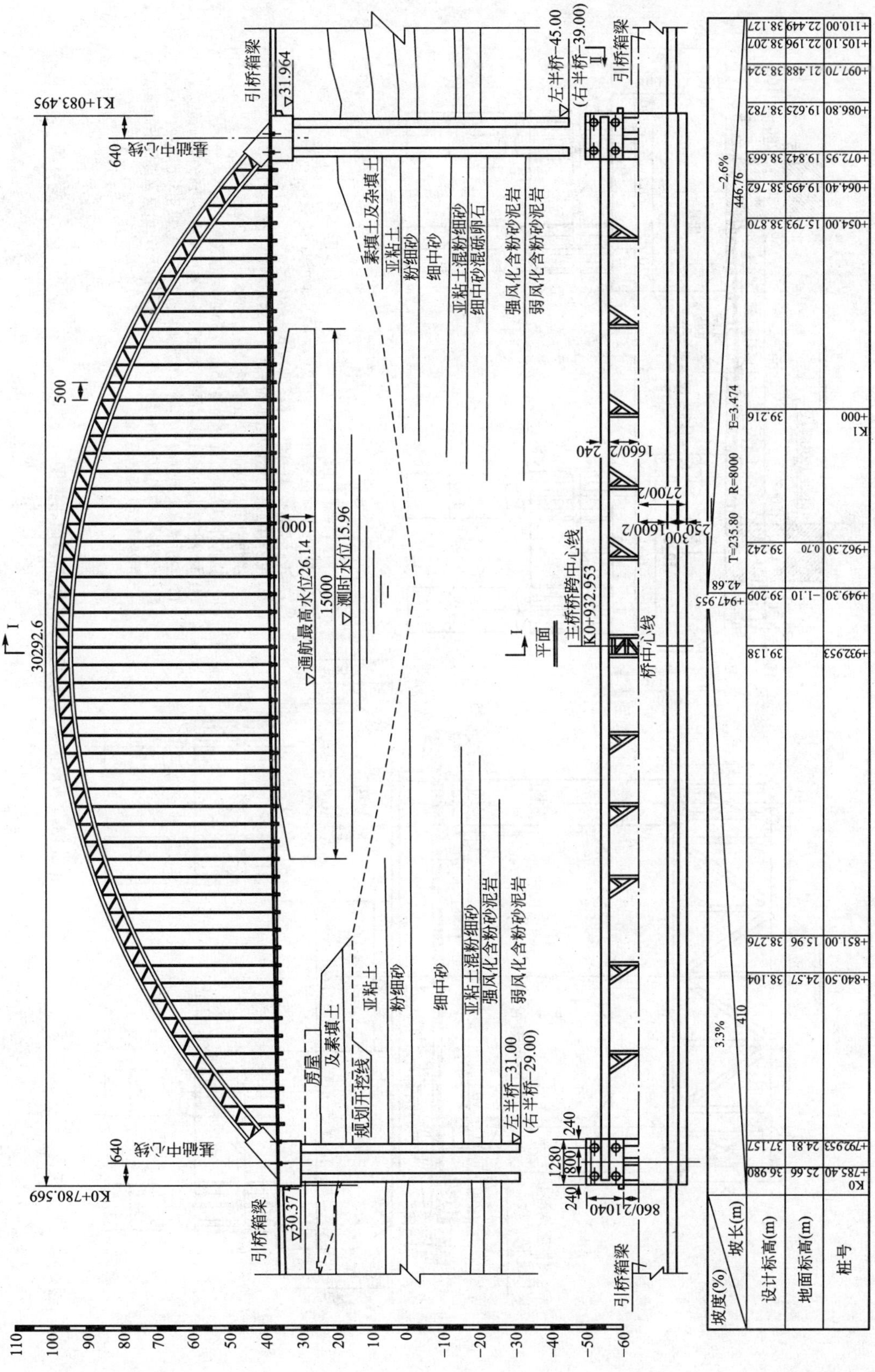

图 2.12 下承式钢管混凝土系杆拱桥总体布置图

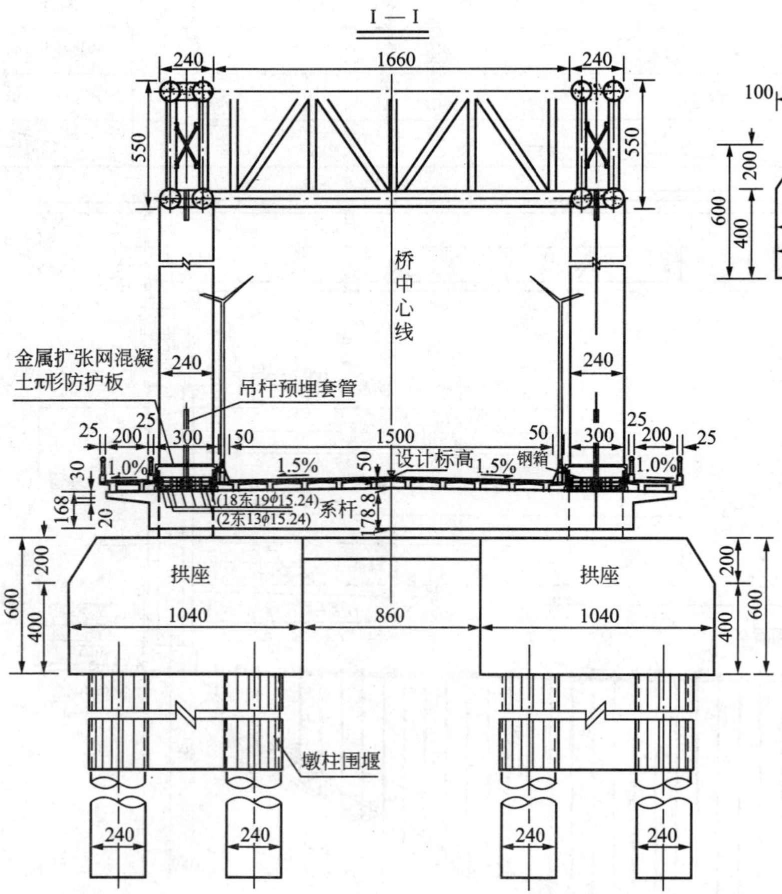

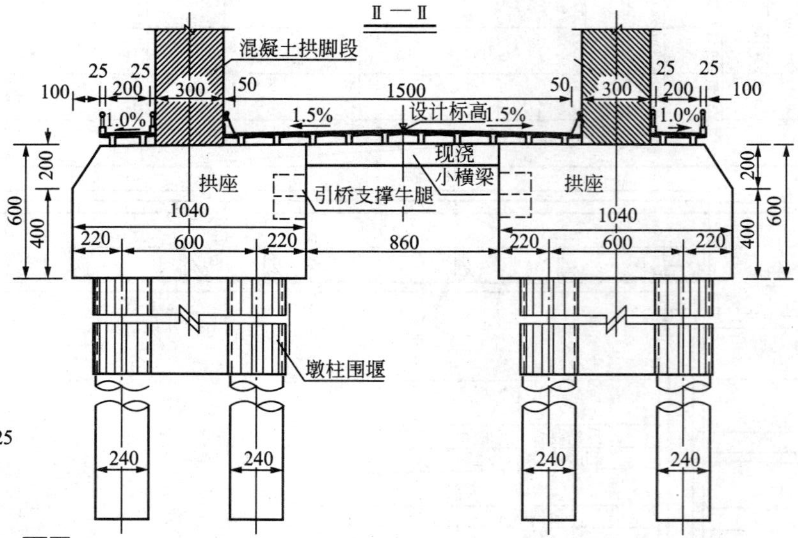

附注:(1) 图中尺寸除桩号标高以m计外,其余均以cm计。

(2) 设计荷载:公路-Ⅱ级,人群3.5kN/m^2。

(3) 主桥拱轴线为悬链线,拱轴系数m=1.543,净失跨比f_0/L_0=1/5。拱肋由四根ϕ1000×12mm的钢管组成,高5.5m, 宽2.4m,拱脚外包混凝土部分为高6.5m, 宽3m的实心截面。

(4) 本桥主桥拱肋采用缆索吊装,扣挂施工。系杆采用f_{pk}=1860MPa钢绞线。

(5) 主桥横梁采用预应力混凝土T型梁,桥面行车道板采用5m跨径的钢筋混凝土T形板,为先简支后固结体系。吊杆采用PES7-61高强镀锌平行钢丝,采用冷铸镦头锚锚固。

图 2.13 下承式钢管混凝土系杆拱桥横向布置图

图 2.9、图 2.10 所示桥型为预应力混凝土先简支后连续 T 梁桥，下部结构采用钢筋混凝土柱式桥墩，桩基均为钻孔摩擦灌注桩。

图 2.11 所示桥型为预应力混凝土等截面连续箱梁桥，下部结构采用钢筋混凝土柱式墩台和钻孔灌注桩基础，本桥为跨线桥。

图 2.12、图 2.13 所示桥型为下承式钢管混凝土系杆拱桥，拱肋为等截面钢管混凝土桁架结构，主桥横梁采用预应力混凝土 T 型梁，吊杆采用高强镀锌平行钢丝，采用分离式高桩承台及钻孔灌注桩基础。

2.3.3 桥型方案比选实例

某西部山区高速公路上的大桥，中心设计标高距河谷底 170 多，峡谷宽约 250m，设计最高洪水位高程 447.2m(黄海高程系统)，拟建中的水电站建成后，最高蓄水水位高程 480.0m。桥墩位置均不在洪水淹没范围内，不受冲刷的影响。

1. 方案初选

在初步设计过程中，根据该桥桥址地形特征、河床断面、地质、水文等条件，对桥梁孔径布置先后作出了如下方案进行比较。

(1) (4×30＋125＋2×200＋125)m 预应力混凝土连续刚构桥方案，其最大墩高 109m，而且边中跨比偏大，支架现浇段过长，因此对此方案进行了进一步的优化。

(2) (4×30＋130＋390＋130)m 混凝土双塔斜拉桥方案，其桥面以下最大墩高 113m，施工难度及斜拉桥自身的稳定性和后期维护工作量较大，方案比选中予以舍弃。

(3) (4×30＋90＋2×220＋90＋30)m 混凝土三塔斜拉桥方案，最大墩高 109m，施工难度及工程量较大，方案比选中予以舍弃。

(4) (4×30＋2×280＋4×30)m 两孔钢管混凝土拱桥方案，起拱线以下最大墩高 65m，吊装施工难度较大，施工控制复杂，方案比选中予以舍弃。

(5) (9×30＋420＋2×30)m 等截面钢管混凝土劲性骨架拱桥方案，主跨净跨为 400m，一跨跨越，吊装施工难度较大，施工控制复杂，因此对此方案进行了进一步的优化。

通过对以上各桥型结构从投资控制、技术条件、材料用量、接线、环境协调及施工难度等方面进行初步比选优化，最后采用(4×30＋110＋2×200＋110)m 预应力混凝土连续刚构桥方案和(9×30＋420＋2×30)m 等截面钢管混凝土劲性骨架拱桥(主孔为 380m)方案进行比较。

2. 桥型方案比较

图 2.14 为该桥两桥型方案比较图。两桥型主要优缺点见表 2－7。综合而言，预应力混凝土连续刚构桥型方案具有造价经济、施工工艺成熟、施工工序相对简单、工期短等优势，为使该桥做到技术先进、可靠，施工方便，行车舒适，因此推荐预应力混凝土连续刚构方案。

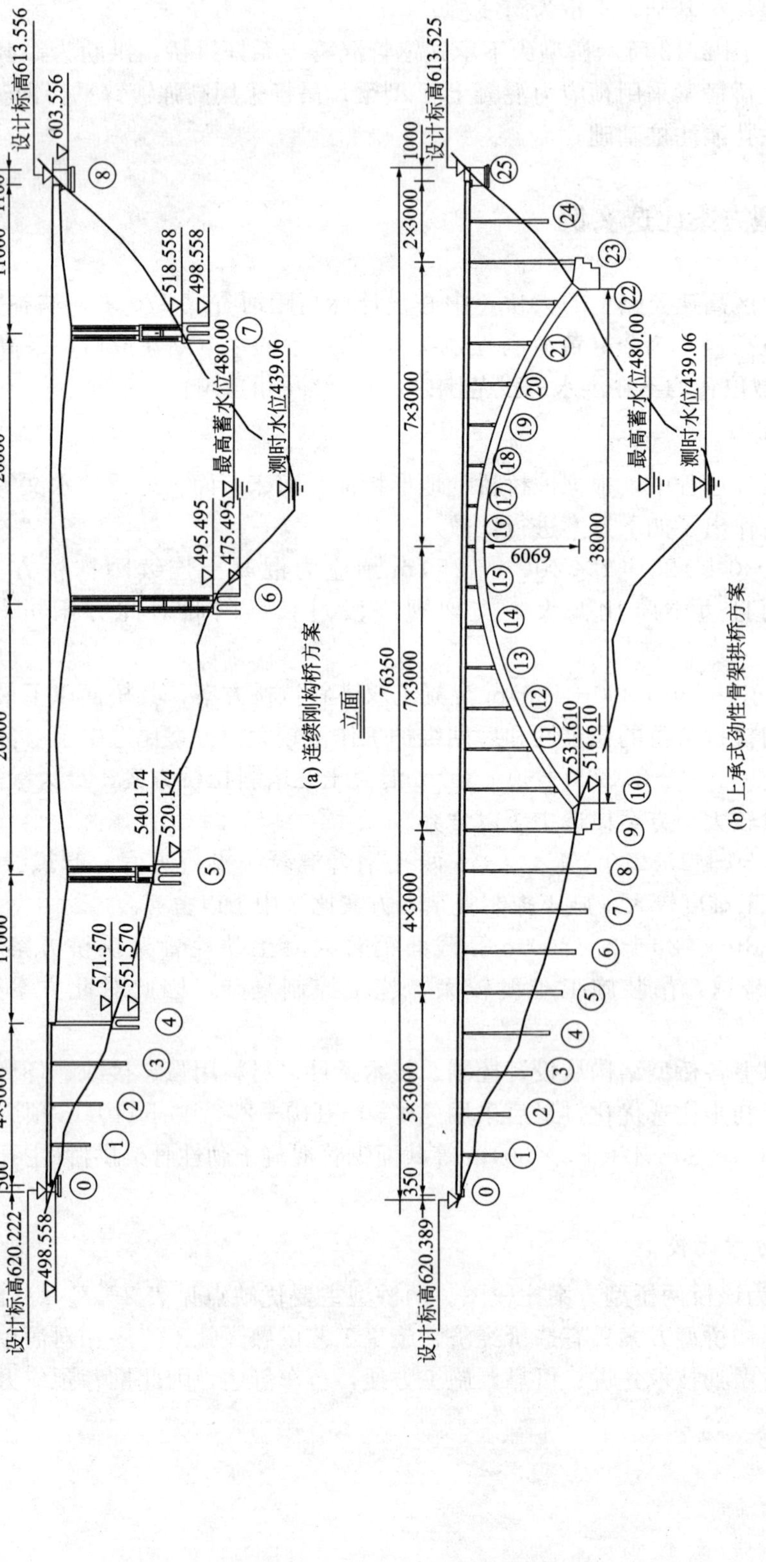

图 2.14 某大桥的桥型方案比较(单位：除标高以 m 计外，余均以 cm 计)

表 2－7　各桥型主要优缺点比较表

比较项目＼方案类别	方案一	方案二
	主桥：预应力混凝土连续刚构（110＋2×200＋110）m 引桥：预应力混凝土连续 T 梁（4×30m）	主桥：上承式劲性骨架拱桥方案（420m） 引桥：预应力混凝土连续 T 梁（5×30＋4×30＋2×30）m
桥梁全长/m	755.5	761.5
工艺技术要求	(1) 施工技术成熟 (2) 所需人工、机具设备较少 (3) 箱梁采用悬臂浇筑，挂篮吨位大 (4) 施工过程控制较复杂	(1) 施工技术较成熟，工艺要求较高 (2) 所需人工、机具设备较多 (3) 劲性骨架采用缆索吊装法施工，吊装吨位轻，劲性骨架加工、运输较为方便 (4) 施工过程控制复杂
营运适用性	整体性好，受力明确，行车平顺	受力合理，行车较平顺
经济性	(1) 建设造价较方案二经济 (2) 主桥桥面连续，无伸缩缝，后期营运养护费用少	(1) 建设造价较高 (2) 伸缩缝较多，后期营运养护费用较高
建设工期	采用挂篮悬臂浇筑工艺，施工进度快，工期 36 个月	主体工程不能平行施工，工期较长，工期 42 个月
美观性	梁体结构尺寸较大，景观效果一般	雄伟壮观，景观协调性较好

本章小结

本章主要介绍了桥梁设计的基本原则、步骤和所需的基本资料及桥梁平、纵、横断面设计的具体内容和桥梁设计方案比选的方法。

桥梁设计应遵循“安全、适用、经济、美观”的基本原则，同时应充分考虑建造技术的先进性以及环境保护和可持续发展的要求。

桥梁设计包括前期工程的“预可”阶段和“工可”阶段，以及正式设计过程的初步设计、技术设计和施工图设计三个阶段。对于技术上复杂的桥梁、互通式立交或新兴桥梁结构要求进行三阶段设计；国内一般的桥梁采用两阶段设计，即初步设计和施工图设计；对于技术简单、方案明确的小桥，也可采用一阶段设计即施工图设计。

桥梁平面设计应考虑路线总体布设的要求；桥梁纵断面设计应根据水文情况确定总跨径，根据地质、水文、造价、施工等条件确定分孔，根据排洪、通航、通车、造价等情况确定桥道标高；桥梁横断面设计应考虑各级公路桥面净空限界等要求。

桥梁设计方案比选需全面考虑结构受力特点、建设造价、养护费用、建设工期、营运适用性、美观等因素，综合分析选定一个最佳推荐方案。

习　　题

1. 桥梁工程设计应遵循哪些基本原则?
2. 桥梁纵断面设计包括哪些内容?
3. 桥梁分孔应考虑哪些主要因素?
4. 如何确定桥道标高?
5. 桥梁设计方案的选择应遵循怎样的步骤?

第3章 桥梁设计作用

教学目标

桥梁的作用是桥梁设计的主要技术标准及桥梁结构计算的主要依据，桥梁上的作用选取是否合理，关系到桥梁结构设计的安全性、适用性和经济性。通过本章的学习，应达到以下目标。

(1) 掌握作用与荷载的概念。

(2) 掌握桥梁作用的分类、代表值、作用效应组合等基本内容。

(3) 掌握永久作用、可变作用的主要类型及取值方法。

(4) 了解偶然作用的类型与取值方法。

教学要求

知识要点	能力要求	相关知识
桥梁设计作用与荷载的概念；桥梁作用的分类、代表值、作用效应组合	(1) 掌握桥梁设计作用的概念及分类 (2) 掌握作用代表值的概念 (3) 掌握作用效应的组合	(1) 永久作用、可变作用、偶然作用 (2) 作用标准值、作用准永久值、作用频遇值 (3) 承载能力极限状态和正常使用极限状态
永久作用、可变作用的主要类型及取值方法	(1) 熟悉永久作用，包括结构重力、预加力、土的重力、土侧压力、混凝土收缩及徐变作用、水的浮力和基础变位作用。 (2) 熟悉可变作用，包括汽车荷载、汽车冲击力、人群荷载、风荷载、温度作用等	(1) 结构重力 (2) 预应力混凝土结构中的预加力 (3) 土的重力、土侧压力 (4) 混凝土收缩及徐变作用 (5) 车道荷载和车辆荷载 (6) 汽车冲击力 (7) 人群荷载

基本概念

永久作用、可变作用、偶然作用、作用标准值、作用准永久值、作用频遇值、承载能力极限状态和正常使用极限状态、结构重力、预应力混凝土结构中的预加力、土的重力、土侧压力、混凝土收缩及徐变作用、车道荷载和车辆荷载、汽车冲击力、人群荷载

引例

2006年5月17日至5月22日，每日的零时至6时，长沙市路桥征费维护管理处组织工程技术人员，对橘子洲大桥(湘江一桥)桥面进行局部维修。交警和相关专家透露，橘子洲大桥目前日车流量已超过8万辆，大大超过该桥设计荷载。大量超设计荷载车辆日夜不停碾压，尽管对大桥结构没有多大影响，但桥面损伤却越来越严重。同时，由于拱桥自身的特殊性，碰上春夏之交，气温变化特别大时，大桥拱顶的竖向位移最大可达50mm。这样，拱桥桥面将不可避免出现裂缝。目前正值雨季，大量雨水渗入裂缝，导致桥面不同程度损坏。

近年来，由于交通量的不断增加，大型超重车辆的不断出现，风载、地震荷载的重要性愈显突出等，导致实际与可能作用在桥梁结构上的荷载越来越复杂，这就为桥梁荷载的选定和分析造成了困难，常因初始设计荷载选定的滞后，而造成桥梁早期破坏或需要加固。在桥梁设计中应考虑哪些荷载和变形，这些荷载和变形对桥梁产生的效应应该如何叠加。高速公路和城市道路中的设计荷载如何选取，这都是本章要讲述的内容。

3.1 作用分类、代表值和作用效应组合

“作用”是指施加在结构上的集中力或分布力，以及引起结构外加变形或约束变形的原因。前者以力的形式作用于结构上，称为直接作用，也称为荷载，如结构的自重、桥面的行车荷载等；后者以变形的形式作用在结构上，称为间接作用，如墩台变位等。作用的种类、形式和大小的选定是桥梁计算工作中的主要部分，它关系到桥梁结构在它的设计使用期限内的安全和桥梁建设费用的合理投资。近年来，由于交通量的不断增加，大型超重车辆的不断出现，风载、地震荷载的重要性愈显突出等，导致实际与可能作用在桥梁结构上的荷载越来越复杂，这就为桥梁荷载的选定和分析造成了困难，常因初始设计荷载选定的滞后，而造成桥梁早期破坏或加固。

3.1.1 桥梁设计作用的分类

我国交通部颁布的《公路桥涵设计通用规范》(JTJ D60—2004)中，将作用分为永久作用、可变作用和偶然作用三大类，见表3-1。

表3-1 作用的分类

序号	作用分类	作用名称
1	永久作用	结构重力(包括结构附加重力)
2		预加力
3		土的重力
4		土侧压力
5		混凝土收缩及徐变作用

（续）

序号	作用分类	作用名称
6	永久作用	水的浮力
7		基础变位作用
8	可变作用	汽车荷载
9		汽车冲击力
10		汽车离心力
11		汽车引起的土侧压力
12		人群荷载
13		汽车制动力
14		风荷载
15		流水压力
16		冰压力
17		温度(均匀温度和梯度温度)作用
18		支座摩阻力
19	偶然作用	地震作用
20		船舶或漂流物的撞击作用
21		汽车撞击作用

永久作用：在结构使用期内，其量值不随时间变化，或其变化值与平均值相比可以忽略不计的作用。

可变作用：在结构使用期内，其量值随时间变化，且其变化与平均值相比不可忽略的作用。

偶然作用：在结构使用期内，出现的概率很小，但一旦出现其值很大且持续时间较短的作用。

3.1.2 作用代表值

1. 作用代表值

结构或构件设计时，针对不同设计目的所采用的各种作用规定值，它包括作用标准值、准永久值和频遇值等。

1）作用标准值

结构按极限状态设计时采用的作用基本代表值，其值可根据作用在设计基准期内最大值概率分布的某一分位值确定。若为正态分布，则如图 3.1 中的 P_k 荷载值所示。作用标准值理论上应为结构在使用期

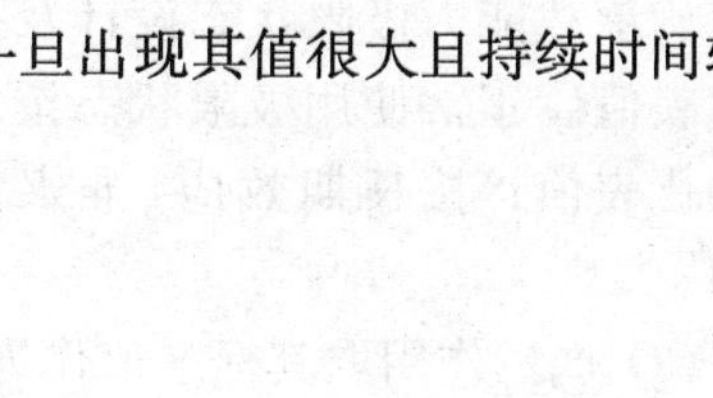

图 3.1 作用标准值的概率含义

间，在正常情况下，可能出现的具有一定保证率的偏大荷载值。

2）作用准永久值

结构或构件按正常使用极限状态长期效应组合设计时，采用的一种可变作用代表值。如图3.2所示，在可变荷载Q的随机过程中，荷载超过某水平Q_k的表示方式，可用超过Q_k的总持续时间$T_x=\sum t_i$与设计基准期T的比率$\mu_x=T_x/T$来表示。可变荷载的准永久值是指在设计基准期内，其超越的总时间约为设计基准期T一半(即μ_x约等于0.5)时Q_k对应的可变荷载代表值，即在设计基准期内经常作用荷载值。

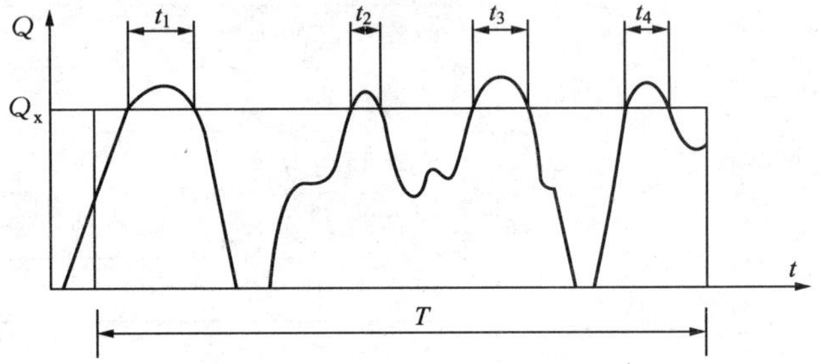

图3.2　可变荷载的一个样本

3）作用频遇值

结构或构件按正常使用极限状态短期效应组合设计时，采用的一种可变作用代表值。可变荷载的频遇值是指在设计基准期内，其超越的总时间为规定的较小比率(即μ_x不大于0.1)或超越频率为规定频率的荷载值。它相当于在结构上时而出现的较大荷载值，但总小于荷载标准值。

2. 作用代表值的采用

(1) 永久作用应采用标准值作为代表值。

(2) 可变作用应根据不同的极限状态分别采用标准值、频遇值或准永久值作为其代表值。承载能力极限状态设计及按弹性阶段计算结构强度时应采用标准值作为可变作用的代表值。正常使用极限状态按短期效应(频遇)组合设计时，应采用频遇值作为可变作用的代表值；按长期效应(准永久)组合设计时，应采用准永久值作为可变作用的代表值。

(3) 偶然作用取其标准值作为代表值。作用的设计值规定为作用的标准值乘以相应的分项系数。

3.1.3　作用效应的组合

结构对所受作用的反应，如内力、位移等称为作用效应，作用效应组合是指结构上几种作用分别产生的效应的随机叠加。

(1) 公路桥涵结构按承载能力极限状态设计时，应采用以下两种效应组合。

① 基本组合。永久作用的设计值与可变作用设计值效应相组合，其效应组合表达式为：

$$\gamma_0 S_{ud}=\gamma_0\left(\sum_{i=1}^{m}\gamma_{Gi}S_{Gik}+\gamma_{Q1}S_{Q1k}+\psi_c\sum_{j=2}^{n}\gamma_{Qj}S_{Qjk}\right) \tag{3-1}$$

或
$$\gamma_0 S_{ud}=\gamma_0\left(\sum_{i=1}^{m}S_{Gid}+S_{Q1d}+\psi_c\sum_{j=2}^{n}S_{Qjd}\right) \tag{3-2}$$

式中： γ_0——结构重要性系数，对应于设计安全等级一级、二级和三级分别取1.1、1.0和0.9；公路桥涵结构的设计安全等级见表3-2；

表3-2 公路桥涵结构的设计安全等级

设计安全等级	桥涵结构
一级	特大桥和重要大桥
二级	大桥、中桥和重要小桥
三级	小桥和涵洞

S_{ud}——承载能力极限状态下作用基本组合的效应组合设计值，作用效应设计值等于作用标准值效应与作用分项系数的乘积；

γ_{Gi}——第i个永久作用效应的分项系数，见表3-3，分项系数是指为保证所设计的结构具有规定的可靠度而在设计表达式中采用的系数，分作用分项系数和抗力分项系数两类；

γ_{Q1}——汽车荷载效应(含汽车冲击力、离心力)的分项系数，取$\gamma_{Q1}=1.4$。当某个可变作用在效应组合中其值超过汽车荷载效应时，则该作用取代汽车荷载，其分项系数应采用汽车荷载的分项系数；对专为承受某作用而设置的结构或装置，设计时该作用的分项系数取与汽车荷载同值；计算人行道板和人行道栏杆的局部荷载，其分项系数也与汽车荷载取同值；

S_{Q1k}、S_{Q1d}——汽车荷载效应(含汽车冲击力、离心力)的标准值和设计值；

γ_{Qj}——在作用效应组合中除汽车荷载效应(含汽车冲击力、离心力)、风荷载外的其他第j个可变作用效应的分项系数．取$\gamma_{Qj}=1.4$，但风荷载的分项系数$\gamma_{Qj}=1.1$；

S_{Qjk}、S_{Qjd}——在作用效应组合中除汽车荷载效应(含汽车冲击力、离心力)外的其他第j个可变作用效应的标准值和设计值：

ψ_c——在作用效应组合中除汽车荷载效应(含汽车冲击力、离心力)外的其他可变作用效应的组合系数。当永久作用与汽车荷载和人群荷载(或其他一种可变作用)组合时，人群荷载(或其他一种可变作用)的组合系数取$\psi_c=0.80$；当除汽车荷载(含汽车冲击力、离心力)外尚有两种其他可变作用参与组合时，其组合系数取$\psi_c=0.70$；尚有3种可变作用参与组合时，其组合系数取$\psi_c=0.60$；尚有4种及多于4种的可变作用参与组合时，取$\psi_c=0.50$；

S_{Gik}、S_{Gid}——第i个永久作用效应的标准值和设计值。

设计弯桥时，当离心力与制动力同时参与组合时，制动力标准值或设计值按70%取用。

表 3-3　永久作用效应的分项系数

序号	作用类型		永久作用效应分项系数	
			对结构的承载能力不利时	对结构的承载能力有利时
1	混凝土和圬工结构重力(包括结构附加重力)		1.2	1.0
	钢结构重力(包括结构附加重力)		1.1或1.2	1.0
2	预加力		1.2	1.0
3	土的重力		1.2	1.0
4	混凝土的收缩及徐变作用		1.0	1.0
5	土侧压力		1.4	1.0
6	水的浮力		1.0	1.0
7	基础变位作用	混凝土和圬工结构	0.5	0.5
		钢结构	1.0	1.0

② 偶然组合。永久作用标准值效应与可变作用某种代表值效应、一种偶然作用标准值效应相组合。偶然作用的效应分项系数取1.0；与偶然作用同时出现的可变作用，可根据观测资料和工程经验取用适当的代表值。地震作用标准值及其表达式按现行《公路工程抗震设计规范》规定采用。

(2) 公路桥涵结构按正常使用极限状态设计时，采用以下两种效应组合。

① 作用短期效应组合。永久作用标准值效应与可变作用频遇值效应相组合，其效应组合表达式为：

$$S_{sd} = \sum_{i=1}^{m} S_{Gik} + \sum_{j=1}^{n} \psi_{1j} S_{Qjk} \tag{3-3}$$

式中：S_{sd}——作用短期效应组合设计值；

ψ_{1j}——第 j 个可变作用效应的频遇值系数，汽车荷载(不计冲击力)$\psi_{1j}=0.7$，人群荷载 $\psi_{1j}=1.0$，风荷载 $\psi_{1j}=0.75$，温度梯度作用 $\psi_{1j}=0.8$，其他作用 $\psi_{1j}=1.0$；

$\psi_{1j}S_{Qjk}$——第 j 个可变作用效应的频遇值。

② 作用长期效应组合。永久作用标准值效应与可变作用准永久值效应相组合，其效应组合表达式为：

$$S_{ld} = \sum_{i=1}^{m} S_{Gik} + \sum_{j=1}^{n} \psi_{2j} S_{Qjk} \tag{3-4}$$

式中：S_{ld}——作用长期效应组合设计值；

ψ_{2j}——第 j 个可变作用效应的准永久值系数，汽车荷载(不计冲击力)$\psi_{2j}=0.4$，人

群荷载 $\psi_{2j}=0.4$，风荷载 $\psi_{2j}=0.75$，温度梯度作用 $\psi_{2j}=0.8$，其他作用 $\psi_{2j}=1.0$；

$\psi_{2j}S_{Qjk}$——第 j 个可变作用效应的准永久值。

当结构构件进行弹性阶段截面应力计算时．除特别指明外，各作用效应的分项系数及组合系数均取为1．0。

3.2 永久作用

永久作用包括结构重力、预加力、土的重力、土侧压力、混凝土收缩及徐变作用、水的浮力和基础变位作用。

1. 结构重力

结构物的重力及桥面铺装、附属设备等外加重力均属结构重力，结构自重可按结构构件的设计尺寸与材料的重力密度计算确定。桥梁结构的自重往往占全部设计荷载的大部分，采用轻质高强材料对减轻桥梁自重、增大跨越能力有重要意义。

2. 预加力

对于预应力混凝土结构，预加力在结构进行正常使用极限状态设计和使用阶段构件应力计算时，应作为永久作用计算其主、次效应，计算时应考虑相应阶段的预应力损失，但不计由于预加力偏心距增大引起的附加效应。在结构承载能力极限状态设计时，预加应力不作为作用，而将预应力钢筋作为结构抗力的一部分，但在超静定结构中，仍需计算预加力引起的次效应。

3. 土压力

作用在墩台上的土重力、土侧压力可参照《公路桥涵设计通用规范》(JTJ D60—2004)的规定计算。

在验算桥墩、台以及挡土墙倾覆和滑动稳定性时，其前侧地面以下不受冲刷部分土的侧压力可按静土压力计算。计算作用于桥台后的主动土压力的标准值，一般应考虑台后有车辆作用和台后无车辆作用等不同的作用情况，

4. 水的浮力

水的浮力对桥梁墩台的影响，当基础底面位于透水性地基上时，验算墩台的稳定性，应采用设计水位浮力，而验算地基应力时，仅考虑低水位时的浮力或不考虑水的浮力；当基础嵌入不透水性地基上时，可不考虑水的浮力；当不能确定地基是否透水时，应以透水和不透水两种情况分别与其他作用组合，取其最不利者。

作用在桩基承台底面的浮力，应考虑全部底面积。对桩嵌入不透水地基并灌注混凝土封闭者，不应考虑桩的浮力，在计算承台底面浮力时，应扣除桩的截面积。

5. 混凝土收缩及徐变作用

对于超静定的混凝土结构及组合梁桥等，均应考虑混凝土的收缩和徐变影响，混凝土收缩应变和徐变系数可按《公路钢筋混凝土及预应力混凝土桥涵设计规范》(JTG D62—

2004)的规定计算。混凝土收缩影响可作为相应于温度的降低考虑，徐变影响可假定混凝土应力与徐变变形间为线性关系。计算圬工拱圈的收缩作用效应时，如考虑徐变影响，作用效应可乘以 0.45 的折减系数。

3.3 可变作用

3.3.1 汽车荷载

1. 公路桥梁汽车荷载

汽车荷载由车道荷载和车辆荷载组成，车道荷载由均布荷载和集中荷载组成。桥梁结构的整体计算采用车道荷载；桥梁结构的局部加载、涵洞、桥台和挡土墙土压力等的计算采用车辆荷载。车道荷载与车辆荷载的作用不得叠加。

公路桥涵设计时，将汽车荷载分为公路-Ⅰ级和公路-Ⅱ级两个等级，其荷载等级的确定参照表 3-4。

表 3-4 各级公路桥涵的汽车荷载等级

公路等级	高速公路	一级公路	二级公路	三级公路	四级公路
汽车荷载等级	公路-Ⅰ级	公路-Ⅰ级	公路-Ⅱ级	公路-Ⅱ级	公路-Ⅱ级

二级公路为干线公路且重型车辆多时．其桥涵的设计可采用公路-Ⅰ级汽车荷载。

四级公路上重型车辆少时，其桥涵设计所采用的公路-Ⅱ级车道荷载的效应可乘以 0.8 的折减系数。车辆荷载的效应可乘以 0.7 的折减系数。

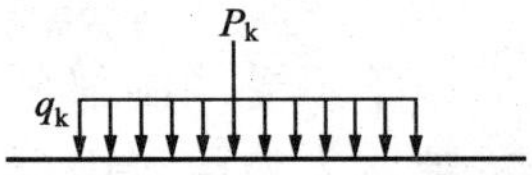

图 3.3 车道荷载的计算图式

1）车道荷载

车道荷载的计算图式如图 3.3 所示。

(1) 公路-Ⅰ级车道荷载的均布荷载标准值为 $q_k=10.5kN/m$；集中荷载标准值 P_k按以下规定选取。

桥涵计算跨径小于或等于 5m 时，$P_k=180kN$；桥涵计算跨径大于或等于 50m 时，$P_k=360kN$；桥涵计算跨径在 5～50m 之间时，P_k 值按直线内插求得。计算剪力效应时，集中荷载标准值 P_k乘以 1.2 的系数。

(2) 公路-Ⅱ级车道荷载的均布荷载标准值 q_k和集中荷载标准值 P_k，为公路-Ⅰ级车道荷载的 75%。

(3) 车道荷载的均布荷载标准值应满布于使结构产生最不利效应的同号影响线上；集中荷载标准值只作用于影响线中一个最大影响线峰值处。

2）车辆荷载

公路-Ⅰ级和公路-Ⅱ级汽车荷载采用相同的车辆荷载标准值。车辆荷载布置如图 3.4 所示，其主要技术指标见表 3-5。

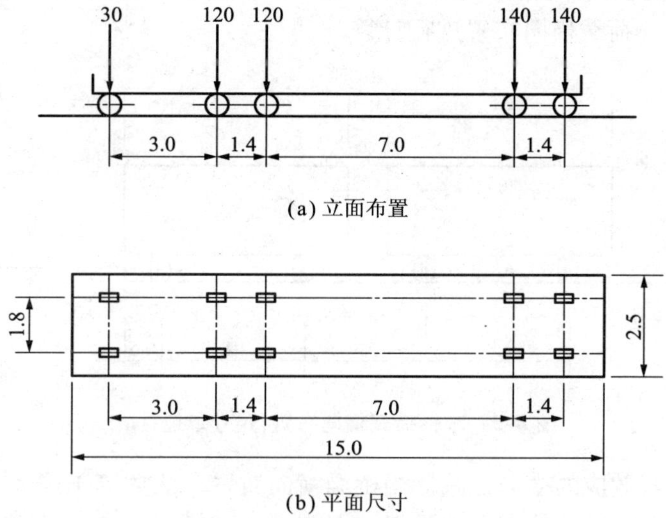

图 3.4 车辆荷载布置(单位：m)

表 3-5 车辆荷载主要技术指标

项　　目	单位	技术指标	项　　目	单位	技术指标
车辆重力标准值	kN	550	轮距	m	1.8
前轴重力标准值	kN	30	前轮着地宽度及长度	m	0.3×0.2
中轴重力标准值	kN	2×120	中、后轮着地宽度及长度	m	0.6×0.2
后轴重力标准值	kN	2×140	车辆外形尺寸(长×宽)	m	15×2.5
轴距	m	3+1.4+7+1.4			

3）设计车道数、车道荷载的横向布置及荷载效应的折减

(1) 设计车道数。公路桥涵设计车道数与车行道宽度的关系见表 3-6。

表 3-6 设计车道数与车行道宽度的关系

桥面宽度 W/m		桥涵设计车道数
车辆单向行驶时	车辆双向行驶时	
$W<7.0$	—	1
$7.0\leqslant W<10.5$	$6.0\leqslant W<14.0$	2
$10.5\leqslant W<14.0$	—	3
$14.0\leqslant W<17.5$	$14.0\leqslant W<21.0$	4
$17.5\leqslant W<21.0$	—	5
$21.0\leqslant W<24.5$	$21.0\leqslant W<28.0$	6
$24.5\leqslant W<28.0$	—	7
$28.0\leqslant W<31.5$	$28.0\leqslant W<35.0$	8

(2) 车辆荷载的横向布置。车道荷载的横向分布系数，应按表 3-6 所示的设计车道数和图 3.5 所示的车辆荷载横向布置进行计算。

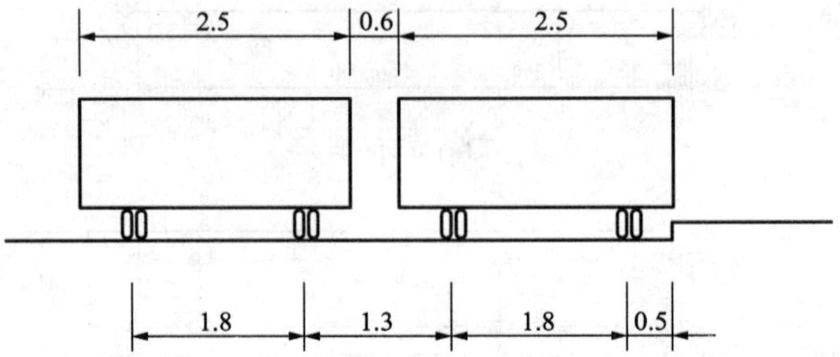

图 3.5 车辆荷载横向布置(尺寸单位：m)

(3) 多车道荷载效应的横向折减。当桥梁横向布置车队数等于或大于 2 时，由于单向并行通过的机率较小，应考虑计算荷载效应的横向折减，折减系数见表 3-7，但折减后的效应不得小于用两设计车道的荷载效应。

表 3-7 荷载横向折减系数

横向布置设计车道数/条	2	3	4	5	6	7	8
横向折减系数	1.00	0.78	0.67	0.60	0.55	0.52	0.50

(4) 荷载效应的纵向折减。当桥梁计算跨径大于 150m 时，应按考虑车道荷载的纵向折减。桥梁为多跨连续结构时，整个结构应按最大计算跨径的纵向折减系数进行折减，见表 3-8。

表 3-8 荷载纵向折减系数

计算跨径 L_0/m	纵向折减系数	计算跨径 L_0/m	纵向折减系数
$150<L_0<400$	0.97	$800\leqslant L_0<1000$	0.94
$400\leqslant L_0<600$	0.96	$L_0\geqslant 1000$	0.93
$600\leqslant L_0<800$	0.95		

2. 城市桥梁汽车荷载

我国建设部 1998 年制定了《城市桥梁设计荷载标准》(CJJ 77—1998)，该标准适用于城市内新建、改建的永久性桥梁与涵洞，高架道路及承受机动车的结构物荷载设计。荷载采用两级荷载标准，即城-A 级、城-B 级。

在城市桥梁设计中，汽车荷载可分为车道荷载和车辆荷载。车道荷载主要用于桥梁的主梁、主拱和主桁架等的计算。车辆荷载主要用于桥梁的横隔梁、行车道板、桥台或挡土墙后土压力的计算。当进行桥梁结构计算时不得将车辆荷载与车道荷载的作用叠加。

1）车道荷载

（1）车道荷载的纵向布置。城-A级和城-B级车道荷载的纵向布置如图3.6所示，计算时按均布荷载加一个集中荷载P，q_M表示弯矩效应计算时采用的均布荷载标准值，q_Q表示剪力效应计算时采用的均布荷载标准值，均布荷载和集中荷载的标准值见表3-9。

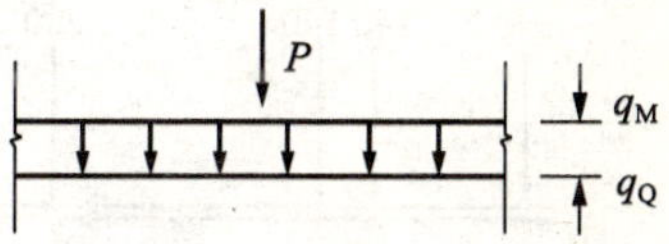

图3.6 车道荷载纵向布置

表3-9 车道荷载的均布荷载和集中荷载标准值

荷载等级	城-A级			城-B级		
跨径/m	车道荷载			车道荷载		
	q_M/(kN/m)	q_Q/(kN/m)	P/kN	q_M/(kN/m)	q_Q/(kN/m)	P/kN
$2 \leqslant l \leqslant 20$	22.5	37.5	140	19.0	25.0	130
$20 < l \leqslant 150$	10.0	15.0	300	9.5	11.0	160

注：在计算剪力时，当跨径大于20m小于150m，且车道数等于或大于4条时，城-A级、城-B级车道荷载应分别乘以1.25、1.30的增长系数。

（2）车道荷载的横向布置。车道荷载的横向布置如图3.7所示。

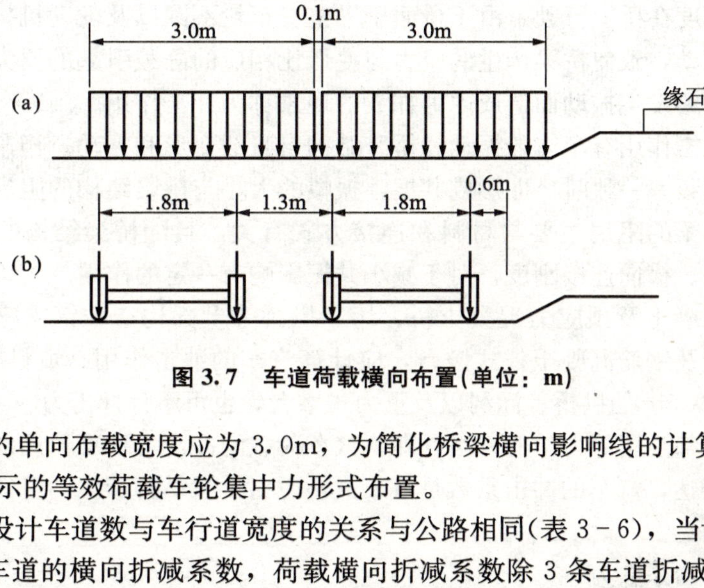

图3.7 车道荷载横向布置(单位：m)

车道荷载的单向布载宽度应为3.0m，为简化桥梁横向影响线的计算，车道荷载应按照图3.7(b)所示的等效荷载车轮集中力形式布置。

城市道路设计车道数与车行道宽度的关系与公路相同(表3-6)，当设计车道数目大于2时，应计入车道的横向折减系数，荷载横向折减系数除3条车道折减系数改为0.8外，剩余与公路设计荷载相同(表3-7)。加载车道位置应选在结构能产生最不利的荷载效应之处，车道的纵向折减不予考虑。

2）车辆荷载

车辆荷载的平面布置如图3.8及图3.9所示。城-A级总轴重700kN，适用于快速路及主干路。城-B级荷载总轴重300kN，适用于次干路及支路。

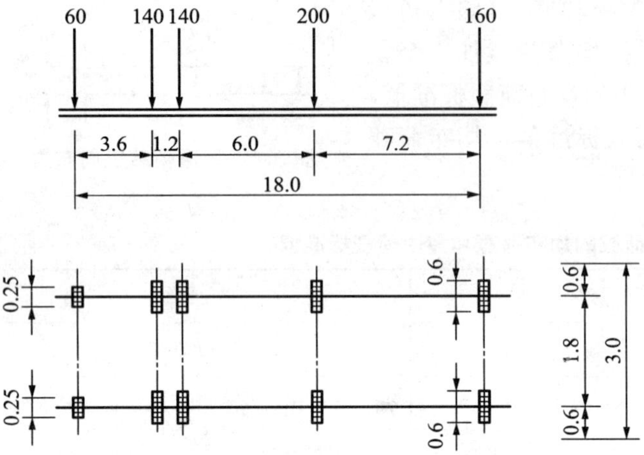

图 3.8　城-A级标准车辆纵、平面布置(单位：轴重，kN；长度，m)

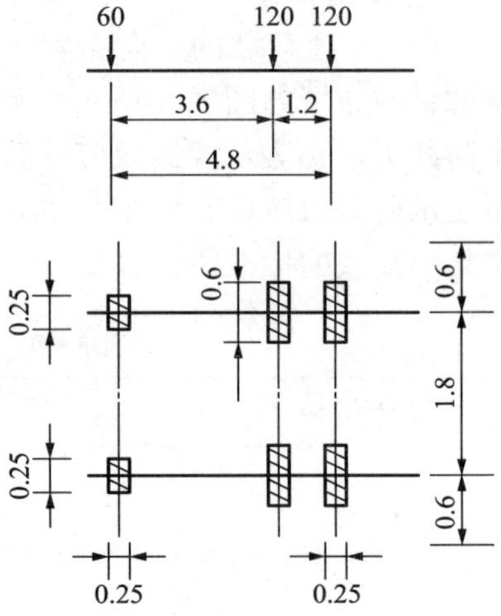

图 3.9　城-B级标准车辆纵、平面布置(单位：轴重，kN；长度，m)

3.3.2　汽车冲击力

汽车以一定速度在桥上行驶，由于桥面不平整、车轮不圆以及发动机抖动等原因，会使桥梁结构引起振动，致使桥梁产生的应力与变形比相应的静载引起的要大，这种由于荷载的动力作用使桥梁发生振动而造成内力加大的现象称为冲击作用。

汽车荷载的冲击作用有车体的振动和桥跨结构自身的变形和振动。当车辆的振动频率与桥跨结构的自振频率一致时，即形成共振，振幅的大小与桥梁结构的阻尼大小及共振时间的长短有关。桥梁的阻尼主要与材料和连接方式有关，且随桥梁结构的跨径增大而减小。增大桥梁的纵、横向连接刚度，对于减小共振影响有一定的作用。

钢桥、钢筋混凝土及预应力混凝土桥、圬工拱桥等上部构造和钢支座、板式橡胶支座、盆式橡胶支座及钢筋混凝土柱式墩台，应计算汽车的冲击作用。填料厚度(包括路面厚度)等于或大于0.5m的拱桥、涵洞以及重力式墩台，也可不计冲击力。

冲击影响一般都是用静力学的方法，即将汽车荷载的冲击力标准值用汽车荷载标准值乘以冲击系数μ表达，汽车的冲击系数是汽车过桥时对桥梁结构产生的竖向动力效应的增大系数。

汽车荷载的冲击系数为：

$$\mu=\frac{Y_{dmax}-Y_{jmax}}{Y_{jmax}} \tag{3-5}$$

式中：Y_{jmax}——汽车过桥时测得的效应时间历程曲线上，最大静力效应处量取的最大静力效应值；

Y_{dmax}——在效应时间历程曲线上，最大静力效应处量取的最大动力效应值。

下面给出不同规范中关于冲击系数μ的计算方法。

1.《公路桥涵设计通用规范》(JTJ D60—2004)

冲击系数 μ 与结构的基频 f(Hz)有关。

(1) 当 $f<1.5$Hz 时，$\mu=0.05$。

(2) 当 1.5Hz$\leqslant f \leqslant$14Hz 时，$\mu=0.1767\ln f-0.0157$。

(3) 当 $f>14$Hz 时，$\mu=0.45$。

2.《城市桥梁设计荷载标准》(CJJ 77—1998)

城市桥梁 μ 值可按下列公式计算。

1）车道荷载

$$\mu=\frac{20}{80+l} \tag{3-6}$$

式中：l——跨径(m)，当 l=20m 时，$\mu=0.2$；当 l=150m 时，$\mu=0.1$。

2）车辆荷载

$$\mu=0.6686-0.3032\log l \tag{3-7}$$

但 μ 的最大值不得超过 0.4。

3.3.3 汽车离心力

《公路桥规》中规定：当弯道桥的半径等于或小于 250m 时，应计算汽车荷载的离心力。离心力为车辆荷载(不计冲击力)乘以离心力系数 C，离心力系数由下式计算。

$$C=\frac{V^2}{127R} \tag{3-8}$$

式中：V——计算行车速度，应按桥梁所在路线等级的规定采用(km/h)；高速公路设计车速为 120、100、80km/h；一级公路设计车速为 100、80、60km/h；二级公路设计车速为 80、60km/h；三级公路设计车速为 40、30km/h；四级公路设计车速为 30km/h。

R——曲线半径(m)。

在计算多车道的离心力时，应按表 3-7 横向折减系数折减；离心力的着力点在桥面以上 1.2m(为计算简便也可移至桥面上，不计由此引起的力矩)。

3.3.4 汽车引起的土侧压力

计算汽车荷载引起的土压力应首先计算桥台后填土的破裂棱体的长度 l_0，将车辆荷载换算为等代均布土层的厚度，等代均布土层的厚度为：

$$h=\frac{\sum G}{Bl_0\gamma} \tag{3-9}$$

式中：γ——土的重力密度(kN/m³)；

l_0——桥台或挡土墙后填土的破坏棱体长度(m)，对于墙顶以上有填土的路堤式挡土墙，l_0为破坏棱体范围内的路基宽度部分；

B——桥台横向全宽或挡土墙的计算长度(m)。

挡土墙的计算长度可按下列公式计算，但不应超过挡土墙分段长度：

$$B=13+H\tan 30^{\circ} \tag{3-10}$$

当挡土墙分段长度小于13m时，B取分段长度，并在该长度内按不利情况布置轮重。

式中：H——挡土墙高度(m)，对墙顶以上有填土的挡土墙，为两倍墙顶填土厚度加墙高；

$\sum G$——布置在Bl_0面积内的车轮的总重力(kN)，计算挡土墙土压力时，车轮荷载应按图3.2和图3.3进行纵、横向布置，车轮外侧车轮中线距路面边缘0.5m，对于多车道加载时，车轮的总重力按表3-7进行荷载横向折减。

计算涵洞顶上车辆荷载引起的竖向土压力时，车轮按其着地面积的边缘向下作30°角分布。当几个车轮的压力扩散线相重叠时，扩散面积以最外边的扩散线为准。

3.3.5 人群荷载

设有人行道的桥梁，当用汽车荷载计算时，应同时计入人行道上的人群荷载。

1. 公路桥梁

公路桥梁人群荷载标准值取值见表3-10。

表3-10 公路桥梁人群荷载标准值

跨径 l/m	人群荷载标准值/(kN/m²)	跨径 l/m	人群荷载标准值/(kN/m²)
$l\leqslant 50$	3.0	$50<l<150$	直线内插
$l\geqslant 150$	2.5		

注：① 对于跨径不等的连续结构，采用最大计算跨径的人群荷载标准值。

② 城镇郊区行人密集地区的公路桥梁，人群荷载标准值为上述标准值的1.15倍。

③ 专用人行桥梁，人群荷载标准值为3.5kN/m²。

2. 城市桥梁

在计算人行道板、局部构件的人群荷载时，应按5kN/m²的均布荷载或1.5kN的竖向集中力分别计算，取其不利者。当计算梁、桁架、拱及其他大跨结构的人群荷载，需根据加载长度及人行道宽度来确定，参见《城市桥梁设计荷载标准》(CJJ 77—1998)，且在任何情况下不得小于2.4kN/m²。

在设计栏杆时，对于公路桥梁作用在栏杆立柱顶上的水平推力一般采用0.75kN/m；作用在栏杆扶手上的竖向力一般采用1kN/m；对于城市桥梁由于人流量较大，作用在栏杆扶手上的活载，其竖向活载采用1.2kN/m，水平向外荷载采用1.0kN/m。两者应分别考虑，不得同时作用。

3.3.6 汽车制动力

桥上汽车制动力是车辆在刹车时为克服车辆的惯性力而在路面与车辆之间发生的滑动摩擦力。

汽车荷载的制动力按同向行驶的汽车荷载(不计冲击力)计算，并按照以使桥梁墩台产生最不利纵向力的加载长度进行纵向折减。

一个设计车道上由汽车荷载产生的制动力按照规定的车道荷载标准值在加载长度上计算的总重力的10%计算，但公路-Ⅰ级汽车荷载的制动力标准值不得小于165kN；公路-Ⅱ级汽车荷载的制动力标准值不得小于90kN。同向行驶双车道的汽车荷载制动力标准值为一个设计车道制动力标准值的两倍；同向行驶三车道为一个设计车道制动力标准值的2.34倍；同向行驶四车道为一个设计车道的2.68倍。

制动力的着力点在桥面以上1.2m处，计算墩台时，可移至支座铰中心或支座底面上。计算刚构桥、拱桥时，制动力的着力点可移至桥面上，但不计因此而产生的竖向力和力距。

设有板式橡胶支座的简支梁、连续桥面简支梁或连续梁排架式柔性墩台，应根据支座与墩台的抗推刚度的刚度集成情况分配和传递制动力。

设有板式橡胶支座的简支梁刚性墩台，按单跨两端的板式橡胶支座的抗推刚度分配制动力。

设有固定支座、活动支座(滚动或摆动支座、聚四氟乙烯板支座)的刚性墩台传递的制动力，按表3-11选用。每个活动支座的传递的制动力，其值不应大于其摩阻力，当大于摩阻力时，按摩阻力计算。

表3-11 刚性墩台各种支座传递的制动力

桥梁墩台及支座类型		应计的制动力	符号说明
简支梁桥台	固定支座 聚四氟乙烯板支座 滚动(或摆动)支座	T_1 $0.30T_1$ $0.25T_1$	T_1——加载长度为计算跨径时的制动力 T_2——加载长度为相邻两跨计算跨径之和时的制动力 T_3——加载长度为一联长度的制动力
简支梁桥墩	两个固定支座 一个固定支座，一个活动支座 两个聚四氟乙烯板支座 两个滚动(或摆动)支座	T_2 注 $0.30T_2$ $0.25T_2$	
连续梁桥墩	固定支座 聚四氟乙烯板支座 滚动(或摆动)支座	T_3 $0.30T_3$ $0.25T_3$	

注：固定支座按照T_4计算，活动支座按$0.30T_5$(聚四氟乙烯板支座)计算或$0.25T_5$(滚动或摆动支座)计算，T_4和T_5分别为与固定支座或活动支座相应的单跨跨径的制动力，桥墩承受的制动力为上述固定支座与活动支座传递的制动力之和。

3.3.7 风荷载

作用在桥上的风力是由迎风面的压力和背风面的吸力所组成的。它可分为垂直桥轴方向的横向风力和顺桥轴方向的纵向分力。

横向风力等于横向风压乘以迎风面积，横向风压是每平方米迎风面积上所受横向风力的大小，其值与设计风速、地形地理条件、风压高度、风速频率和风载体型等有关，具体计算可参见《桥规》第4.3.7条规定。

纵向风力因受上部结构和墩台、路堤的阻挡，较横向风力为小，常按折减后的横向风压面积来计算。例如，桥墩上纵向风力，可按横向风压的70%乘以桥墩迎风面积计算等。

由上部结构传至墩台的纵向风力，其在支座上的着力点，同汽车制动力。

3.3.8 流水压力

作用在桥墩上的流水压力标准值可按下式计算。

$$F_W = KA\frac{\gamma V^2}{2g} \tag{3-11}$$

式中：F_W——流水压力标准值(kN)；

γ——水的重力密度(kN/m^3)；

V——设计流速(m/s)；

A——桥墩阻水面积(m^2)，计算至一般冲刷线处；

g——重力加速度，$g=9.81(m/s^2)$；

K——桥墩形状系数，见表3-12。

表3-12 桥墩形状系数

桥墩形状	K	桥墩形状	K
方形桥墩	1.5	尖端形桥墩	0.7
矩形桥墩(长边与水流平行)	1.3	圆端形桥墩	0.6
圆形桥墩	0.8		

流水压力合力的着力点，假定在设计水位线以下30%水深处。

3.3.9 冰压力

对具有竖向前棱的桥墩，冰压力可按下述规定取用。

冰对桩或墩产生的冰压力标准值可按下式计算。

$$F_i = mC_t btR_{ik} \tag{3-12}$$

式中：F_i——冰压力标准值(kN)；

m——桩或墩迎冰面形状系数，可按表3-13取用；

C_t——冰温系数，可按表3-14取用；

b——桩或墩迎冰面投影宽度(m)；

t——计算冰厚(m)，可取实际调查的最大冰厚；

R_{ik}——冰的抗压强度标准值(kN/m^2)，可取当地冰温0℃时的冰抗压强度；当缺乏实测资料时，对海冰可取$R_{ik}=750kN/m^2$；对河冰，流冰开始时$R_{ik}=750kN/m^2$，最高流冰水位时可取$R_{ik}=450kN/m^2$。

表 3-13 桩或墩迎冰面形状系数

迎冰面形状 / 系数	平面	圆弧形	尖角形的迎冰面角度				
			45°	60°	75°	90°	120°
m	1.00	0.90	0.54	0.59	0.64	0.69	0.77

表 3-14 冰温系数

冰温/℃	0	≤−10
C_t	1.0	2.0

注：① 表列冰温系数可直线内插。

② 对海冰，冰温取结冰期最低冰温；对河冰，取解冻期最低冰温。

当冰块流向桥轴线的角度 $\varphi \leqslant 80°$时，桥墩竖向边缘的冰荷载应乘以 $\sin\varphi$ 予以折减。

冰压力合力作用在计算结冰水位以下30%冰厚处。

当流冰范围内桥墩有倾斜表面时，冰压力应分解为水平分力和竖向分力。

3.3.10 温度作用

1. 均匀温度作用

计算桥梁结构因均匀温度作用引起外加变形或约束变形时，应从受到约束时的结构温度开始，考虑最高和最低有效温度的作用效应。如缺乏实际调查资料，公路混凝土结构和钢结构的最高和最低有效温度标准值可按表 3-15 取用。

表 3-15 公路桥梁结构的最高和最低有效温度标准值

气温分区	钢桥面板钢桥		混凝土桥面板钢桥		混凝土、石桥	
	最高	最低	最高	最低	最高	最低
严寒地区	46	−43	39	−32	34	−23
寒冷地区	46	−21	39	−15	34	−10
温热地区	46	−9(−3)	39	−6(−1)	34	−3(0)

注：① 全国气温分区参见《桥规》中的内容。

② 表中括号内数值适用于昆明、南宁、广州、福州地区。

2. 梯度温度作用(温差作用)

计算桥梁结构由于梯度温度引起的效应时，可采用图 3.10 所示的竖向温度梯度曲线，其桥面板表面的最高温度 T_1 规定见表 3-16。对混凝土结构，当梁高 H 小于 400mm 时，图中 $A=H-100$(mm)；梁高 H 等于或大于 400mm 时，$A=300$mm。对带混凝土桥面板的钢结构，$A=300$mm，图 3.10 中的 t 为混凝土桥面板的厚度(mm)。

混凝土上部结构和带混凝土桥面板的钢结构的竖向日照反温差为正温差乘以−0.5。

表 3-16 竖向日照正温差

结构类型	T_1/℃	T_2/℃
混凝土铺装	25	6.7
50mm 沥青混凝土铺装层	20	6.7
100mm 沥青混凝土铺装层	14	5.5

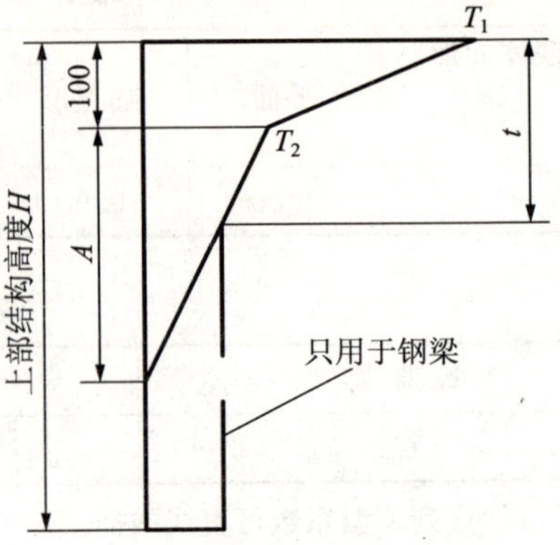

图 3.10 竖向温度梯度曲线(单位：mm)

3.3.11 支座摩阻力

支座摩阻力是上部构造因温度变化而产生的，其标准值可按下式计算。

$$F=\mu W \tag{3-13}$$

式中：W——作用于活动支座上由上部结构重力产生的效应；

μ——支座的摩察系数，无实测数据时，可按表 3-17 选用。

表 3-17 支座摩阻系数

支座种类	支座摩擦系数 μ
滚动支座或摆动支座	0.05
板式橡胶支座：	
支座与混凝土面接触	0.30
支座与钢板接触	0.20
聚四氟乙烯板与不锈钢板接触	0.06(加硅脂；温度低于-25℃时为 0.078) 0.12(不加硅脂；温度低于-25℃时为 0.156)

3.4 偶然作用

1. 地震作用

地震动峰值加速度等于 0.10g、0.15g、0.20g、0.30g 地区的公路桥涵，应进行抗震设计。地震动峰值加速度大于或等于 0.40g 地区的公路桥涵，应进行专门的抗震研究和设计。地震动峰值加速度小于或等于 0.05g 地区的公路桥涵，除有特殊要求者外，可采用简易设防。做过地震小区划的地区，应按主管部门审批后的地震动参数进行抗震设计。

公路桥梁地震作用的计算及结构的设计，应符合现行《公路工程抗震设计规范》的规定。

2. 船舶或者漂流物的撞击作用

位于通航河流或有漂浮物的河流中的桥梁墩台，设计时应考虑船只或漂流物的撞击力。当无实测资料时，可参照《桥规》附录中的规定计算。

3. 汽车撞击作用

桥梁结构必要时可考虑汽车的撞击作用。汽车撞击力标准值在车辆行驶方向取1000kN，在车辆行驶垂直方向取560kN，两个方向的撞击力不同时考虑，撞击力作用于行车道以上1.2m处，直接分布于撞击涉及的构件上。

对于设有防撞设施的结构构件，可视防撞设施的防撞能力，对汽车撞击力标准值予以折减，但折减后的汽车撞击力标准值不应低于上述规定值的1/6。

本章小结

本章主要介绍了桥梁的作用与荷载的概念。

永久作用是指在结构使用期内，其量值不随时间变化，或其变化值与平均值相比可以忽略不计的作用。

可变作用是指在结构使用期内，其量值随时间变化，且其变化与平均值相比不可忽略的作用。

结构或构件设计时，针对不同设计目的所采用的各种作用规定值，它包括作用标准值、准永久值和频遇值等。

公路桥涵按承载能力极限状态设计和正常使用极限状态设计中采用不同的作用效应组合。

汽车荷载由车道荷载和车辆荷载组成，车道荷载由均布荷载和集中荷载组成。当桥梁横向布置车道数等于或大于2时，应考虑计算荷载效应的横向折减；当桥梁计算跨径大于150m时，应考虑车道荷载的纵向折减。

习　题

1. 试阐述桥梁的“作用”与“荷载”二者的含义及其区别。

2. 我国公路桥涵设计通用规范(JTJ D60—2004)中，将桥梁作用分为哪几类？并说明每类作用的定义。

3. 试阐述作用代表值、作用标准值及作用频遇值的具体含义。

4. 永久作用采用什么值作为代表值？

5. 什么是作用效应？公路桥涵结构按正常使用极限状态设计时，采用哪两种效应组合？

6. 钢筋混凝土简支梁桥主梁在结构重力、汽车荷载和人群荷载作用下，分别得到在主梁的 1/4 跨径处截面的弯矩标准值为：结构重力产生的弯矩 $M_{Gk}=552$kN·m；汽车荷载弯矩值 $M_{Q1k}=459.7$kN·m(冲击系数为 0.26)；人群荷载弯矩 $M_{Q1k}=40.6$kN·m。试进行设计时的作用效应组合计算。

7. 公路桥梁汽车荷载分为哪几个等级？汽车荷载由哪几种荷载组成？桥梁结构的整体计算和局部计算分别采用何种汽车荷载？

8. 桥梁可变作用包括哪些作用？

9. 桥梁偶然作用包括哪些作用？

第4章 桥面布置与构造

教学目标

本章主要介绍桥面的基本组成构造及布置情况，包括桥面布置、桥面铺装与桥面纵横坡、桥面防水和排水、桥面伸缩缝、人行道栏杆灯柱和护栏等。通过本章的学习，应达到以下目标。

(1) 掌握桥面的组成和布置。

(2) 了解桥面铺装及防水排水设施的作用、类型和设置。

(3) 掌握桥面伸缩缝的作用、种类和适用特点。

(4) 了解人行道、栏杆与灯柱、护栏等构造。

教学要求

知识要点	能力要求	相关知识
桥面的组成和布置	(1) 掌握桥面构造的组成 (2) 掌握桥面布置的形式	(1) 道路等级 (2) 分离式桥面
桥面铺装及防水排水设施的作用、类型和设置	(1) 掌握桥面铺装的作用、类型和设置 (2) 掌握桥面纵、横坡的设置 (3) 了解桥面防水、排水设施的类型和设置	(1) 水泥混凝土 (2) 沥青混凝土 (3) 沥青表面处治 (4) 排水系统
桥面伸缩缝的作用、种类和适用特点	(1) 掌握伸缩缝的作用与基本要求 (2) 掌握伸缩缝的种类和适用特点	(1) 温度变化及其对结构的影响 (2) 混凝土收缩徐变 (3) 结构安全余量 (4) 梁端转角变位
人行道、栏杆与灯柱、护栏等构造	(1) 了解人行道的构造形式 (2) 了解栏杆和灯柱的设置要求 (3) 了解护栏的种类和构造	(1) 梁体自由变形处理 (2) 防撞处理方法

基本概念

桥面铺装、泄水管、伸缩缝

引例

在实际中，当汽车、履带车等交通工具行驶在桥梁上时，桥面构造直接与车辆和大气等接触，可以保护桥面板不受车辆轮胎或履带的直接磨耗，防止主梁遭受雨水的侵蚀，并能对车辆轮重的集中荷载起一定的分布作用。

桥面构造本身对环境的影响十分敏感，属于桥梁工程中的薄弱环节。但是由于桥面构造工程量小，项目繁杂，以及其附属性的地位，往往在设计和施工中得不到应有的重视，从而容易在运营过程中引发弊病，直接影响到行车安全和桥梁的使用功能、布局及美观。因此，必须全面了解桥面各部件的工作性能，合理选择结构类型，精心设计，精心施工。

桥面部分通常包括桥面铺装、防水和排水设施、伸缩装置、人行道(或安全带)、缘石、栏杆和照明灯具等构造(图4.1)。桥面构造直接与车辆、行人接触，虽然不是主要承重结构，但它对桥梁功能的正常发挥，对主要构件的保护，对车辆行人的安全以及桥梁的美观等都十分重要。因此，应对桥面构造的设计和施工给予足够的重视。

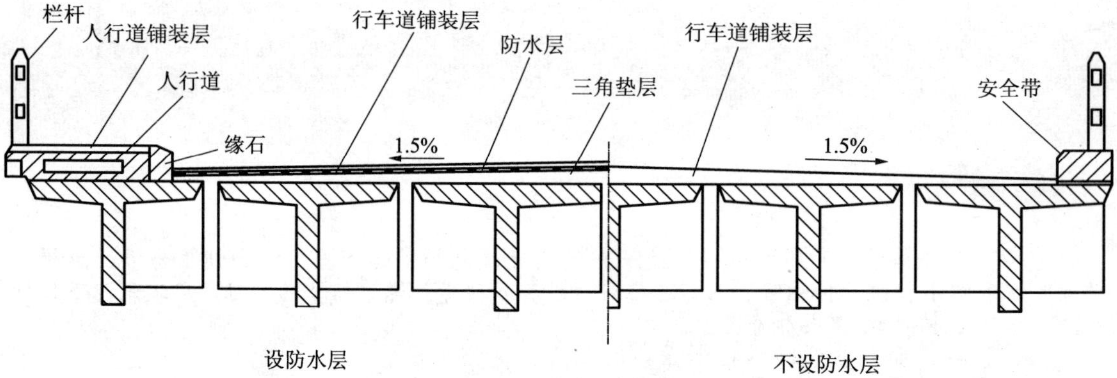

图4.1　桥面部分的一般构造

4.1 桥面布置

桥面布置应在桥梁的总体设计中考虑，它根据道路的等级、桥梁的宽度、行车要求等条件确定。

1. 城市桥梁的桥面布置

城市桥梁主要有如下几种桥面布置形式。

(1) 双向车道布置，即行车道的上下行交通布置在同一桥面上(图4.1)。在桥面上，上下行交通用画线分隔，没有明显的界限，由于在桥梁上同时存在上下行机动车和非机动车，车辆只能中速或低速行驶，对交通量较大的道路，桥梁往往会造成交通滞流状态。

(2) 分车道布置，即桥面上设置分隔带(图4.2)，使上下行交通分隔。甚至机动车道与非机动车道分隔、行车道与人行道分隔设置。这种布置方式可提高行车速度，便于交通管理。

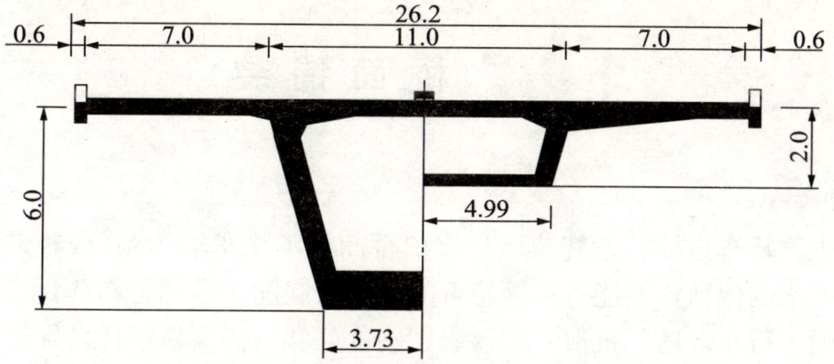

图 4.2 分车道的桥面布置(单位：m)

(3) 双层桥面布置，即桥梁结构在空间上提供两个不在同一平面上的桥面构造(图 4.3)。双层桥面布置可以使不同的交通严格分道行驶，提高了车辆和行人的通行能力，便于交通管理。同时，在满足同样交通要求时，可以充分利用桥梁净空，减小桥梁宽度，缩短引桥长度，达到较好的经济效益。

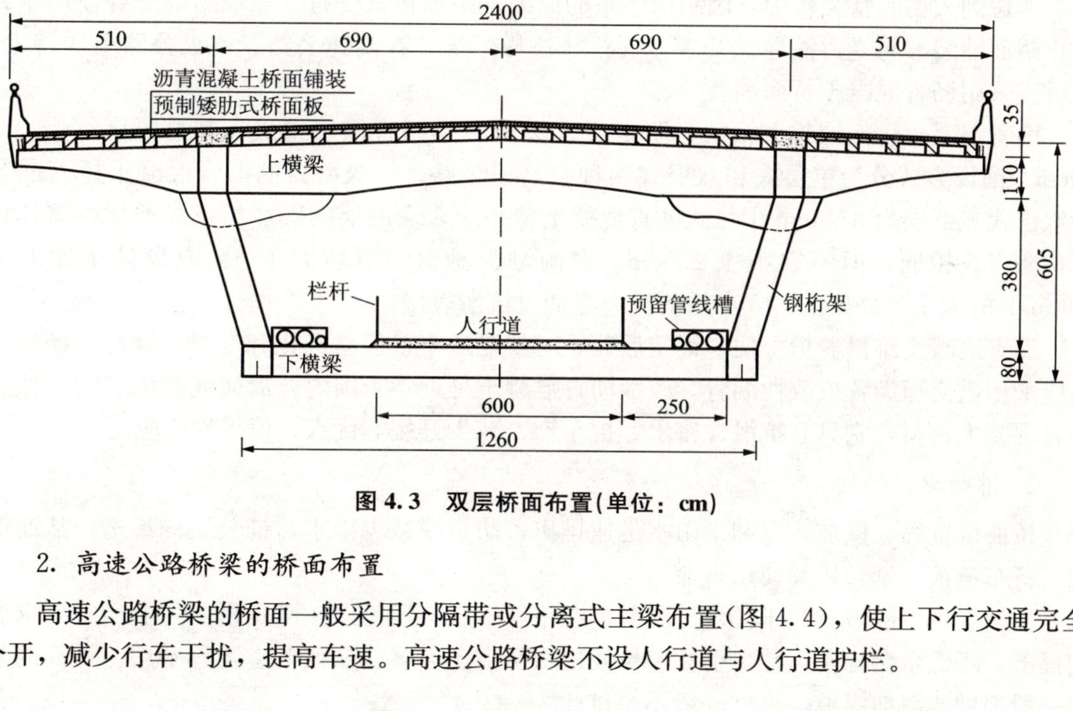

图 4.3 双层桥面布置(单位：cm)

2. 高速公路桥梁的桥面布置

高速公路桥梁的桥面一般采用分隔带或分离式主梁布置(图 4.4)，使上下行交通完全分开，减少行车干扰，提高车速。高速公路桥梁不设人行道与人行道护栏。

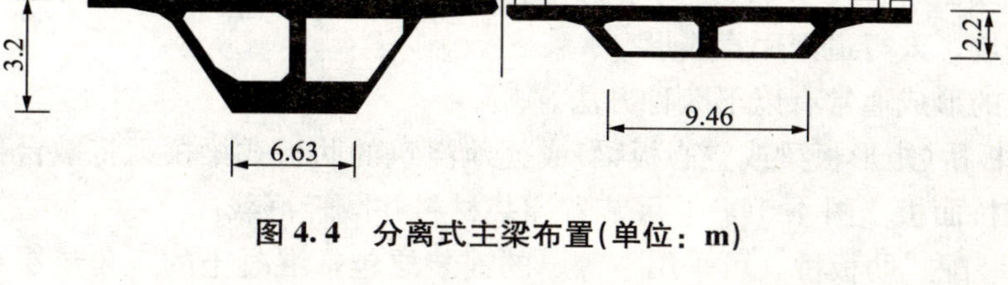

图 4.4 分离式主梁布置(单位：m)

4.2 桥面铺装

1. 桥面铺装

桥面铺装也称行车道铺装，其功用是保护桥面板不受车辆轮胎(或履带)的直接磨耗，防止主梁遭受雨水的侵蚀，并能对车辆轮重的集中荷载起一定的分布作用。因此，桥面铺装应具有抗车辙、行车舒适、抗滑、不透水、刚度好和与桥面板结合良好等特点。

桥面铺装可采用水泥混凝土、沥青表面处治和沥青混凝土等各种类型。沥青表面处治桥面铺装耐久性较差，仅在中级或低级公路桥梁上使用。水泥混凝土和沥青混凝土桥面铺装性能良好，应用较广。

水泥混凝土的耐磨性能好，适合重载交通。水泥混凝土桥面铺装直接铺设在防水层或桥面板上，层厚不宜小于8cm，其强度等级不应低于C40，铺设时应避免二次成形。水泥混凝土铺装层内应配置钢筋网，钢筋直径不应小于8mm，间距不宜大于10cm。

考虑到大桥和特大桥中，因结构体系的原因，桥面板常受拉、压应力的交替作用，为防止桥面铺装参与受力而导致开裂，现行《桥规》推荐在高速公路、一级公路上的特大、大桥宜采用沥青混凝土桥面铺装。

沥青混凝土桥面铺装由粘层、防水层、保护层及沥青面层组成，其总厚度宜为6～10cm，铺设方式分为单层式和双层式两种。高速公路、一级公路的沥青混凝土桥面铺装为双层式，下层为3～4cm中粒式沥青混凝土整平层，表面层的厚度与级配类型可与其相邻桥头引线相同，但不宜小于2.5cm。多雨潮湿地区、纵坡大于5%或设计车速大于50km/h的大中型高架桥、立交桥的桥面应铺设抗滑表层。

沥青混凝土维修养护方便，铺筑后几小时就能通车，但易老化和变形。因此，沥青材料应采用重交通沥青或改性沥青。改性沥青混凝土是近年来国内开展研究和铺筑的高性能沥青混凝土材料，它具有抗滑、密水、抗车辙、减少开裂等优点，值得推广应用。

2. 桥面纵、横坡

桥面设置纵、横坡，以利于雨水迅速排出，防止或减少雨水对铺装层的渗透，从而保护了行车道板，延长桥梁使用寿命。

桥面上设置纵坡有利于排水，同时，在平原地区，还可以在满足桥下通航净空要求的前提下，降低墩台标高，减少引桥垮长或桥头引道土方量，从而节省工程费用。桥面的纵坡一般都做成双向纵坡，纵坡一般不超过3%～4%。

桥梁除了设有纵向坡度以外，尚应将桥面铺装沿横向设置足够的桥面横坡，坡度可按路面横坡取用或比后者大0.5%。对于沥青混凝土或水泥混凝土铺装，行车道桥面通常采用抛物线形横坡，人行道则用直线形。

桥面横坡的形成通常有以下3种方法。

(1) 对于板桥(矩形板梁或空心板梁)或就地浇筑的肋板式梁桥，将墩台顶部做成倾斜的，在其上盖桥面板［图4.5(a)］可节省铺装材料并减轻恒载。

(2) 对于装配式肋板桥，可采用不等厚的铺装层包括混凝土的三角垫层和等厚的路面铺装层［图 4.5(b)］，方便施工。

(3) 桥宽较大时，直接将行车道板做成双倾斜［图 4.5(c)］，可减轻恒载，但主梁构造、制作均较复杂。

桥面不宽时，第 2 种方法较常用。

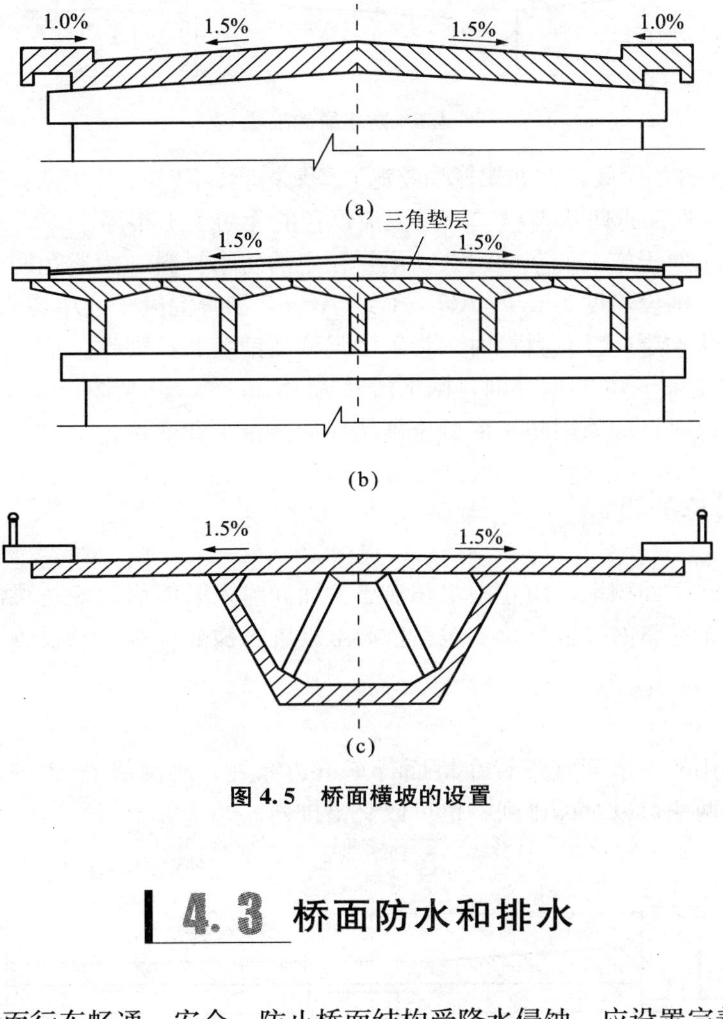

图 4.5 桥面横坡的设置

4.3 桥面防水和排水

为了保障桥面行车畅通、安全，防止桥面结构受降水侵蚀，应设置完善的桥面防水和排水设施。

4.3.1 防水层的设置

桥面的防水层，设置在行车道铺装层下边，它将透过铺装层渗下的雨水汇集到排水设备(泄水管)排出。

《桥规》要求：对于防水程度要求高，或桥面板位于结构受拉区可能出现裂纹的混凝土梁式桥上，应在铺装内设置防水层(图 4.6)。

防水层有以下 3 种类型。

(1) 沥青涂胶下封层，即洒布薄层沥青或改性沥青，其上布一层砂，经碾压形成。

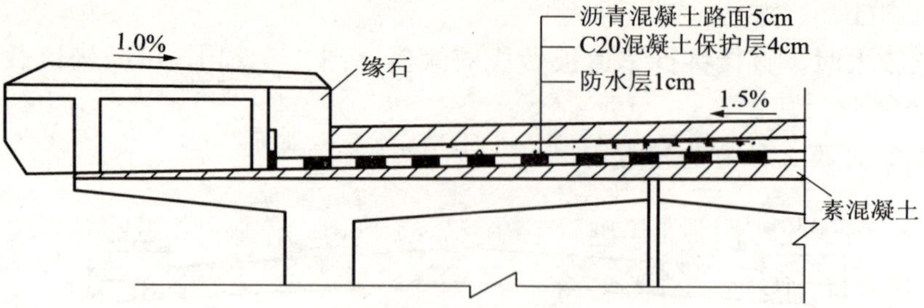

图 4.6 防水层的设置

(2) 高分子聚合物涂胶，例如聚氨酯胶泥、环氧树脂、阳离子乳化沥青、氯丁胶乳等。

(3) 沥青或改性沥青防水卷材，以及浸渍沥青的无纺土工布等。

设计时应选用便于施工、坚固耐久、质量稳定的防水材料。为避免防水层在施工过程中被破坏，其上宜铺设厚度1cm的AC－10或AC－5沥青混凝土或单层表面处治。

当采用柔性防水层(使用卷材)时，为了增强桥面铺装的抗裂性，应在其上的混凝土铺装层或垫层中铺设$\phi3 \sim \phi6$的钢筋网，网格尺寸为15cm×15cm至20cm×20cm。

无专门防水层时，应采用防水混凝土铺装或加强排水和养护。

4.3.2 排水设施的设置

为了迅速排除桥面积水，防止雨水积滞于桥面并渗入梁体而影响桥梁的耐久性，在桥梁设计时要有一个完整的排水系统。包括桥面上设置纵横坡排水以及设置一定数量的泄水管和排水管。

1. 泄水管

梁式桥上常用的泄水管宜设置在桥面行车道边缘处，距离缘石10～15cm，如图4.7所示，沿行车道两侧可以对称排列，也可以交错排列。

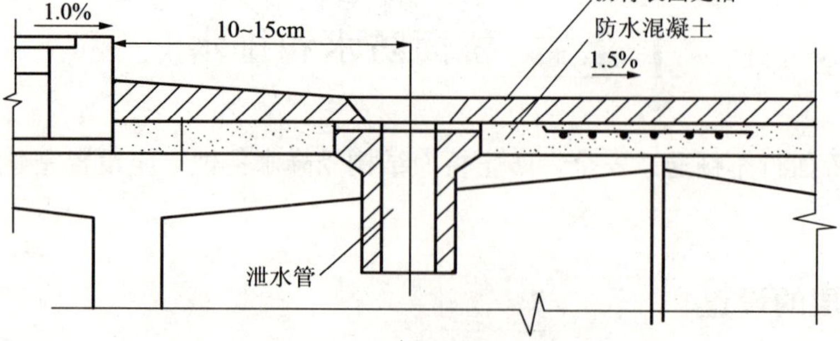

图 4.7 竖向泄水管的设置

泄水口的间距应依据设计径流量计算确定，但最大间距不宜超过20m。通常当桥面纵坡大于2%而桥长小于50m时，桥上可以不设泄水管，此时，可在引道两侧设置流水槽，以免雨水冲刷路基；当桥面纵坡大于2%而桥长大于50m时，桥上每隔12～15m设置一个泄水管；当桥面纵坡小于2%时，应每隔6～8m设置一个泄水管。另外，在桥梁伸缩缝的上游方向应增设泄水管，在凹型竖曲线的最低点及前后3～5m处也应各设置一个泄水管。

桥面上泄水管的过水面积按每平方米桥面不少于 $2\sim3cm^2$ 布置。

泄水管可采用圆形或矩形。圆形泄水管口的直径宜为 15～20cm；矩形泄水管口的宽度宜为 20～30cm，长度为 30～40cm。泄水管口顶部采用铸铁格栅盖板，其顶面应比周围路面低 5～10mm。

泄水管长采用铸铁管或塑料管，最小内径为 15cm。泄水管周围的桥面板应配置补强钢筋网。

对于跨越一般河流、水沟的桥梁，桥面水流入泄水管后可直接向下排放(图 4.7)；对于一些跨径不大、不设人行道的小桥，可以直接在行车道两侧的安全带或路缘石上预留横向孔道，用铁管或竹管将水排出桥外，管口要伸出构件 2～3cm 以便滴水，但这种做法孔道易淤塞。

2. 排水管或排水槽

排水管材料有铸铁管、塑料管(聚氯乙烯 PVC 或聚乙烯 PE)或钢管，其内径应等于或大于泄水管的内径。排水槽宜采用铝质或钢质材料，也可采用水泥混凝土预制件，其横截面为矩形或 U 形，宽度和深度均宜为 20cm 左右。纵向排水管或排水槽的坡度不得小于 0.5%。桥梁伸缩缝处的纵向排水管或排水槽应设置可供伸缩的柔性套筒。寒冷地区的竖向排水管，其末端宜距地面 50cm 以上。

跨越公路、铁路、通航河流的桥梁以及城市桥梁，流入泄水管中的雨水应汇集在纵向排水管(或排水槽)内，并通过设在墩台处的竖向排水管(落水管)流入地面排水设施或河流中(图 4.8)。

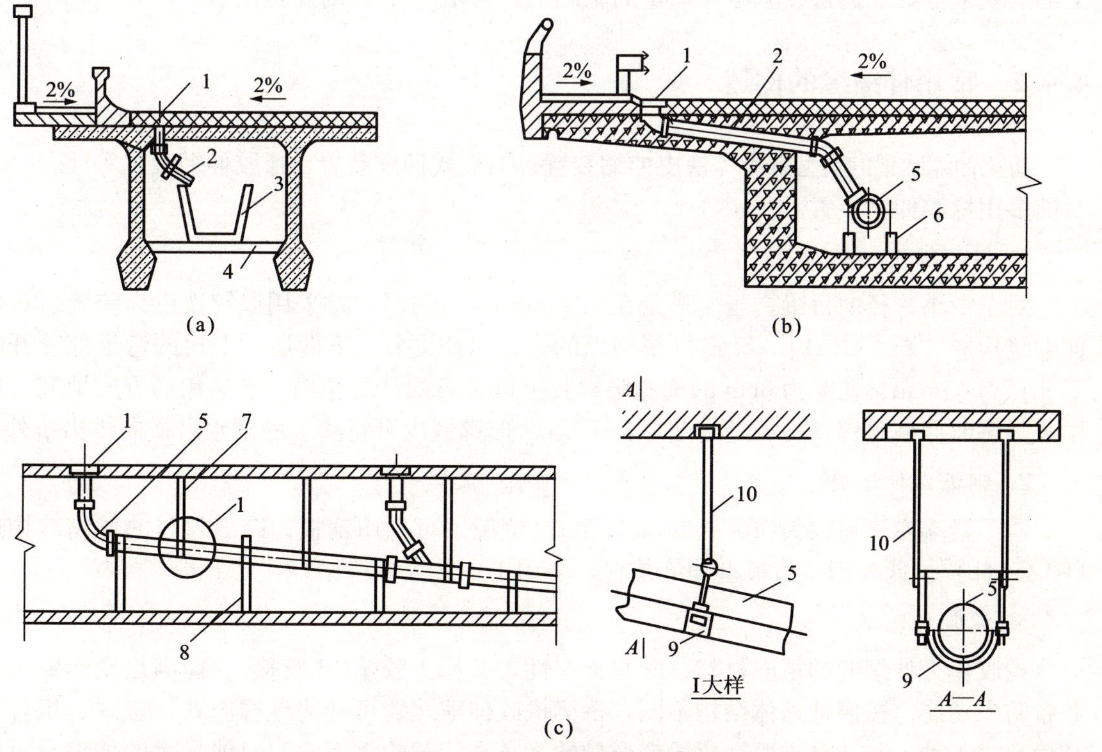

图 4.8　城市桥梁桥面排水设施

1—泄水漏斗；2—泄水管；3—钢筋混凝土排水槽；4—横梁；
5—纵向排水管；6—支承结构；7—悬吊结构；8—支柱；9—弧形箍；10—吊杆

4.4 桥面伸缩缝

4.4.1 伸缩缝的作用及基本要求

桥面伸缩装置的主要作用是适应桥梁上部结构在气温变化、活载作用、混凝土收缩徐变等因素的影响下变形的需要，并保证车辆通过桥面时平稳。一般设在两梁端之间以及梁端与桥台背墙之间。特别要注意，在伸缩缝附近的栏杆、人行道结构也应断开，以满足梁体的自由变形。

桥梁的变形量的大小，主要是考虑以伸缩装置安装时的温度为基准，由温度变化引起的伸缩量和混凝土的徐变、收缩所引起的伸缩量作为基本伸缩量，其计算公式为：

$$\Delta l=\Delta l_t^{+}+\Delta l_t^{-}+\Delta l_s+\Delta l_e \tag{4-1}$$

式中：Δl_t^{+}——温度升高引起的梁的伸长量；

Δl_t^{-}——温度下降引起的梁的缩短量；

Δl_s——由于收缩引起的梁的收缩量；

Δl_e——由于徐变引起的梁的收缩量。

对于其他因素，例如梁端的转角变位、安装时的偏差等，一般都作为安全裕量和构造上的需要来考虑。通常在基本伸缩量的基础上，再增加20%的安全储量即可。

4.4.2 常用伸缩缝的构造

桥梁伸缩装置的类型有镀锌铁皮伸缩装置、钢板式伸缩装置、橡胶伸缩装置等(图4.9)，目前多用橡胶伸缩装置。

1. 镀锌铁皮伸缩缝

对于中小跨径的桥梁，当变形量在20～40mm以内时，常采用以锌铁皮为跨缝材料的伸缩缝构造［图4.9(a)］。弯成U形断面的长条锌铁皮分上下两层，上层的弯形部分开凿了孔径为0.6cm、孔距为3cm的梅花眼，其上设置石棉纤维垫绳，然后用沥青胶填塞。这样，当桥面伸缩时锌铁皮可随之变形，下层U形锌铁皮可将渗下的雨水沿横向排出桥外。

2. 钢板式伸缩缝

对于梁端变形量较大(40～60mm以上)的情况，可采用钢板为跨缝材料的伸缩缝构造［图4.9(b)］。此为钢疏齿板型伸缩装置，多用于中、大型桥梁。

3. 橡胶伸缩缝

橡胶作为伸缩缝的填嵌材料，既富于弹性，又易于胶贴(或胶接)，能满足变形要求和兼备防水功能。按照伸缩体结构不同，桥梁橡胶伸缩装置可分为纯橡胶式、板式、组合式和模数式4种，其选型主要视桥梁变形量的大小和活载轮重而定，目前最大的伸缩量可达2000mm。图4.9(c)为矩形橡胶条型伸缩装置，当梁架好后，在端部焊好角钢，涂上胶后，再将橡胶嵌条强行嵌入，伸缩量为20～50mm；图4.9(d)为德国毛勒伸缩装置的一种(模数式橡胶伸缩装置），密封橡胶条为鸟型构造，伸缩量为 80～1040mm。

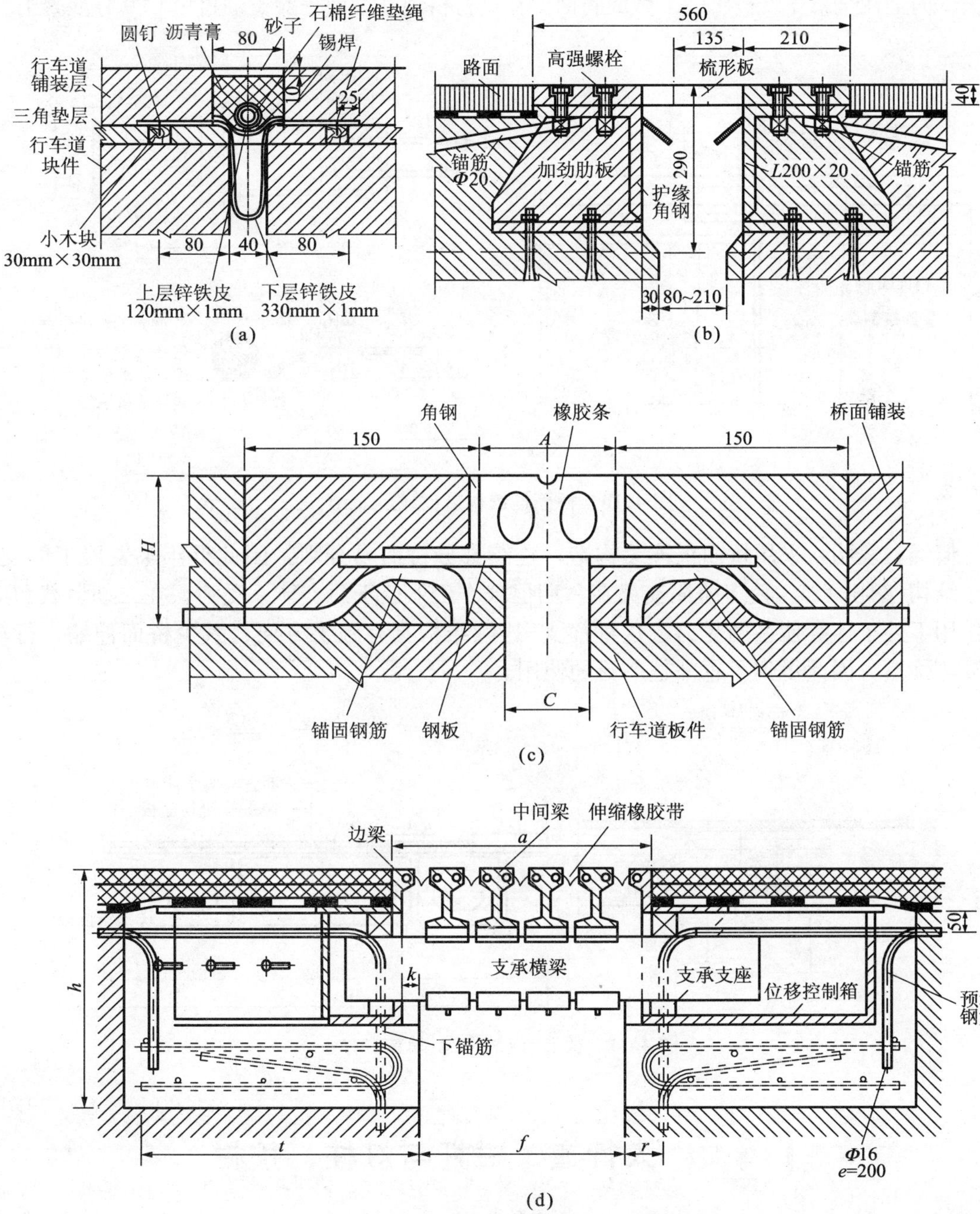

图 4.9　常用伸缩缝装置构造(单位：mm)

桥梁伸缩装置暴露在大气中，直接经受车辆人群荷载的反复摩擦、冲击作用，稍有缺陷或不足，就会引起跳车等不良现象，严重时还会影响到桥梁结构本身和通行者的生命安全，是桥梁中最易损坏而又较难修缮的部位。需经常维护，清除缝内杂物，并及时更换。

对于多跨简支梁桥，桥面应做到尽量连续，使得多孔简支梁在竖直荷载作用下的变形形态为简支或部分连续体系，而在纵向水平力作用下则属于连续体系。图 4.10 为简支梁桥桥面连续示意图。钢筋 N_2 和钢板 N_6 需预先焊好，埋设在主梁内。预制梁时，梁端接缝处从翼板根部向上在全梁宽度按 10∶1 做成斜面，在进行桥面连续前先涂黄油再填 C30 号混凝土。

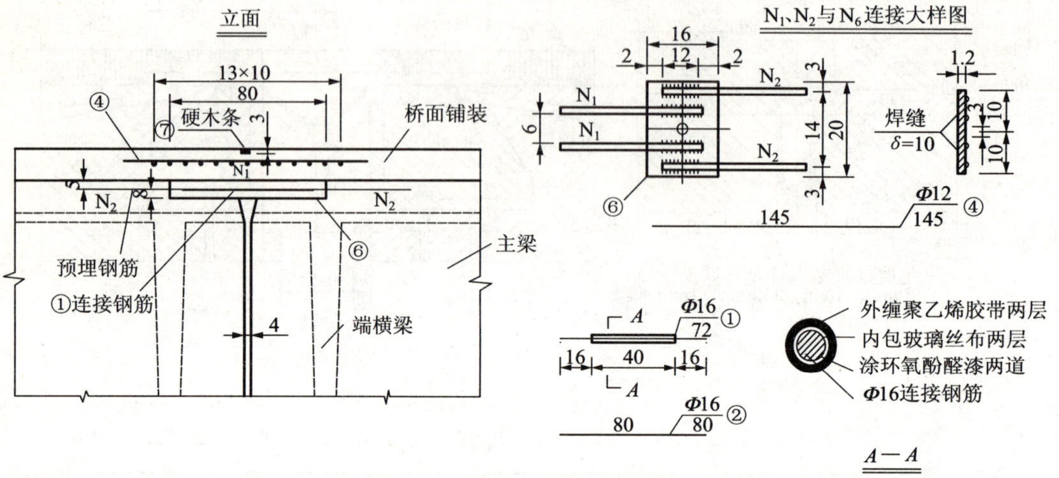

图 4.10　桥面连续构造(单位：cm)

但经验表明，采用桥面板连续构造，连续部分桥面易开裂，因此近年来发展了简支-连续结构(图 4.11)，使多跨简支梁在一期恒载作用下处于简支体系受力，在二期恒载和活载作用下处于连续体系的受力。这种简支-连续结构具有施工方便、减少桥面伸缩、行车平顺等优点，因此得到了越来越广泛的使用。

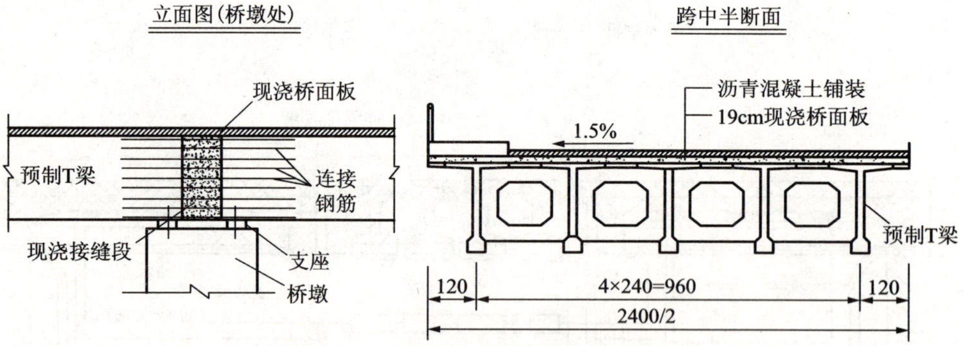

图 4.11　简支-连续构造(单位：cm)

4.5　人行道、栏杆与灯柱、护栏

4.5.1　人行道

位于城镇和近郊的桥梁均应设置人行道，其宽度和高度应根据行人的交通流量和周围环境确定。人行道的宽度为 0.75m 或 1m，当宽度要求大于 1m 时，按 0.5m 的倍数增加。表 4-1 为城市桥梁人行道参考宽度。在快速路、主干路、次干路或行人稀少地区，若两侧无人行道，则两侧应设安全带，宽度为0.50～0.75m，高度不小于0.25m。近年来，不少桥梁设计中，为了保证行车的安全，安全带的高度已经用到0.4m以上。

表4-1 城市桥梁桥面人行道宽度表

桥梁等级及地段	人行道宽度(单侧)	桥梁等级及地段	人行道宽度(单侧)
火车站、码头、长途汽车站附近和其他行人聚集地段	3～5m	一般街道地段	1.5～3m
大型商店和大型公共文化机关附近，商业闹市区	2.5～4.5m	大桥、特大桥	2～3m

人行道顶面应做成倾向桥面1%～1.5%的排水横坡，城市桥梁人行道顶面可铺彩砖，以增加美观。此外，人行道在桥面断缝处必须做伸缩缝。

人行道的构造形式多种多样，根据不同的施工方法有就地浇注式、预制装配式、部分装配和部分现浇的混合式。其中就地浇注式的人行道现在已经很少采用。而预制装配式的人行道具有构件标准化、拼装简单化等优点，在各种桥梁结构中应用广泛。

图4.12(a)所示为整体预制的F形的人行道，它搁置在主梁上，适用于各种净宽的人行道，人行道下可以放置过桥的管线，但是对管线的检修和更换十分困难；图4.12(b)所示为人行道附设在板上，人行道部分用填料填高，上面敷设2～3cm砂浆面层或沥青砂，人行道内层设置缘石；图4.12(c)所示为小跨宽桥上将人行道部分墩台加高，在其上搁置独立的人行道板；图4.12(d)所示为就地浇注式人行道，适用于整体浇注的钢筋混凝土梁

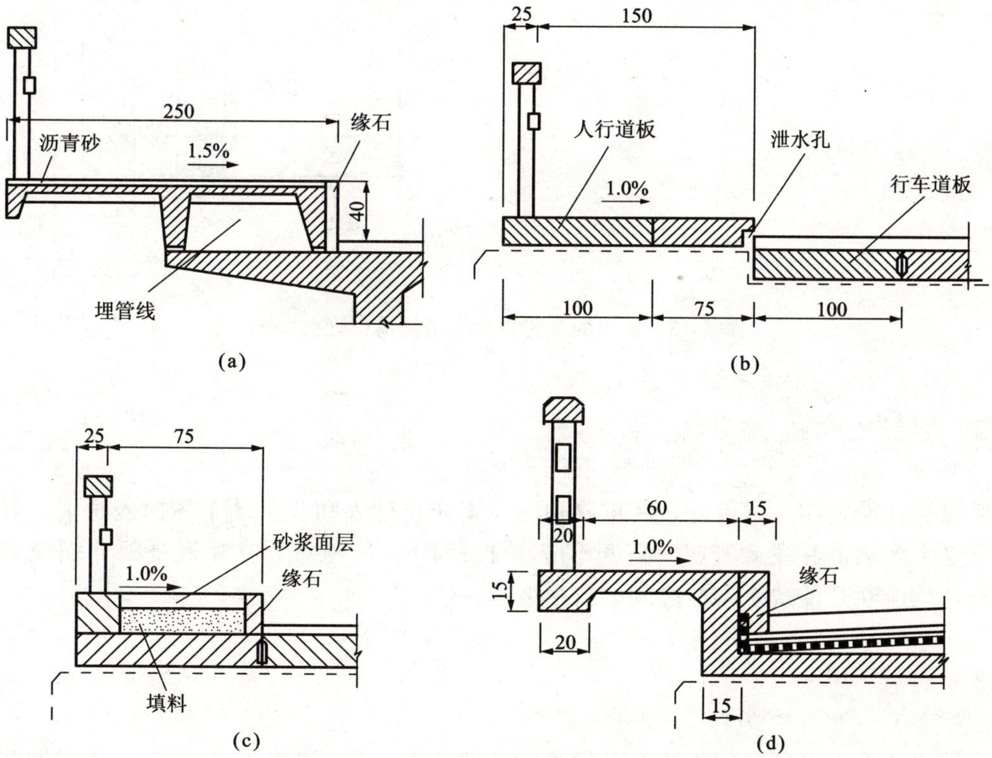

图4.12 人行道一般构造(单位：cm)

桥，而将人行道设在挑出的悬臂上，这样就可以缩短墩台宽度，但施工不太方便。

图4.13为公路桥涵标准图(JT/GQB 014)中分体预制悬臂安装的人行道构造。人行道横梁A(用于安装栏杆柱)、B搁在行车道主梁上，一端悬臂挑出，另一端则通过预埋的钢板与主梁预留的锚固钢筋焊接。支承梁用来固定人行道梁的位置。人行道的厚度按《桥规》规定就地浇注的不小于8cm，装配式的不小于6cm。

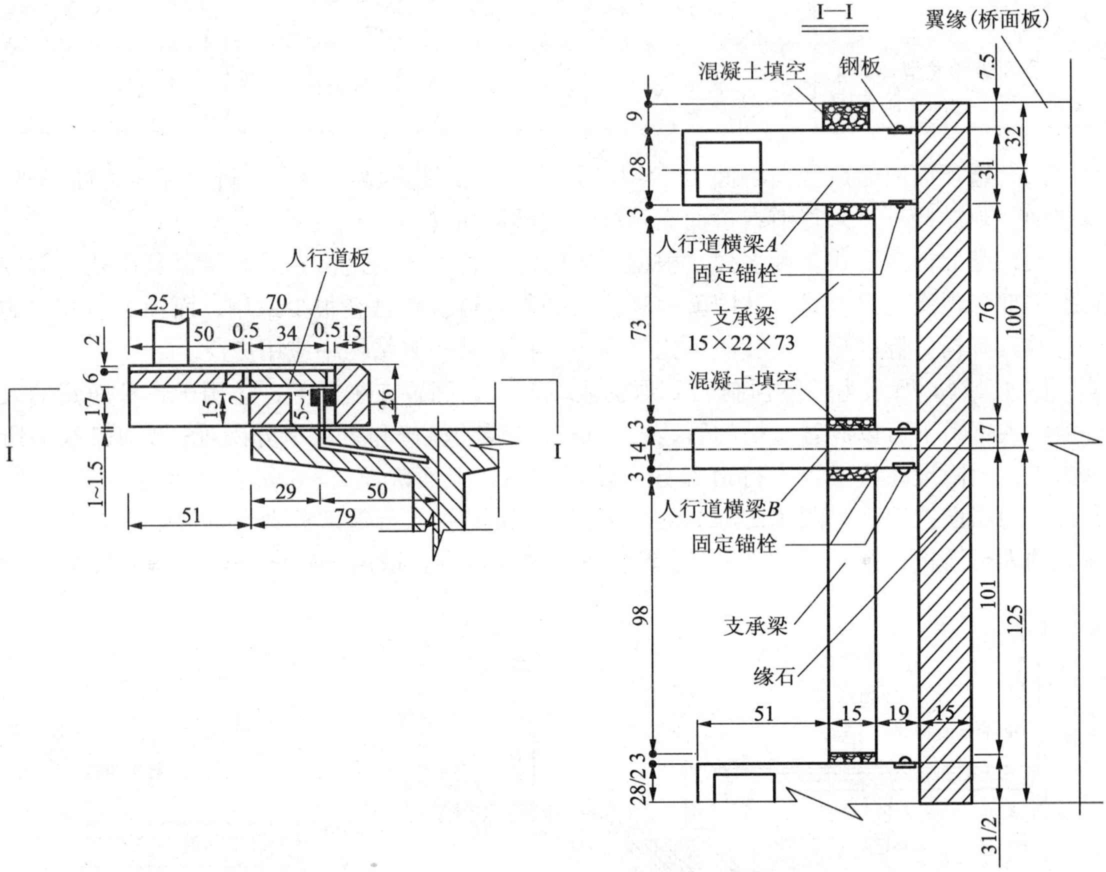

图4.13 悬出的装配式人行道构造(单位：cm)

4.5.2 栏杆

桥梁栏杆设置在人行道上，其重要功能在于防止行人和非机动车辆掉入桥下。其设计应符合受力要求，并注意美观，高度不应小于1.1m。应注意，在靠近桥面伸缩逢处所有的栏杆，均应断开使扶手与柱之间能自由变形。

4.5.3 灯柱

在城市桥上以及城郊行人和车辆较多的公路桥上，都要设置照明设备。桥梁照明应防止眩光，必要时应采用严格控光灯具，而不宜采用栏杆照明方式。对于大型桥梁和具有艺术、历史价值的中小桥梁的照明应进行专门设计，既满足功能要求，又顾及艺术效果，并与桥梁的风格相协调。

照明灯柱可以在栏杆扶手的位置上，在较宽的人行道上也可设在靠近缘石处。照明用灯一般高出车道 8～12m 左右。钢筋混凝土灯柱的柱脚可以就地浇筑并将钢筋锚固于桥面中。铸铁灯柱的柱脚可固定在预埋的锚固螺栓上。照明以及其他用途所需的电信线路等通常都从人行道下的预留孔道内通过。

4.5.4 护栏

为了避免机动车辆碰撞行人和非机动车辆的严重事故的发生，对于高速公路、汽车专用一级公路上的特大、大、中桥梁，必须根据其防撞等级在人行道与车行道之间设置桥梁护栏。一般公路的特大及大、中桥梁在条件许可的情况下也应设置。在有人行道的桥梁上，应按实际需要在人行道和行车道分界处设置汽车与行人之间的分隔护栏。

桥梁护栏按构造特征可分为梁柱式护栏、钢筋混凝土墙式护栏和组合式护栏，如图 4.14所示。可采用的材料有金属(钢，铝合金)和钢筋混凝土。

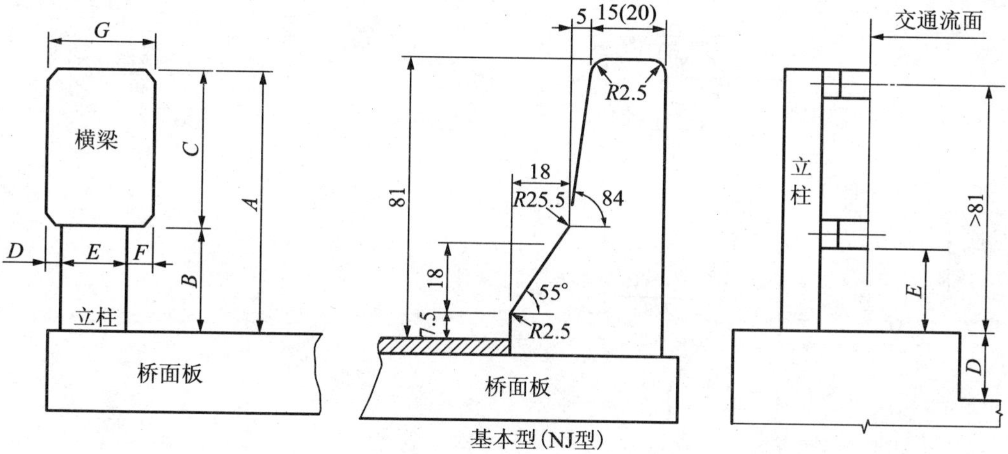

(a) 钢筋混凝土梁柱式护栏　(b) 钢筋混凝土墙式护栏　(c) 金属制护栏(PL_2型)

图 4.14　桥梁护栏构造(单位：cm)

桥梁护栏的形式选择，首先应满足其防撞等级的要求，避免在相应设计条件下的失控车辆跃出，同时还应综合考虑公路等级、桥梁护栏外侧危险物的特征、美观、经济性以及养护维修等因素。例如，在美观要求较高或积雪严重的地区，宜采用梁柱式或组合式结构；钢桥为了减轻恒载，宜采用金属制护栏。

组合式护栏兼有钢筋混凝土墙式护栏的坚固和金属制梁柱式护栏美观的优点，在我国高速公路的桥梁上普遍采用。图 4.15 所示是一种名为美国新泽西防撞栏的组合式护栏形式，它的优越性在于当汽车车轮与之相撞且碰撞角小于 10°时，能保证汽车运行轨道的校正，而不会出现较大的损伤。

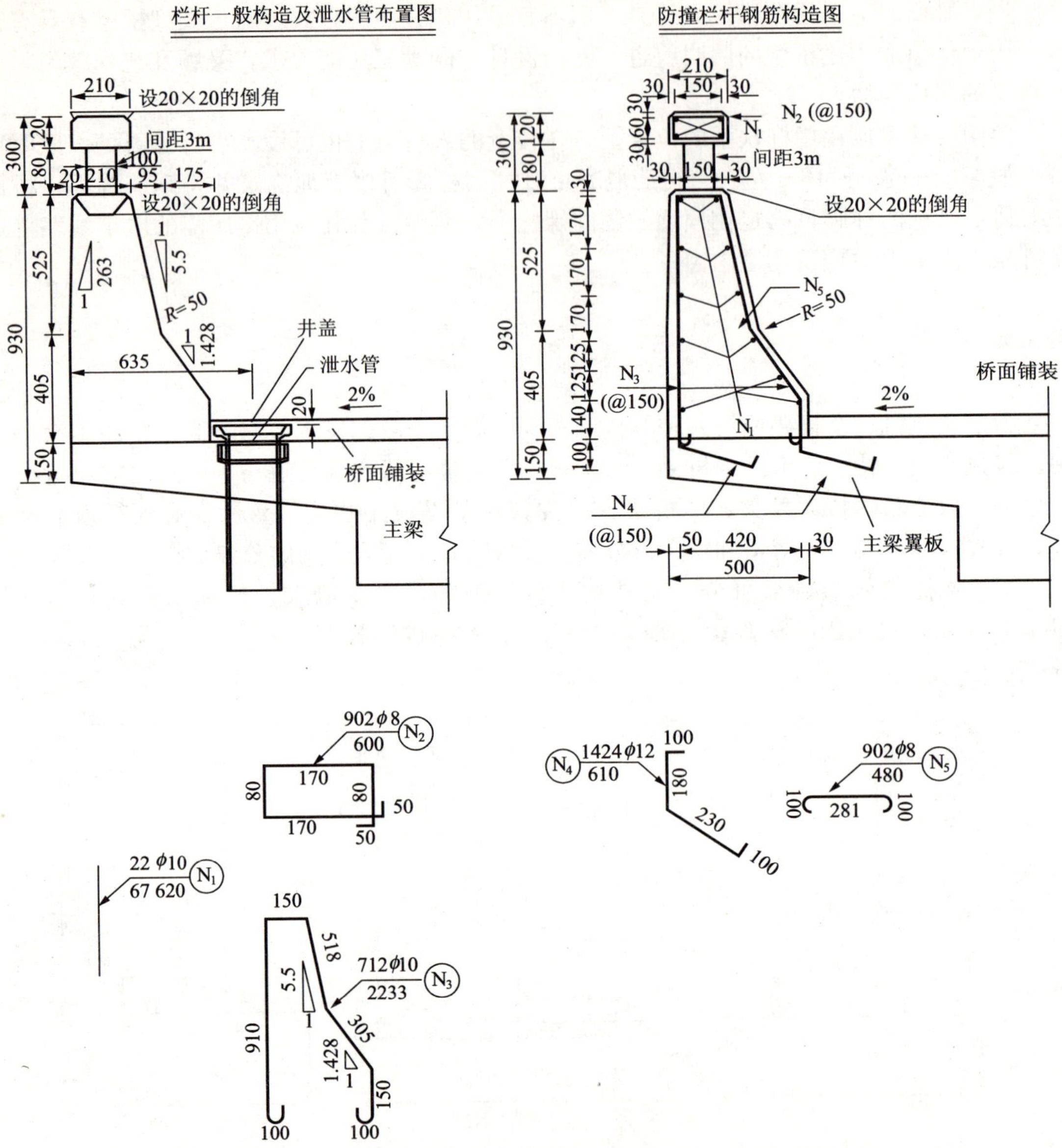

图 4.15　新泽西防撞栏杆构造图(单位：mm)

本章小结

本章主要介绍了桥面的基本构造及布置情况，包括各组成部分的功能、常用类型、设置原则、适用特点和构造细节。

桥面构造包括桥面铺装、防水和排水设施、伸缩装置、人行道(或安全带)、缘石、分车带、栏杆、护栏、灯柱照明设备等。

桥面铺装有水泥混凝土、沥青表面处治和沥青混凝土等多种类型。

桥面上设置纵坡、横坡(包括超高)排水以及设置一定数量的泄水管和排水管。桥梁常用的泄水管道有竖向、横向和封闭式泄水管道等形式。

为了适应桥梁上部结构在气温变化、活载作用、混凝土收缩徐变等因素的影响下变形的需要，并保证车辆通过桥面时平稳，常需在两梁端之间以及梁端与桥台背墙之间设置桥面伸缩装置。桥梁伸缩装置的类型有镀锌铁皮伸缩装置 、钢板式伸缩装置、橡胶伸缩装置等，目前多用橡胶伸缩装置。

当桥梁上允许行人通过时，在桥的两侧需设置人行道，否则应设置安全带。

在桥梁的人行道(或安全带)外侧应设置栏杆或护栏，栏杆只起到安全防护作用，不能抵挡车辆的撞击。而护栏既能保障行人和车辆的安全，又能抵挡车辆的撞击。

习　题

1. 桥面部分通常包括哪些构造?

2. 城市桥梁主要有哪几种桥面布置形式?高速公路桥梁的桥面一般怎样布置?

3. 桥面铺装的主要作用是什么?桥面铺装有哪几种类型?

4. 桥面为什么要设置纵、横坡?一般如何设置纵、横坡?

5. 桥面伸缩缝的主要作用是什么?主要有哪些类型伸缩缝装置?并阐述各类伸缩缝装置的主要特点。

6. 桥梁护栏有哪几种构造形式?

第5章 混凝土梁桥概述

教学目标

本章主要介绍混凝土梁桥的基本受力体系、截面形式和主要施工方法。通过本章的学习，应达到以下目标。

(1) 掌握混凝土梁桥的基本体系和受力特点。

(2) 熟悉混凝土梁桥的主要截面形式及其适用情况。

(3) 了解混凝土梁桥的主要施工方法。

教学要求

知识要点	能力要求	相关知识
混凝土梁桥的基本体系和受力特点	(1) 掌握混凝土梁桥的基本体系 (2) 掌握混凝土梁桥的受力特点	(1) 静定结构 (2) 超静定结构 (3) 正弯矩 (4) 负弯矩
混凝土梁桥的主要截面形式及其适用情况	(1) 掌握混凝土梁桥的主要截面形式 (2) 熟悉混凝土梁桥各截面形式的适用情况	(1) 抗弯惯性矩 (2) 抗扭惯性矩 (3) 等效截面
混凝土梁桥的主要施工方法	(1) 了解混凝土梁桥的主要施工方法 (2) 了解混凝土梁桥各施工方法的适用情况	(1) 满堂支架 (2) 先简支后连续 (3) 悬臂法、顶推法

基本概念

静定结构、超静定结构

引例

在远古时代，人类从一些自然现象中得到启发：在窄而浅的溪流中，用石头垫起一个接一个略出水面的石蹬，再将溪边被雷击倒的树木架于石蹬上，构成一种简陋的“独木桥”。这便是人类建筑的最原始梁桥，随着社会生产力的发展，不断由低级演进为高级，才逐渐产生现在各式各样的跨空桥梁。

梁式桥以受弯为主的主梁作为承重构件，在竖向荷载的作用下只承受弯矩和剪力作用。由于构造简单，制造、架设和维修均较方便，加之混凝土材料优良的经济性和耐久性，使得混凝土梁桥得到了广泛应用，这种桥型成为我国桥梁主要的结构形式。

梁桥是指在垂直荷载作用下，支座只产生垂直反力而无水平反力的结构，梁作为主要承重结构，主要承受弯矩和剪力。公路与城市道路中建造的梁桥大多采用钢筋混凝土或预应力混凝土结构，统称为混凝土梁桥。混凝土梁桥具有造型简单、适应工业化施工、经济及耐久性好等许多优点，特别是预应力技术的应用，为现代装配式结构提供了最有效的接头和拼装手段，使得混凝土梁桥得到了广泛应用，这种桥型成为我国中小跨径及大跨径桥梁的主要结构形式。目前，预应力混凝土简支梁桥的跨径已达到50～70m，连续梁桥的跨径达120～150m。

刚构桥也属于梁桥范畴，其与一般梁桥的主要区别在于墩梁固结。刚构桥由于墩梁固结，使得梁和墩整体受力，桥墩不仅承受梁上荷载引起的竖向压力，还承担弯矩和水平推力。刚构桥在竖向荷载作用下，梁的弯矩通常比同等跨径连续梁或简支梁小，其跨越能力更大；墩梁固结省去了大型支座，结构整体性强、抗震性能好。因此，预应力混凝土刚构桥是目前大跨径桥梁的主要桥型，最大跨径已达301m(挪威 stolma 桥)。

5.1 混凝土梁桥的基本体系

按受力特征混凝土梁桥可分为简支梁桥、连续梁桥和悬臂梁桥等3种基本体系(图5.1)；当桥梁轴线在平面上是曲线或桥梁轴线与支承线斜交时，则为曲线梁桥和斜梁桥体系(图5.2)；刚构桥则为梁墩固结体系(图5.3)。

5.1.1 简支梁桥

简支梁桥［图5.1(a)］是结构受力和构造最简单的桥型，应用广泛，属于静定结构。简支梁桥的设计主要受跨中正弯矩的控制，钢筋混凝土简支梁的经济合理跨径在20m以下，预应力混凝土简支梁的合理跨径一般不超过50m，我国目前预应力简支梁的标准设计最大跨经为40m。

简支梁桥一般用于小桥、大桥中的引桥及城市高架桥。在多孔简支梁桥中，为减少伸缩缝装置，使得行车平整舒适，目前常采用桥面连续的预应力混凝土简支梁桥。

5.1.2 连续梁桥

连续梁桥属于超静定结构［图5.1(b)］，在竖向荷载作用下支点截面产生负弯矩。连续梁与同等跨径的简支梁相比，其跨中正弯矩显著减小，从而跨越能力大。连续梁还具有结构刚度大、变形小、主梁变形挠曲线平缓、动力性能好及有利于高速行车等优点。预应力混凝土连续梁桥的合理跨径一般在120m以内。

因连续梁是超静定结构，基础不均匀沉降将在结构中产生附加内力，因此，桥梁基础相对要求较高，宜用于地基较好的场合。

5.1.3 悬臂梁桥

悬臂梁桥属于静定结构，图5.1(c)所示为边跨悬臂梁和中跨简支挂梁相组合的结构形式。悬臂梁桥支点截面产生负弯矩，跨中正弯矩比简支梁桥小，跨越能力比简支梁大，但小于连续梁；主跨要增加悬臂与挂梁间的牛腿与伸缩缝构造，并且牛腿处变形大、伸缩缝易损坏、行车不平顺，目前已较少使用。

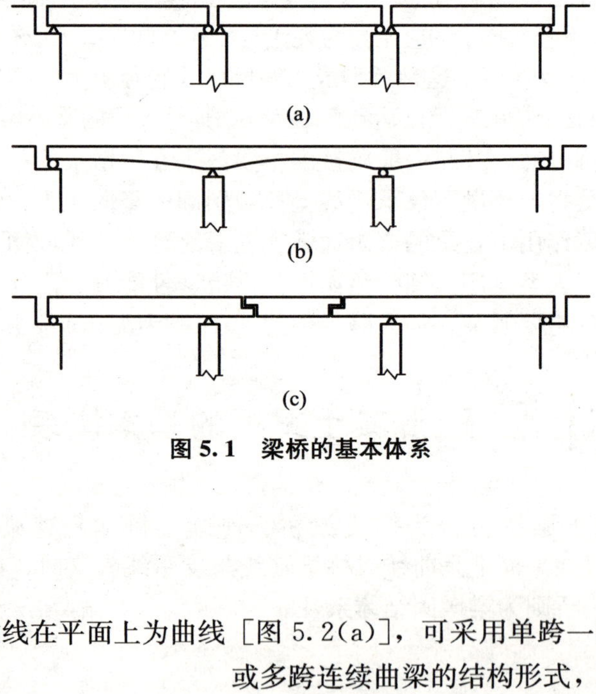

图5.1 梁桥的基本体系

5.1.4 曲线梁桥

曲线梁桥的桥轴线在平面上为曲线［图5.2(a)］，可采用单跨一次超静定简支曲线梁或多跨连续曲梁的结构形式，属超静定结构。曲线桥中无论恒载还是汽车荷载都会产生扭矩，存在弯扭耦合现象，这是曲线桥与直线桥不同之处。钢筋混凝土曲线梁和预应力混凝土曲线梁桥广泛用于城市立交桥中。

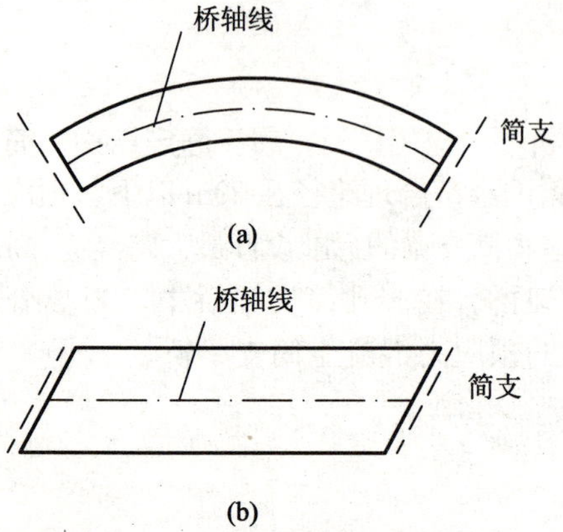

图5.2 曲线桥与斜梁桥

5.1.5 斜梁桥

桥轴线虽然是直线，但其与支承线的夹角 α 不等于90°时，成为斜桥［图5.2(b)］。斜桥大多采用斜板桥或单跨一次超静定斜梁的结构形式。由于桥轴线与支承线斜交，斜梁桥也存在弯扭耦合现象，受力较为复杂，一般仅用于地形受到限制的跨线桥中。

5.1.6 刚构桥

按受力体系可分为连续刚构桥、斜腿刚构桥、门式刚构桥和T形刚构桥等4种主要类型(图5.3)。刚构桥的主梁一般均需承受正、负弯矩作用，横截面宜采用箱型截面，连续刚构桥主梁受力与连续梁基本相同，横截面形式和尺寸与连续梁也基本相同。

1. 连续刚构桥

连续刚构桥［图5.3(a)］属于多次超静定结构，在大跨连续刚构桥中，由于体系温度变化、混凝土收缩等作用将使梁产生较大的纵向变形(伸长或缩短)，从而导致墩顶产生较大的水平位移；为了减小墩顶水平位移产生的墩顶水平推力、墩底弯矩及结构中的其他附加内力，在设计中一般应减小墩顶的水平抗推刚度。因此，对于墩高较矮的连续刚构桥，通常采用水平抗推刚度小的双肢薄壁墩，高墩连续刚构桥则可采用双肢薄壁墩或单肢薄壁墩。

对于跨数多连续长度很长的桥，为了减小桥墩对梁纵向位移的约束作用及其在结构中产生的附加内力，往往在两侧的一个或多个边跨上设置滑动支座，成为刚构-连续梁组合体系桥［图5.3(b)］。

连续刚构桥主梁连续无缝，行车平顺；特别适合于悬臂法施工，并且高墩的柔性有利于减小温度变化产生的墩顶水平推力等结构附加内力；因此大跨预应力混凝土连续刚构桥是跨越深谷、河流的合理桥型。已建的湖北龙潭河大桥(跨径布置(106＋3×200＋106)m)，最大墩高178m，为目前国内外连续刚构桥中最高墩的桥。

2. 斜腿刚构桥

刚构桥的主墩斜置称为斜腿刚构桥［图5.3(c)］，属于超静定结构。在竖向荷载作用下斜腿底端除承受竖向反力外，还存在较大的水平推力。由中跨主梁与斜腿组成的部分，相当于折线形拱桥，其压力线接近于拱桥，因此受力状态也接近于拱桥，斜腿与中跨主梁均承受较大的轴向压力。温度变化与收缩等将使斜腿刚构桥产生较大的附加内力，为了减小这种附加内力，一般在斜腿底部设置铰支座。由于斜腿施工难度大，斜腿与主梁连接处构造及受力较复杂，一般需在斜腿底部设置永久性铰支座等原因，这种桥型一般用于中小跨径桥(跨线桥或跨越深谷)，大跨径桥不常采用。

3. 门式刚构桥

门式刚构桥［图5.3(d)］在竖向荷载作用下，梁的跨中弯矩值比相同跨径的简支梁小，可以降底跨中建筑高度、增大桥下净空；但是，墩柱受力严重不对称，即使在结构自重作用下，墩柱也产生较大的弯矩，从而使得主梁与墩柱相连接的节点部位受有很大的外缘受拉的弯矩，节点外缘混凝土产生较大的拉应力，内缘混凝土产生较大的压应力，对于钢筋混凝土结构，节点往往容易产生裂缝。因此，这种桥型目前较少采用。

4. T形刚构桥

T形刚构桥有跨中带挂孔和设剪力铰的两种基本形式［图5.3(e)、(f)］。混凝土T形刚构桥是20世纪50年代至70年代曾经使用的一种桥型，属于静定或低次超静定结构，其受力特点是长悬臂体系，除挂孔以外，主梁以承受负弯矩为主；在混凝土徐变与车辆荷载共同作用下悬臂端的挠度较大，从而在悬臂端和挂梁(或剪力铰)的结合处形成折角，不仅导致伸缩缝与剪力铰容易损坏，且车辆在此跳动，行车不适；因此，这种桥型目前已较少使用。

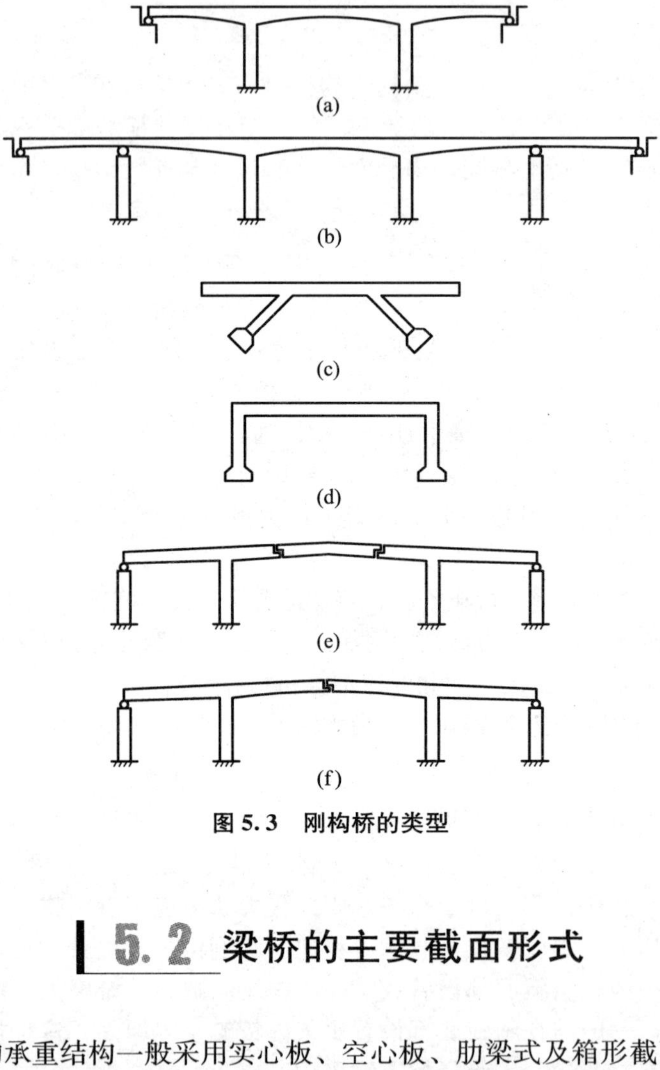

图 5.3　刚构桥的类型

5.2 梁桥的主要截面形式

混凝土梁桥的承重结构一般采用实心板、空心板、肋梁式及箱形截面等 4 种主要截面形式(图 5.4)。采用实心板和空心板截面的梁桥一般称为板桥，实体板［图 5.4(a)］是最简单的构造形式，一般用于钢筋混凝土简支板桥和连续板桥；空心板截面［图 5.4(b)］则是在实心板基础上，对截面进行挖空，减轻结构自重，增大跨越能力，大多用于预应力混凝土或钢筋混凝土板桥；肋梁式截面［图 5.4(c)］是在板式截面的基础上，将下缘受拉区混凝土进一步挖空，从而显著减轻结构自重，增加梁高与截面抗弯惯性矩，跨越能力进一步得到提高。肋梁式截面有 T 形和 I 字形(带马蹄的 T 形)两种形式，T 形截面一般用于简支梁桥，I 字形(带马蹄的 T 形)截面可用于连续梁、悬臂梁或者简支梁；箱形截面［图 5.4(d)］的挖空率最高，截面上缘的顶板与下缘底板混凝土能够承受连续梁跨中截面正弯矩和支点截面负弯矩产生的压应力，抗弯能力强，又因箱梁为闭口截面，抗扭惯性矩大、抗扭性能好，因而是大跨连续梁桥和曲线梁桥最适合的截面形式。

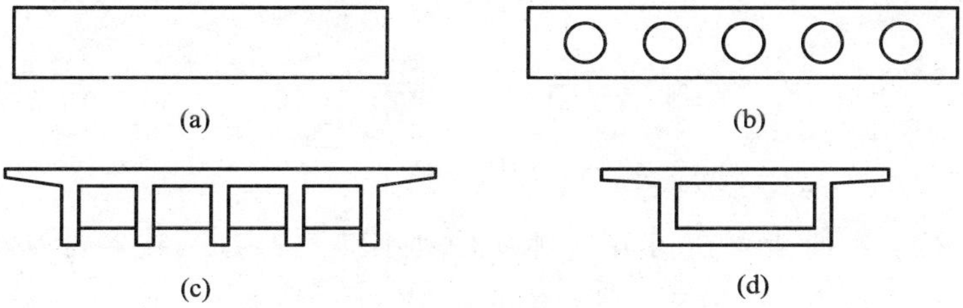

图 5.4 混凝土梁桥的主要截面形式

5.3 梁桥的主要施工方法

混凝土梁桥的施工方法可分为整体浇筑法和节段施工法两大类。整体浇筑施工法就是一次浇筑完成桥梁主体结构混凝土的方法，由于施工工期长，占用支架和模板较多，受季节影响大，施工费用大，因此整体浇筑法一般仅用于修建曲线桥、斜桥等特殊形式的结构或者运输困难的地区；节段施工法是将桥梁结构在纵向、横向或竖向划分为许多段，分段现浇或分段预制拼装的施工方法，对于简支梁(板)桥，通常在横向划分为多片梁肋或板肋，采用预制装配法施工，而在连续梁桥中，一般采取纵向分段的方式，如简支-连续法、逐孔法、悬臂法及顶推法等各种施工方法。

本章小结

本章主要介绍了混凝土梁桥的基本体系及受力特点、主要截面形式和施工方法。按受力特征混凝土梁桥可分为简支梁桥、连续梁桥和悬臂梁桥等3种基本体系，当桥梁轴线在平面上是曲线或桥梁轴线与支承线斜交时，有曲线梁桥和斜梁桥两种特殊形式。

简支梁桥施工方便，静定体系对地基要求不高，弯矩较大，适用于小跨径桥梁。连续梁桥所受恒载、活载均有卸载弯矩，行车条件好，超静定体系对地基要求高，适合于中等以上跨径桥梁。悬臂梁桥的卸载弯矩使跨中弯矩大大减小，静定体系对地基要求不高，跨中有接缝、对行车不利，适合于中等以上跨径桥梁。

混凝土梁桥的承重结构采用实心板、空心板、肋梁式及箱形截面等4种主要截面形式。板桥有实心板和空心板之分，施工方便、自重大，适用于小跨径桥梁。肋梁式截面是将板式截面下缘受拉区混凝土进一步挖空，显著减轻结构自重，增加梁高与截面抗弯惯性矩，跨越能力进一步得到提高。箱形截面的挖空率最高，截面抗弯能力强、抗扭性能好，是大跨连续梁桥和曲线梁桥最适合的截面形式。

混凝土梁桥的施工可采用整体浇筑法或节段施工法。整体浇筑施工工期长，占用支架和模板较多，受季节影响大，施工费用高，一般仅用于修建曲线桥、斜桥等特殊形式的结构或者运输困难的地区；节段施工将桥梁结构在纵向、横向或竖向划分为许多段，分段现浇或分段预制拼装。

习　题

1. 按受力特征，混凝土梁桥可分为哪几种基本体系？并阐述各种基本体系的主要受力特征及其适用场合。

2. 混凝土梁桥主要有哪几种截面形式？且阐述各自的特点。

3. 刚构桥与一般梁桥的主要区别是什么？简述其受力特点。

4. 简述混凝土梁桥的主要施工方法。

第6章 混凝土梁桥的构造及设计

教学目标

本章介绍混凝土梁桥的基本类型、构造与设计。通过本章的学习，应达到以下目标。

(1) 掌握板桥的构造与设计。
(2) 掌握简支梁桥的构造与设计。
(3) 了解悬臂梁桥的构造与设计。
(4) 了解曲线梁桥的构造与设计。

教学要求

知识要点	能力要求	相关知识
板桥的构造与设计	(1) 掌握板桥的特点与分类 (2) 熟悉整体式与装配式板桥的构造 (3) 了解斜板桥的构造	(1) 板桥的优缺点与分类 (2) 整体式板桥的构造与设计 (3) 装配式板桥的构造、设计与横向连接 (4) 斜板桥的受力特点及构造
简支梁桥的构造与设计	(1) 掌握整体式简支梁桥的构造与设计 (2) 掌握装配式简支梁桥的构造与设计 (3) 了解组合梁桥的构造与设计	(1) 整体式简支梁桥的特点及实例 (2) 装配式简支T形梁桥的主梁构造、桥面板及横向连接、横隔梁及横向连接 (3) 预应力混凝土简支梁中预应力筋的布置 (4) 组合梁桥的特点及实例
悬臂梁桥的构造与设计	(1) 了解悬臂梁桥的分类及受力特点 (2) 了解悬臂梁桥的构造	(1) 双悬臂梁桥与单悬臂梁桥 (2) 悬臂梁桥的截面形式、跨径布置和梁高尺寸 (3) 牛腿的受力特点与构造
曲线梁桥的构造与设计	(1) 了解曲线梁桥的受力特点及分类 (2) 了解曲线梁桥的构造与设计	(1) "弯-扭"耦合作用 (2) 曲线梁桥的支座布置

基本概念

简支梁桥、悬臂梁桥、曲线梁桥

引例

在桥梁工程中，混凝土梁桥是比较常见的桥梁结构类型。其中梁桥包括简支板桥、简支梁桥、连续梁桥、悬臂梁桥及曲线梁桥，且各桥型构造及设计不尽相同，初学者一开始可能存在如下疑问：装配式板桥及梁桥各主板(梁)间如何连接；悬臂梁桥现阶段为何很少修建；曲线梁桥与直线梁桥在受力上的差异等等。通过本章的学习，将对上述问题进行详细阐述。

6.1 板桥的构造与设计

6.1.1 板桥的特点与分类

板桥是小跨径钢筋混凝土桥中最常用的桥型之一。由于它在建成以后外形上像一块薄板，故习惯称之为板桥。

1. 板桥的优缺点

1）优点

(1) 建筑高度小，适用于桥下净空受限制的桥梁使用。与其他类型的桥梁相比，可以降低桥头引道路堤高度和缩短引道的长度。整体式连续板桥，跨中厚度已做到跨径的1/50，外形轻盈美观。

(2) 外形简单，制作方便。内部一般无需配置抗剪钢筋，仅按构造弯起斜筋，因而，施工简单，模板及钢筋工作都较省，利于工厂化成批生产。

(3) 做成装配式板桥的预制构件时，重量轻，架设方便。

2）缺点

跨径不宜过大，跨径超过一定限度时，截面显著加高，从而导致自重加大，由于截面材料使用的不经济，使板桥建筑高度小的优点也因之被抵消。因此，通过实践，简支板桥的经济合理跨径一般限制在13～15m。

2. 板桥的分类

板桥按施工方式可以分为整体式板桥和装配式板桥，按截面形式又可分为实心板、空心板和异形板等，按力学图式分为简支板、悬臂板和连续板等。

6.1.2 整体式简支板桥的构造

整体式矩形实心板如图6.1所示，具有形状简单、施工方便、建筑高度小、结构整体刚度大等优点，但施工时需现浇混凝土，受季节气候影响，又需模板与支架。从受力要求看，截面材料不经济、自重大，所以只在钢筋混凝土板桥使用。有时为了减轻自重，也可将截面受拉区稍加挖空做成肋式的板截面，如图6.2所示。

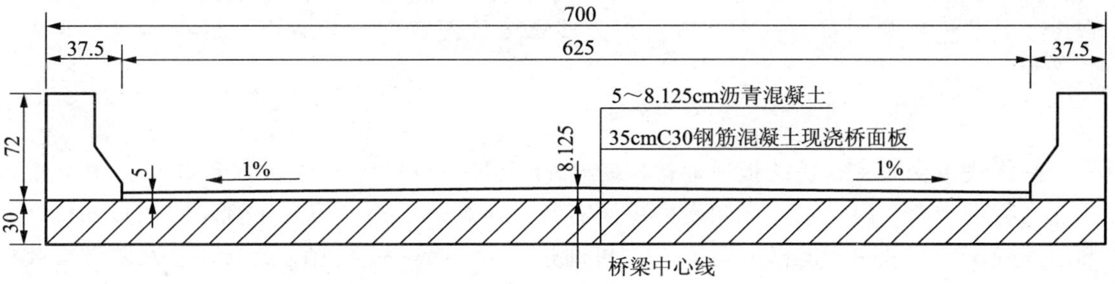

图 6.1　整体式矩形实心板(单位：cm)

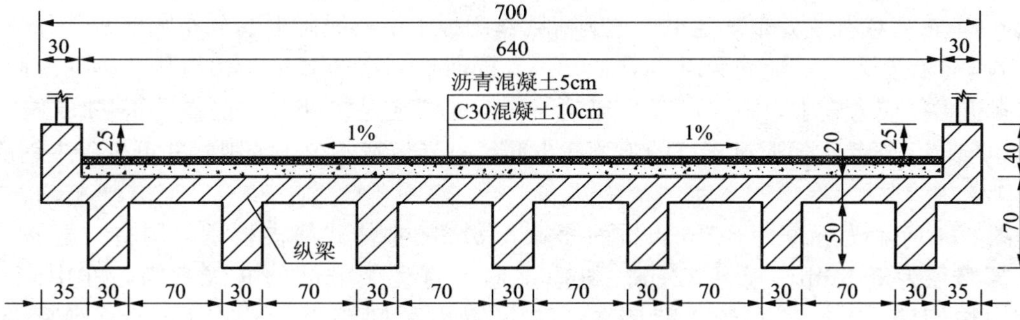

图 6.2　肋式板截面(单位：cm)

整体式钢筋混凝土板桥通常不仅用于正交板桥，而且可用于斜交板桥和平面线形较复杂的异形板桥。

1. 整体式正交板桥的受力特点

(1) 在均布恒载作用下，桥跨板基本处于单向受力状态，其跨中截面单位宽度上的弯矩 M_x 可像简支梁跨中弯矩那样确定，而与之正交截面单位宽度上的弯矩 M_y 比弯矩 M_x 小得多。

(2) 当车轮荷载作用在板中时，桥跨板处于双向受力状态。其跨中截面弯矩 M_x 沿板横向(y 轴方向)是非均匀分布的，如图 6.3所示，M_x 随着距荷载作用点的距离增加而减小。而横向弯矩 M_y 虽大于均布荷载作用下的该值，但与 M_x 相比仍然很小。

(3) 当车轮荷载作用在自由边附近时，M_x 和 M_y 的分布规律与荷载作用在板中类似，但 M_x 数值较大，而 M_y 值较小。

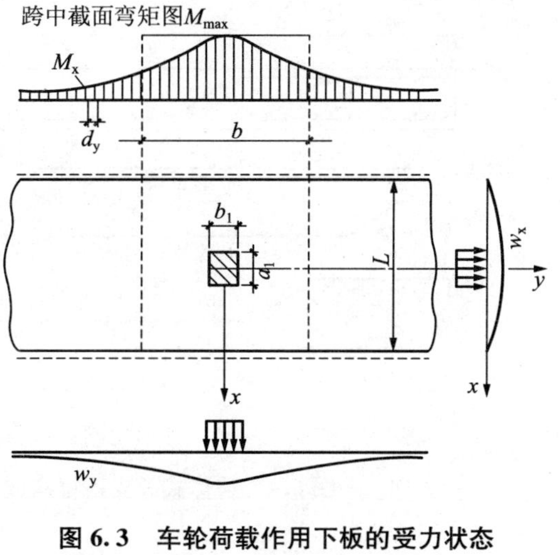

图 6.3　车轮荷载作用下板的受力状态

根据上述受力特点，实际工程中整体式正交板桥通常作为单向板考虑，采用更为实用的简化计算方法确定其内力，如

“折算宽度法”。该法假定车轮荷载引起的跨中弯矩 M_x 由板的折算宽度 b 来承担，折算宽度 b 取车轮荷载的有效分布宽度。由此计算单位板宽度上的弯矩，最终确定板受力钢筋数量。

2. 构造与设计

整体式正交简支板桥的板厚通常取跨径的1/20～1/15，但不宜小于10cm。其配筋应与受力特点吻合。因此，除纵向受力主筋需通过计算确定外，还需布置一定数量的横向钢筋以承受车轮荷载引起的横向弯矩 M_y（可通过计算确定）和防止混凝土收缩及温度变化引起的裂缝。

《桥规》规定，板中主筋直径不宜小于10mm，间距不大于20cm，分布筋直径不宜小于8mm，间距不大于20cm。当车辆荷载作用在板的边缘附近时，板边缘截面上的 M_x 的值较大(车轮荷载有效分布宽度小于车辆荷载作用板中中心线附近的分布宽度)，因此在板边缘的1/6板宽内主筋配筋量通常增加15%，同时应考虑布置适量边缘构造钢筋。此外，整体式板主拉应力较小，不需设置弯起钢筋，但通常还是将部分主筋在1/4～1/6跨径处按照30°或45°弯起。但通过支点的不弯起主筋，每米板宽不少于3根，并不少于主钢筋面积的1/4。

图6.4所示为标准跨径6m，桥面净宽8.5m的整体式简支板桥的构造与配筋。该桥计算跨径为5.96m，板厚32cm。纵向主筋为直径20mm的Ⅱ级钢筋，在中间2/3板宽内按间距12.5cm布置，两侧各1/6板宽内按间距11cm布置，并在跨径两端1/4～1/6的范围内按30°弯起。横向分布钢筋为10mm的Ⅰ级钢，沿纵向按间距20cm布置。

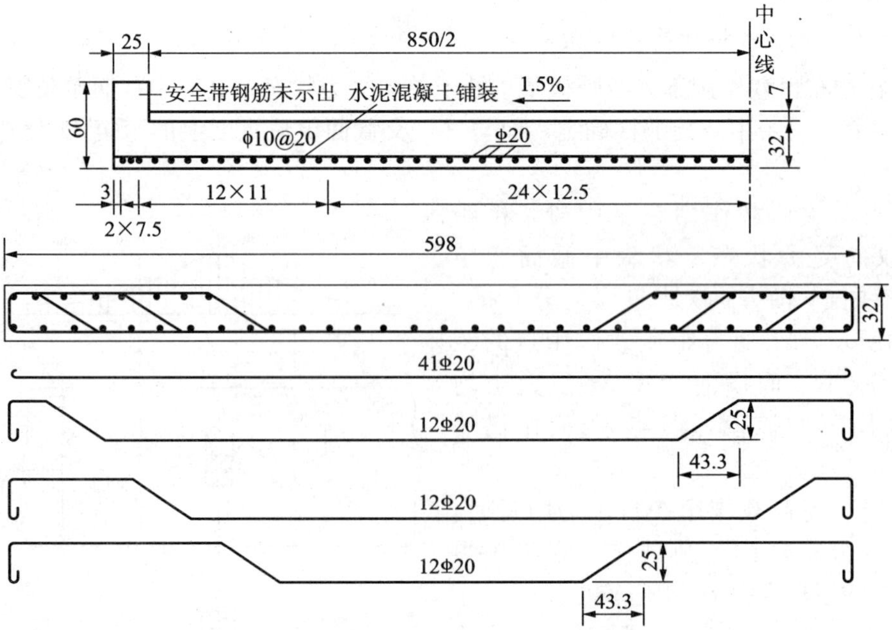

图6.4 整体式简支板桥构造示例(单位：cm；钢筋直径：mm)

6.1.3 装配式简支板桥的构造

装配式板桥一般由数块一定宽度的实心或空心预制板组成。各板利用板间企口缝填充混凝土相连接。在荷载作用下，每块板相当于单向受力的梁式窄板，除在主跨径方向承受弯曲外，还承受通过板间接缝(铰缝)传递剪力而引起的扭转，如图 6.5 所示。因此，每块预制板除承受本板内的荷载外，还承受相邻板块作用而引起的竖向剪力和其他内力作用。由于其他内力与竖向剪力相比对确定板的内力影响很小，所以设计中多采用铰接板(梁)法确定其板中内力。板中主要受力钢筋的数量由计算得到的内力确定，此外在板中布置适量的构造钢筋以承受计算时忽略的某些内力。

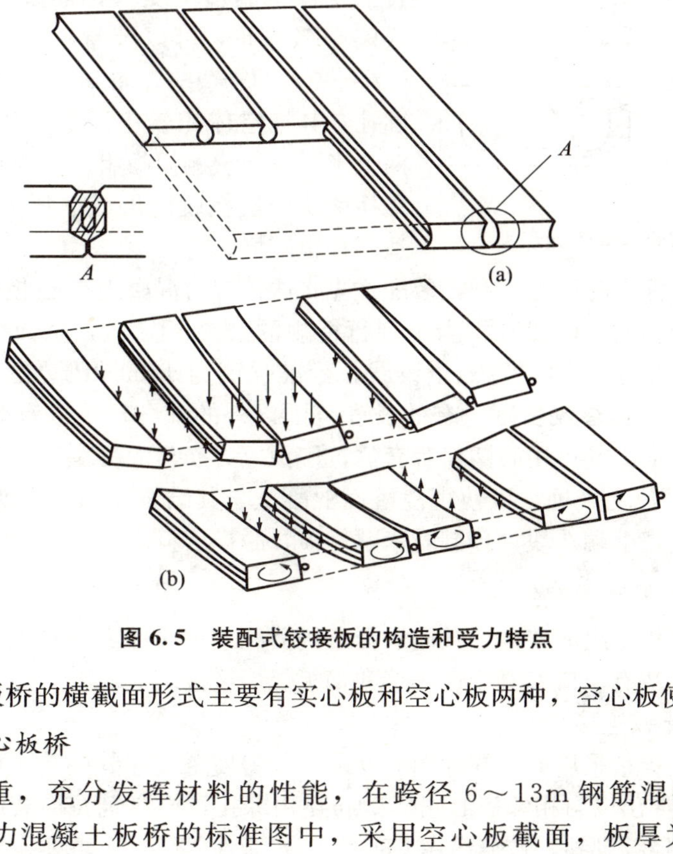

图 6.5 装配式铰接板的构造和受力特点

装配式简支板桥的横截面形式主要有实心板和空心板两种，空心板使用较多。

1. 装配式空心板桥

为了减轻自重，充分发挥材料的性能，在跨径 6～13m 钢筋混凝土板桥及跨径 10～16m 的预应力混凝土板桥的标准图中，采用空心板截面，板厚为 40～85cm。空心板的顶板和底板厚度应不小于 8cm，空洞端部应予填封，以保证施工质量和承载的需要。

图 6.6 所示为标准跨径为 16m、净宽为 2×11m、板厚为 0.7m 的预应力混凝土空心板桥的一般横断面图，半幅桥面由 12 块板组成，板间隙为 1cm。

装配式板桥的块件划分，一般沿横向取 100cm 宽一块。为了安装方便，预制宽度为 99cm，而每块板横截面内又适当开孔，以减轻自重。中间挖空的形式很多，图 6.7 所示为几种常用的空心板截面形式，挖成单个较宽的孔洞，挖空体积最大，块件重量最

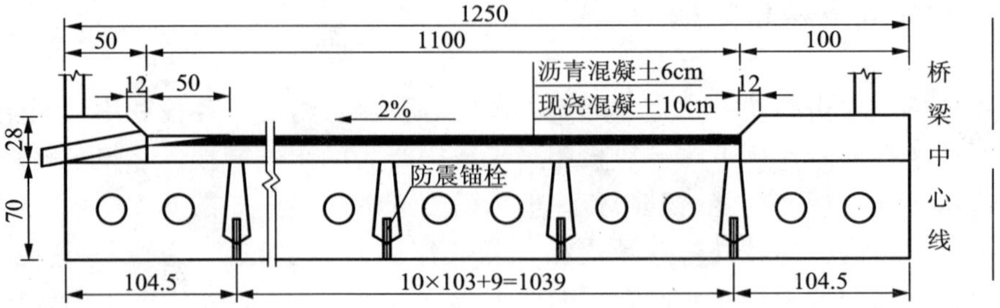

图 6.6　空心板截面(单位：cm)

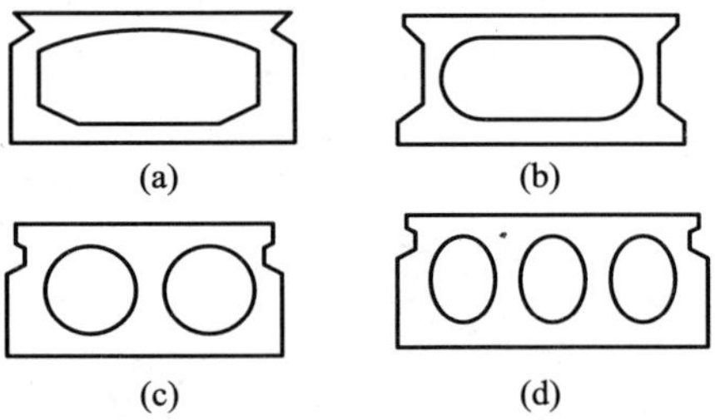

图 6.7　空心板截面形式

轻，但顶板需满足一定的厚度，且在顶板内要布置一定数量的横向受力钢筋。图 6.7(a)所示的顶板略呈微弯形，可以节省一些钢筋，但模板较图 6.7(b)所示的复杂些。图 6.7(c)所示的挖成两个正圆孔，其挖空体积较小。图 6.7(d)所示的芯模由两个半圆及两块侧模板组成，对不同厚度的板只要更换两块侧模板就能形成空形，它挖空体积较大，适用性也较好。

图 6.8 所示为标准跨径为 16m，装配式先张法预应力混凝土空心板桥中板配筋图，设计荷载汽车超 20 级，挂车 120(相当于现行桥规的公路-Ⅰ级)，桥面行车道净宽 2×净 11m。预应力钢筋采用 16ϕ15(7ϕ5)钢绞线，标准强度为 1500MPa。图中 2～9 号是钢绞线，预应力筋应考虑其有效长度，有效长度范围以外的部分，采取有效措施进行有效处理，失效范围的预应力筋可用硬塑料管套住，使预应力筋与混凝土不结合。预制板顶面混凝土要进行正规的拉毛处理，以使现浇桥面混凝土与其结合。图 6.8 所示中 14 号筋与 5 号主筋绑扎在一起，上端在块件预制时紧贴侧模，脱模后扳出。

2. 装配式板桥的横向连接

为了使装配式板块组成整体，共同承受车辆荷载，在块件之间必须具有横向连接的构造。常用的连接方法有企口混凝土铰连接和钢板焊接连接。

1) 企口混凝土铰连接

企口式混凝土铰常采用的形式如图 6.9 所示，为使桥面铺装层与主板共同受力，将预制板中的 N_1 钢筋伸出以与相邻板的同样钢筋互相绑扎，再浇筑在铺装层内；将相邻板的底层箍筋 N_2 伸入铰缝绑扎，铰缝内用 C30 以上的细骨料混凝土填实。实践证明：企口式混凝土铰能保证传递横向剪力，使各块板共同受力。

2) 钢板连接

钢板连接一般采用在预制板顶面沿纵向两侧边缘每隔 0.8～1.5m 预埋一块钢板，如图 6.10 所示，连接时将钢盖板与相邻预制板顶面对应的预埋钢板焊接在一起。通常在跨中部分钢板连接布置得较密，而两端支点部分较稀疏。实践证明这两种连接能够很好地传递横向剪力使各板块共同受力。在国外，通常以横向预应力方式连接，使装配式板桥的受力特性接近于整体式板桥。

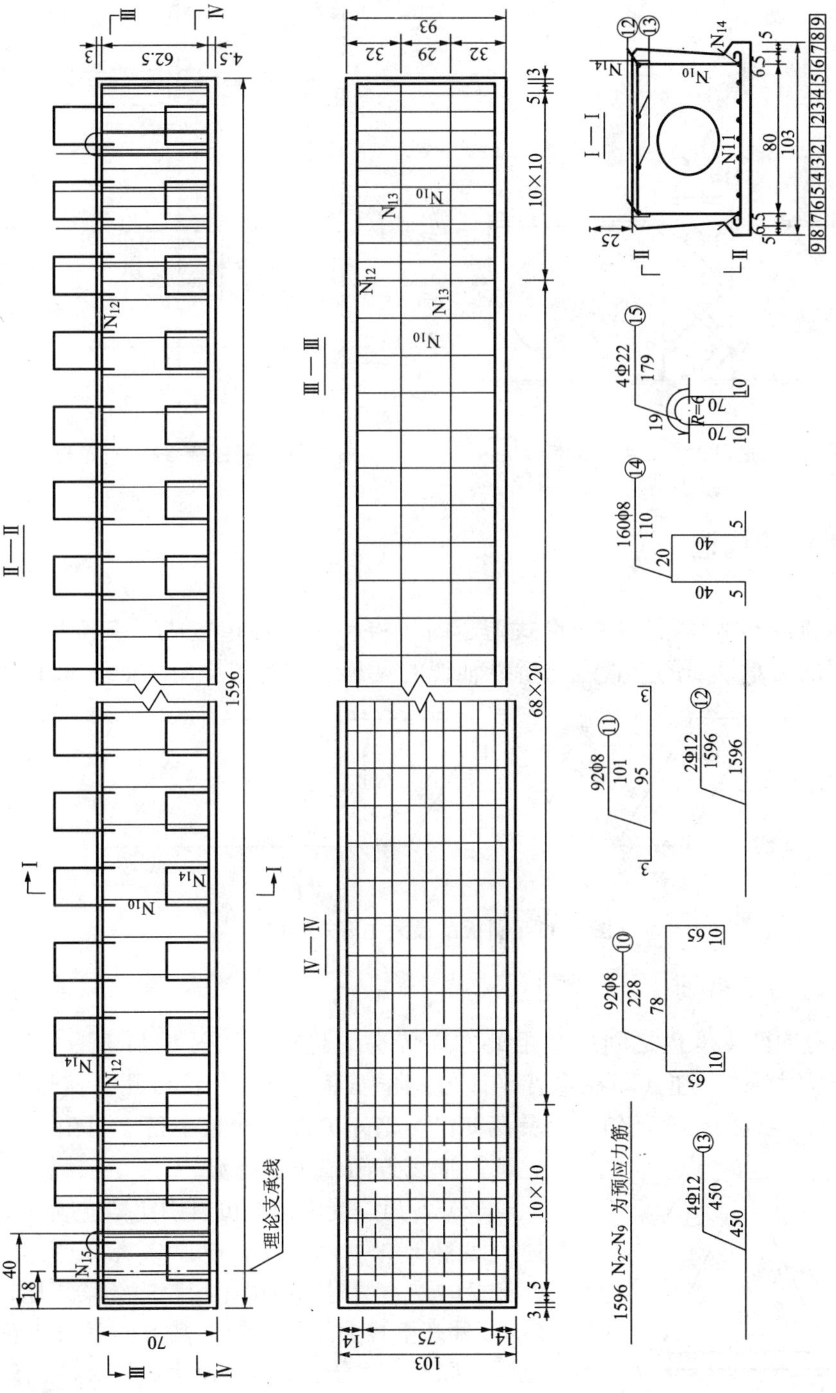

图 6.8 跨径 16m 装配式预应力混凝土空心板桥中板钢筋图(单位：cm；钢筋直径：mm)

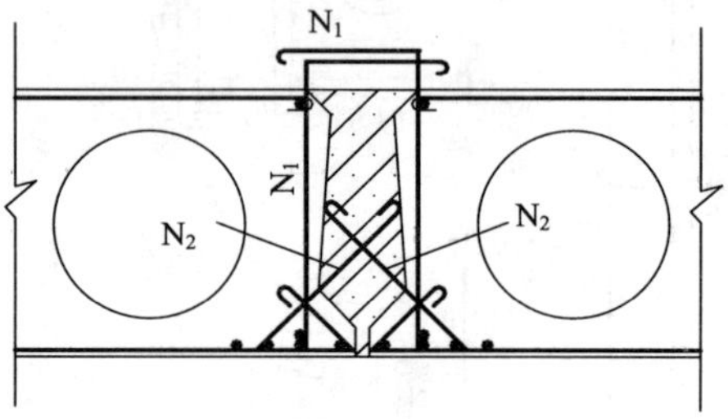

图 6.9　企口式混凝土铰构造

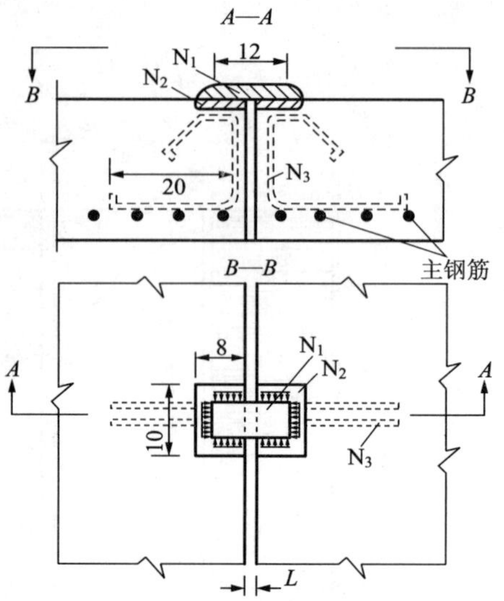

图 6.10　钢板连接构造(单位：cm)

6.1.4　斜板桥的构造

公路与河流或其他线路呈斜交形式跨越时，将桥梁结构布置成斜交桥形式较为经济。斜交板桥的板的支承轴线的垂直线与桥纵轴线的夹角 φ 称为斜交角，如图 6.11 所示。

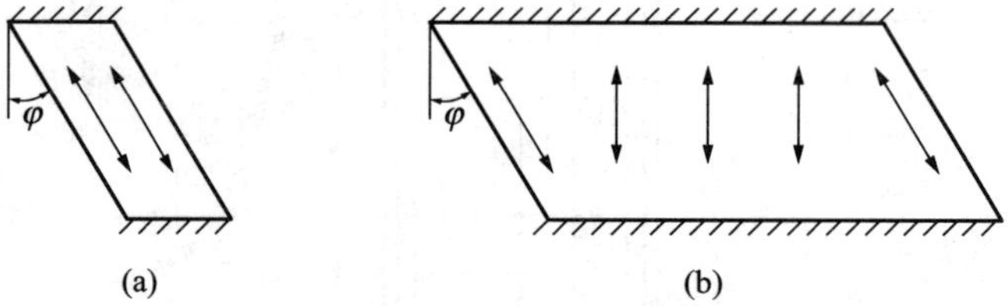

图 6.11　斜板的最大主弯矩方向

1. 斜板桥的受力特点

(1) 荷载有向两支承边之间最短距离方向传递的趋势，如图 6.11 所示。在较宽的斜板中部，其最大主弯矩方向(即在垂直于该方向的截面上没有扭矩)几乎接近与支承边正交。其次，无论对宽的或窄的斜板，其两侧的主弯矩方向虽接近平行于自由边，但仍有向支承边垂线方向偏转的趋势。

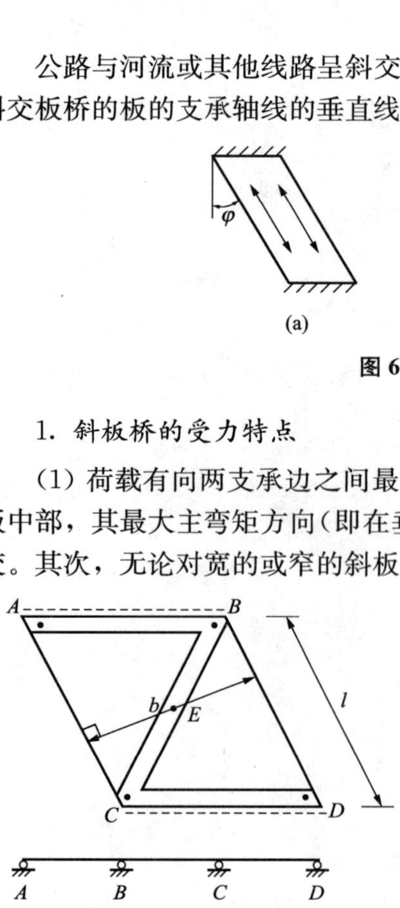

图 6.12　比拟连续梁

(2) 各角点受力情况可以用比拟连续梁的工作来描述，如图 6.12 所示。在斜板“Z”形条带 A-B-C-D 上各点的受力情况，可以用三跨连续梁来比拟，在钝角 B、C 处产生较大的负弯矩，其方向垂直于钝角的二等分线；同时，在 B、C 点的反力也较大，锐角 A、D 点的反力较小，当斜交角与斜的跨宽比都较大时，锐角便有向上翘起的趋势。此时若固定锐角角点，势必导致板内有较大的扭矩。

(3) 在均布荷载下，当桥轴线方向的跨长相同时，斜板桥的最大跨内弯矩比正桥要小，跨中弯矩的折减主要取决于斜交角 φ 和抗弯刚度与抗扭刚度的比值 K。在 $K\geqslant10$ 且 $\varphi\leqslant20°$ 时，斜桥可按正桥计算；在 $5\leqslant K<10$ 且 $\varphi\leqslant15°$ 时，可按正桥设计斜桥；在 $0\leqslant K<5$ 且 $\varphi\leqslant10°$ 时，方可按正桥设计斜桥。这样，二者间主要控制截面的内力误差不超过5%。跨内纵向最大弯矩或最大应力的位置随着斜交角 φ 的变大，而自中央向钝角方向移动。

图6.13(a)表示斜板桥最大跨内弯矩 M_φ 与正桥跨中弯矩 $M_{\varphi=0}$ 的比值，随斜交角 φ 改变的变化曲线；图6.13(b)表示在满布均布荷载时，跨内最大弯矩位置沿板宽的变化曲线。

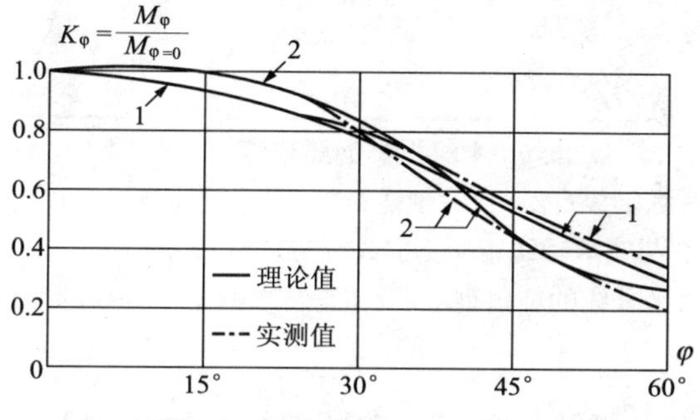

(a) 1—板跨中央；2—自由边中点

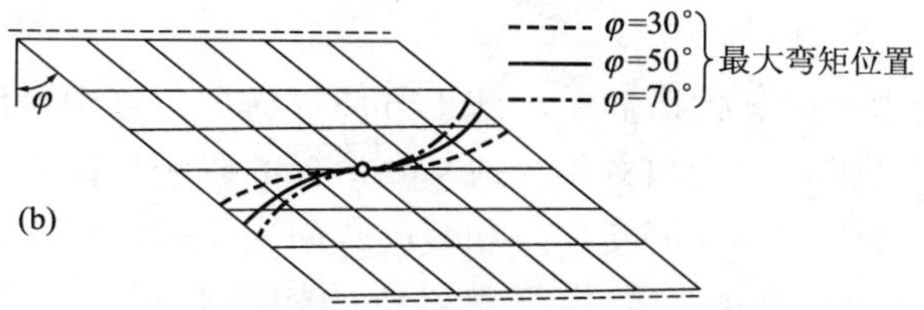

图6.13 弯矩随斜角的变化

(4) 在上述同样情况下，斜板桥的跨中横向弯矩比正桥的却要大，可以认为横向弯矩增加的量，相当于跨径方向弯矩减少的量。由于斜交引起的纵向弯矩的折减系数可查公路设计手册《梁桥》(上册)第一篇附表(二)。

(5) 斜板桥的跨中剪力比相同跨径的正桥大，跨中剪力的增大倍数可取为：

$$\eta=1+\frac{\varphi}{60°} \tag{6-1}$$

式中：φ——斜交角。

2. 斜板桥的构造

如图6.14所示，斜板桥的钢筋可按下列规定布置。

(1) 当整体式板桥的斜交角 $\varphi\leqslant15°$ 时，主钢筋平行于桥纵轴线方向布置；当整体式板桥的斜交角 $\varphi>15°$ 时，主钢筋宜垂直于板的支座轴线方向布置，此时，在板的自由边上下应各设一条不少于3根平行于自由边的钢筋带，并用箍筋箍牢在钝角部位靠近板顶的上层，应布置垂直于钝角平分线的加强筋，在钝角部位靠近板底的下层，应布置平行于钝角平分线的加强筋，加强钢筋的直径不小于12mm，间距为100～150mm，布置于钝角两侧1～1.5m边长的扇形面积内。

(2) 斜板的分布钢筋宜垂直于主钢筋方向设置，其直径不小于8mm，间距不大于200mm，分布钢筋的面积不宜小于板截面积的0.1%，在斜板的支座附近宜设平行于支座轴线的分布钢筋，或将分布钢筋向支座方向呈扇形分布，过渡到平行于支承轴线。

(3) 预制斜板的主钢筋可与桥纵轴线平行，其钝角部位的加强筋布置与整体式斜板桥相同。

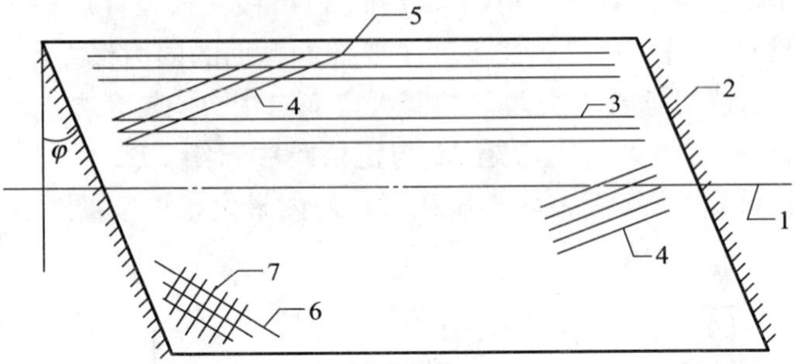

图 6.14 斜板桥钢筋布置

1—桥纵轴线；2—支承轴线；3—顺桥纵轴线钢筋；
4—与支承轴线正交钢筋；5—自由边钢筋带；
6—垂直于钝角平分线的钝角钢筋；7—平行于钝角平分线的钝角钢筋

6.2 简支梁桥的构造与设计

简支梁桥具有受力明确、构造简单、施工方便等优点，是中小跨径桥梁应用最广的桥型。简支梁桥是静定结构；结构内力不受地基变形等的影响，因而适宜在地基较差的桥位上建桥。按施工方法分为整体式简支梁桥和装配式简支梁桥两类。

图 6.15 所示为一个典型的装配式简支梁桥的构造布置。上部构造由主梁、横隔梁

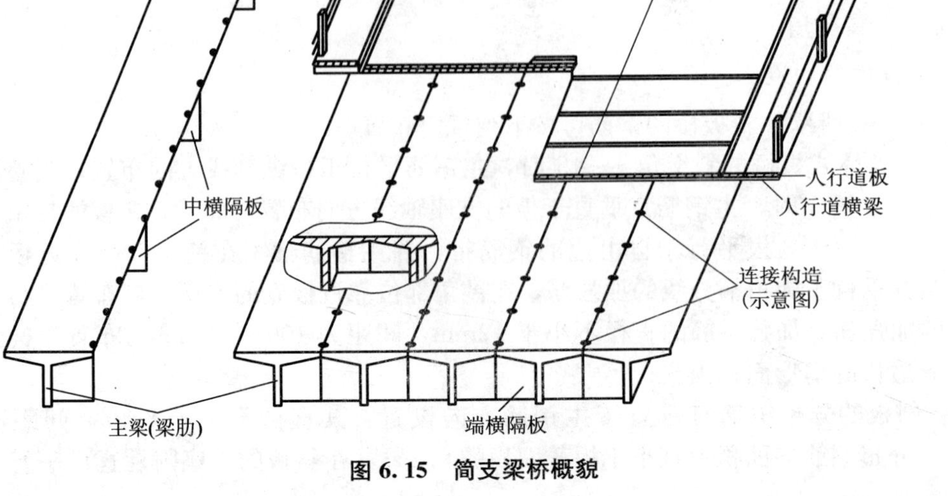

图 6.15 简支梁桥概貌

(板)、桥面板、桥面系等部分组成。主梁是桥梁的主要承重结构；横隔梁保证各根主梁相互连成整体，以提高桥梁的整体刚度；主梁的上翼缘构成桥面板，组成行车(人)平面，承受车辆(人群)荷载的作用。这类桥梁可采用整体现浇和预制装配两种不同的方式进行施工。

6.2.1 整体式简支梁桥

整体式梁桥具有整体性好、刚度大、易于做成复杂形状(如弯、斜桥)等优点，多数在桥孔支架模板上现场浇筑，个别也有整体预制、整孔架设的情况。但其施工进度慢，要耗费大量支架模板，目前除了弯、斜桥外，一般情况下较少修建。

常用的整体式简支T形梁桥的横截面如图6.16所示。在保证抗剪、稳定的条件下，主梁的肋宽约为梁高的1/6～1/7，但不宜小于14cm，以利于浇筑混凝土，当肋宽有变化时，其过渡段长度不小于12倍肋宽差。主梁高度通常为跨径的1/8～1/15。为了减小桥面板的跨径(一般限制在2～3m之内)，还可以在两根主梁之间设置次纵梁，如图6.16(b)所示。为了合理布置主钢筋，梁肋底部可做成马蹄形。

整体式简支梁桥桥面板的跨中板厚不应小于10cm。桥面板与梁肋衔接处一般都设置承托结构，承托长高比一般不大于3。

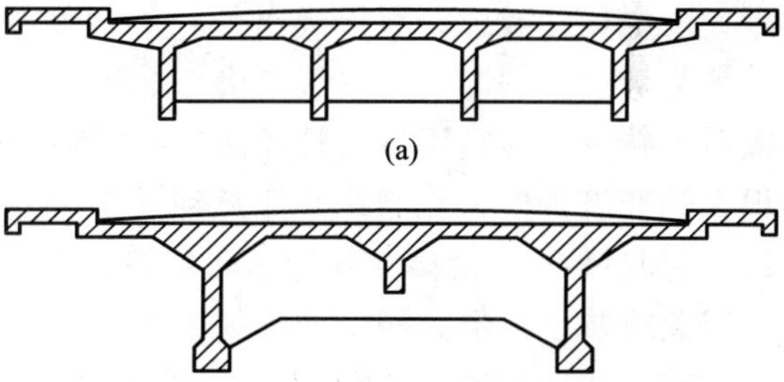

图6.16 整体式梁桥横截面

6.2.2 装配式简支T形梁桥

装配式简支梁主梁的横截面形式可分为Ⅱ形［图6.17(a)］、T形［图6.17(b)～(d)］和箱形［如图6.17(e)］3种。

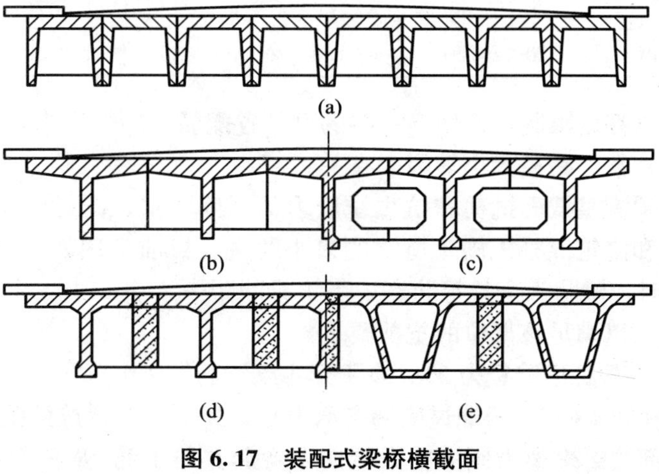

图6.17 装配式梁桥横截面

Ⅱ形主梁的特点是截面形状稳定，横向抗弯刚度大，块件堆放、装卸方便；但当跨径较大时，混凝土和钢的用量较大，横向联系较差，现在已很少采用。

装配式T形梁桥是使用最为普遍的结构形式，其优点是制造简单、整体性好、接头也方便。其构造布置是在给定桥的设计宽度的条件下，选择主梁的截面形式，确定主梁的间距(片数)和桥跨结构所需横隔梁的数量，进而确定各构造部分的细部尺寸。

1. 主梁的构造

国内外建造的装配式简支梁桥的主梁截面大多采用T形截面。因T形截面适合于简支梁的受力特点，即只承受单向弯矩。对于跨径较大的简支梁桥，为了减轻单片主梁的吊装重量，主梁也常采用I形截面，但主梁上翼缘间需加入一段现浇混凝土，使各主梁连接成整体，并构成桥面板，或在预制主梁上现浇整体桥面板。虽然主梁采用I形截面，但最终的桥梁横截面与采用T形截面主梁构成的桥梁横截面差别不大。

1) 主梁间距(或片数)的确定

对一定的桥面宽度而言，主梁间距小，主梁片数就多，而T梁翼板挑出亦短；反之，间距大，主梁片数少，翼板挑出长，如何解决要综合考虑材料的用量、预制工作量和运输、吊装等因素的影响。一般来讲，如果没有起重能力的限制，对跨径较大的桥梁，主梁片数适当减少，材料用量比较经济，且可减少预制工作量，缩短工期，这对多跨简支梁桥有很大的经济价值，然而，要注意到T梁翼板(即桥面板)不宜挑出过大，使翼缘悬臂端挠度过大引起桥面T梁接缝处的纵向裂缝，直接影响桥梁使用寿命。增设横隔梁，这种裂缝可以避免或减小，但又相应的增加了施工的难度。

目前，我国编制的装配式T形简支梁桥标准设计常用的主梁间距是1.6～2.2m。工程应用中主梁间距已达2.5m。

2) 主梁高度与主梁细部尺寸

表6-1所示为常用的简支梁桥主梁尺寸的经验数值，其变化范围较大，跨径较大时应取较小的比值；反之，则应取较大的比值。

表6-1　装配式简支梁桥主梁尺寸

桥梁形式	适用跨径/m	主梁间距/m	主梁高度	主梁肋宽度/m
钢筋混凝土简支梁	$8<l<20$	1.5～2.2	$(1/11～1/18)l$	0.16～0.2
预应力混凝土简支梁	$20<l<50$	1.8～2.5	$(1/14～1/25)l$	0.18～0.2

主梁梁高如不受高度限制，选用高一些的可节省配筋。一般说来，主梁的合理高度与荷载大小、主梁的片数、跨径大小等因素有关。

主梁的肋宽必须满足截面抗剪和抗主拉应力的强度要求，同时应考虑梁肋的稳定性、梁肋内主筋的布置和浇筑混凝土施工所需的最小肋宽。目前常用的肋宽为15～18cm，当主梁间距小于2m时，梁肋为全长等肋宽，当主梁间距大于2m时，通常在梁端2～5m范围内梁肋逐步加宽，以满足该部位的抗剪要求。

图6.18所示是一根标准跨径为20m的T形主梁钢筋骨架构造图，主筋为12根Φ32的Ⅱ级钢筋。其中最下层的4根N_1将通过梁端支承中心，其余8根则按梁的抗剪要求从不同位置弯起。设在梁顶部的Φ22架力钢筋在梁端向下弯起并与主筋N_1相焊接。箍筋采用$\phi8$@140，但在支座附近加倍。附加斜筋采用Φ16的Ⅱ级钢筋，其具体位置要通过计算确定。防收缩钢筋采用$\phi8$的Ⅰ级钢筋，按下密上疏的要求布置。所有钢筋的焊缝均为双面焊。

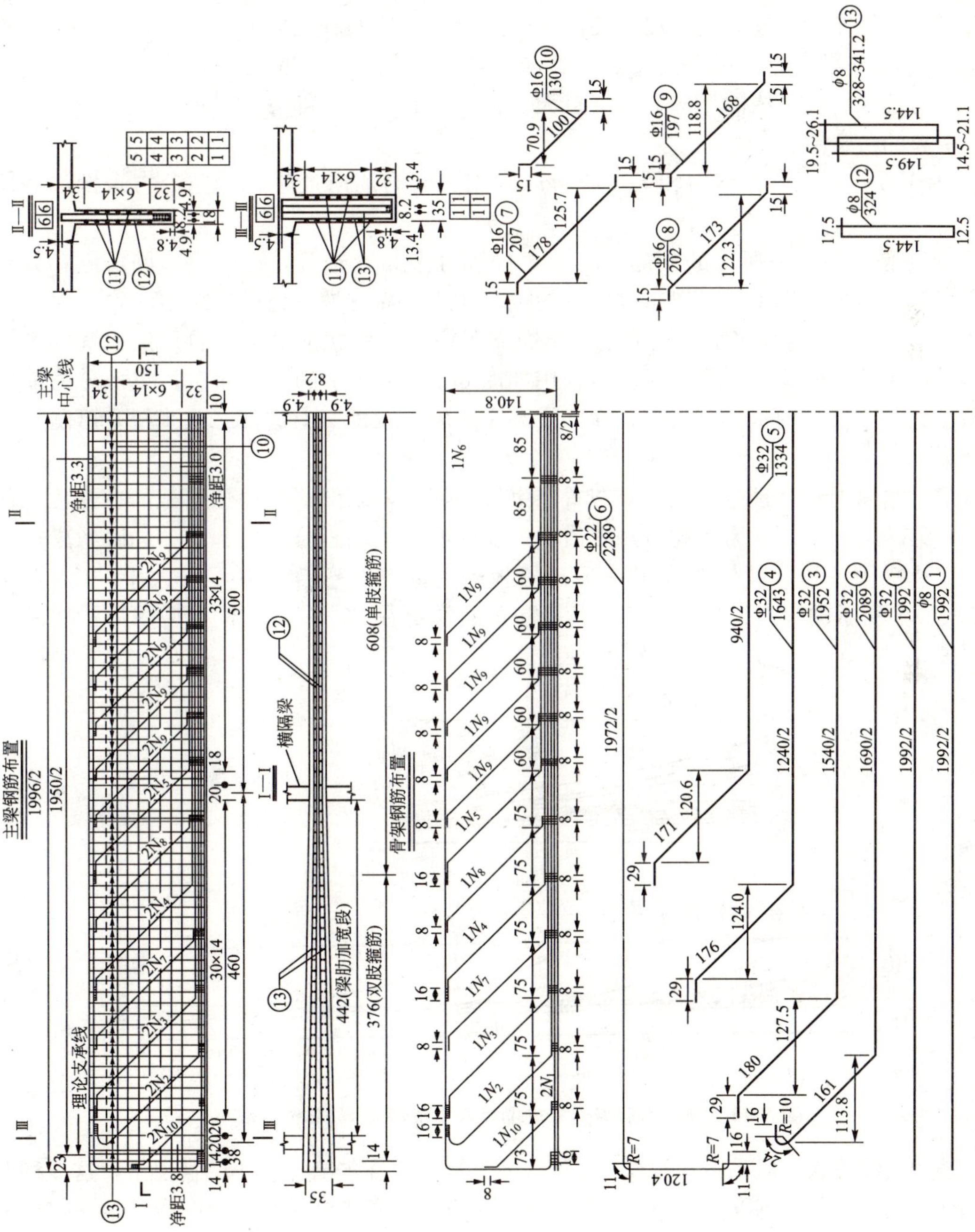

图 6.18 主梁钢筋布置(单位：cm，钢筋直径：mm)

3）预应力筋的布置

预应力束筋的布置形式与桥梁结构体系、受力情况、构造形式、施工方法都有密切关系。

(1) 预应力筋的立面布置。装配式后张预应力混凝土简支梁，在跨中截面，预应力筋均靠近梁的下缘布置，在一定区段后逐渐弯起，弯起的目的叙述如下。

① 由于简支梁弯矩从跨中向支点逐渐减小，故预应力筋的偏心距也应逐渐减少，否则梁上缘的拉应力及下缘的压应力都会过大。为此，必须将大部分的力筋弯起，减少预加力及其引起的负弯距。

② 由于支点附近区段剪力较大，故可以利用弯起力筋所产生的竖向分力来抵消一部分剪力。

③ 为了使梁端部分所受的预加力不太集中和分散布置锚具，也须将力筋弯起。如将部分力筋弯出梁顶，则不仅可以得到较好的抗剪作用，而且端块还可以缩小。

图6.19(a)所示为后张法预应力混凝土简支梁中常用的预应力筋布置，束筋锚固在梁端；当梁跨径较大或梁高受限制时，可采用如图6.19(b)所示的形式布置，将部分力筋弯出梁顶，这样不仅有利于抗剪，而且在梁拼装完成后，在桥面上进行二次张拉，可防止梁上缘开裂。

从梁体立面上看，预应力束筋应布置在束界界限内，以保证梁的任何截面在弹性工作阶段时，梁的上、下缘应力不超过规定值。束筋一般在梁端三分点处起弯，同时考虑横截面的位置及锚固位置，具体多在第一道横隔板附近起弯，弯起角度不宜大于20°，对于图6.19(b)中所示的弯出梁顶的束筋，其弯起角通常都在20°～30°之间，应采取措施减小摩阻损失。

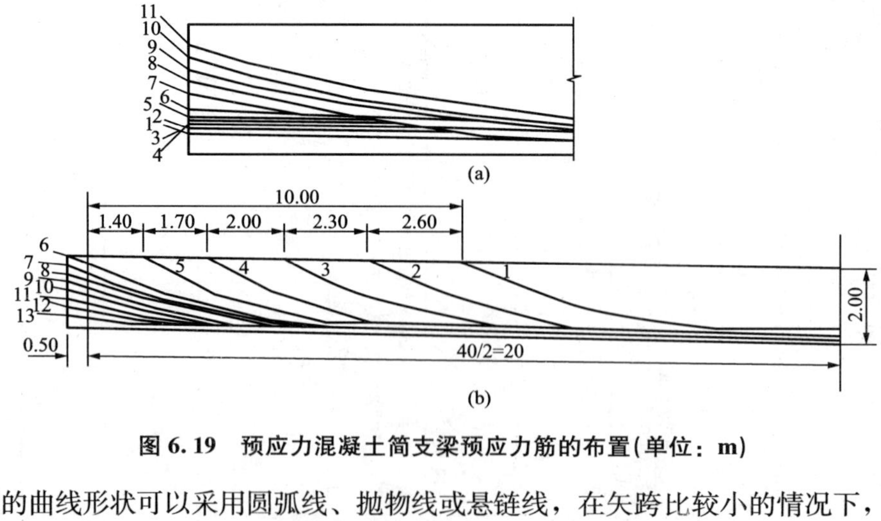

图6.19 预应力混凝土简支梁预应力筋的布置(单位：m)

束筋的曲线形状可以采用圆弧线、抛物线或悬链线，在矢跨比较小的情况下，这3种曲线各点坐标相差不大，可以任选一种，采用悬链线施工放样比较方便，当曲线在梁端与跨中的位置确定后，束筋(或制孔器)按其自重下垂即可形成悬链线。但是，悬链线在梁端起弯不急，而圆弧线的弯起角度较快，为在支点附近获得较大预剪力，多数梁在梁中部保持一段水平直线后便按圆弧弯起。这虽要增设定位筋，但圆弧线在施工时，计算和放样都较方便。

后张预应力混凝土构件预应力钢筋弯起的曲率半径可按表6-2采用。

表 6-2 后张预应力混凝土构件预应力钢筋弯起的曲率半径

材料	直径 d/mm	弯起的曲率半径 R/m
钢丝束，钢铰线	$d\leqslant 5$	$R\geqslant 4$
	$d>5$	$R\geqslant 6$
精轧螺纹钢	$d\leqslant 25$	$R\geqslant 12$
	$d>25$	$R\geqslant 15$

(2) 预应力束筋在横截面上的布置。当按跨中截面的设计弯矩计算出跨中截面所需的预应力束筋的根数后，便可进行束筋的排列布置。排列的原则是预应力束筋在满足《桥规》规定的构造要求的同时，尽量相互紧密靠拢，以减少下马蹄尺寸，减轻自重，并在保证梁底保护层的前提下，尽量使预应力束筋的重心靠下，以便获得较大的预应力弯矩，从而节省高强钢材。

(3) 预应力束筋在梁端上锚具的布置。梁端的锚具布置可参照相应的已建成的桥构造进行布置，布置的原则如下。

① 锚具在梁端的布置应尽量减小局部应力。集中、过大的锚具是不利的，分散的、小的锚具是有利的。

② 锚具在梁端布置应满足安放张拉设备所需要的锚具间最小净距的要求。

③ 锚具应在梁端对称纵轴布置。

从梁体横断面上看，预应力束筋在满足构造要求的同时，应尽量互相紧密靠拢，以减小下马蹄的尺寸，减小自重，并在保证梁底保护层的前提下，重心尽量靠下，以提高效率，节省钢材。横截面束筋布置如图 6.20 所示。

2. 桥面板

1) 桥面板的构造

对于 T 形简支梁，主梁翼板宽度视主梁间距而定，在实际预制时，翼板的宽度应比主梁中距小 2cm，以便在安装过程中易于调整 T 梁的位置和制作上的误差。主梁翼板除承受自重和桥面恒载外，主要承受由车轮引起的局部荷载。根据其受力特点，一般做成变厚度板，其厚度随主梁间距而定，边缘厚度不宜小于 6cm。主梁间距小于 2.0m 的铰接梁桥，板边缘厚度可采用 8cm（桥面铺装不参与受力）或 6cm(桥面铺装通过预埋的连接钢筋与翼缘板共同受力)；主梁间距大于 2.0m 的刚接梁桥，桥面板的跨中厚度一般不小于 15cm，边缘板边厚度不小于 10cm。图 6.21 所示主梁间距为 1.6m 的桥面板钢筋布置。

图 6.22 所示为主梁间距为 2.2m 的 T 形梁桥的桥面板钢筋布置。板上缘承受负弯矩，《公路钢筋混凝土及预应力混凝土桥涵设计规范》(JTG D62—2004)规定，受力钢筋直径不小于 10mm，间距不大于 20cm；在垂直于主筋方向布置分布钢筋，分布钢筋设在主钢筋的内侧，其直径不小于 8mm，间距不大于 20cm，截面面积不宜小于板截面的 0.1%。在主钢筋的弯折处，应布置分布钢筋。在有横隔板的部位，应增加分布筋的截面面积，以承受集中轮载作用下的局部负弯矩，所有增加的分布钢筋应从横隔板轴线伸出 $L/4$(L 为横隔板的跨径)的长度。

2) 桥面板的横向连接

通常在设有端横隔梁和中横隔梁的装配式 T 形梁桥中，均借助横隔梁和翼缘板的的接

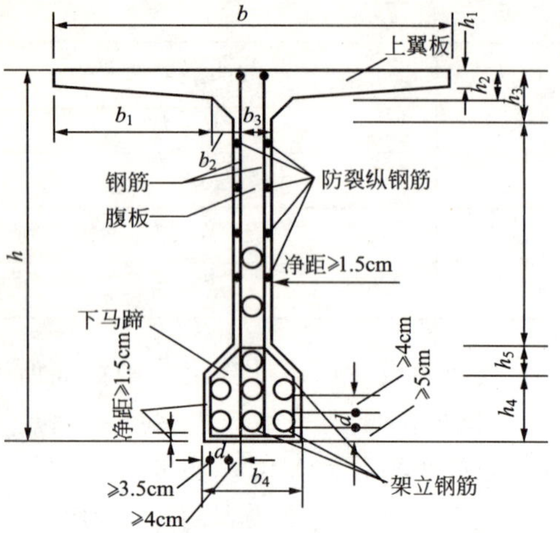

图 6.20　横断面预应力筋和普筋布置

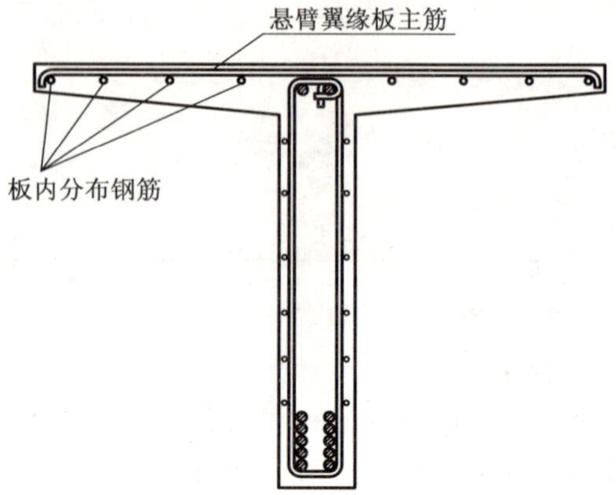

图 6.21　主梁间距为 1.6m 的桥面板钢筋布置

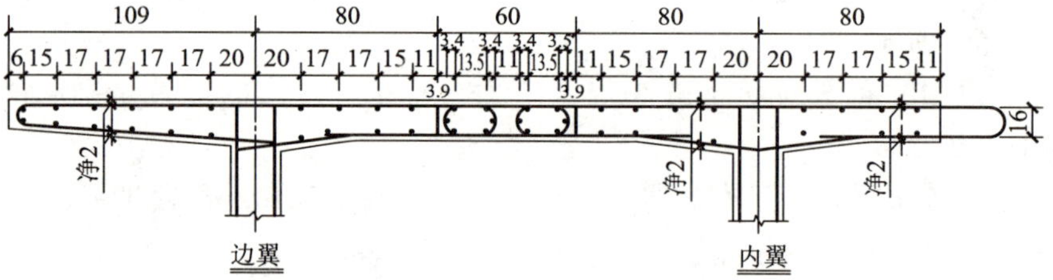

图 6.22　主梁间距 2.2m 的桥面板钢筋布置（单位：cm）

头使所有主梁连接成整体。对于少横隔梁的主梁，应在翼缘板上加设接头和加强桥面铺装，使横向连成整体。接头要有足够的强度，以保证结构的整体性，并使在运营过程中不致因荷载反复作用和冲击作用而发生松动。

(1) 刚性接头：既可承受弯矩，也可承受剪力，如图 6.23 所示。图 6.23(a)所示为在铺装层内配置受力钢筋，并将冀缘板内预留的横向钢筋伸出和梁肋顶上增设Ⅱ形钢筋锚固于铺装层中；图 6.23(b)所示为翼板用钢板连接，接缝处铺装混凝土内放置上下两层钢筋网。图 6.24 所示为翼缘板内伸出的扣环接头钢筋构造(图 6.22 所示装配式 T 梁相应的接头构造平面)。

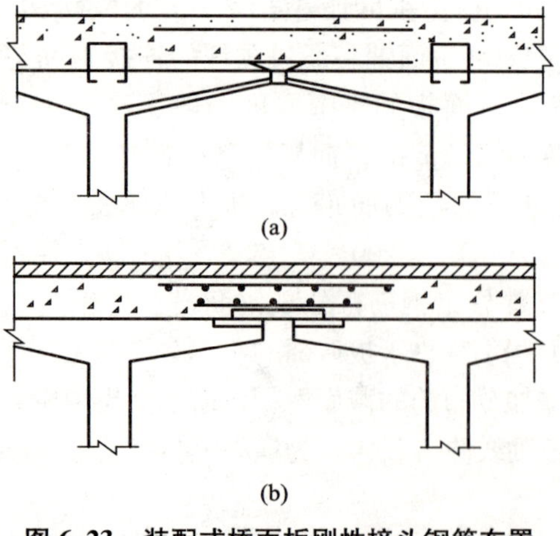

图 6.23　装配式桥面板刚性接头钢筋布置

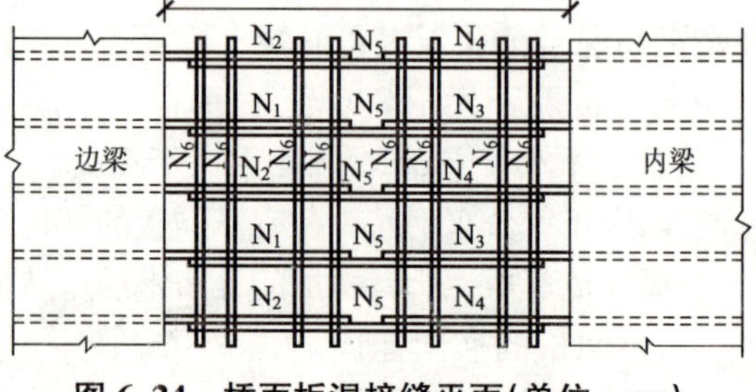

图 6.24　桥面板湿接缝平面(单位：cm)

(2) 铰接接头：只能承受剪力，如图 6.25 所示。图 6.25(a)所示为钢板铰接接头；图 6.25(b)所示为企口式铰接接头；图 6.25(c)所示为企口式焊接接头。

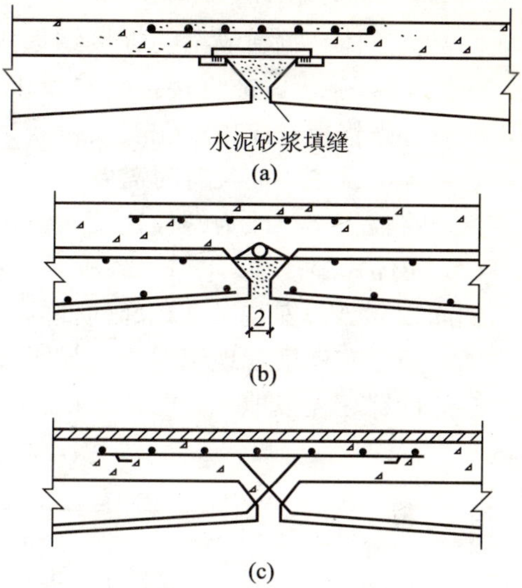

图 6.25 桥面板铰接接头(单位：cm)

3. 横隔梁

1) 横隔梁的构造

横隔梁在装配式 T 梁中起着保证各根主梁相互连接成整体的作用。调查表明，端横隔梁是必须设置的，它不但有利于制造、运输和安装阶段构件的稳定性，而且能显著加强全桥的整体性；跨内的横隔梁将随跨径的大小宜每隔 5.0～10.0m 设置一道。

横隔梁的高度应保证具有足够的抗弯刚度，通常可做成主梁高度的 3/4 左右。梁肋下部，成马蹄形加宽时，横隔梁延伸至马蹄的加宽处，如图 6.17(c)、(d)所示。从梁体在运输和安装阶段的稳定要求来看，端横隔梁应做成与主梁同高，但为便于安装和检查支座，端横隔梁底部又应与主梁底缘之间留有一定的空隙，如何选择视施工的具体情况而定。横隔梁的肋宽，通常采用 12～16cm ，且宜做成上宽下窄和内宽外窄的楔形，以便脱模。

2) 横隔梁的横向连接

横隔梁常用横向连接有以下两种。

(1) 钢板焊接连接。图 6.26 所示为常用的主梁间中横隔梁的连接构造形式。在每一块横隔板的上缘布置两根受力钢筋(N_1)，下缘配置 4 根受力钢筋(N_1)，采用钢板连接成骨架。接头钢板设在横隔梁的两侧，同时在上下钢筋骨架中加焊锚固钢板的短钢筋(N_2、

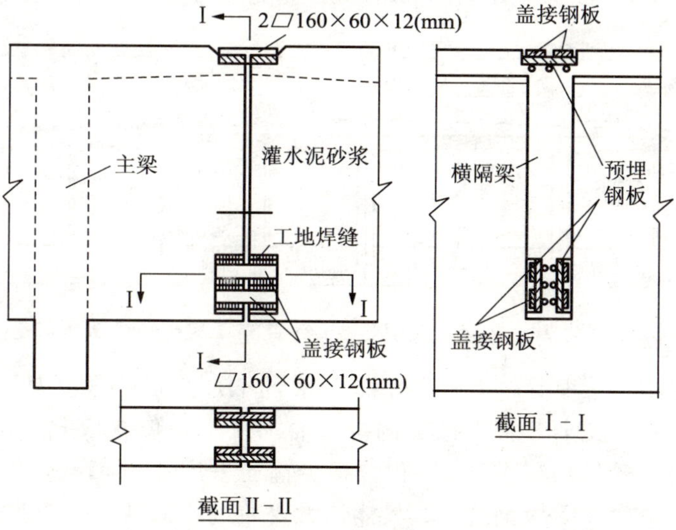

图 6.26 横隔梁焊接钢板接头构造

N_3)。钢板厚一般不小于10mm。当T梁安装就位后，即在横隔梁的预埋钢板上再加焊接钢板使连成整体。端横隔梁的焊接钢板接头构造与中横隔梁者相同，但由于其外侧(靠近墩台一侧)不好施焊，故焊接接头只设于内侧。相邻横隔梁之间的缝隙最好用水泥砂浆填满，所有外露钢板也应用水泥灰浆封盖。这种接头强度可靠，焊接后立即能承受荷载，但现场需要焊接设备，而且有时需要在桥下进行仰焊，施工较困难。为了减少工地的焊接工作量，可将盖板连接改为螺栓连接，但在运营过程中螺栓容易松动。

(2) 扣环式湿接头。图6.27所示为扣环式湿接头的构造。横隔梁在预制时在接缝处伸出钢筋扣环A，安装时在相邻构件的扣环两侧再安上腰圆形的接头扣环B，在形成的圆环内插入短分布筋后就现浇混凝土封闭接缝，接缝宽度约为0.2～0.5m。这种接头强度可靠、整体性好，在工地不需要特殊机具，但现场浇筑工作量大，接头施工后不能立即承受荷载。

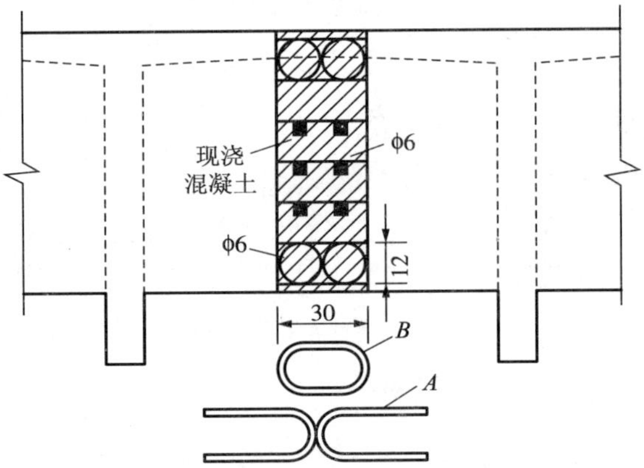

图6.27　扣环式湿接头(单位：cm)

4. 装配式钢筋混凝土简支T梁桥举例

图6.28～图6.30所示为标准跨径为20m的装配式钢筋混凝土简支T梁桥的纵、横截面布置及主梁钢筋布置图。主梁间距为2.2m，其预制宽度为1.6m，吊装后铰缝宽为60cm。

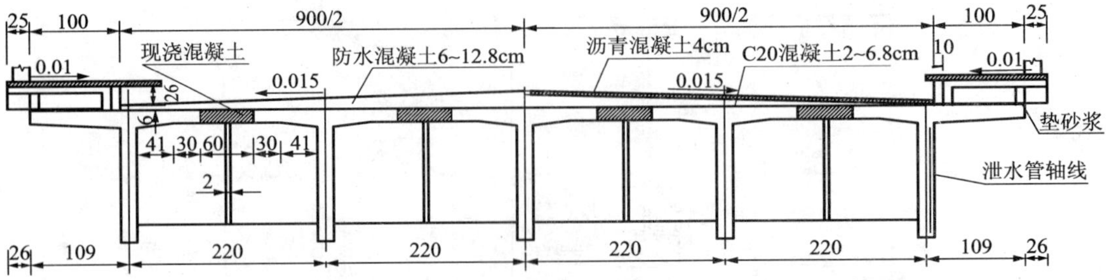

图6.28　标准跨径为20m的装配式钢筋混凝土简支T梁桥的横断面布置(单位：cm)

主梁钢筋骨架中，每根梁内主筋为8根Φ32的HRB335钢筋，其中最下层的4根N_1将通过梁端支承中心，其余8根则按梁的抗剪要求从不同位置弯起。设在梁顶部的Φ22架力钢筋在梁端向下弯起并与主筋N_1相焊接。箍筋采用Φ8@140，但在支座附近加倍。附加斜筋采用Φ16的R235级钢筋，其具体位置要通过计算确定。防收缩钢筋采用Φ8的R235级钢筋，按下密上疏的要求布置。所有钢筋的焊缝均为双面焊。

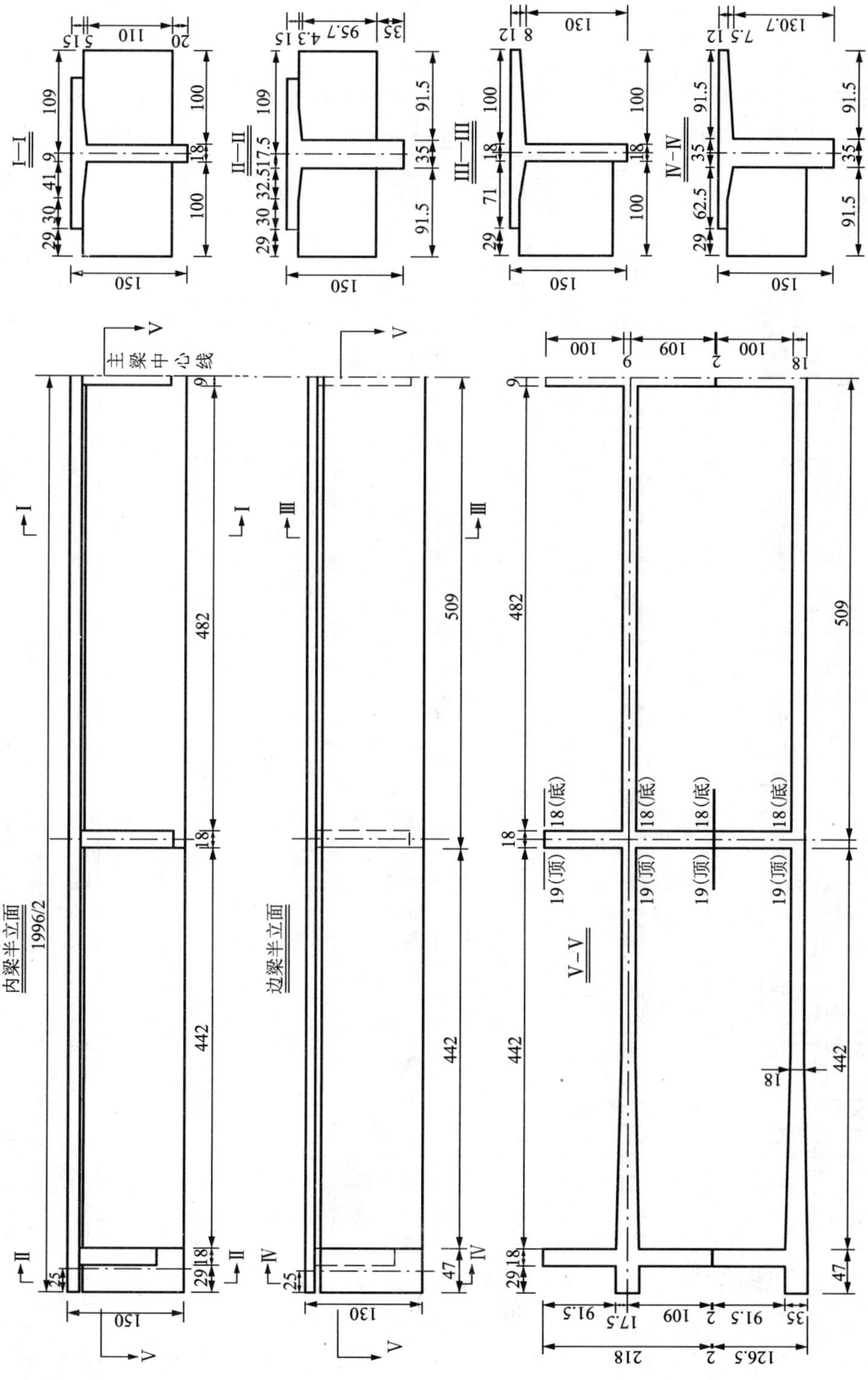

图 6.29 标准跨径为 20m 的装配式钢筋混凝土简支 T 梁桥的一般构造(单位：cm)

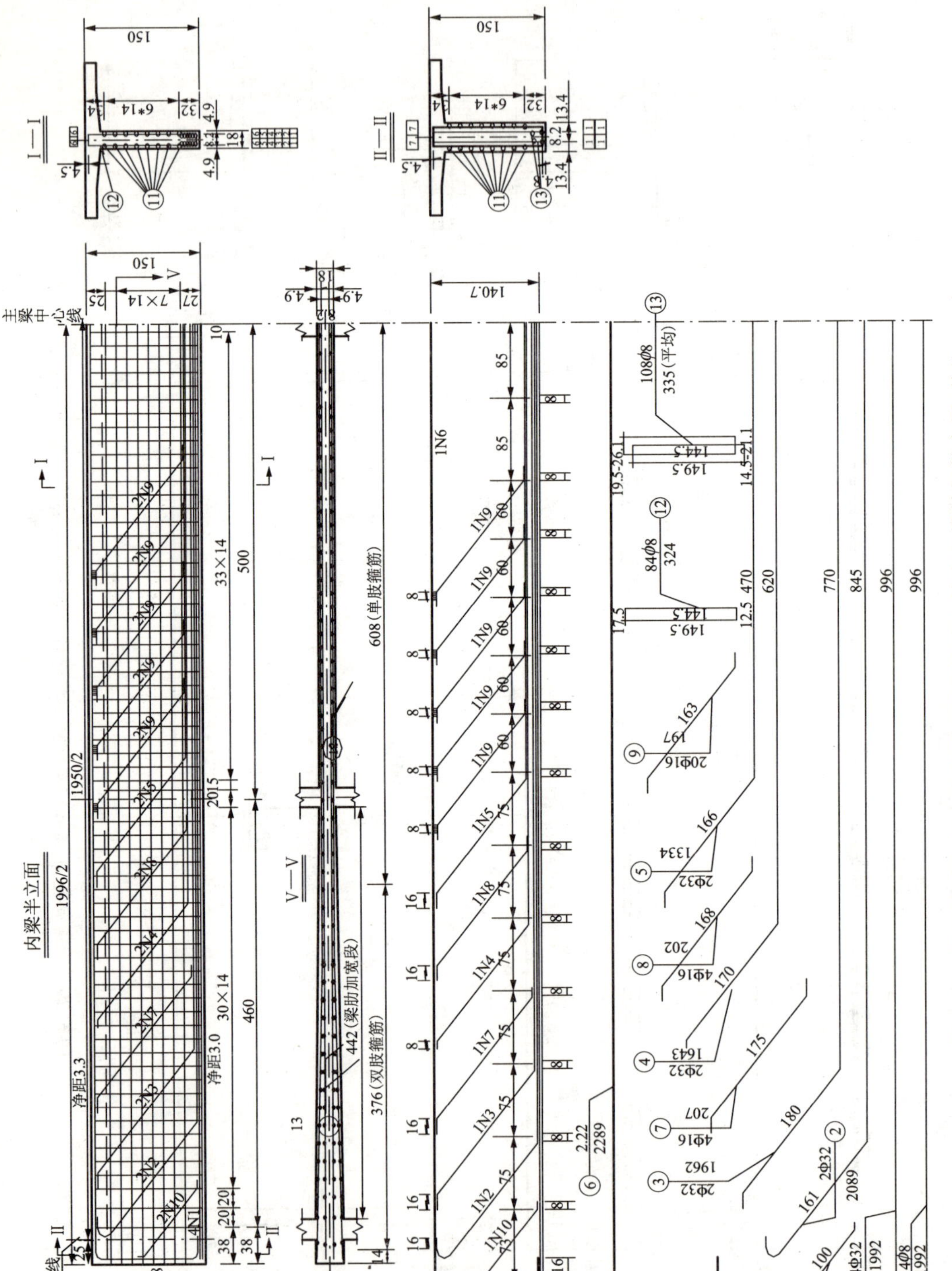

图 6.30 标准跨径为 20m 的装配式钢筋混凝土简支 T 梁的钢筋布置(单位：cm)

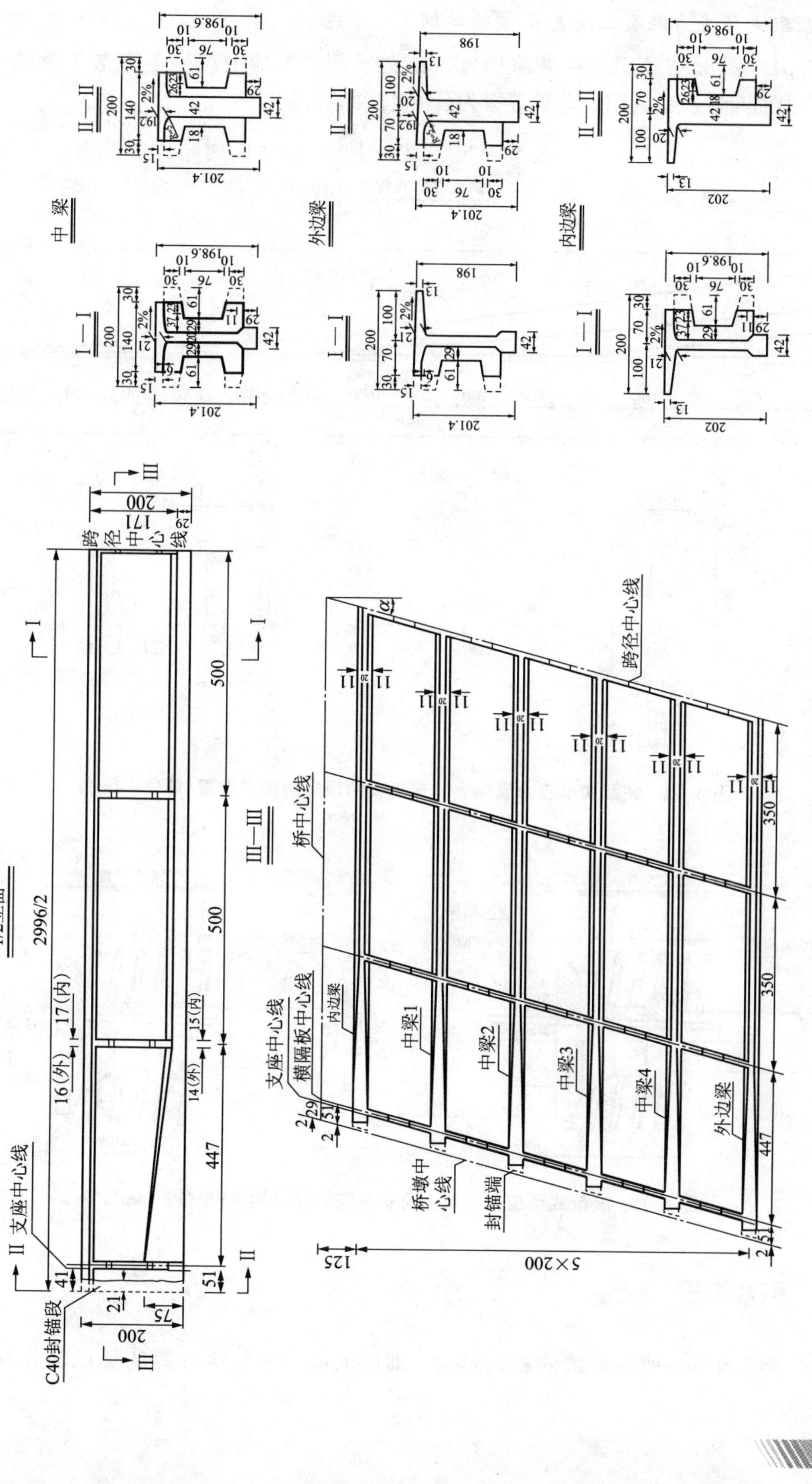

图 6.31 装配式预应力混凝土简支T梁的一般构造(单位：cm)

5. 装配式预应力混凝土简支 T 梁桥举例

图 6.31～图 6.33 所示为标准跨径为 30m 的装配式预应力混凝土简支 T 梁的一般构造、预应力筋布置及锚具图。荷载等级为公路-Ⅰ级。

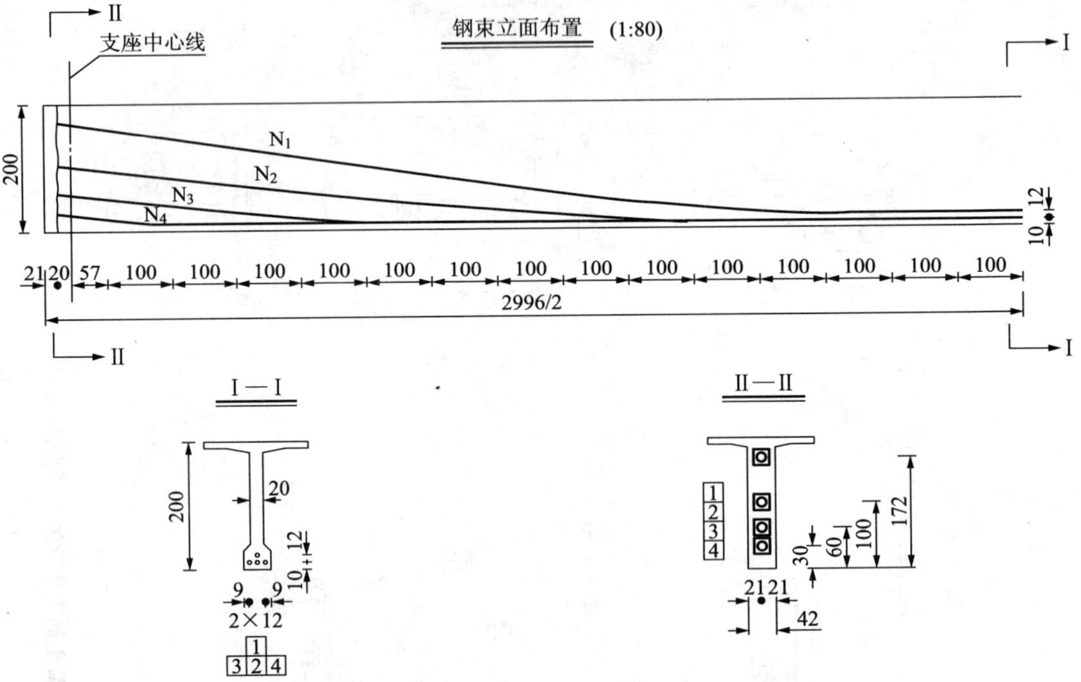

图 6.32 装配式预应力混凝土简支 T 梁的预应力钢束布置(单位：cm)

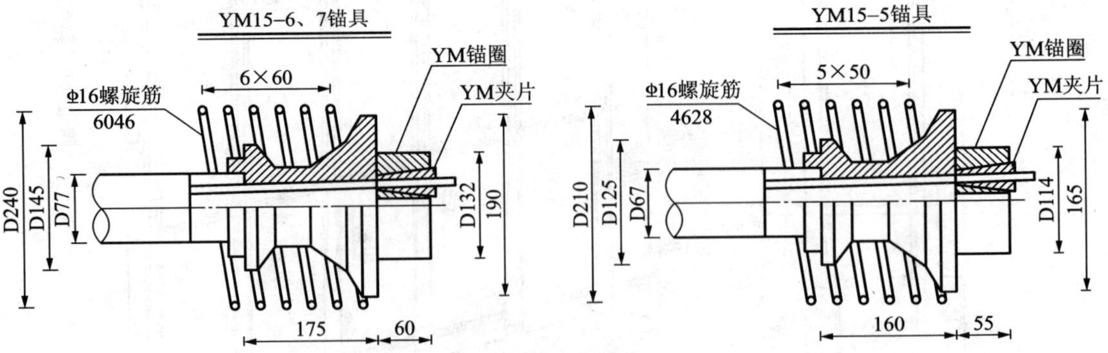

图 6.33 装配式预应力混凝土简支 T 梁的锚具构造(单位：mm)

6.2.3 组合梁桥

组合梁桥也是一种装配式的桥跨结构，即用纵向水平缝将桥梁的梁肋部分与桥面板

(翼板)分隔开来，使单梁的整体截面变成板与肋的组合截面。施工时先架设梁肋，再安装预制板(有时采用微弯板以节省钢筋)，最后在接缝内或连同在板上现浇一部分混凝土使结构连成整体。目前国内外采用的组合式梁桥有两种形式：I形组合梁桥［图 6.34(a)、(b)］和箱形组合梁桥［图 6.34(c)］。前者适用于钢筋混凝土简支梁桥，后者则只适用于预应力混凝土梁桥。其优点在于可以显著减轻预制构件的重量，便于集中制造和运输吊装。

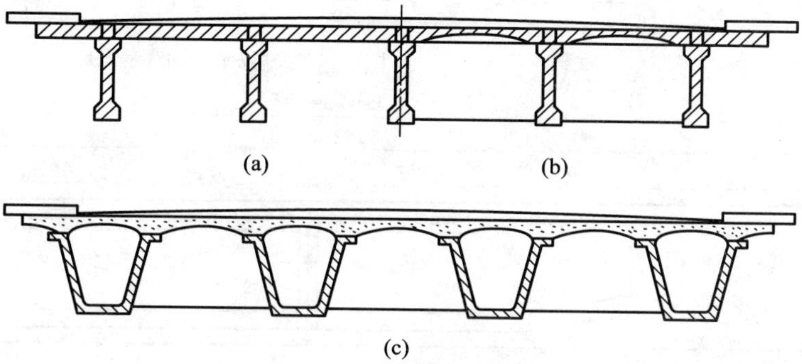

图 6.34 组合梁桥横截面

在组合梁中，梁与现浇板的结合面处，板的厚度不应小于 15cm，当梁顶伸入板中时，梁顶以上板的厚度不应小于 10cm。

组合梁是分阶段受力的，在梁肋架设后，所有迟后安装的预制板和现浇桥面混凝土(甚至现浇横隔梁)的重量，连同梁肋本身的自重，都要由尺寸较小的预制梁肋来承受。这与装配式 T 梁由主梁全截面来承受全部恒载不同，因而组合梁梁肋的上下缘应力远大于 T 梁上下缘的应力。图 6.35 所示为装配式 T 梁与组合梁的跨中截面在恒载＋活载工况下的截面应力图比较。

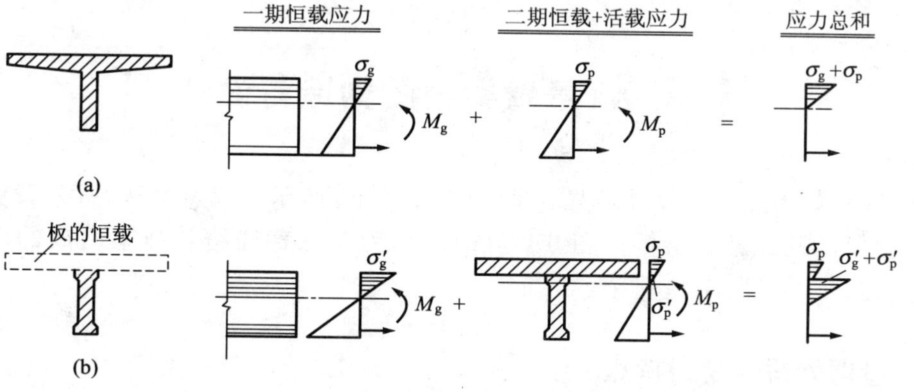

图 6.35 装配式 T 梁与组合梁的跨中截面应力比较

图 6.36 所示为一 5 片式预应力混凝土 I 形组合梁桥的实例。该桥标准跨径为 20m，荷载等级为汽车- 20 级，挂车- 100，桥面宽为净—(9＋2×1)m 人行道。先预制 C50I 形梁和桥面底板，吊装就位后，再现浇 C30 横隔板和桥面板。

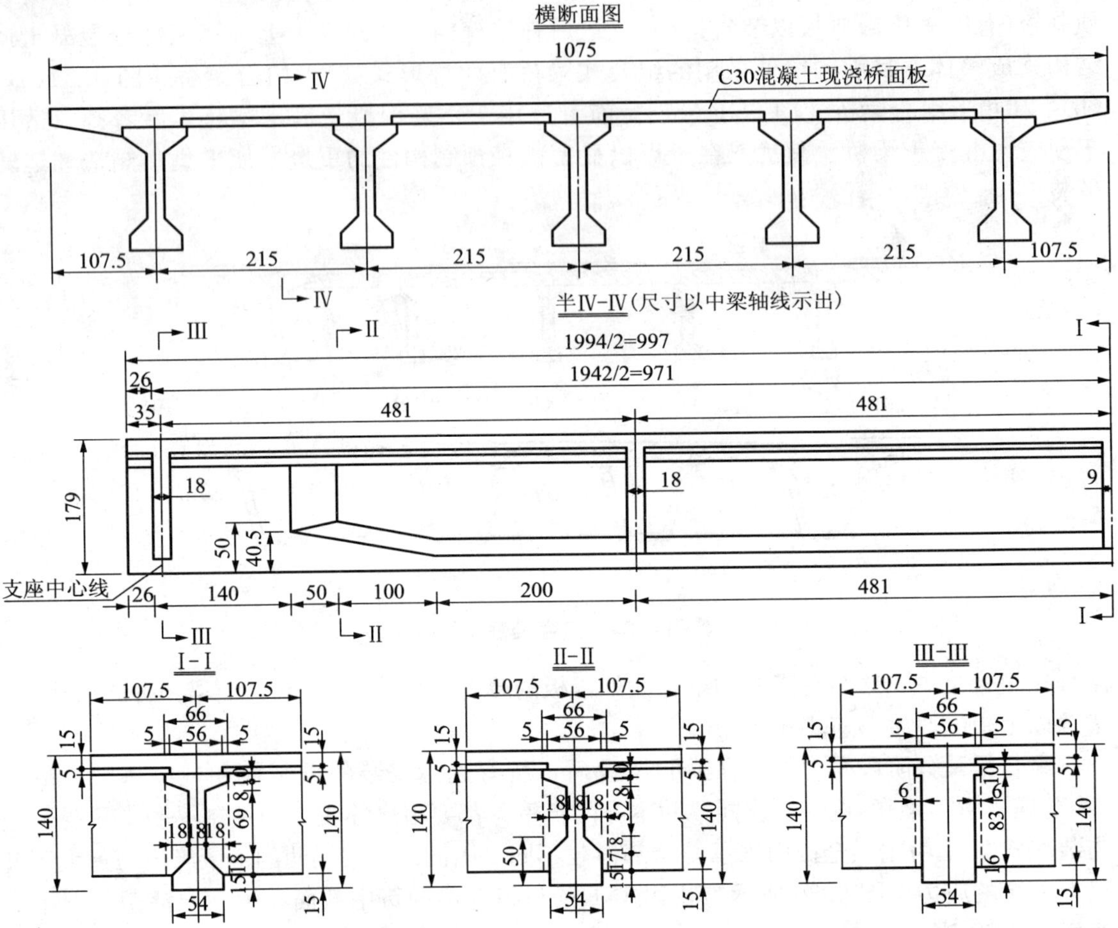

图 6.36　预应力混凝土 I 形组合梁桥构造(单位：cm)

6.3 悬臂梁桥的构造与设计

悬臂梁桥分为双悬臂梁和单悬臂梁，图 6.37(b)所示为双悬臂锚跨(悬臂梁主跨为锚跨)带挂梁的三孔悬臂梁桥；图 6.37(c)所示为单悬臂锚跨和挂梁组成的三跨悬臂梁桥。

6.3.1　悬臂梁桥的受力特点

悬臂梁桥和简支梁桥一样，都属于静定体系，它们的内力不受基础不均匀沉降等附加变形的影响。

图 6.37 所示为简支梁和悬臂梁在恒载作用下的弯矩图。图中各种梁式体系的跨径布置相同，假定其恒载集度也相同(实际上，简支梁的恒载集度较大)。比较图 6.37(a)、 (b)、(c)所示，显然，简支梁的各跨跨中恒载弯矩最大。由于悬臂梁悬出支点以外的伸臂对支点截面产生负弯矩，对锚跨跨中正弯矩产生了卸载作用，无论单悬臂梁或双悬臂梁在锚跨跨中正弯矩显著减小，而悬臂跨中因简支挂梁的跨径缩短而跨中正弯矩也同样显著减小。从表征材料用量的弯矩图面积（绝对值之和)来看，悬臂梁也比简支梁小得多。以图 6.37(c)所示的中跨弯矩图为例，当悬臂长度等于中孔跨径的 1/4 时，正负弯矩图面积的总和仅为相同跨径简支梁的 1/3.2。

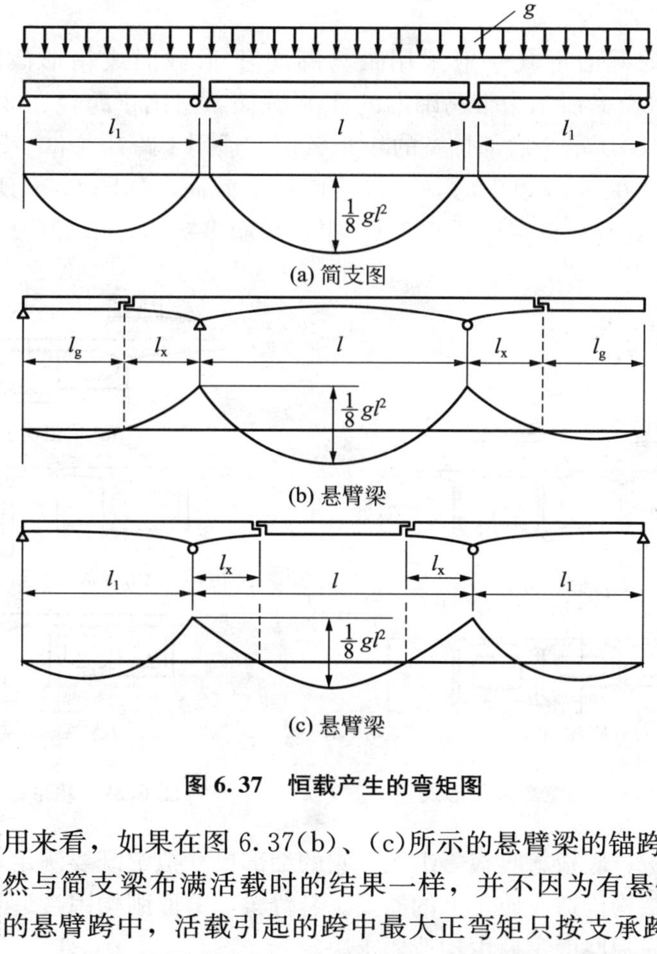

(a) 简支图

(b) 悬臂梁

(c) 悬臂梁

图 6.37　恒载产生的弯矩图

再从活载的作用来看，如果在图 6.37(b)、(c)所示的悬臂梁的锚跨中布满活载，则其跨中最大正弯矩自然与简支梁布满活载时的结果一样，并不因为有悬臂的存在而有所减小。而在具有挂梁的悬臂跨中，活载引起的跨中最大正弯矩只按支承跨径较小(通常只有桥孔跨径的 0.4～0.6)的简支挂梁产生的正弯矩计算，因此其设计弯矩也比简支梁小得多。

由此可见，与简支梁相比较，悬臂梁桥由于支点负弯矩的存在，使跨中正弯矩显著减小，故可以减小跨度内主梁的高度，从而可降低钢筋混凝土数量和结构自重，而这本身又促进了恒载内力的减小。

钢筋混凝土或预应力混凝土悬臂梁桥的应用，与其施工方法及结构的使用性能密切相关。悬臂梁在力学性能上优于简支梁，可适用于更大跨径的桥型方案，但因跨径较大时，梁体重量过大不易装配化施工，而往往要在支架上现浇。钢筋混凝土悬臂梁，还因支点负弯矩区段存在，不可避免地将产生裂缝，顶面虽有防护措施，也常因雨水侵蚀而降低使用年限。预应力混凝土悬臂梁桥虽无此患，并可采用节段悬臂方法，但它同连续梁一样，支点因是简单支承，施工时必须采用临时固定措施。与连续梁相比，跨中还要增加悬臂与挂梁间的牛腿、伸缩缝的构造，行车不及连续梁平顺。

6.3.2 悬臂梁桥的构造特点

1. 截面形式、跨径布置和梁高尺寸

1）截面形式

悬臂梁桥常用的截面形式一般采用带马蹄的 T 形截面或箱形截面，如图 6.38 和图 6.39所示。图 6.38(a)所示为带马蹄形的 T 形截面，适用于跨径在 30m 以内的钢筋混凝土桥梁；图 6.38(b)所示为底部加宽的 T 形截面，适用于跨径在 30～50m 以内的预应力混凝土桥梁。当跨径在 50m 以上时，一般使用箱形截面，如图 6.39 所示，有单箱单室[图 6.39(a)]、分离式双箱单室[图 6.39(b)]和单箱多室[图 6.39(c)]等。

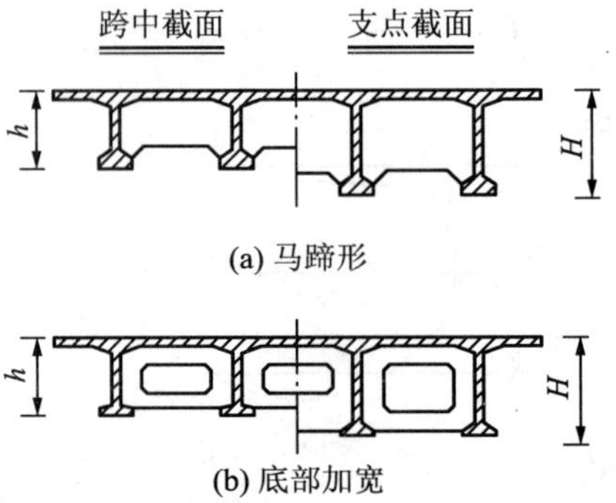

图 6.38 底部加宽的截面形式

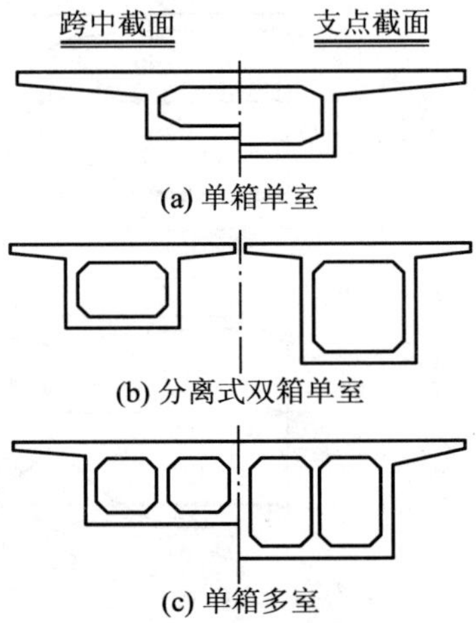

图 6.39 箱形截面形式

箱形截面由顶板、底板、腹板等组成，它的细部尺寸拟定既要满足箱梁纵、横向的受力要求，又要满足结构构造及施工上的需要。悬臂梁、T 形刚构因接近悬臂端的截面承受负弯矩较小，因此底板厚度主要由构造要求决定。

2）跨径布置和梁高尺寸

各种悬臂体系 T 形截面梁桥的跨径布置和梁高尺寸如图 6.40 所示。

单孔双悬臂梁桥，如图 6.40(a)所示，常用于跨线桥，中孔跨径由跨线桥的行车净空要求确定，两侧悬臂端伸入路堤可省去两个体积庞大的桥台，但需在悬臂与路堤衔接处设置搭板以利行车。主梁采用 T 形截面(较少应用)时，悬臂长度一般为中跨长度的 30%～40%。当采用箱形截面时，为使跨中最大正弯矩和支点最大负弯矩的绝对值大致相等，充分发挥材料性能，悬臂长度可达中跨长度的 40%～60%。但悬臂过长，活载挠度增大，悬臂端与路堤衔接处的结构容易遭到破坏。T 形悬臂梁的中支点梁高为(1/10～1/13)l，跨中梁高通常减至中支点梁高的 1/1.2～1/1.5 倍。对于大跨径箱形截面悬臂梁，中支点梁

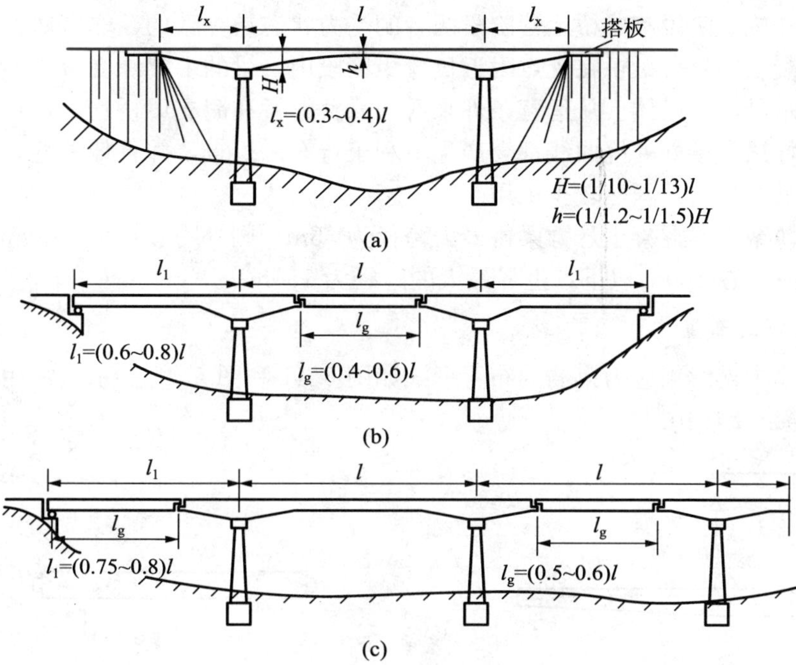

图 6.40 悬臂梁桥的主要尺寸

高为$(1/12\sim1/18)l$，在此情况下跨中梁高为中支点梁高的1/2～1/2.5倍。表6-3列出了单孔双悬臂梁桥梁高拟定的常用尺寸。

表6-3 单孔双悬臂梁桥梁高拟定的常用尺寸

材料	跨径 l_x	截面形式	支点截面高 H	跨中截面高 h
普通钢筋混凝土	$(0.3\sim0.4)l$	T形	$(1/10\sim1/13)l$	$(1/1.2\sim1/1.5)H$
		箱形	$(1/12\sim1/15)l$	$(1/1.2\sim1/2.5)H$
预应力混凝土	$(0.3\sim0.5)l$	T形	$(1/12\sim1/15)l$	$(1/1.2\sim1/1.5)H$
		箱形	$(1/15\sim1/18)l$	$(1/1.2\sim1/2.5)H$

三跨带挂梁的钢筋混凝土单悬臂梁，中孔为悬臂孔，其跨径通常由通航净空确定，或与边孔一起由河床地形和地质等条件综合考虑选定。当不受以上条件限制时，可按照梁的弯矩包络图面积最小的原理确定边孔与中孔的跨径划分，以达到节省材料的目的。图6.40(b)所示带挂梁的三孔悬臂梁桥，通常挂孔的跨度取$l_g=(0.4\sim0.6)l$，锚孔(或称为边孔)跨径取$l_1=(0.6\sim0.8)l$(中孔跨径较小时取稍大值，中孔跨径较大时取较小的值)，在特殊情况下必须进一步减小锚孔的跨径时，应考虑活载作用在中孔时锚孔边支点可能出现负反力的情况，为此应采取加设平衡重或设置拉力支座等待殊措施。图6.40(c)所示多跨双悬臂梁的两个悬臂一般都做成相同的尺寸，其挂梁长度约为$l_g=(0.5\sim0.6)l$，挂梁高度约为$h_g=(1/12\sim1/20)l_g$。

3）适用情况

悬臂梁桥在施工阶段和成桥运营阶段两者的受力状态是一致的，非常适宜于悬臂施工方法。钢筋混凝土的悬臂梁桥在支点附近负弯矩区段内，梁的上翼缘受拉，不可避免地要出现裂缝，雨水易侵入梁体。从运营条件来看，悬臂梁桥和简支梁桥均不甚理想，悬臂梁桥在悬臂端与挂梁衔接处的挠曲线都会产生不利于行车的折点，并且伸缩缝装置需经常更换。故这种桥型在目前我国已较少采用。

国内箱形薄壁钢筋混凝土悬臂梁桥最大跨径为55m，国外一般在70～80m；预应力混凝土悬臂梁桥一般在100m以下，世界最大的跨径为150m。

2. 预应力筋的布置

悬臂体系梁中连续预应力束筋的布置形式如图6.41和图6.42所示，常用于有支架的现浇预应力混凝土结构中。

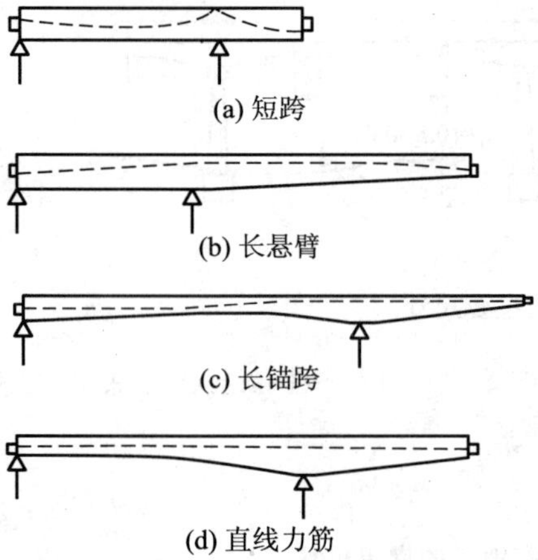

(a) 短跨　(b) 长悬臂　(c) 长锚跨　(d) 直线力筋

图6.41　单悬臂梁布束方式

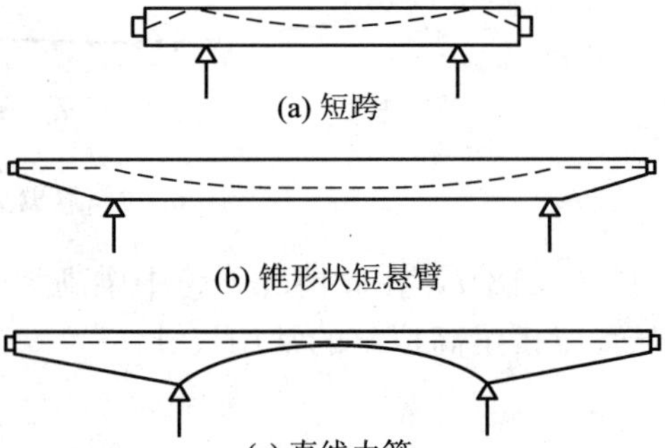

(a) 短跨　(b) 锥形状短悬臂　(c) 直线力筋

图6.42　双悬臂梁布束方式

图6.43所示为一座三孔预应力装配式单悬臂梁桥，全桥分孔布置为25m＋35m＋25m，中孔5m的悬臂与25m的预应力混凝土挂梁组成。该桥属于B类部分预应力混凝土构件，不仅可以节省预应力钢绞线和锚具，而且在经常荷载作用下，墩顶上缘混凝土裂缝闭合，使用性能优于普通钢筋混凝土构件。

3. 牛腿的受力特点和计算

1）牛腿的受力特点

悬臂梁桥、T形刚构桥的悬臂端和挂梁端结合部的局部构造称为牛腿，如图6.44所示。

由于梁端的相互搭接，中间还要设置传力支座来传递较大的竖向力，因此牛腿的高度被削弱至不到悬臂梁高和挂梁梁高的一半，但却又要传递较大的竖向力。这就使其成为上部结构中的薄弱部位。鉴于牛腿处梁高的骤然减小，因此设计时除了将此处梁肋加宽并设置端横梁加强外，如图6.44所示，还应适当改变牛腿的形状，避免尖的凹角，如图6.44(a)所示，同时还需配置密集的钢筋网或张拉预应力。此外，为改善牛腿的受力状况，还应尽量减小支座的高度，如采用橡胶支座等(图6.45)。

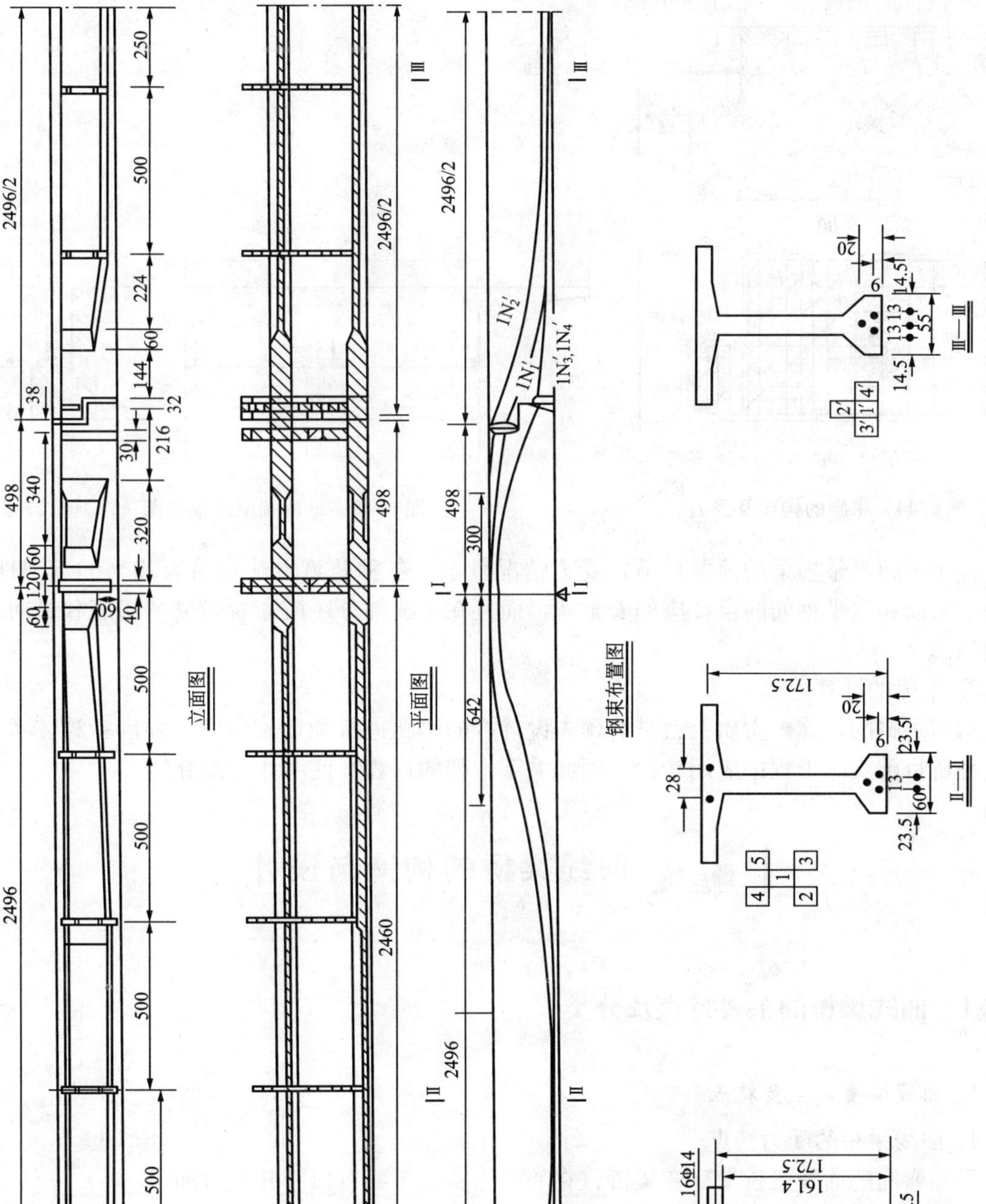

图 6.43 装配式部分预应力混凝土单悬臂梁(单位：cm)

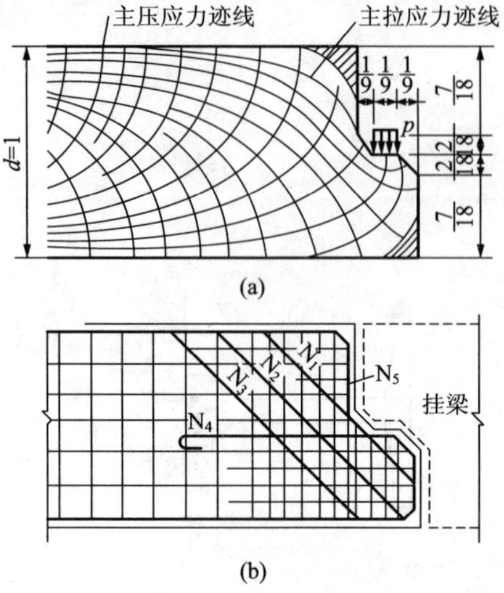

图6.44　牛腿的构造及受力

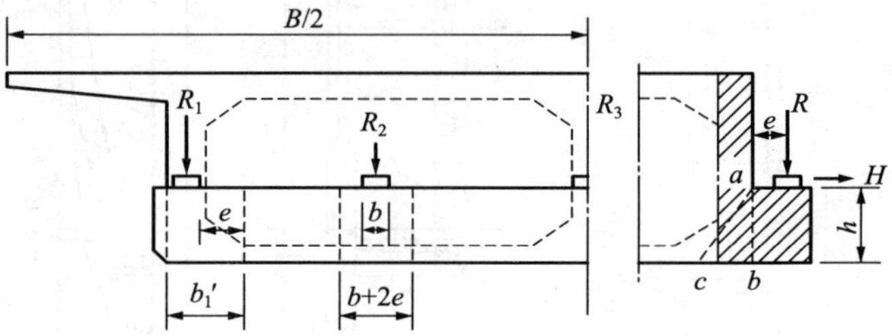

图6.45　悬臂端增设端横梁

鉴于牛腿是整根梁的薄弱环节，受力情况复杂，各种验算方法也带有相当的近似性，故对于斜筋和水平钢筋的设计应偏安全些，而且在牛腿部分还应布置较密的箍筋和纵向水平钢筋。

2）牛腿的计算

所谓牛腿的计算，实质上就是对预先设计好的牛腿进行配筋和应力、强度验算。考虑到这种桥目前实际工程中应用较少，因此关于牛腿的计算在此不作详细介绍。

6.4　曲线梁桥的构造与设计

6.4.1　曲线梁桥的主要特点及分类

1. 曲线梁桥的主要特点

1）曲线梁桥的受力特点

平面弯曲的曲线梁桥又称弯梁桥，它的受力特点主要有以下几个方面。

(1) 曲线梁桥最主要的受力特点是，在外荷载作用下，梁截面内产生弯矩的同时，必然伴随产生“耦合扭矩”，而在产生扭矩的同时也伴随产生相应的“耦合弯矩”，这被称为“弯-扭”耦合作用。这一作用使得曲线梁桥具有与直线梁桥明显不同的受力特点。

(2) 在相同跨径情况下，曲线梁桥的截面内力较同跨径的直线梁桥要大。而从内力的横向分布来看，曲线梁桥由于存在较大的扭转，因而通常会使外梁受力大，内梁受力小，尤其在宽桥情况下更会增大内、外梁受力的差异。由此，在进行截面设计时常会增加复杂性，甚至构成明显不经济的断面尺寸和配筋。

(3) 由于弯扭耦合，在计算曲梁的竖向挠度时，可以理解为由“挠”和“扭”两者叠加

(或相减)而得。因而曲线梁桥的外侧边梁的竖向挠度一般较同跨径的直梁桥为大，外侧梁的挠度大于内侧梁的挠度，而且曲率半径越小、跨径越大、桥越宽时、这一趋势越明显。

(4) 对于两端均有抗扭支座的弯梁桥，其支座反力与直梁桥相比，有外弧侧变大、内弧侧变小的倾向，当活载偏置时，内弧侧甚至有可能产生负反力。当曲率半径小、跨径大、恒载小时，应注意在设计上控制内侧支座的负反力，必要时应在构造上采取相应的措施，设置拉压支座，同时应防止外侧支座超载。

(5) 曲线梁桥中横梁的功能，除具有直线梁桥中的功能外，还担负着保持全桥稳定性的作用，尤其对于薄壁箱梁来说，增设横隔板是减小截面畸变变形的最优方案。

(6) 曲线梁桥中预应力效应对支座反力的分配有较大影响，计算支座反力时必须考虑预应力效应的影响。

产生这些现象的原因可以从以下两个方面来解释。

(1) 荷载因素。

① 体积重心的偏心。以等厚度矩形截面实心板为例，当在桥中心轴线上截取单位弧长，再从弯曲中心 O 引出两根辐射线与该弧长两端相连，便构成了两个扇形面积，如图 6.46(a)所示。由于外弧侧的扇形面积大于内弧侧面积，全截面的体积重心将偏离轴线向外弧的一侧，其偏心距离为 e。这就是说，即使桥面上为均布荷载，对弯梁桥的作用也可分解为一个作用于桥中心线的垂直分力和向外弧侧倾翻的扭矩。

② 桥面横坡的影响。弯梁桥桥面常设置横向坡度，其铺装层在外弧侧的厚度大于内弧侧的厚度，即 $t_2>t_1$，工程上称为路面超高，这样更加大了体积偏心。当然，在设计上可以将桥跨结构斜置，使桥面铺装做成等厚度的，以减小恒载偏心。

③ 车辆行驶时的离心力。如图 6.46(b)所示，车辆在桥面上行驶时，除了轴重的垂直力 P_V外，还有指向外弧且离桥面高度为 h_c的离心力 P_H，该力对结构也要产生向外倾翻的扭矩 $T=P_H \cdot h_c$。

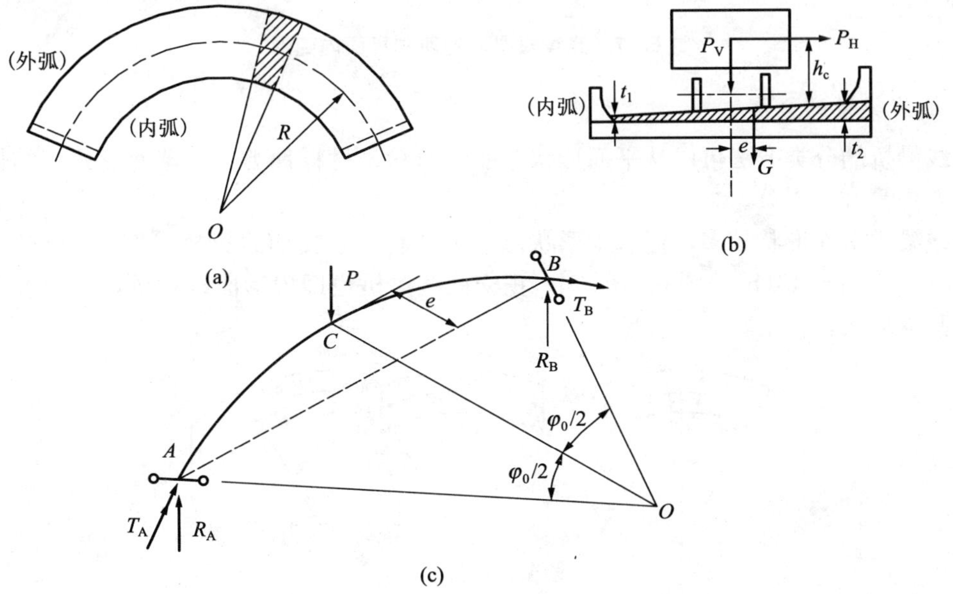

图 6.46 弯梁桥的受力

(2) 力平衡条件。由图 6.46(c)可以看出，对于两端具有抗扭支座的单跨弯梁桥，当跨中 C 点有集中力 P 作用时，由于 A、B、C 3 点不在同一直线上，且荷载点 C 距 AB 连线的垂距为 e，故支点除支反力 R_A 和 R_B 外，还有支点的反力扭矩 T_A 和 T_B。因此，在桥跨内每个截面上除了弯矩以外，还产生有扭矩，曲率半径越小，此扭矩值越大。如果将每个支点上的支反力和反力扭矩先进行分解再合成后，便会出现外侧支座反力大和内侧支座反力小甚至为负反力的现象。内、外梁受力、挠度差异等现象也可以同理得以解释。

2) 曲线梁桥平面内变形的特点

引起弯梁桥在水平面内产生位移的因素有两类，且两类位移的方向有很大的差别。

(1) 由于温度变化和混凝土收缩引起的水平位移。这类位移属于弧线段膨胀或缩短性质的位移，它只涉及到曲率半径的变化，而圆心角不发生改变，即 $r_0 \to r$，而 $\varphi_0 = \varphi$，如图 6.47(a)所示。曲梁的左端为固定支座，其余为多向活动支座，当温降或者混凝土收缩时，位于 1 号、2 号、3 号支座处的桥面将分别产生 δ_1、δ_2 和 δ_3 的水平位移。虽然它们的位移方向并不相同，但均指向固定支座。

(2) 由于预加力和混凝土徐变引起的水平位移。这类位移属于切线方向的位移。图 6.47(b)所示是在截面形心处施加预应力时曲弹性压缩和徐变变形所引起的水平位移。此时，曲率半径不发生改变 $r_0 = r$，而圆心角却发生改变，即 $\varphi_0 \to \varphi$。

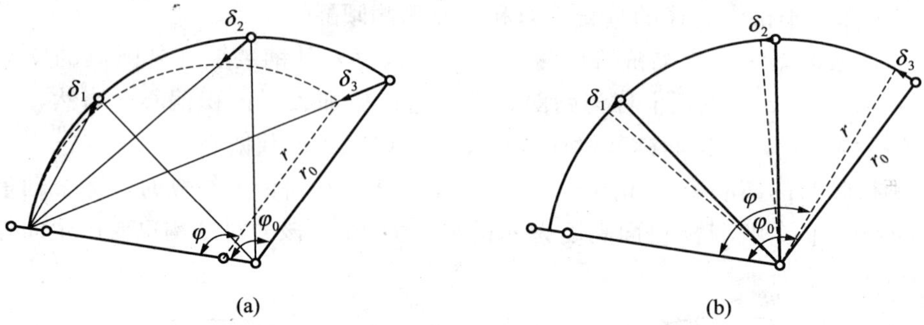

图 6.47　连续弯梁桥的两种平面内变形

2. 曲线梁桥的分类

曲线梁桥的分类方法可以从平面形状、曲线形状、材料种类、横截面形式、结构体系和施工方法等方面划分。

曲线梁桥平面形状较多，但基本形状可分为 3 种：正交曲线梁桥［图 6.48(a)］和斜交曲线梁桥［图 6.48(b)、图 6.48(c)］。正交曲线梁桥也即扇形曲线梁桥，为研究曲线梁桥的最基本形式。

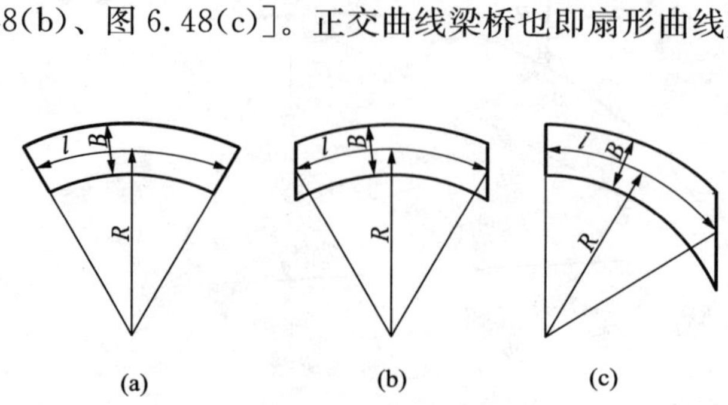

图 6.48　曲线梁桥平面形状

按曲线形状分为圆曲线桥、缓和曲线桥及由两种不同曲线组合而成的组合曲线桥。最常采用者为圆曲线。

按建造材料分为钢筋混凝土弯梁桥、预应力混凝土弯梁桥、钢与混凝土组合弯梁桥及钢弯梁桥等。我国目前主要采用钢筋混凝土弯梁桥和预应力混凝土弯梁桥结构。

按横截面形状分为弯板桥、弯T梁桥、弯I梁桥、弯箱梁桥等。

按结构体系可分为简支弯梁桥、连续弯梁桥、连续曲线刚构桥、曲线斜拉桥(属组合体系曲线桥)等。最常采用者为连续弯梁桥，在中小跨径时，也有采用简支弯梁桥的实例。为了降低弯梁桥的跨间弯矩，常可在跨间增设“独柱墩”，但其抗扭跨径并未缩减，因为在一般情况下，“独柱墩”的抗扭性能较差，不可能起到明显的抗扭效果，在特定情况下，可以采用预应力混凝土曲线T构方案或其他体系。

在施工方法上，可以预制拼装，也可整体现场浇筑。预应力混凝土桥梁中的悬拼法、悬浇法和顶推法等同样地在弯梁桥结构中得到采用。但是，由于弯梁桥中各根构件尺寸的不一致性较大，且弯梁桥的配筋也较复杂，故我国目前还是以采用现浇混凝土的方法施工者居多。

6.4.2 曲线梁桥的构造与设计

1. 截面形式

混凝土曲线梁桥的横截面形式，原则上与直梁桥并没有本质上的差异，但由于在受力特性方面曲线梁桥的扭矩较大，对横向的抗倾覆稳定性要求较高，在构造上的不对称性比较突出，所以在选定曲线梁桥的横截面形式时应予充分考虑。

和直线梁桥一样，混凝土曲线梁桥的截面形式有板式、肋板式、肋式和箱式等。

从曲线梁桥存在有较大扭矩的受力特点考虑，宜采用箱形截面的形式。箱形截面具有挖空率高、材料用量少、结构自重小、抗扭刚度大、截面应力分配合理等优点。常用的箱形截面有单箱单室、单箱双室，双箱单室和单箱多室等，如图6.49所示。

对于城市立交桥或有通航要求的桥梁，常选用具有较小建筑高度的“扁箱截面”(图6.50)，或采用多室结构[图6.49(d)]。在箱形截面中，由于内横隔板的间距一般均较大，当为扁平箱时，由于横断面各板在扭矩和横向剪力作用下，洞室内各板有可能发生畸变，因而常在扁平箱中设置多道竖腹板以使构造成多室结构，从而也缩小了行车道板的计算跨径。

从受力分析表明，单箱单室的受力明确、施工方便、材料用量少，其适用桥宽一般在14m以下，如果桥面太宽，则悬臂板的挑出长度太大，应设置专门的横加劲肋，或在桥面系中施加横向预应力。

双室箱与单室箱相比，其顶板正负弯矩能大幅度减小，因此能显著减小顶板的厚度。而且由于双室箱腹板总厚度增加，提高了截面的抗剪能力，且在布束上也比较容易处理，这是双室箱的主要优点，但是，双室箱施工稍麻烦，腹板自重也增大，这是它的主要缺点。

多室箱梁多用在宽桥上，但它在施工上比较麻烦，而且在横向受力分析上也比较复杂，因此常将一座宽桥设计成两座独立而平行的桥梁，即做成分离式弯箱梁桥[图6.49(e)、(f)]。这种布置方式便于悬臂施工，有利于适应桥梁基础在横桥向发生的不均匀沉降；并且由于横向抗弯刚度的减小，有利于当温度变化时，弯桥在横桥向的挠曲变形，从而有利于桥梁伸缩缝的设置。

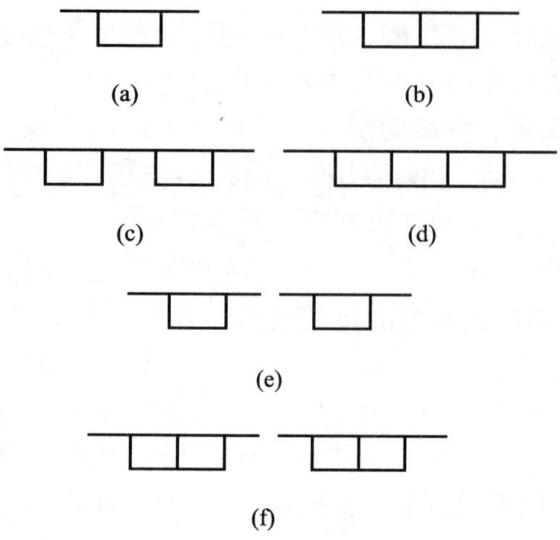

图 6.49　弯梁桥的箱形截面形式

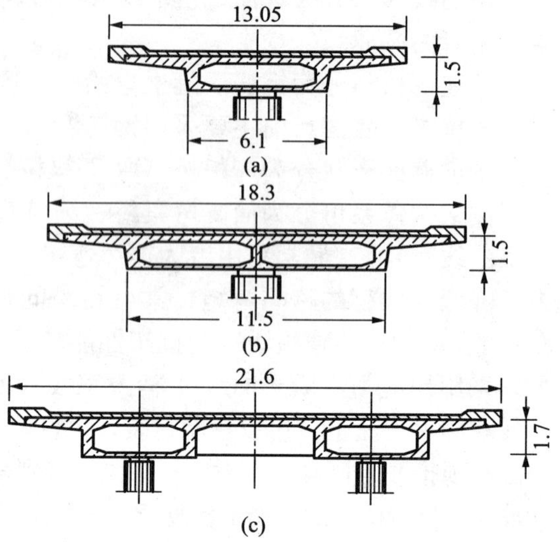

图 6.50　城市高架桥的箱形截面形式(单位：m)

对于城市立交桥中的箱梁腹板，从美观上着眼、从减小箱梁底板宽度以使与窄墩相配合而论，经常采用具有斜腹板式的梯形箱截面。但由于梯形箱截面的形心偏上，对于承受负弯矩时受拉钢筋的内力偶臂减小，由于下底板较窄，在承受负弯矩时的受压区面积也减小，所以在设计中往往需在支点截面处加厚底板尺寸。对于一般的斜腹板箱梁，其倾斜度以不小于“高/长=2/1”为宜。

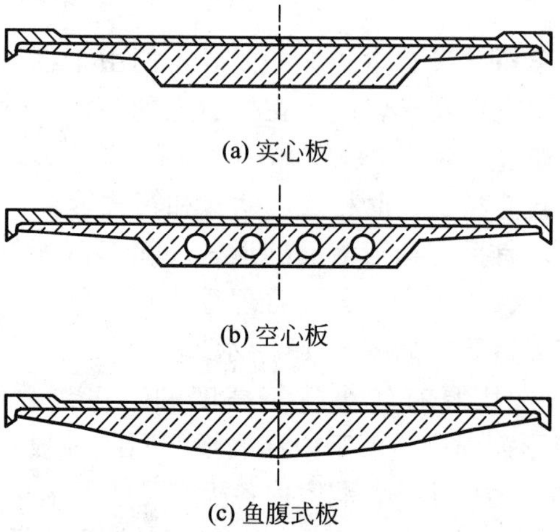

图 6.51　板式截面形式

另一方面，在现代的城市高架桥中，桥型美观常常被提到一定的高度。若桥不太宽，且跨径不太大时，也常采用板式截面，如图 6.51 所示。尤其是其中的鱼腹式曲线型断面，因其具有纤细、流畅的优美外形，大大减轻了城市高架桥对街道带来的压抑感。

2. 桥墩形式

合理地选择桥梁下部结构的造型能使上下部结构协调一致、轻巧美观。尤其对于城市立交桥和高架桥结构来说，一般均应选用桥下透空度较大的柔性式轻型墩台，以满足城市交通和居民心理的要求。曲线梁桥桥台的形式一般与直桥无多大差别，这里着重介绍桥墩形式。当桥梁上部结构采用箱形截面时，可选用图 6.52 中所示的相应布置图式。

图 6.52(a)所示为独柱式墩，当连续曲线梁桥的曲率半径较小时，宜采用这种形式，它有利于立交桥的墩位布置，占地范围小。若建在河中时，则其阻水面积小，有利于桥下空间的视野开阔，并且有利于整个桥型的美观。但当桥梁的曲率半径较大时，则视具体情况，在中间适当的墩位处，采用能布置抗扭双支座的变宽度墩身，以保证全桥侧倾的稳定

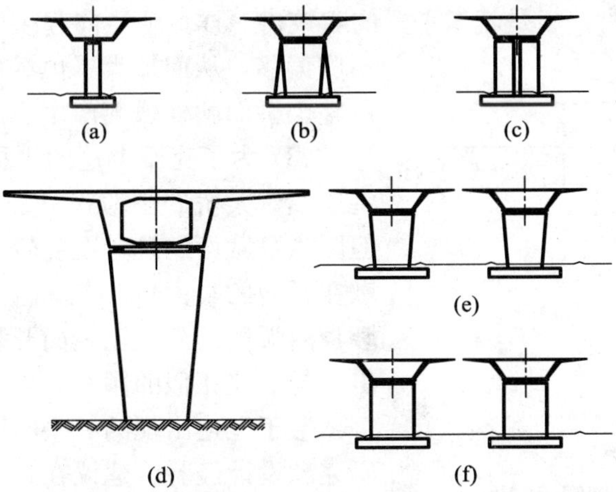

图 6.52　箱形上部结构的桥墩横向布置

性，如图 6.52(b)～(d)所示。图 6.52(d)所示为变宽度墩身，在当地基承载力容许的情况下，在横截面上或立面上都可将墩身做成上宽下窄的构造，以增强立体感，同时也有利于导流，图 6.52(b)则在变宽度桥墩的两侧再各加一个三角形锥体。墩身也可以采用上窄下宽的形式，这要视墩身的内力和地基的承载能力而定。图 6.52(c)所示为并列式桥墩。如果桥面太宽或采用分离式双箱时，桥墩也可采用分离式的桥墩，如图 6.52(e)、(f)所示。

3. 支座布置

对于曲线梁桥尤其是连续曲线梁桥而言，支座布置是一个较复杂的问题。由于曲线梁桥的质量重心常位于杆轴两端连线之外，即使在自重作用下，桥跨结构也会产生扭矩，因此其支座布置必须能够承受由自重和桥面荷载偏载等因素所产生的组合扭矩作用。

曲线梁桥的平面形状可以采用多种支承布置形式。

对于单跨曲线梁桥，图 6.53 中示出了两种支座布置方式，图 6.53(a)所示为简支静定结构，图 6.53(b)所示为简支超静定结构，还可以采用两端均完全嵌固的支承形式。静定形式的简支曲线梁桥在实际中是不可取的，因为不抗扭的梁端将产生扭转变形，给伸缩缝的设置带来困难。

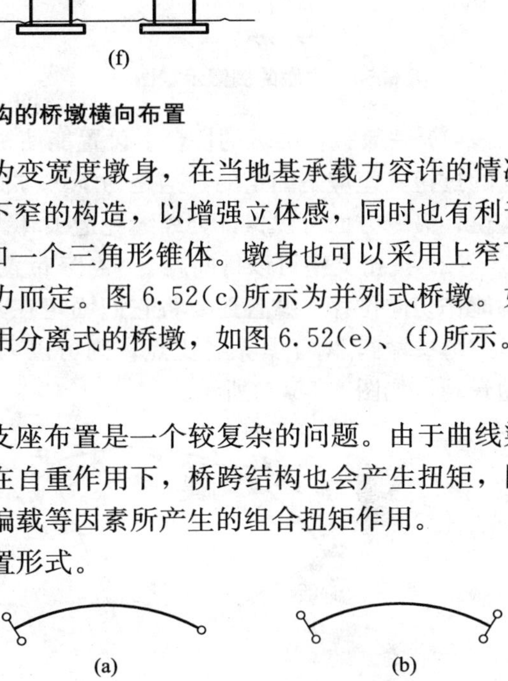

图 6.53　简支曲线梁桥的支承

对于连续曲线梁桥，从理论上讲所有支承均可以采用点铰支承，但是在荷载作用下，梁端将产生扭转变形，从而在梁端与桥台背墙间产生上下相对变形，这将导致伸缩缝破坏。由此可见，支座布置是否合理不但会影响到结构的受力，而且还会影响车辆的正常行驶。我国近年来在一些城市内所设计的连续曲线梁桥中，常因支座的布置不当而出现过不少故障，下面仅举几个例子。

(1) 桥台处的双支座因不具有抗扭功能，加之设计中对支座反力和反力扭矩的验算又出现失误，致使在运营中，出现内弧侧的支座脱空，端部桥面向外弧侧偏移，而内弧侧朝上起翘，伸缩缝装置被破坏，行车被迫中断。

(2) 桥台处的支座虽然设计成具有抗扭能力的固定支座，但在所有中间桥墩上均布置单点活动支座，且不具有限制桥面径向位移的功能，一旦气温升高，桥面发生伸长膨胀，当受到两端支座约束时，于是就像平置的双铰拱一样，朝径向起拱，桥面中轴线朝外弧的一侧偏移，从而加大了恒载偏心产生的扭矩，最后使整个桥面朝外弧侧产生不同程度的倾斜。

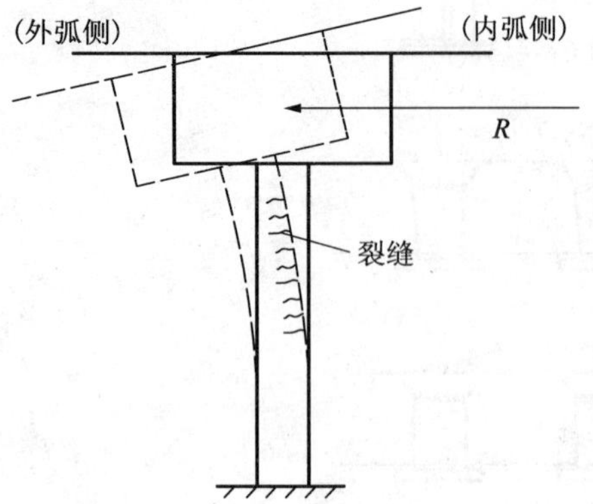

图 6.54　中墩的侧倾示意图

(3) 为了克服上述的平面起拱现象，有的设计将连续弯梁桥的中墩设计成墩梁固结的圆柱式墩，但因墩身截面的抗弯刚度较弱，当温度升高时，中墩在径向的平面内仍然产生朝外弧侧的弯曲变形，墩身内弧侧的混凝土表面开裂，最后也使整个桥面出现与上述相似的倾斜，如图 6.54 所示。

鉴于上述出现的一些问题，参考国内外的理论研究和设计经验，建议在布置连续曲线梁桥的支座时，参考以下几点意见。

(1) 一般宜在两端的桥台上设置能使桥面结构作切线方向位移的抗扭支座，正中桥墩上的抗扭支座应是固定的，这是为了一方面满足因温度、收缩和预应力张拉等因素产生的变位，另一方面可以保证伸缩缝免遭破坏。

(2) 抗扭支座可以每间隔 3～4 跨布置一个，除了固定支座以外，所有其余抗扭支座均能作切向位移，并且还要将它们固定在具有足够横向(径向)抗弯刚度的桥墩上(双柱式墩或薄壁墩)，对于其余各支点，则可以采用在独柱式墩上布置单点铰支座，以增加桥下的景观，如图 6.55(a)所示。

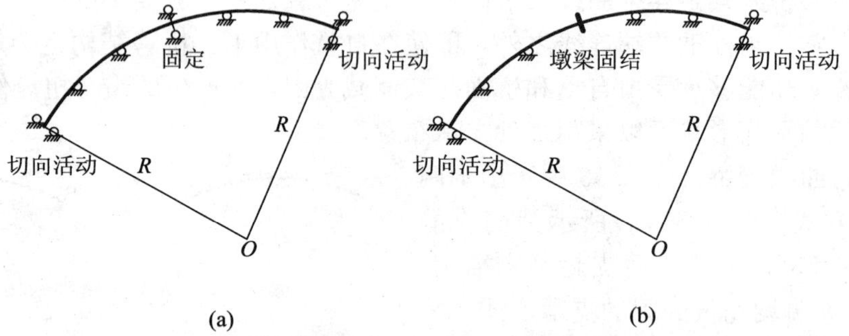

图 6.55　连续弯梁桥支座的布置方式

(3) 在独柱墩较高的情况下，也可以将最中间的一个支点设计成墩梁固结的形式，其余支点仍为单点铰支座。这样可以充分利用桥墩的柔性来适应上部结构的变形要求，省去价格昂贵的支座，同时可以简化墩梁连接处的施工，获得较好的经济效益。但此时两端桥台上的抗扭支座都应具有作切向位移的功能，如图 6.55(b)所示。

(4) 为了达到人为地调整梁内扭矩分布的目的，对于中间各个单点铰支座，可以分别给以一定的预偏心，如图 6.56 所示。

(5) 采用图 6.55(a)所示的支座布置方式，固然可以限制连续弯梁桥只能作切向位移，但当温度升高时，由于弯梁桥所固有的温度位移性质［图 6.47(a)］，势必对每个抗扭支座产生径向压力 H_{zw} 和水平面内的弯矩 M_{zw}(对于切向完全自由的情况，则 $M_{zw}=0$)，而使梁内产水平面内的内力，如图 6.57 所示。因此，在这种情况下，上部结构的桥面不宜太宽，

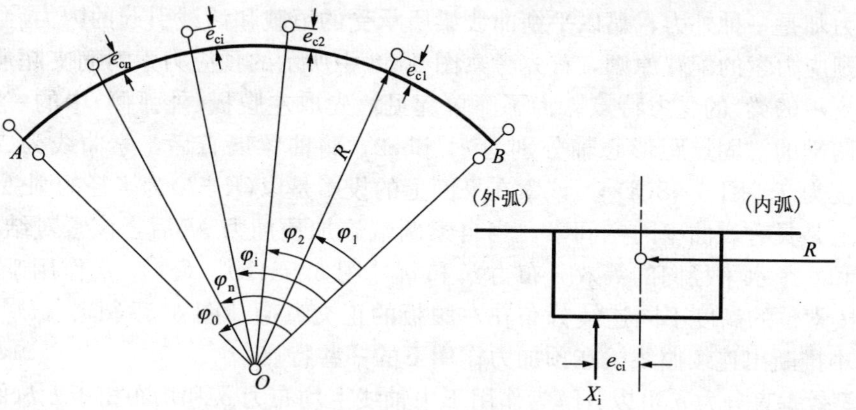

图 6.56 单点铰支座预偏心布置

以降低横向抗弯刚度来适应平面内的弯曲。当桥面宽度较大时，宜设计成分离而并列的两座窄桥，同时还应对这些支座的水平方向受力情况作必要的验算。

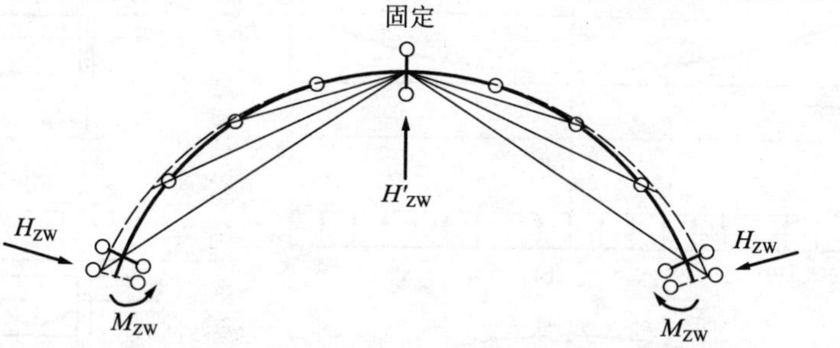

图 6.57 连续弯梁桥温升的变位趋势

4. 预应力筋的布置

根据曲线梁桥的受力特性，在沿整个跨长的各个控制截面上，除承受弯矩和剪力外，还承受一定数量的扭矩。因此，关于曲线梁桥的预应力配筋问题，与一般直线梁桥的不同之处，主要在于如何人为地去抵抗外扭矩的问题。普通直线形混凝土梁桥的变形，主要是弯曲引起的垂直挠度，因此，沿梁全长配置具有垂直方向偏心的预应力钢筋就能有效地控制或消除垂直变形。然而，对于弯梁桥，除了由于弯曲引起的垂直挠度外，扭转引起的垂直挠度是不容忽视的。弯曲应力和扭转应力沿着梁轴各截面是变化的，因此，预应力钢筋在每个截面上只有垂直向的偏心距是不足以全部消除梁的挠度的，预应力钢筋还必须具有沿着梁轴各截面变化的水平向偏心距。为此，对于弯梁桥，确定预应力钢筋的位置应该有两个独立的量(水平面和垂直面的偏心距)，才能控制梁产生的垂直挠度。

预应力混凝土结构的基本思想是利用预加应力以抵消外荷载所引起的截面应力。但从实际出发，对于曲线梁桥来说，所施加的预应力首先应满足平衡全部恒载和部分活载的弯矩、扭矩和剪力；对于活载所产生的内力，往往很难得到全部抵消，而宜布置足够数量的非预应力钢筋来承担则更方便一些。

1）预应力筋的力学特性

预应力筋作为结构截面的组成部分，可以提高截面的极限承载能力，但对预应力筋施加的预加力却是一种外力，藉以平衡曲线梁所承受的恒载和活载引起的内力。为了掌握连续曲线梁预应力索的配置原则，首先考察图 6.58 中所示的预应力索对简支超静定梁(两端具有抗扭支承的梁)的受力特点。为了简单起见，先取左腹板(外弧侧)中的一条索进行研究。该索两端的锚固点距形心轴分别为 $e1$ 和 $e2$，将曲梁展直后，索曲线为二次抛物线，跨中的垂度为 f［图 6.58(a)］，该索在平面上的投影是以$(R+b)$为半径的圆弧线，因此该索在几何上是具有双曲率的空间索。当自索两端施加预加力 N_y后，该索对结构产生一个垂直向上和一个水平径向的等效分布力 q_v和 q_u［图 6.58(b)、(c)］，q_v作用于左腹板平面内，q_u将按索位的高度不同连续分布在左腹板的正交方向［图 6.58(d)、(f)］。由这些力的分解不难推断出连续曲线梁在预加力作用下的一些特点。

(1) 等效垂直分力 q_v可以分解为作用于中轴线上均布力 q_v和均布扭矩 q_vb(图 6.58(e))，等效分布径向力 q_u除作为水平径向均布荷载 q_u作用在“平拱结构”上外，还对扭转中心(扭心)产生非均匀分布的扭矩 $q_u \cdot Z(\varphi)$($Z(\varphi)$是索位至截面扭心的距离)，并且所有这些垂直力和扭矩都将对结构产生次内力。

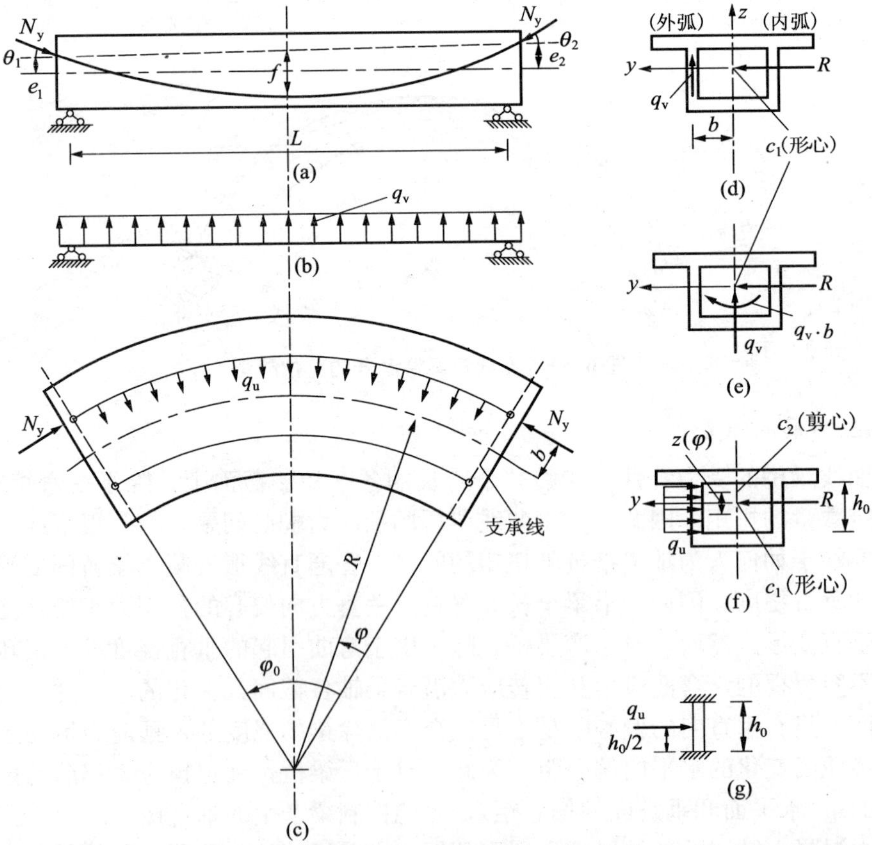

图 6.58　预应力等效荷载

(2) 由于预应力索具有双曲率，故它的摩阻损失比直线梁中的要大，因此，当在连续曲线梁中采用贯通全长的长预应力索时，必须仔细分析各索段产生的预应力摩阻损失，至于其余的预应力损失则与直梁桥的计算相同。

(3) 由于连续曲线梁桥存在弯-扭耦合作用，相邻两支座之间的次弯矩图不再呈线性变化，因此，就不能再应用连续直梁桥中通过调整中支座处索的竖向位置后，梁内各截面的总预矩仍保持不变，而达到吻合力索的效果。

2）简化假定

为简化预应力索对结构产生效应的分析，使配置索的线型接近合理，工程设计中作了以下的近似假定。

(1) 图 6.58(a)中，两端张拉力的倾角 θ_1、θ_2很小，可忽略不计其影响，这样，等效垂直分布力 q_v可以表示为：

$$q_v=\frac{8f}{L^2}N_y \tag{6-2}$$

等效水平径向分布力 q_u可表示为：

$$q_u=\frac{N_y}{R} \tag{6-3}$$

式中：N_y——预应力筋的张拉力；

f——索曲线的垂度(图 6.58)；

L——曲线梁中轴线的展直弧长；

R——曲线梁的曲率半径。

(2) 径向水平分布力 q_u对曲线梁桥的效应可分为以下 3 个部分考虑。

① 非均匀分布扭矩 $q_u Z(\varphi)$与扭矩 $q_v\cdot b$(图 6.58(a))合并后来计入它对曲线梁产生的次内力影响。

② 当 q_u作为平置拱上径向分布荷载作用时，应着重考虑它对边孔端支座在水平面内的受力和变形影响(图 6.57)。

③ 近似地认为 q_u作用于腹板净高 h_0 的中点［图 6.58(g)］，并将腹板视作嵌固于顶、底板之间的单向板，为了简化分析，也可取简支板跨中弯矩的 80%，即 $M_{max}=0.8M_{max}^0$，来验算腹板的侧向承载能力，以避免腹板发生侧向崩裂。

3）预应力筋的布置原则

鉴于上述的曲线梁桥受力的复杂性，难以按照像连续直梁桥一样地配置较为理想的吻合索，因此，工程设计中常从实际出发，按照以下几项原则来解决连续曲线梁桥的预应力索的配置问题。

(1) 预配索。由于连续曲线梁桥的跨径大多在 $L=20\sim60$m 的范围内，其恒载内力一般超过总内力的 50%，故可先根据恒载和部分均布荷载内力图，参照连续直梁桥的方法“预配索”。

(2) 局部索。预配索完成后再根据全桥各种最不利荷载组合作用下的内力包络图，对各跨内预应力不足的部分区段采用增设“局部预应力索”。

(3) 非预应力钢筋。最后的剩余内力可布置足够的非预应力钢筋以抵抗截面内的“弯剪扭”作用，对于局部区段出现抗弯强度不足之处也可少量地添置非预应力钢筋补充。

(4) 尽量在顶、底板中不要配置呈蛇行状的水平弯曲索来抵抗扭矩，以免导致大量钢筋的交叉碰撞，造成布索困难。

(5) 根据实际情况，内外弧侧的预应力筋张拉力可以取不等值，即 $N_{y(外)}\neq N_{y(内)}$，以适应内外腹板中的内力差，也即利用预应力抵消外荷载产生的扭矩。

(6) 当梁的曲率半径较小时，由于具有水平曲率的纵向预应力筋束在张拉过程中产生对腹板混凝土的径向压力，应考虑张拉过程中预应力筋束是否会崩裂腹板的问题。考虑预加力引起的径向力(崩出力)的作用，应按图 6.58(g)所示验算腹板局部抗弯强度以确定腹板需增防崩箍筋的用量。在构造上，为了防止腹板发生侧崩，应将预应力索尽可能布置在腹板中朝外弧的一侧，使内侧混凝土具有足够的抵抗厚度，如图 6.59(a)所示。当预应力筋束过于接近内侧面时，则应沿跨径方向设置防崩钢筋，如图 6.59(b)所示，以使径向力传递给混凝土或传递到相反方向的普通钢筋上去。“防崩钢筋”的内侧圆弧一定要与预应力筋束相密贴，用铁丝扎牢，其锚固端必须有足够的锚固长度，可做成弯钩或与构造钢筋骨架绑扎牢固。

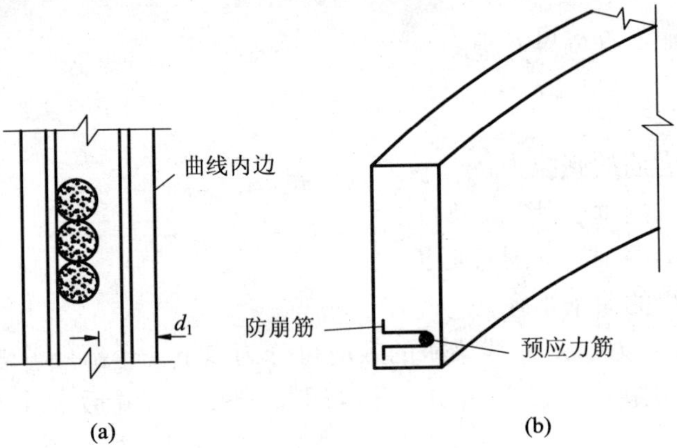

图 6.59　腹板内的力筋与防崩筋构造

本 章 小 结

本章主要介绍了混凝土简支板桥、简支梁桥、悬臂梁桥及曲线梁桥等梁桥的构造与设计。主要内容如下。

(1) 简支板桥按施工工艺分为整体式和装配式两类；装配式板桥的常用横向连接方式有企口混凝土铰连接和钢板连接。

(2) 简支梁桥按施工工艺分为整体式和装配式两类；装配式梁桥主梁横截面形式可分为Π形、T形和箱形3种，各片主梁通过横隔梁与桥面板连接起来共同受力。

(3) 组合梁桥是一种装配式的桥跨结构，施工时先架设梁肋，再安装预制板，最后接缝混凝土使结构连成整体。一般采用I形和箱形两种截面形式。

(4) 悬臂梁桥分为双悬臂梁和单悬臂梁。悬臂梁支点负弯矩对跨中正弯矩会产生卸载作用。牛腿是悬臂梁桥的薄弱环节，受力复杂，应偏安全设计。

(5) 曲线梁桥在外荷载作用下，截面内力较同跨径的直线梁桥要大，并且产生弯矩的同时，必然伴随产生“耦合扭矩”，而在产生扭矩的同时也伴随产生相应的“耦合弯矩”，称为“弯-扭”耦合作用。

习　　题

1. 简述混凝土简支板桥的受力特点、主要截面形式及跨径适应范围。

2. 一般来说，预应力混凝土简支梁桥比钢筋混凝土简支梁桥跨越能力大、简支梁桥比简支板桥跨越能力大，为什么？

3. 简述斜板桥的受力特点。

4. 混凝土简支梁桥一般采用T形截面，较少使用箱形截面，从受力和经济方面阐述其理由。

5. 对于装配式简支梁桥，确定主梁的间距和高度时，一般要考虑哪些因素？

6. 简述装配式后张预应力混凝土简支梁的预应力筋立面布置方式及其理由。

7. 预应力筋在梁端锚具的布置原则是什么？

8. 装配式简支梁桥的桥面板，有哪几种横向连接方式？

9. 简支梁桥的横隔板(或横隔梁)主要起什么作用？

10. 简述组合梁桥的施工过程及跨中截面的应力变化过程。

11. 曲线梁桥有哪些主要受力特点？

12. 如何选择曲线梁桥的横截面形式？

13. 曲线梁桥支座布置有何特点？

14. 如何进行曲线梁桥的预应力筋配置？

第7章 简支梁桥的计算

教学目标

本章主要介绍简支梁桥桥面板的计算、主梁内力计算、横隔梁内力计算、挠度及预拱度的计算。通过本章的学习，应达到以下目标。

(1) 掌握桥面板的内力计算。

(2) 掌握主梁内力计算。

(3) 了解横隔梁内力计算。

(4) 了解主梁挠度、预拱度计算。

教学要求

知识要点	能力要求	相关知识
桥面板的内力计算	(1) 掌握有效工作宽度的概念 (2) 掌握桥面板的内力计算	(1) 桥面板力学模型 (2) 车轮荷载的分布 (3) 有效工作宽度
主梁内力计算	(1) 掌握杠杆法原理及适用条件 (2) 掌握刚性横梁法原理及适用条件 (3) 了解修正刚性横梁法原理及适用条件 (4) 了解铰接板法原理及适用条件 (5) 了解横向分布系数沿桥跨的变化 (6) 掌握主梁活载内力计算 (7) 掌握主梁恒载内力计算	(1) 横向分布系数 (2) 横向分布系数沿桥跨的变化 (3) 荷载横向分布影响线的绘制 (4) 影响线最不利布载 (5) 横向分布系数沿桥跨的变化规律 (6) 主梁活载内力计算方法 (7) 主梁恒载内力计算方法
横隔梁内力计算	(1) 掌握刚性横梁法计算横隔梁内力的计算模型 (2)了解横隔梁内力影响线 (3)了解横隔梁内力计算	(1) 多跨弹性支承连续梁 (2) 横隔梁横向最不利布载 (3) 横隔梁纵向最不利布载 (4) 横隔梁内力计算方法
主梁挠度、预拱度计算	(1) 掌握桥梁的两类挠度及特性 (2) 了解挠度的计算方法 (3) 掌握预拱度的概念 (4) 了解预拱度的设置规定	(1) 受弯构件挠度 (2) 挠度分类 (3) 挠度的计算方法 (4) 预拱度设置规定

基本概念

有效工作宽度、横向分布系数、影响线、内力计算、挠度、预拱度

引例

在进行工程结构物设计时，通常总是先根据使用要求、跨径大小、桥面净宽、荷载等级和施工条件等基本资料，运用对结构物的构造知识并参考已有桥梁的设计经验来拟定结构物各构件的截面形式和细部尺寸。然后估算结构自重，并根据作用在结构上的荷载，用数学和力学方法计算出结构各部分可能产生的最不利内力，再由已求得的内力进行强度、刚度和稳定性验算，从而判断原先所拟定的细部尺寸是否符合要求。若不能满足要求或尺寸选得过大，则须修正原来所拟定的尺寸再进行验算，直至满意。

鉴于构件的截面设计和验算问题在“结构设计原理”课程中已经讲述，本章将着重阐述行车道板、主梁和横隔梁的受力特点及最不利内力的计算方法。

7.1 桥面板计算

7.1.1 桥面板的计算模型

混凝土简支肋梁桥的行车道板(也称桥面板)直接承受车辆的集中荷载，在构造上，它与主梁梁肋和横隔梁连接在一起，这样既保证了主梁的整体作用，又将车辆荷载传给主梁。

在设计板桥时，由于采用不同的结构形式，其受力特征也不一致，计算内力时需要采用不同的力学图式。例如，整体式与装配式、简支与连续、线支承与点支承以及不同的横截面形状，都会导致不同的设计计算方法。

从结构形式上，对整体式梁桥，在具有主梁和横隔梁的简单梁格［图 7.1(a)］，以及具有主梁、横梁和内纵梁的复杂梁格［图 7.1(b)］，行车道板实际上都是周边支承的板。当板的长边与短边之比 $l_a/l_b \geqslant 2$ 时，荷载的绝大部分会沿短边方向传递，沿长跨方向传布的荷载将不足 6%。l_a/l_b 之比值越大，向 l_a 跨度方向传递的荷载也越少。由此，通常把长宽比等于和大于 2 的周边支承板看作仅由短跨承受荷载的单向受力板(简称单向板)，在短跨方向布置受力钢筋，而在长跨方向适当配置一些分布钢筋。对于长宽比小于 2 的板，则称为双向板，需按两个方向的内力分别配置受力钢筋。

对于常见的 $l_a/l_b \geqslant 2$ 的装配式 T 形梁桥，有下列两种情况。

(1) 翼缘板的边缘是自由边，实际为三边支承的板，但可把其看作像边梁外侧的翼缘板一样，作为沿短跨一端嵌固而另一端为自由端的悬臂板，如图 7.1(c)所示。

(2) 相邻翼缘板板端互相做成铰接接缝，行车道板应按一端嵌固，另一端铰接的铰接悬臂板进行计算，如图 7.1(d)所示。

实际工程中最常遇到的行车道板受力图式有单向板、悬臂板和铰接悬臂板 3 种，下面将分别予以介绍。

双向受力的行车道板，由于用钢量稍大，构造较复杂，目前已很少使用。

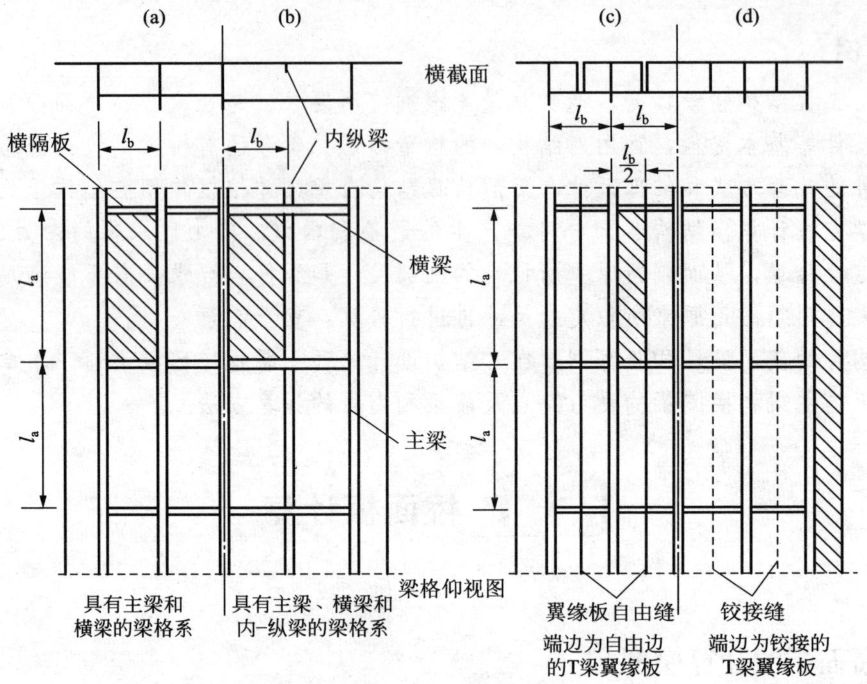

图 7.1 梁格系构造和桥面板的支承形式

7.1.2 车轮荷载在板上的分布

如图 7.2 所示，作用在桥面上的车轮荷载，与桥面的接触面近似于椭圆，为便于计算，通常把此接触面看作是 $a_2 \times b_2$ 的矩形面(a_2 为沿行车方向车轮的着地长度；b_2 为垂直于行车方向的车轮的着地宽度)，车辆荷载的前轮、中后轮的着地长度及宽度 $a_2 \times b_2$ 值可从我国《桥规》中查得，显然，车轮沿行车方向的着地长度 a_2 一般小于车轮的着地宽度 b_2。

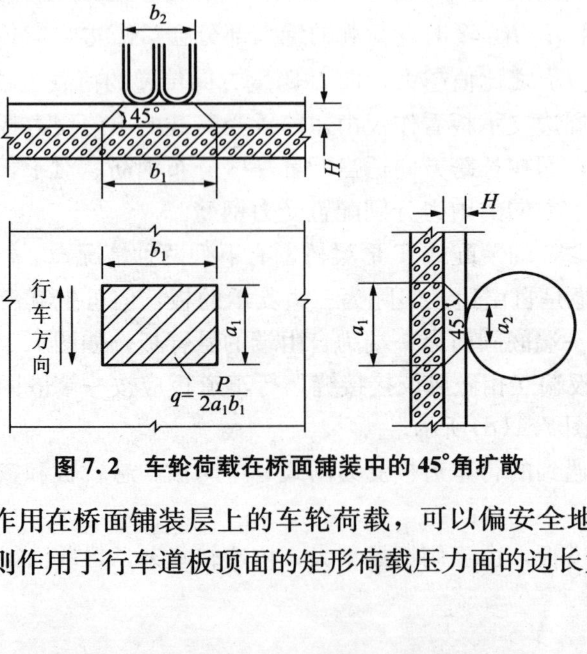

图 7.2 车轮荷载在桥面铺装中的 45°角扩散

根据试验研究，作用在桥面铺装层上的车轮荷载，可以偏安全地假定呈 45°角扩散分布于混凝土板面上。则作用于行车道板顶面的矩形荷载压力面的边长为：

$$\left.\begin{aligned}&\text{行车方向} & a_1=a_2+2H\\&\text{垂直于行车方向} & b_1=b_2+2H\end{aligned}\right\} \tag{7-1}$$

式中：H——铺装层的厚度。

设 P 为车辆荷载的轴重，由于车辆荷载的一个车轴有两个车轮，一个车轮重为 $P/2$，则车轮荷载承压面的面积为 a_1b_1，由一个车轮引起的桥面板上的局部分布荷载的应力为：

$$q=\frac{\frac{P}{2}}{a_1b_1}=\frac{P}{2a_1b_1} \tag{7-2}$$

7.1.3 板的有效工作宽度

桥面板在局部分布荷载的作用下，不仅直接承压部分(承压面 $a_1\times b_1$)的板带参与工作，而且与其相邻的部分板带也分担一部分荷载，因此，在桥面板的计算中，需确定板的有效工作宽度(也称荷载有效分布宽度)。下面分单向板和悬臂板来说明板的有效工作宽度的概念和计算方法。

1. 单向板的荷载有效分布宽度 a

单向板的受力状态如图 7.3 所示，跨径为 l 的单向板，其上作用以 $a_1\times b_1$ 为分布面积的荷载，板在计算跨径 x 方向和垂直于计算跨径的 y 方向分别产生挠曲变形 w_x 和 w_y，板条沿 y 方向单位宽度所分担弯矩 m_x(kN·m/m)呈铃形分布，在荷载中心处，板条负担的弯矩最大(其值为 $m_{x,\max}$)，离荷载越远的板条所承受的弯矩越小。

如果以 $a\times m_{x,\max}$ 的矩形面积等代曲线图形面积，即：

$$a\times m_{x,\max}=\int m_x dy=M$$

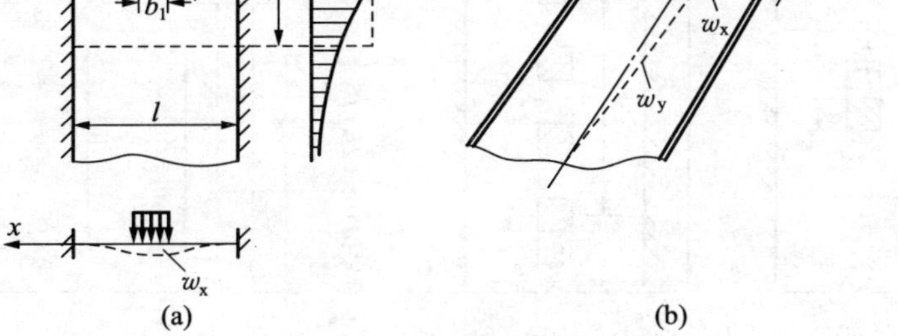

图 7.3 单向板的受力状态

则得弯矩图的换算宽度(荷载的有效工作宽度)为：

$$a=\frac{M}{m_{x,\max}} \tag{7-3}$$

式中：a——板的有效分布宽度；

M——车轮荷载产生的跨中总弯矩；

$m_{x,max}$——荷载中心处的最大单宽弯矩值(kN·m/m)。

单向板的荷载有效分布宽度如图7.4所示。《桥规》中对单向板的荷载有效分布宽度 a 规定如下。

1) 荷载在跨径中间

对于单独一个荷载［图7.4(a)］，有：

$$a=a_1+\frac{l}{3}=a_2+2H+\frac{l}{3}\geqslant\frac{2}{3}l \tag{7-4}$$

对于两个或几个靠近的相同的车轮荷载，当按式(7-4)计算的各相邻荷载的有效分布宽度发生重叠时，车重取其总和，分布宽度按边轮分布外缘计算(图7.4b)，即：

$$a=a_1+d+\frac{l}{3}=a_2+2H+d+\frac{l}{3}\geqslant\frac{2}{3}l+d \tag{7-5}$$

2) 荷载在板的支承处

$$a'=a_1+t=a_2+2H+t\geqslant\frac{l}{3} \tag{7-6}$$

3) 荷载靠近板的支承处

$$a_x=a'+2x \tag{7-7}$$

但不大于跨中的分布宽度。

式中：l——板的计算跨径；

d——最外两个车轮荷载的中心距离，如果只有两个相邻荷载计算时，d 为相邻车辆荷载的轴距；

t——板的厚度；

x——荷载作用点至支承边缘的距离。

式(7-7)表明：荷载由支承处向板的跨中方向移动时，相应的有效分布宽度可近似地按45°线过渡。对于不同位置时的单向板有效分布宽度图形如图7.4(c)所示。由图可知，荷载愈靠近跨中，板的有效分布宽度越宽，荷载的作用影响范围越大。

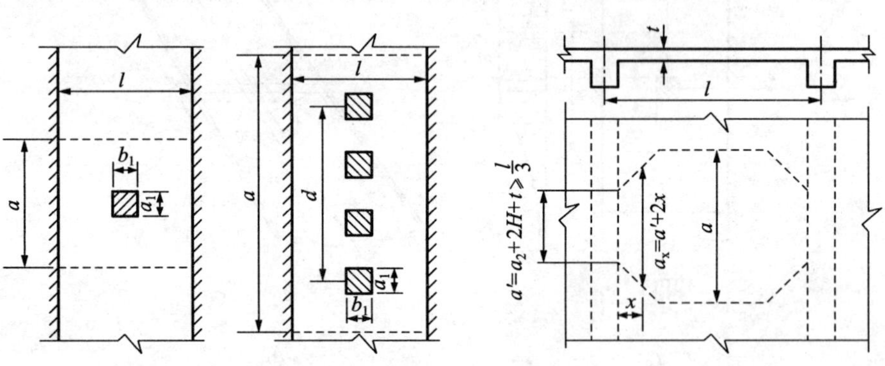

图7.4 单向板的荷载有效分布宽度

2. 悬臂板的荷载有效分布宽度 a

悬臂长为 l_0 的悬臂板，其端部作用以 $a_1\times b_1$ 为分布面积的荷载，则在悬臂根部沿 y

方向单宽板条的弯矩 m_x 分布情况如图 7.5 所示。根据弹性板理论分析，当板端作用集中力 P 时，单宽板条的最大负弯矩 $m_{x,max}=-0.465P$，而荷载引起的总弯矩 $M_0=-Pl_0$，因此，由式(7-3)，按最大负弯矩值换算的有效工作宽度为：

$$a=\frac{M_0}{m_{x,max}}=\frac{-Pl_0}{-0.465P}=2.15l_0 \tag{7-8}$$

可见，悬臂板的有效工作宽度近似等于悬臂长度的 2 倍，即荷载可近似按 45°角向悬臂板支承处分布。

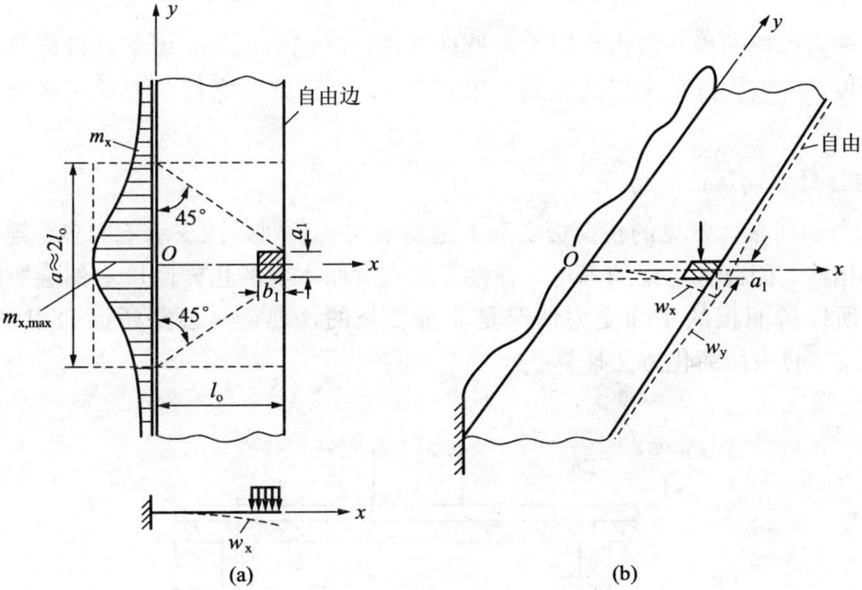

图 7.5 悬臂板的受力状态

如图 7.6 所示，悬臂板的荷载有效分布宽度为：

$$a=a_1+2b'=a_2+2H+2b' \tag{7-9}$$

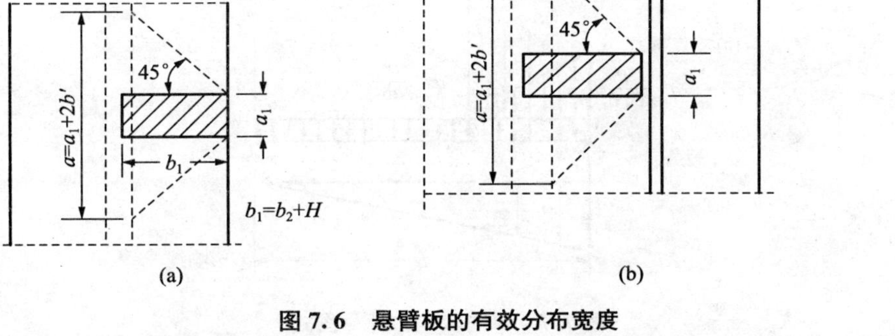

图 7.6 悬臂板的有效分布宽度

式中：b'——承重板上的荷载压力面外侧边缘至悬臂板根部的距离。

由式(7-9)的几何含义可知，实际计算时，可自荷载压力面外侧边缘的两个顶点，分别向悬臂板根部作 45°射线，两射线与悬臂板根部交点之间的距离即为荷载有效分布宽度。

对于荷载靠近板边的最不利情况，b'即为悬臂板的跨径 l_0，则有：

$$a=a_1+2l_0 \tag{7-10}$$

7.1.4 桥面板的内力计算

实心矩形截面桥面板一般由弯矩控制设计，设计时通常取 1m 板条进行计算。对于单向板或悬臂板，一般先计算出板的有效工作宽度 a，再计算单宽板条上的荷载及其引起的弯矩。

1. 多跨连续单向板的内力

如图 7.7(a)所示，常见的桥面板实际上是支承在一系列弹性支承上的多跨连续板，板与梁肋整体相连，因此各主梁的不均匀弹性下沉和梁肋本身的扭转刚度必然会影响到桥面板的受力，所以桥面板的实际受力情况是非常复杂的，现行《公路桥涵通用设计规范》(JTG D62—2004)采用简化方法计算。

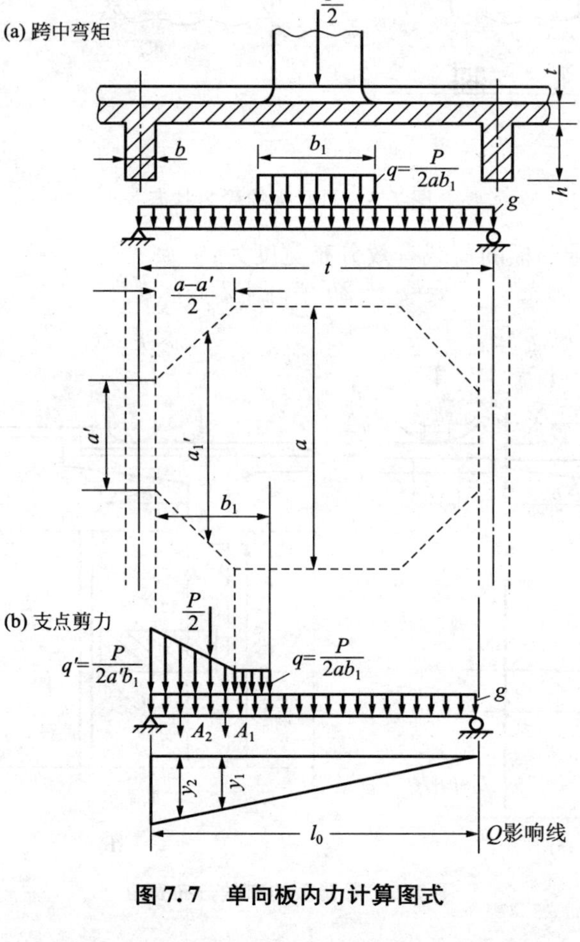

图 7.7 单向板内力计算图式

1）弯矩

首先计算出跨度相同的简支板在恒载和活载作用下的跨中弯矩 M_0，再乘以相应的修正系数，得到支点、跨中截面的设计弯矩，弯矩修正系数可根据板厚 t 和梁肋高度 h 的比值来选用。

(1) 当 $t/h<1/4$ 时(即主梁的抗扭能力大者)

$$\left.\begin{aligned}&\text{跨中弯矩}\quad M_{中}=+0.5M_0\\&\text{支点弯矩}\quad M_{支}=-0.7M_0\end{aligned}\right\}\tag{7-11}$$

(2) 当 $t/h\geqslant 1/4$ 时(即主梁的抗扭能力小者)

$$\left.\begin{aligned}&\text{跨中弯矩}\quad M_{中}=+0.7M_0\\&\text{支点弯矩}\quad M_{支}=-0.7M_0\end{aligned}\right\}\tag{7-12}$$

式中：$M_0=M_{0P}+M_{0g}$；

M_{0P}——1m 宽简支板条的跨中汽车及人群荷载引起的弯矩；

M_{0g}——1m 宽简支板条的跨中恒载引起的弯矩。

1m 宽简支板条的跨中活载弯矩为

$$M_{0P}=(1+\mu)\cdot\left(\frac{P}{4a}\times\frac{l}{2}-\frac{P}{4a}\times\frac{b_1}{4}\right)=(1+\mu)\cdot\frac{P}{8a}\left(l-\frac{b_1}{2}\right)\tag{7-13}$$

式中：a——车辆荷载作用时板的有效工作宽度；

P——相应于板的有效工作宽度的车轴重量之和；

l——板的计算跨径，当梁肋不宽时(如窄肋 T 形梁)，取梁肋中距；当主梁肋部宽度较大时(如箱形梁肋)，取梁肋间的净距与板厚之和，即 $l=l_0+t\leqslant l_0+b$(l_0 为板的净跨径，t 为板厚，b 为梁肋宽度)；

$(1+\mu)$——车辆荷载的冲击系数，一般情况下，板的计算跨径小于 5m 时，$(1+\mu)=1.3$。

如果板的跨径较大，可能还有其他车轮作用于桥面板的跨径内，此时应按结构力学的方法布置荷载，求得跨中弯矩的最大值。

1m 宽简支板条的跨中恒载弯矩为：

$$M_{0g}=\frac{1}{8}gl^2\tag{7-14}$$

式中：g——1m 宽板条沿板条长度方向上的恒载集度。

2）剪力

计算单向板支点剪力时，一般不考虑板和主梁的弹性固结作用，荷载应尽量靠近梁肋边缘布置。考虑了相应的有效工作宽度后，每米板宽承受的分布荷载计算如图 7.7(b) 所示。

对于跨内只有一个车轮荷载的情况，支点剪力 Q_s 的计算公式为：

$$Q_s=\frac{gl_0}{2}+(1+\mu)(A_1\cdot y_1+A_2\cdot y_2)\tag{7-15}$$

式中：A_1——矩形部分的合力，$A_1=q\cdot b_1=\dfrac{P}{2ab_1}\cdot b_1=\dfrac{P}{2a}$；

A_2——三角形部分荷载的合力，$A_2=\dfrac{1}{2}(q'-q)\cdot\dfrac{1}{2}(a-a')=\dfrac{1}{2}\left(\dfrac{P}{2a'b_1}-\dfrac{P}{2ab_1}\right)\cdot\dfrac{1}{2}(a-a')=\dfrac{P}{8aa'b_1}\cdot(a-a')^2$；

y_1、y_2——对应于荷载合力 A_1、A_2 的支点剪力影响线纵坐标值；

l_0——板的净跨径。

如果行车道板的跨径内有不止一个车轮进入时，需计算其他车轮的影响。

2. 悬臂板的内力

1) 铰接悬臂板

对于装配式T形梁，梁间相邻翼缘板边互相成为铰接构造的桥面板，按铰接悬臂板计算板的内力。

如图7.8(a)所示，相邻翼缘板边互相成为铰接构造的桥面板结构为一次超静定结构。绘制截面内力影响线方法为：利用结构力学的“力法”原理，去掉赘余铰约束，代以赘余剪力，建立“力法”方程，解得当 $P=1$ 单位荷载作用于不同位置时的赘余剪力，由此求得 $P=1$ 单位荷载作用于不同位置时的截面内力(内力影响线纵标)。在截面内力影响线上加载，可计算铰接悬臂板的最大内力，但寻求荷载作用的最不利位置并计算相应的影响线(纵标或面积)非常烦琐。为简化计算，可将铰接悬臂板视为板端自由的悬臂板以计算内力值。当所加荷载为正对称时，由于赘余的剪力为反对称内力，由结构力学，赘余剪力为0，此时将铰接悬臂板看作板端自由的悬臂板计算，所得内力值是精确的，实际计算时，在板的铰缝处加车轮轮载(对称荷载)通常为最不利的荷载位置。

(1) 弯矩。计算悬臂根部活载弯矩 M_{sP} 时，最不利的荷载位置是把车轮荷载对中布置在铰接处。如果行车道板的跨径内有不止一个车轮进入时，还需计及其他车轮的影响。

如图7.8(a)所示，在有效分布宽度 a 内，总轴重为 P，轮重 $\frac{P}{2}$。将铰接悬臂板视为板端自由的悬臂板，以一片梁作为研究对象，每片梁分担 $\frac{P}{4}$，每米宽板条为 $\frac{P}{4a}$(a 为板的有效工作宽度)，其合力作用点至悬臂根部之距为 $l_0-\frac{b_1}{4}$。

则每米宽板条的活载弯矩为：

$$M_{sP}=-(1+\mu)\frac{P}{4a}\left(l_0-\frac{b_1}{4}\right) \tag{7-16}$$

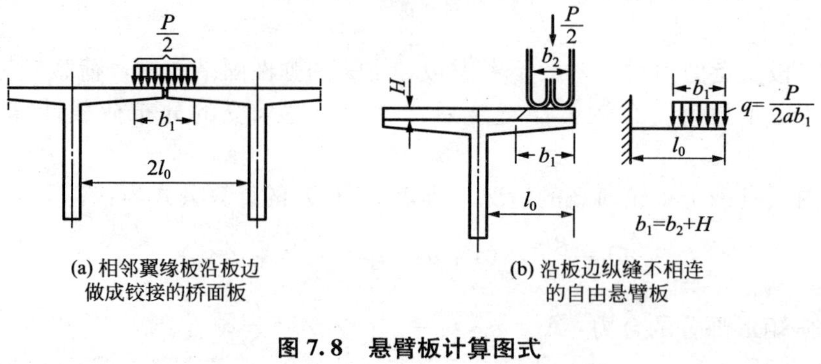

图7.8　悬臂板计算图式

每米宽板条的恒载弯矩为：

$$M_{sg}=-\frac{1}{2}gl_0{}^2 \tag{7-17}$$

(2) 剪力。悬臂根部的剪力可以偏安全地按一般悬臂板的图式计算，计算方法参见例 7-1。

2) 自由悬臂板

(1) 弯矩。如图 7.8(b)所示，对于沿板边纵缝不相连的自由悬臂板，在计算根部最大弯矩时，应将车轮荷载靠板的边缘布置，此时 $b_1=b_2+H$(因为车轮荷载的一侧为板的自由边，车轮荷载仅能在板的另一侧呈 45°角扩散，故 H 前的系数为 1。如行车道板的跨径内有不止一个车轮进入时，需计及其他车轮的影响。

每米宽板条的活载弯矩为：

$$\left.\begin{aligned} M_{sP}&=-(1+\mu)\cdot\frac{1}{2}ql_0{}^2=-(1+\mu)\cdot\frac{P}{4ab_1}l_0{}^2\ (b_1\geqslant l_0\text{时}) \\ \text{或 } M_{sP}&=-(1+\mu)\cdot qb_1\left(l_0-\frac{b_1}{2}\right)=-(1+\mu)\cdot\frac{P}{2a}\left(l_0-\frac{b_1}{2}\right)(b_1<l_0\text{时})\end{aligned}\right\}\quad(7-18)$$

每米宽板条的恒载弯矩用式(7-17)计算。

(2) 剪力。剪力计算略。

例 7-1 计算图 7.9 所示 T 梁翼板所构成的铰接悬臂板的设计内力。设计荷载：公路-Ⅱ级。桥面铺装为 5cm 沥青混凝土面层(容重为 21kN/m^3)和 15cm 防水混凝土垫层(容重为 25kN/m^3)。

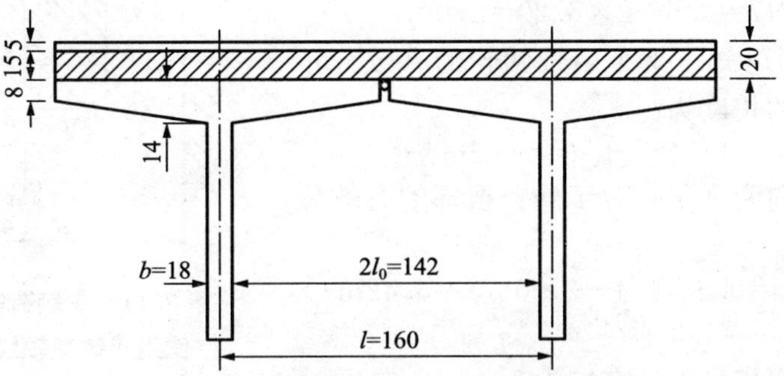

图 7.9 铰接悬臂行车道板(单位：cm)

解：1) 恒载内力(以纵向 1m 宽的板进行计算)

(1) 每米板上的恒载集度。

沥青混凝土面层：$g_1=0.05\times1.0\times21=1.05$kN/m

防水混凝土垫层：$g_2=0.15\times1.0\times25=3.75$kN/m

T 梁翼板自重：$g_3=\dfrac{0.08+0.14}{2}\times1.0\times25=2.75$kN/m

合计：$g=g_1+g_2+g_3=7.55$kN/m

(2) 每米宽板条的恒载内力。

弯矩：$M_{sg}=-\dfrac{1}{2}gl_0^2=-\dfrac{1}{2}\times7.55\times0.71^2=-1.90$kN·m

剪力：$Q_{sg}=gl_0=7.55\times0.71=5.36$kN

2) 公路-Ⅱ级车辆荷载产生的内力

公路-Ⅱ级车辆荷载纵、横向布置如图 7.10 所示。

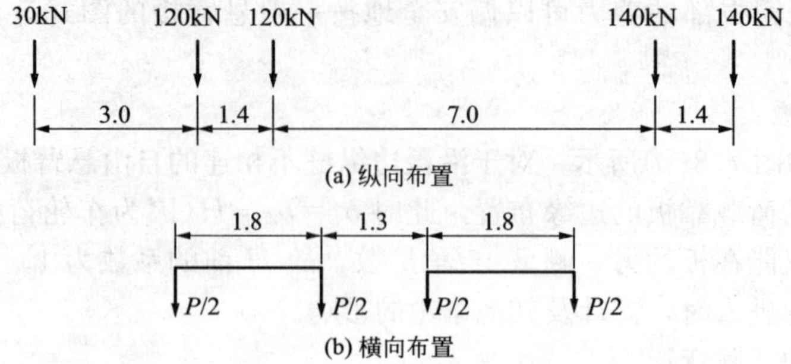

图 7.10　公路-Ⅱ级车辆荷载(尺寸单位：m)

将公路-Ⅱ级车辆荷载的两个 140kN 轴重的后轮(轴间距 1.4m)沿桥梁的纵向，作用于铰缝轴线上为最不利荷载。由《桥规》查得重车后轮的着地长度 $a_2=0.2$m，着地宽度$b_2=0.6$m，车轮在板上的布置及其压力分布图形如图 7-11 所示，铺装层总厚 $H=0.05+0.15=0.20$m，则板上荷载压力面的边长为：

$$a_1=a_2+2H=0.2+2\times0.20=0.6\text{m}$$

$$b_1=b_2+2H=0.6+2\times0.20=1.0\text{m}$$

由图 7.10(a)可知，重车后轴两轮的有效分布宽度重叠，重叠的长度为：

$$(0.3+0.71)\times2-1.4=0.62\text{m}$$

则铰缝处纵向两个车轮对于悬臂根部的有效分布宽度为：

$$a=a_1+d+2l_0=0.6+1.4+2\times0.71=3.42\text{m}$$

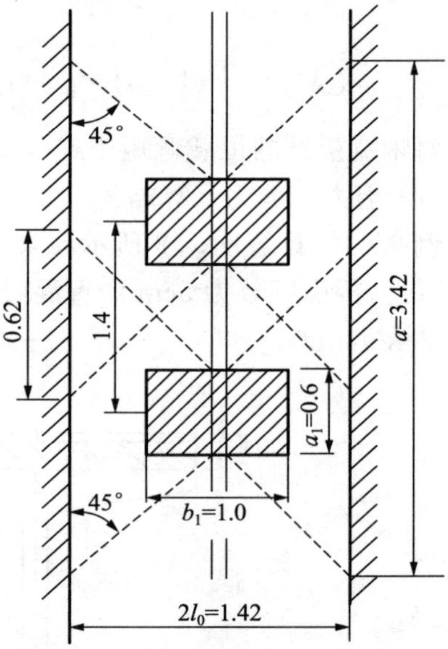

图 7.11　车辆荷载两个后轴轮载作用于铰缝轴线上(单位：m)

冲击系数 $1+\mu=1.3$

作用于每米宽板条上的弯矩为：

$$M_{sP}=-(1+\mu)\frac{P}{4a}\left(l_0-\frac{b_1}{4}\right)=-1.3\times\frac{2\times140}{4\times3.42}\times\left(0.71-\frac{1.0}{4}\right)=-12.24\text{kN}\cdot\text{m}$$

(P 为在有效分布宽度内作用于铰缝的轴重之和，本例中为 2×140kN=280kN)

相应于每米宽板条活载最大弯矩时的每米宽板条上的剪力为：

$$Q_{sP}=(1+\mu)\frac{P}{4a}=1.3\times\frac{2\times140}{4\times3.42}=26.61\text{kN}$$

7.2 主梁内力计算

7.2.1　活载内力计算

1. 荷载横向分布的概念

如图 7.12(a)所示，梁桥的上部结构由承重结构(①～④号主梁)及传力结构(横隔梁、行车道板)两大部分组成，各片主梁靠横隔梁和行车道板连成空间整体结构，当桥上作用荷载(桥面板上作用两个车轴，前轴轴重为 P_1，后轴轴重为 P_2)时，各片主梁共同参与工作，形成了各片主梁之间的内力分布。

在计算恒载时，除主梁的自重外，一般将桥面铺装、人行道、栏杆等的重量近似平均分配给各片主梁，即计算出桥面铺装、人行道、栏杆等的总重量除以梁的片数(本例为四片梁)，得到每片主梁承担的桥面铺装、人行道、栏杆的重量。由于人行道、栏杆等构件一般位于边梁上(①、④号主梁)，精确计算时，也可考虑它们的重量在各梁间的分布，即中梁(②、③号主梁)也分担一部分人行道、栏杆的重量。

在计算活载时，需要考虑活载在各片主梁间的分布。汽车荷载所引起的各片主梁的内力大小与桥梁的横断面形式、荷载的作用位置有关，因此求解汽车荷载作用下各主梁的内力是一个空间问题，目前广泛采用的方法是将复杂的空间问题转化为平面问题。

汽车荷载的横向分布系数应按设计车道数布置车辆荷载进行计算。车辆荷载的横向布置如图 7.12(c)所示。对于汽车荷载，最外车轮距人行道缘石之距不得小于 0.5m，汽车荷载的横向轮距为 1.8m，两列汽车荷载车轮的横向间距不得小于 1.3m。

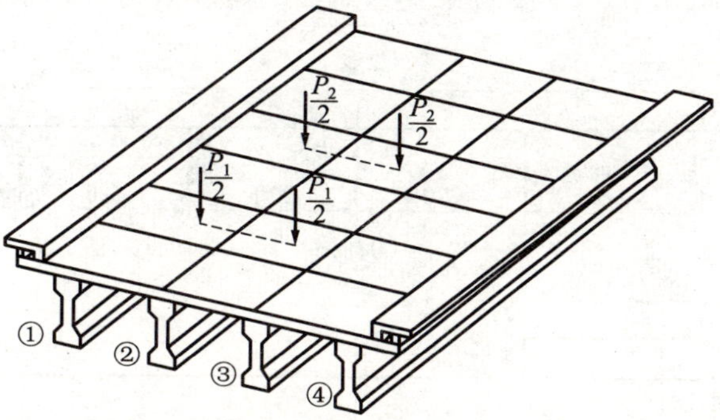

(a) 荷载布置示意

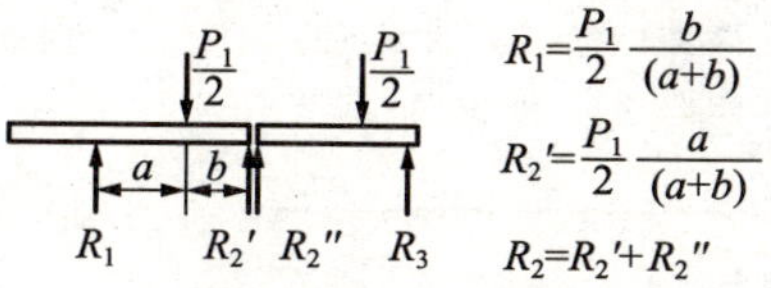

(b) 横向分布系数的概念

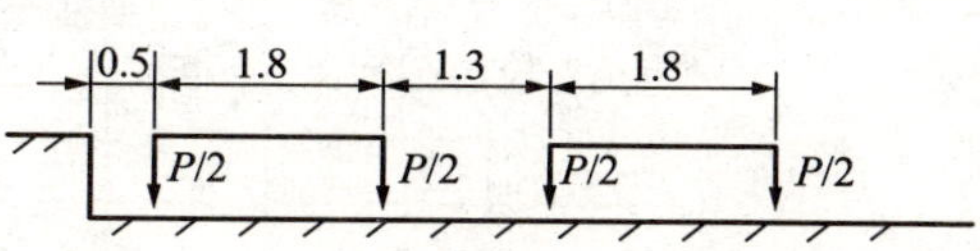

(c) 车辆荷载的横向布置(单位: m)

图 7.12　横向分布系数的概念

如图 7.12(b)所示，在汽车荷载的作用下，①号边梁所分担的荷载为 $R_1=\frac{P_1}{2}\cdot\frac{b}{(a+b)}=\frac{b}{2(a+b)}\cdot P_1$，也就是说，①号边梁所分担的荷载 R_1 为轴重 P_1 的$\frac{b}{2(a+b)}$。若将第 i 号梁所承担的力 R_i 表示为系数 m_i 与轴重 P 的乘积($R_i=m_i\times P$)，则 m_i 称为第 i 号梁的荷载横向分布系数。由此，1 号梁的横向分布系数为 $m_1=\frac{b}{2(a+b)}$。

桥梁的构造特点不同，横向分布系数的计算方法也不同，本节将着重介绍几种常用的横向分布系数的计算方法。

2. 荷载横向分布的计算

1) 杠杆原理法

基本原理：杠杆法忽略了主梁之间横向结构的联系作用，即假设桥面板在主梁梁肋处断开，把桥面板看作沿横向支承在主梁上的简支梁或悬臂梁来考虑。

杠杆法的适用条件：①双肋式梁桥；②多梁式桥支点截面。

如图7.12(b)所示，由于杠杆法忽略了主梁之间横向结构的联系作用，当桥上作用汽车荷载时，左边的轮重 $P_1/2$ 仅传递给①号和②号梁，右边的轮重 $P_1/2$ 传递给②号梁和③号梁。

根据静力平衡条件，①号梁的支承反力 $R_1=\frac{b}{2(a+b)}\cdot P_1$；②号梁支承的相邻两块板上均作用荷载，则该梁所支承的反力 R_2 为两个支承反力之和，为 $R_2=R_2'+R''_2$。

杠杆法计算横向分布系数的步骤及方法参见例7-2。

例7-2 如图7.13(a)所示，桥梁主梁宽2.2m(主梁间中心距为2.2m)，计算跨径 $l=19.5$m。桥面宽：净9m+2×1.0m人行道；设计荷载：公路-Ⅱ级，人群荷载：标准值为3.0kN/m^2；用杠杆法计算1、2、3号梁支点截面的荷载横向分布系数。

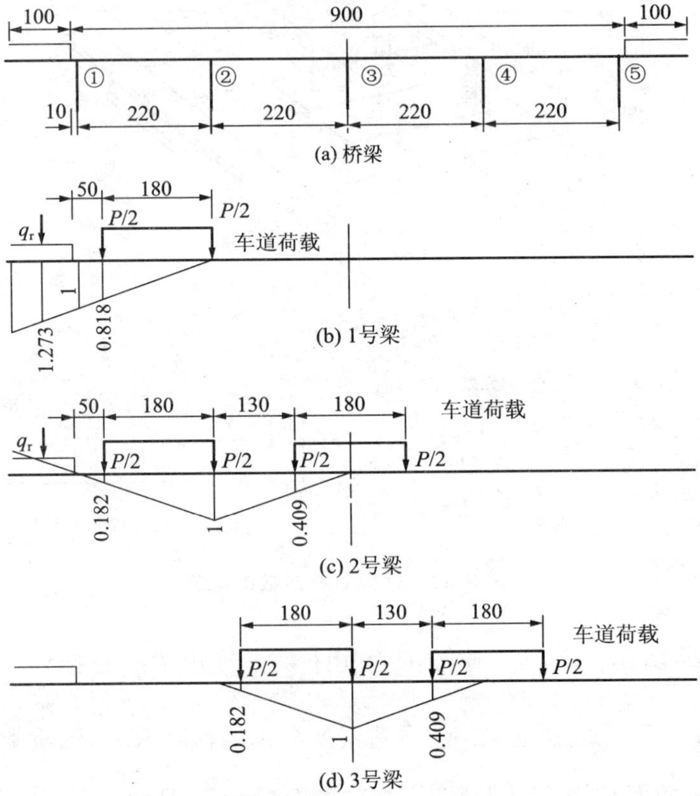

图7.13 各主梁的横向分布影响线及荷载布置(单位：cm)

解：(1) 绘制1号、2号梁和3号梁的荷载反力影响线［图7.13(b)、(c)、(d)］。

绘制1号梁的反力影响线的方法为：应用杠杆法的原理，当单位荷载 $P=1$ 作用于1

号梁位时，1号梁所承受的荷载反力(影响线纵标)$R_1=1$；当单位荷载$P=1$作用于2号梁位时，1号梁所承受的荷载反力(影响线纵标)$R_1=0$；将两点连接直线，即得1号梁的荷载反力影响线。

(2) 确定荷载的横向最不利的布置［图7.13(b)、(c)］。

应用“结构力学”的原理，确定荷载的最不利布置。

(3) 内插计算对应于荷载位置的影响线纵标η_i。

(4) 计算主梁在汽车荷载和人群荷载作用下的横向分布系数，见表7-1。

表7-1 杠杆法计算1、2号梁的横向分布系数

梁号	荷载	横向分布系数
1	汽车	$m_{0q}=0.818/2=0.409$
	人群	$m_{0r}=1.273$
2	汽车	$m_{0q}=(0.182+1+0.409)/2=0.796$
	人群	$m_{0r}=0$

对于汽车荷载，轮重$=\frac{1}{2}$轴重。

汽车荷载的横向分布系数$m_{0q}=\sum\frac{1}{2}\eta_i=\frac{1}{2}\sum\eta_i$(即主梁所承担的反力是一列车轴重的$m_{0q}$倍)。

对于人群，单侧人群荷载的集度$q=3.0\text{kN/m}^2\times$单侧人行道宽，其分布系数为人群荷载重心位置的荷载横向分布影响线坐标$m_{0r}=\eta_r$。

在人群荷载作用下，2号梁的横向分布系数$m_{0r}=0$，这是因为人群荷载对2号梁将引起负反力，故在人行道上未加人群荷载。3号梁的横向分布系数计算结果同2号梁，计算过程略。

2) 刚性横梁法

根据试验观测和理论分析，当桥的宽跨比$B/L\leqslant0.5$，且主梁间具有可靠连接时，在汽车荷载的作用下，中间横隔梁的弹性挠曲变形与主梁的变形相比很小，因此可假定中间横隔梁像一根无穷大的刚性梁一样保持直线形状，如图7.14所示。由于此法假定横隔梁具有无限刚性，称为刚性横梁法，也称为偏心受压法。

如图7.14和图7-15(a)所示，第i号梁的抗弯惯矩为I_i，弹性模量均为E，各主梁关于桥梁中心线对称布置。在跨中截面，单位荷载$P=1$作用点至桥梁中心线之距为e，由于假定横隔梁近似为刚性，故可将荷载简化为两部分［图7.15(b)］：作用于桥梁中心线的中心荷载$P=1$；偏心力矩$M=1\times e$。

计算时分别求出在中心荷载$P=1$作用下各主梁的内力［图7.15(c)］和在偏心力矩$M=1\times e$作用下各主梁的内力［图7.15(d)］，然后将两者叠加［图7.15(e)］，即可求得偏心荷载$P=1$作用时各主梁所分配的内力值。

(1) 中心荷载$P=1$作用下，各主梁分配的荷载R_i'。由于假定中间横隔梁是刚性的，故各主梁产生的挠度相等，如图7.15(c)所示，即：

$$w_1'=w_2'=\cdots=w_n' \tag{7-19}$$

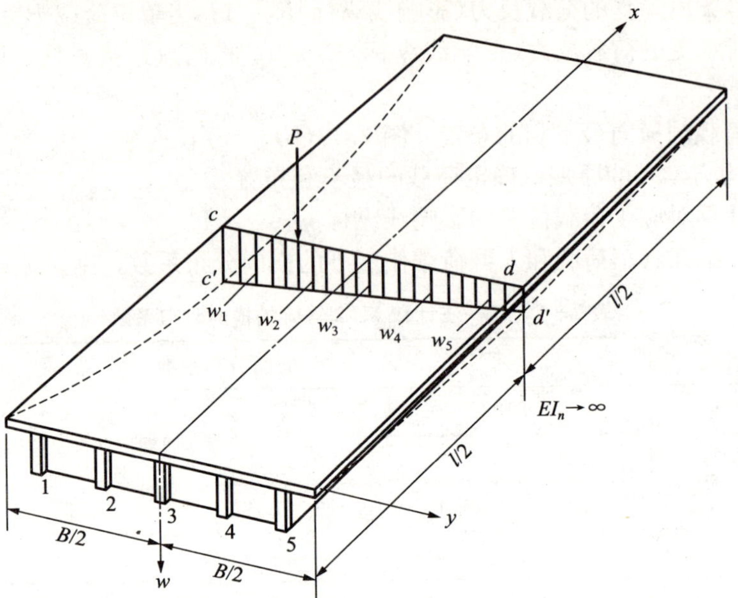

图 7.14　刚性横梁法梁桥的挠曲变形

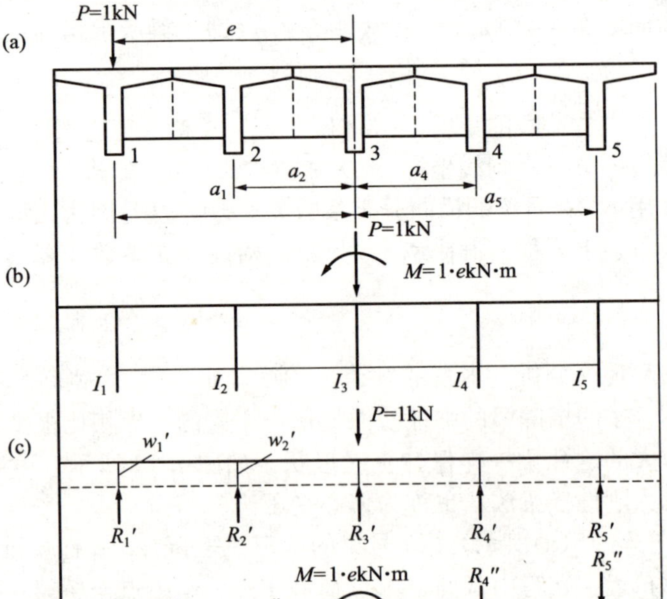

图 7.15　偏心荷载 $P=1$ 作用下各主梁的荷载分布

作用于简支梁跨中的荷载与挠度的关系为：

$$w_i'=\frac{R_i'l^3}{48EI_i}\text{或}R_i'=\alpha I_i w_i' \tag{7-20}$$

式中：$\alpha=\frac{48E}{l^3}$=常、(l为简支梁的计算跨径)。

由式(7－19)和式(7－20)，各号梁所分配的反力按其抗弯刚度分配为：

$$R_i'=\frac{I_i}{\sum_{i=1}^{n}I_i} \tag{7-21}$$

(2) 偏心力矩 $M=1\times e$ 作用下，各主梁的荷载 R_i''。在偏心力矩 $M=1\times e$ 作用下，桥的横截面将产生绕中心点 O 的转角 φ [图 7.15(d)]，a_i为 i 号梁中心距桥梁中心线的距离，各主梁产生的竖向挠度 w''为：

$$w_i''=a_i\tan\phi \tag{7-22}$$

由式(7－20)，主梁所受荷载与挠度的关系为：

$$R_i''=\alpha I_i w_i'' \tag{7-23}$$

将式(7－22)代入式(7－23)得：

$$R_i''=\alpha I_i w_i''=\alpha I_i a_i\tan\phi=\gamma a_i I_i \tag{7-24}$$

式中：$\gamma=\alpha\tan\phi$

由静力学中的力矩平衡条件可知：

$$\sum_{i=1}^{n}R_i''\cdot a_i=\gamma\sum_{i=1}^{n}a_i^2 I_i=1\cdot e$$

则

$$\gamma=\frac{e}{\sum_{i=1}^{n}a_i^2 I_i} \tag{7-25}$$

式中：对于已经确定的桥梁截面，$\sum_{i=1}^{n}a_i^2 I_i=a_1^2 I_1+a_2^2 I_2+\cdots+a_n^2 I_n$ 是一个常数。

将式(7－25)代入式(7－24)得：

$$R_i''=\frac{ea_i I_i}{\sum_{i=1}^{n}a_i^2 I_i} \tag{7-26}$$

注意，当所计算的主梁与 $P=1$ 作用位置在桥梁中心线的同一侧时，$(e\cdot a_i)$的符号为“＋”，反之为“－”。

(3) 各主梁所分配的总荷载。将式(7－21)与式(7－26)叠加，可得偏心荷载 $P=1$ 作用时，第 i 号梁所承受的总荷载为：

$$R_i=\frac{I_i}{\sum_{i=1}^{n}I_i}+\frac{ea_i I_i}{\sum_{i=1}^{n}a_i^2 I_i} \tag{7-27}$$

对于简支梁，若各梁截面均相同，即 $I_i=I$，$I_{Ti}=I_T$，可得偏心荷载 $P=1$ 作用时，第 i 号梁所承受的荷载为：

$$R_i = \frac{1}{n} + \frac{ea_i}{\sum_{i=1}^{n} a_i^2} \tag{7-28}$$

式中：n——主梁的根数。

由式(7-28)可得出，当各主梁截面相同时，n 和 $\sum_{i=1}^{n} a_i^2$ 为常数，当 $a_i e$ 最大时，第 i 号梁所承受的荷载最大。

3) 修正刚性横梁法

(1) 修正刚性横梁法的计算式。在偏心力距 $M=1\times e$ 的作用下，各主梁不仅发生竖向挠度，而且还发生扭转，考虑主梁抗扭刚度后，第 i 号梁承担的反力为：

$$R''_i = \beta \frac{ea_i I_i}{\sum_{i=1}^{n} a_i^2 I_i} \tag{7-29}$$

式中：β——抗扭修正系数($\beta<1$)，取决于结构的几何尺寸和材料特性。

$$\beta = \frac{1}{1 + \frac{Gl^2}{12E} \cdot \frac{\sum_{i=1}^{n} I_{Ti}}{\sum_{i=1}^{n} a_i^2 I_i}} \tag{7-30}$$

式中：l——简支梁的计算跨径。

I_{Ti}——主梁的抗扭惯矩。

G——材料的剪切模量。

将式(7-21)与式(7-29)叠加，可得偏心荷载 $P=1$ 作用时，第 i 号梁所承受的荷载为：

$$R_i = \frac{I_i}{\sum_{i=1}^{n} I_i} + \beta \frac{ea_i I_i}{\sum_{i=1}^{n} a_i^2 I_i} \tag{7-31}$$

当主梁的截面相同，并引入 ξ 系数时，有：

$$R_i = \frac{1}{n} + \beta \frac{ea_i}{\sum_{i=1}^{n} a_i^2} \tag{7-32}$$

$$\beta = \frac{1}{1 + \frac{nGl^2 I_T}{12EI \sum_{i=1}^{n} a_i^2}}$$

令：

$$\frac{n}{12 \sum_{i=1}^{n} a_i^2} = \frac{\xi}{B^2}$$

式中：n——主梁根数。

B——桥梁的全宽。

ξ——与主梁根数有关的系数，见表 7-2。

表 7-2 ξ值

主梁根数 n	4	5	6	7
ξ	1.067	1.042	1.028	1.021

由此

$$\beta=\frac{1}{1+\xi\frac{GI_{\mathrm{T}}}{EI}\cdot\left(\frac{l}{B}\right)^{2}} \tag{7-33}$$

从式(7-33)可以看出，$\frac{l}{B}$值越大，抗扭刚度对桥梁的横向分布影响越大。

由式(7-31)可知，当单位荷载 $P=1$ 作用于 1 号梁［图 7.15(a)］时，1 号梁所分配的荷载［图 7.15(e)］为：

$$R_{11}=\frac{I_i}{\sum_{i=1}^{n}I_i}+\beta\frac{a_1a_1I_i}{\sum_{i=1}^{n}a_i^2I_i}=\frac{I_i}{\sum_{i=1}^{n}I_i}+\beta\frac{a_1{}^2I_i}{\sum_{i=1}^{n}a_i^2I_i} \tag{7-34}$$

当单位荷载 $P=1$ 作用于 1 号梁［图 7.15(a)］时，5 号梁所分配的荷载［图 7.15(e)］为：

$$R_{51}=\frac{I_i}{\sum_{i=1}^{n}I_i}+\beta\frac{-a_1a_5I_i}{\sum_{i=1}^{n}a_i^2I_i}=\frac{I_i}{\sum_{i=1}^{n}I_i}-\beta\frac{a_1{}^2I_i}{\sum_{i=1}^{n}a_i^2I_i} \tag{7-35}$$

桥梁对称，$a_1=a_5$，5 号梁与荷载作用位置在桥梁中心线的两侧，$(e\cdot a_i)$的符号为“—”。

R_{51}的第 2 角标表示荷载作用位置，第 1 角标表示该荷载引起反力的梁号，由结构力学的变位互等定理，当每块板的截面相同时，则得 $R_{51}=R_{15}$，该式表明单位荷载 $P=1$ 作用于 1 号梁时 5 号梁所分配的荷载，等于单位荷载作用于 5 号梁时 1 号梁所分配的荷载。

根据 R_{11}和 R_{15}，按直线分布，即可绘出 1 号梁的反力影响线，如图 7.15(e)所示。

(2) 主梁抗扭惯矩的计算。在抗扭修正系数 β 的计算式中，需计算抗扭惯矩 I_{T}。以下分别按实体截面、薄壁闭合截面和厚壁闭合截面分别予以介绍。

① 实体截面。

矩形截面抗扭惯矩 I_{T}为：

$$I_{\mathrm{T}}=cbt^3 \tag{7-36}$$

式中：b——矩形长边；

t——矩形短边；

c——矩形截面的抗扭刚度系数，可按式(7-37)计算，或从表 7-3 中查取。

$$c=\frac{1}{3}\left[1-0.63\frac{t}{b}+0.052\left(\frac{t}{b}\right)^5\right] \tag{7-37}$$

表 7-3 矩形截面的抗扭刚度系数

t/b	1	0.9	0.8	0.7	0.6	0.5	0.4	0.3	0.2	0.1	<0.1
c	0.141	0.155	0.171	0.189	0.209	0.229	0.250	0.270	0.291	0.312	1/3

T 形、I 形等截面都可看成是由若干个实体矩形截面组成的组合截面，其抗扭惯矩等于被分割的各个矩形截面的抗扭惯矩之和，即：

$$I_T = \sum_{i=1}^{n} c_i b_i t_i^{\ 3} \tag{7-38}$$

式中：b_i、t_i——单个矩形截面的长边和短边；

c_i——矩形截面的抗扭刚度系数，查表7-3；

n——主梁截面划分为单个矩形的块数。

对于由若干个实体矩形截面组成的组合截面，多个矩形的分割方法很多，一般须按多种分割方法分别计算抗扭惯矩，然后取最大者作为组合截面的抗扭惯矩，其计算方法参见例7-3。

② 薄壁闭合截面。孔室高度大于或等于截面高度的60%的截面，可称为薄壁截面。

由材料力学，任意形状的薄壁截面(图7.16)的抗扭惯矩为：

$$I_T = \frac{4A^2}{\oint \frac{ds}{t}} \tag{7-39}$$

式中：A——薄壁中线所包围的面积；

t——壁厚；

s——薄壁中心线长度。

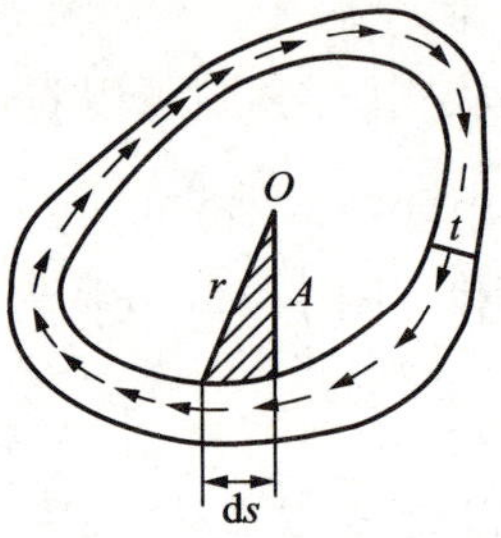

图7.16 任意形状的薄壁截面

图7.17所示的单箱室的薄壁箱形截面，其抗扭惯矩可分为两部分：两边悬出的开口部分和闭口薄壁部分。悬出部分可按实体矩形截面由式(7-38)计算，薄壁闭合部分[图7.17(b)] 可将式(7-39)写成：

$$I_T=(s_1+s_2)^2 h^2 \frac{1}{2\frac{s}{t}+\frac{s_1}{t_1}+\frac{s_2}{t_2}} \tag{7-40}$$

则整个单箱室的薄壁箱形截面的抗扭惯矩为开口部分和闭合部分抗扭惯矩之和。

对于由n个箱梁拼连成的截面，其抗扭惯矩可近似地按各个单箱截面抗扭惯矩之和计算。

在中、小跨径的钢筋混凝土桥中，采用铰接空心板梁桥的截面形式是比较普遍的。这种空心板可近似看作薄壁矩形闭合截面(图7.18)，此时将式(7-40)具体写成下列形式。

$$I_T=4b^2 h^2 \frac{1}{\frac{2h}{t}+\frac{b}{t_1}+\frac{b}{t_2}} \tag{7-41}$$

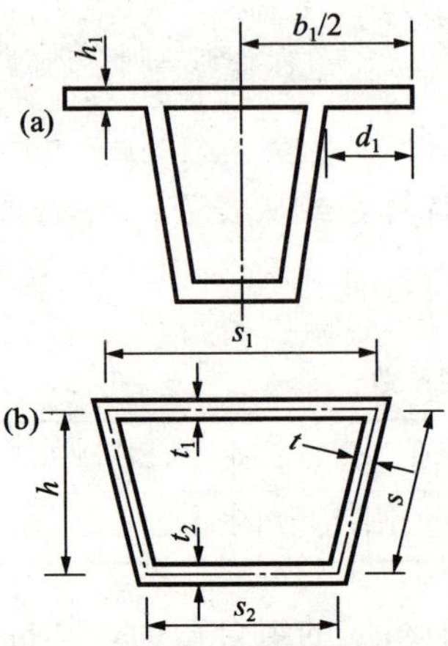

图7.17 单箱室的薄壁箱形截面的抗扭惯矩

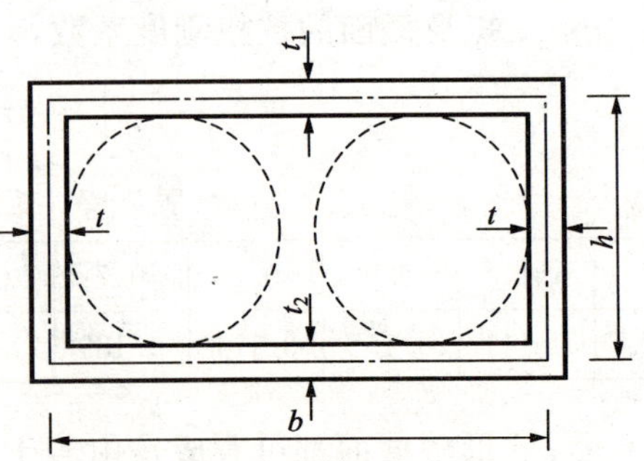

图7.18 薄壁矩形截面的抗扭惯矩

例 7-3 桥梁横截面如图 7.19(a)所示，车行道宽 7m，人行道宽 0.75m，主梁的细部尺寸如图 7.20 所示。计算跨径 $l=19.5$m；设计荷载：公路-Ⅱ级；用修正的刚性横梁法计算：①汽车荷载作用下(荷载位于跨中时)，1 号梁的荷载横向分布系数 m_{cq}；②人群荷载的横向分布系数 m_{cr}。

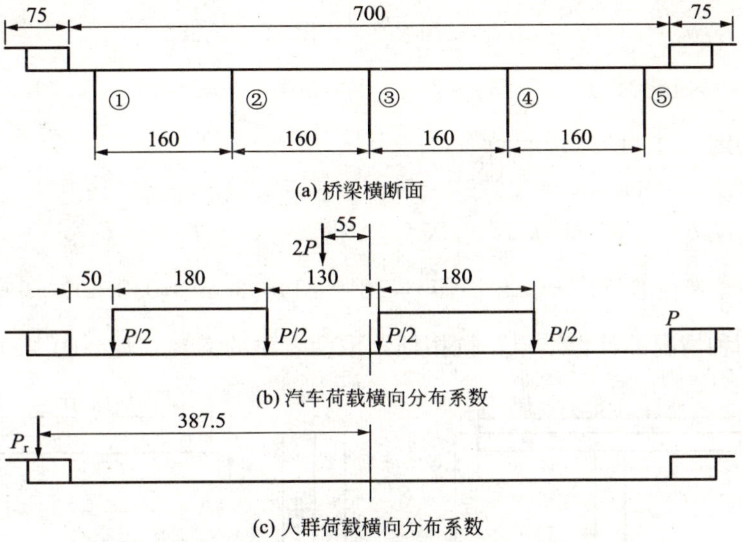

图 7.19 偏心受压法桥梁横断面及荷载布置(单位：cm)

解：由于各片主梁的截面相同，考虑主梁抗扭刚度时 1 号梁的荷载横向分布系数按式(7-32)计算。

主梁片数 $n=5$，1 号梁中心到桥梁中心线之距为：

$$a_1=2\times1.6=3.2\text{m}$$

$$\sum_{i=1}^{5}a_i^2=(2\times1.6)^2+1.6^2+0+(-1.6)^2+(-2\times1.6)^2=25.6\ \text{m}^2$$

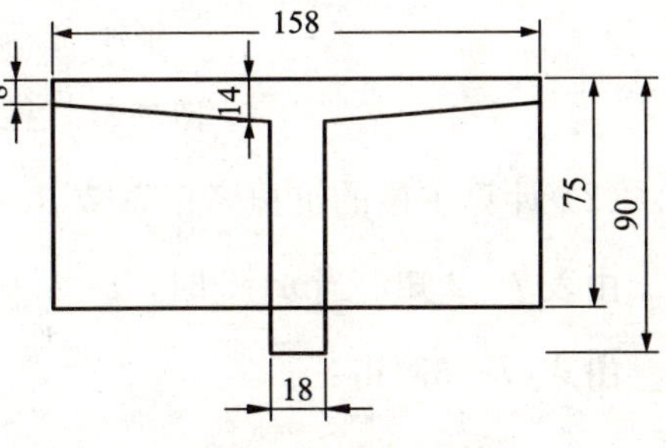

图 7.20 主梁的细部尺寸(单位：cm)

(1) 计算主梁截面的抗弯惯矩 I 和抗扭惯矩 I_T。

主梁的翼缘板宽度为 1.58m，主梁间的缝宽为 0.02m。

① 求主梁截面重心位置。

翼缘板平均厚为：

$$h_1=(14+8)/2=11\text{cm}$$

肋高为：

$$90-11=79\text{cm}$$

主梁截面重心至梁顶面的距离为：

$$a_x=\frac{18\times90\times\frac{1}{2}\times90+(158-18)\times11\times\frac{1}{2}\times11}{18\times9+(158-18)\times11}=25.8\text{cm}$$

② 主梁的抗弯惯矩为：

$$I=\frac{1}{12}\times(158-18)\times11^3+(158-18)\times11\times\left(25.8-\frac{11}{2}\right)^2+\frac{1}{12}\times18\times90^3$$

$$+18\times 90\times \left(\frac{90}{2}-25.8\right)^2=2340843\text{cm}^4=2.3408\times 10^{-2}\text{m}^4$$

③ 主梁的抗扭惯矩。

将截面分为图7.21(a)所示的两个矩形。

对于翼板：$t_1/b_1=11/158=0.070<0.1$，查表7-3得 $c_1=1/3$

对于梁肋：$t_2/b_2=18/79=0.228$，查表7-3得 $c_2=0.285$

$$I_T=\frac{1}{3}\times 158\times 11^3+0.285\times 79\times 18^3=201407\text{cm}^4=0.2014\times 10^{-2}\text{m}^4$$

将截面分为图7.21(b)所示的两个矩形。

对于翼板：$t_1/b_1=11/140=0.079<0.1$，查表7-3得 $c_1=1/3$

对于梁肋：$t_2/b_2=18/90=0.2$，查表7-3得 $c_2=0.291$

$$I_T=\frac{1}{3}\times 140\times 11^3+0.291\times 90\times 18^3=214853\text{cm}^4=0.2149\times 10^{-2}\text{m}^4$$

比较上述两种情况的计算结果，抗扭惯矩取两者中的大者，$I_T=(0.2149\times 10^{-2})\text{m}^4$

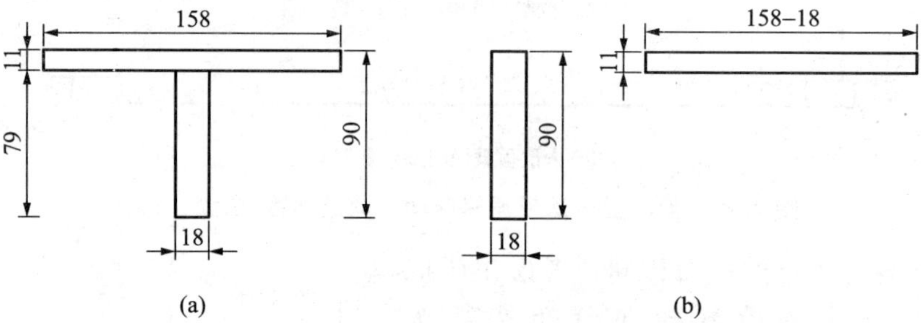

图7.21 主梁抗扭惯矩的计算(单位：cm)

(2) 计算主梁的抗扭修正系数 β。

由表7-2知，当 $n=5$ 时，$\zeta=1.042$，并取 $G=0.425E$，$B=4\times 1.6+2\times\frac{1.58}{2}=7.98\text{m}$

由式(7-33)得：

$$\beta=\frac{1}{1+1.042\times\frac{0.425E\times 0.2149\times 10^{-2}}{E\times 2.3408\times 10^{-2}}\left(\frac{19.5}{7.98}\right)^2}=0.805$$

(3) 汽车荷载横向分布系数。

① 双列汽车偏载(2P)作用时［图7.19(b)］，有：

$$e=\frac{700}{2}-50-180-\frac{130}{2}=55\text{cm}=0.55\text{m}$$

1号梁的荷载横向分布系数为：

$$m_{cq}=2\times\left(\frac{1}{n}+\beta\frac{a_i e}{\sum_{i=1}^{5}a_i^2}\right)=2\times\left(\frac{1}{5}+0.805\times\frac{3.2\times 0.55}{25.6}\right)=0.511(0.538)$$

括号中的数值为不计主梁抗扭惯矩时的横向分布计算值，下同。

② 单列汽车偏载($P=1$)作用时，有：

$$e=\frac{700}{2}-50-\frac{180}{2}=210\text{cm}=2.1\text{m}$$

$$m_{cq}=\frac{1}{5}+0.805\times\frac{3.2\times2.1}{25.6}=0.411(0.463)$$

比较单列和双列偏载作用的横向分布系数，双列偏载作用更不利，故取 $m_{cq}=0.511$。

(4) 人群荷载横向分布系数［图 7.19(c)］。

① 考虑单侧布置人群荷载时，偏心距 $e=\frac{700}{2}+\frac{75}{2}=387.5\text{cm}=3.875\text{m}$

$$m_{cr}=\frac{1}{5}+0.805\times\frac{3.2\times3.875}{25.6}=0.589(0.684)$$

② 考虑双侧布置人群荷载时，偏心距 $e=0$，$m_{cr}=2\times\frac{1}{5}=0.4$

比较人群荷载单侧和双侧布置的横向分布系数可知，单侧布置更不利，取 $m_{cr}=0.589$。

4) 铰接板法

如图 7.22(a)所示，一座用混凝土企口缝连接的装配式板桥。因各板块间的结合缝具有传递荷载的作用，当荷载 P 作用于 2 号板时，除 2 号板发生纵向挠曲外(板块本身的横向变形极微小，可忽略不计)，其他板块也会受力而发生相应的挠曲。

如图 7.22(b)所示，结合缝可引起的内力包括竖向剪力 $g(x)$、横向弯矩 $m(x)$、纵向剪力 $t(x)$和法向力 $n(x)$。对于用企口缝连接的板桥而言，通常可将板间结合视为铰接，即假定竖向荷载作用下，结合缝内仅传递竖向剪力 $g(x)$，如图 7.22(c)所示。

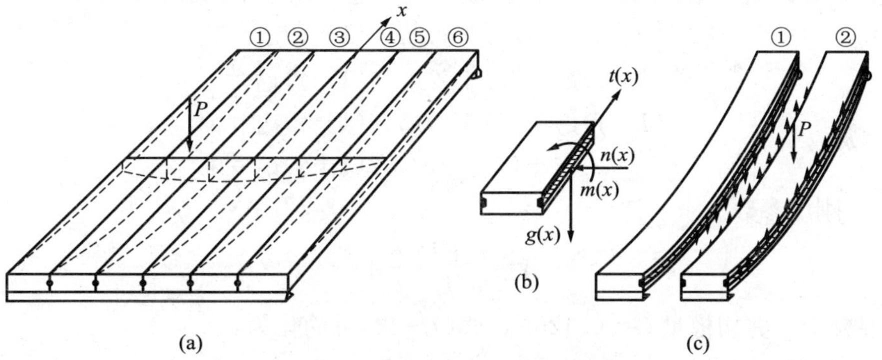

图 7.22 铰接板桥受力示意图

如图 7.22(a)所示，设在集中荷载 P 作用下各号板均产生相应的挠度，例如 1 号板和 2 号板的挠度分别为 $w_1(x)$和 $w_2(x)$。在荷载横向分布计算中，若把集中荷载 P 分配给各号板(如 1 号板和 2 号板分配的荷载为 $p_1(x)$和 $p_2(x)$)，各号板的挠度 w、弯矩 M、剪力 Q 以及所分配的荷载 p 应成同一比例，以 1 号板和 2 号板为例，有：

$$\frac{w_1(x)}{w_2(x)}=\frac{M_1(x)}{M_2(x)}=\frac{Q_1(x)}{Q_2(x)}=\frac{p_1(x)}{p_2(x)}=\text{常数} \tag{7-42}$$

实际上，对于所讨论的荷载(汽车荷载和人群荷载)，式(7－42)是不成立的。如图 7.22(c)所示，1 号板承受的荷载是从 2 号板传递来的沿跨连续分布的荷载 $g(x)$(竖向剪力)、2 号板承受的集中荷载 P 和从左右传递来的沿跨连续分布的荷载，彼此的荷载分布不同，因而彼此的挠度、弯矩、剪力沿跨径方向 x 变化的函数比例是不相同的。但是，如果采用具有某一峰值 p_0 的半波正弦荷载 $p(x)=p_0\sin\frac{\pi x}{l}$，各号板的挠度 ω、弯矩 M、剪

力 Q 以及所分配的荷载 p 成同一比例的关系就可得到满足。

在实际的设计计算中，对于集中荷载(汽车荷载)，因为其与假设荷载存在差异，故采用横向分布的计算方法仅为一个近似方法，但用正弦荷载代替跨中汽车荷载，在计算各板(梁)的跨中挠度时误差很小，且计算内力时虽有较大误差，但考虑到实际计算时，沿跨径方向有许多车轮分布，又可进一步使误差减小，故在计算中仍采用半波正弦曲线分析跨中的荷载横向分布规律。

(1) 铰缝力计算。在单位正弦荷载 $p(x)=1\times\sin\dfrac{\pi x}{l}$ 作用下，各铰缝将产生正弦分布的铰接力 $g_i(x)=g_i\sin\dfrac{\pi x}{l}$。当 $x=l/2$(跨中截面)时，作用力 $p\left(\dfrac{l}{2}\right)=1$，各铰缝间的铰接力 $g_i\left(\dfrac{l}{2}\right)=g_i$，如图 7.23所示。

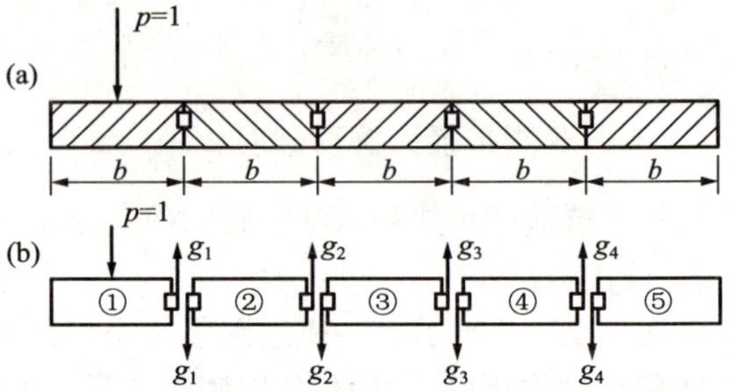

图 7.23　铰接板法计算图式

对于具有 n 条板梁组成的桥梁，具有($n-1$)条铰缝。在板梁间沿铰缝切开，则每一铰缝内作用着一对大小相等、方向相反的正弦分布铰接力，因此对于 n 条板梁就有($n-1$)个铰接力峰值 g_i。根据“结构力学”中的力法原理，建立以下正则方程。

$$\left.\begin{aligned}2(1+\gamma)g_1-(1-\gamma)g_2&=1\\-(1-\gamma)g_1+2(1+\gamma)g_2-(1-\gamma)g_3&=0\\-(1-\gamma)g_2+2(1+\gamma)g_3-(1-\gamma)g_4&=0\\-(1-\gamma)g_3+2(1+\gamma)g_4&=0\end{aligned}\right\}\tag{7-43}$$

式中：γ——刚度参数。

$$\gamma=\frac{\pi^2 EI}{4GI_{\mathrm{T}}}\left(\frac{b}{l}\right)^2\tag{7-44}$$

对于混凝土，剪切模量 $G=0.425E$，式(7-44)可简化为：

$$\gamma=5.8\frac{I}{I_{\mathrm{T}}}\left(\frac{b}{l}\right)^2\tag{7-45}$$

求得了所有的 g_i 后，则根据力的平衡原理，可得分配到各板块的竖向荷载的峰值 p_i。以图 7.23(b)所示的 5 块板为例，$p=1$ 作用于 1 号梁时引起的各号板的反力为：

$$\left.\begin{aligned}&1\text{号板}\quad p_{11}=1-g_1\\&2\text{号板}\quad p_{21}=g_1-g_2\\&3\text{号板}\quad p_{31}=g_2-g_3\\&4\text{号板}\quad p_{41}=g_3-g_4\\&5\text{号板}\quad p_{51}=g_4\end{aligned}\right\}\tag{7-46}$$

(2) 荷载横向影响线和荷载横向分布系数。图 7.24 表示荷载作用于 1 号板梁时，各块板梁的挠度和所分配的荷载图式。对于弹性板梁，由“结构力学”知：

$$p_{i1}=p_{1i}\tag{7-47}$$

由式(7-47)表明，单位荷载作用于 1 号板梁轴线上时，用式(7-43)计算所得任一板梁所分配的荷载，就等于单位荷载作用于任一板梁轴线上时 1 号板梁所分配的荷载，即 1 号板梁横向影响线的竖标值，通常以 η_{1i} 表示，即：

$$\eta_{1i}=p_{i1} \tag{7-48}$$

同理可求得 p_{i2}，从而可得 $\eta_{2i}\cdots$

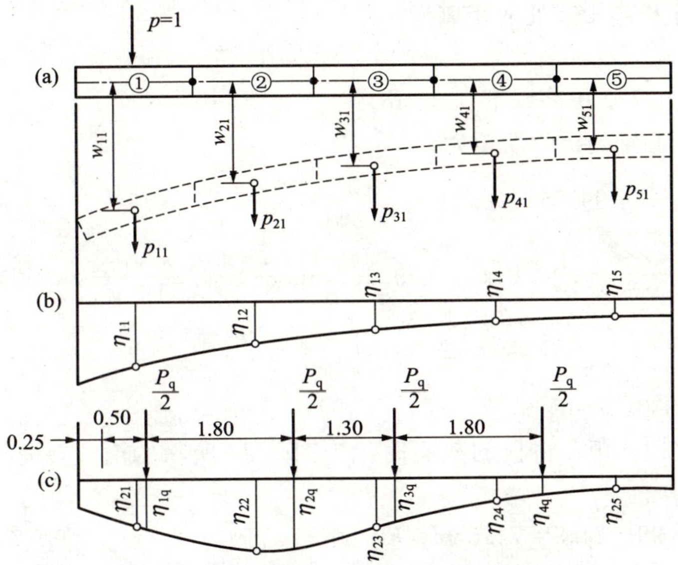

图 7.24　1、2 号梁跨中荷载横向分布影响线

例 7－4　某二级公路桥梁，计算跨径 $l=15.6$m，桥面净宽 11.0m，两侧为安全护栏。全桥采用 12 块预制空心板，每块板宽为 0.99m，板间缝宽 1cm，故板总宽 $B=12\times 0.99+11\times 0.01=11.99$cm(图 7.25)，一块空心板的横断面及结构尺寸如图 7.26 所示。试用铰接板法计算公路-Ⅱ级荷载作用下的横向分布系数。

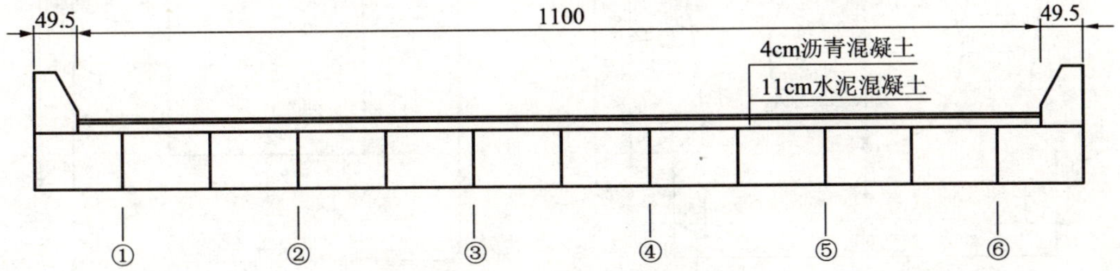

图 7.25　桥梁横断面(尺寸单位：cm)

解：(1) 截面面积(不考虑钢筋影响)为：

$$A_h=99\times 66-\frac{\pi\times 50^2}{4}-2\times\left(\frac{1}{2}\times 8\times 8+2\times 50+\frac{1}{2}\times 6\times 45+\frac{1}{2}\times 5\times 5\right)=4011.51\text{cm}^2$$

(2) 截面重心的位置。求全截面对 1/2 板高的静距，可利用对称性，只计算铰和圆对 1/2 板高的静距 $S_{1/2}$。

$$S_{1/2}=0-\left\{\frac{\pi\times 50^2}{4}\times\left[\frac{66}{2}-(7+25)\right]\right\}-2\times\left[-\frac{1}{2}\times 8\times 8\times\left(17+\frac{1}{3}\times 8\right)+\right.$$

$$2\times50\times\left(\frac{66}{2}-\frac{50}{2}\right)-\frac{1}{2}\times6\times45\times\left(5+\frac{2}{3}\times45-\frac{66}{2}\right)+$$

$$\frac{1}{2}\times5\times5\times\left(\frac{2}{3}\times5+28\right)\Bigg]=-1378.86\text{cm}^3$$

(各小块面积重心在 1/2 板高以上，静矩为“+”)

则截面重心距板高 1/2 处的距离为：

$$d_{\text{h}}=S_{1/2}/A_{\text{h}}=-1378.86/4011.51=-0.34\text{cm}$$

(全截面形心在 1/2 板高以下 0.34cm)

(3) 截面对形心轴的抗弯惯矩为：

$$I_{\text{h}}=\frac{99\times66^3}{12}+99\times66\times0.34^2-\left[\frac{\pi\times50^4}{64}+\frac{\pi\times50^2}{4}\times(1+0.34)^2\right]-$$

$$2\times\left[\frac{8\times8^3}{36}+\frac{1}{2}\times8\times8\times(19.667-0.34)^2+\frac{2\times50^3}{12}+2\times50\times(8+0.34)^2+\right.$$

$$\left.\frac{6\times45^3}{36}+\frac{1}{2}\times6\times45\times(2-0.34)^2+\frac{5\times5^3}{36}+\frac{1}{2}\times5\times5\times(31.333+0.34)^2\right]$$

$$=1926330.87\text{cm}^4$$

(4) 截面的抗扭惯矩。将板的截面简化为图 7.27 所示的形式，按单箱截面计算抗扭惯矩。

$$b=99-t=99-24.5=74.5\text{cm};\ h=66-(t_1+t_2)/2=66-(9+7)/2=58\text{cm}$$

$$I_{\text{t}}=\frac{4b^2h^2}{\frac{2h}{t}+\frac{b}{t_1}+\frac{b}{t_2}}=\frac{4\times74.5^2\times58^2}{\frac{2\times58}{24.5}+\frac{74.5}{7}+\frac{74.5}{9}}=3157181.40\text{cm}^4$$

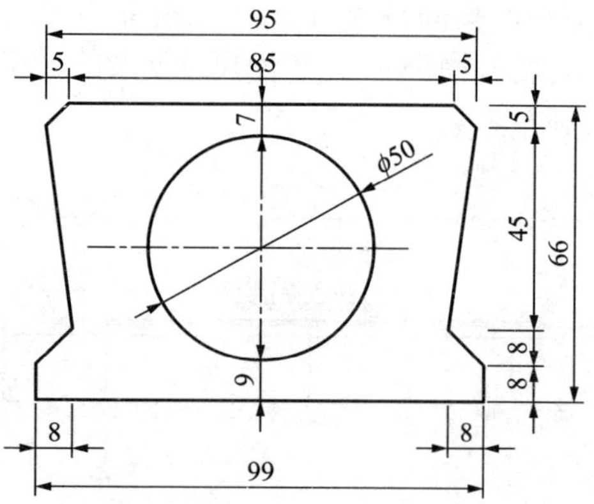

图 7.26 一块空心板的横断面(单位：cm)

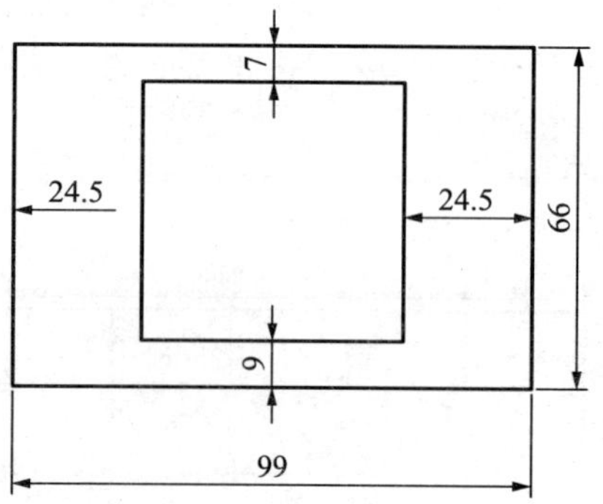

图 7.27 板的横断面简化 (单位：cm)

(5) 计算刚度系数 γ。因本桥共 12 块(大于 10 块)空心板，故采用划分板组的方法，将 2 块桥板为一组，作为一块宽板，利用铰接板荷载横向分布影响线竖标表，查出荷载横向分布影响线纵标。

计算跨径 $l=1560$cm，板宽 $b=99$cm，故有：

$$\gamma=5.8\frac{I}{I_{\text{T}}}\times\left(\frac{b}{l}\right)^2=5.8\times\frac{1926330.87}{3157181.40}\times\left(\frac{99}{1560}\right)^2=0.0143$$

(6) 荷载横向分布影响线。因两块板为一板组，板组板宽 $b'=2b$，故板组的刚度参数

$\gamma'=4\gamma=4\times0.0143=0.0572$。

根据 $\gamma=0.0572$ 查公路设计手册《梁桥》(上册)第一篇附表(二)，在 0.04～0.06 之间按直线内插法可求得 $\gamma=0.0572$ 的影响线竖标值，以 1、2 号板组(3 号板组略)为例，计算影响线竖标值，结果见表 7-4。

表 7-4 影响线竖标值

板组号 k	γ	单位荷载作用位置(第 i 号板组中心)时的 η_{ki} 值						$\sum\eta_{ki}$
		1	2	3	4	5	6	
1	0.04	0.312	0.239	0.165	0.117	0.090	0.077	
	0.06	0.358	0.257	0.159	0.101	0.069	0.055	
	0.0572	0.352	0.254	0.160	0.103	0.072	0.058	
2	0.04	0.239	0.238	0.192	0.137	0.105	0.090	
	0.06	0.257	0.259	0.200	0.127	0.087	0.069	
	0.0572	0.254	0.256	0.199	0.128	0.090	0.072	0.999

根据表 7-4 可以绘出各板组荷载横向分布影响线(图 7.28)。

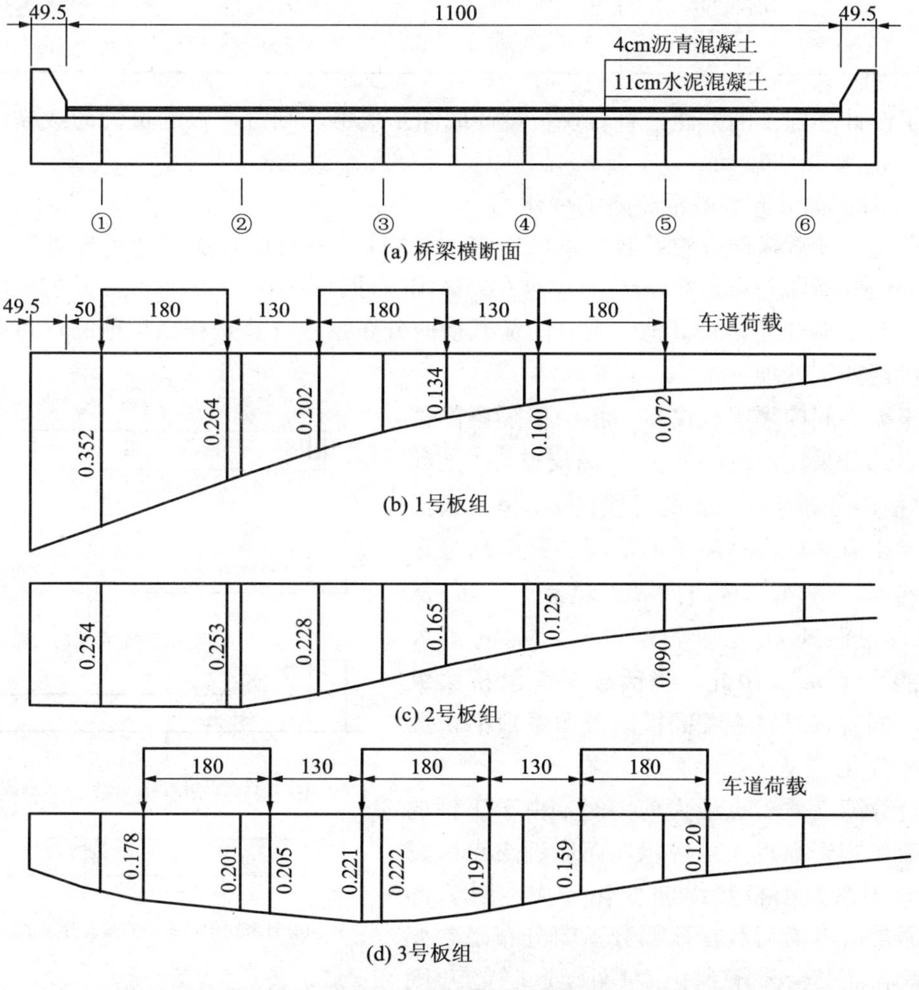

图 7.28 各板组的荷载横向分布影响线及荷载布置(单位：cm)

(7) 计算汽车荷载横向分布系数。本桥净宽 11m，按规定应考虑 3 车道加载，按 3 行车队计算的汽车荷载横向折减系数为 0.78，但折减的值不得小于 2 行车队计算的结果。因此，应考虑 2 行车队和 3 行车队两种情况。对于 1 号板组，横向分布系数如下。

3 列车： $m_{cq}=\frac{1}{2}\times(0.352+0.264+0.202+0.134+0.100+0.072)=0.562$

2 列车： $m_{cq}=\frac{1}{2}\times(0.352+0.264+0.202+0.134)=0.476$

2 号、3 号板组计算过程略。

(8) 荷载横向分布系数汇总(表 7-5)。

表 7-5 荷载横向分布系数汇总

板组号	横向分布系数			
	汽车 3 列	汽车 2 列	汽车 3 列×0.78	采用值
1	0.562	0.476	0.438	0.476
2	0.558	0.449	0.435	0.449(汽车 2 列)
3	0.540	0.401	0.421	0.421(汽车 3 列)

为了设计和施工的方便，将各块板设计成同一规格，则每块板的最大荷载横向分布系数取为：$m_{cq}=0.476$。

5) 荷载横向分布系数沿桥跨的变化

在前述的荷载横向分布系数计算的诸多方法中，“杠杆原理法”适用于计算荷载位于支点截面处的横向分布系数(m_0)，其他方法适用于计算荷载位于跨中截面处的横向分布系数(m_c)。当荷载位于桥跨其他位置时的荷载横向分布系数计算是相当烦琐的，目前在实际设计中可作如下处理。

对于无中间横隔梁或仅有一根中横隔梁的情况，跨中部分采用不变的 m_c，从离支点 $l/4$ 处起至支点(横向分布系数 m_0)的区段内 m_x 呈直线形过渡；对于有多根内横隔梁的情况，跨中部分采用不变的 m_c，从第一根内横隔梁起至支点 m_x 从 m_c 直线形过渡到 m_0 [图 7.29(b)]，m_0 可能大于也可能小于 m_c。由此，当活载车列沿桥梁纵向作用不同位置时，主梁的横向分布系数沿桥梁纵向发生变化。

在计算简支梁支点最大剪力时，由于车辆的重轴一般作用于靠近支点区段，而靠近支点区段的横向分布系数沿桥梁纵向变化较大 [图 7.29(b)]，通常需考虑荷载在该部分横向分布系数变化的影响，而其余部分(跨内 $l/4$ 处至远端支点)则取用不变的 m_c 计算 [图 7.29(c)]。

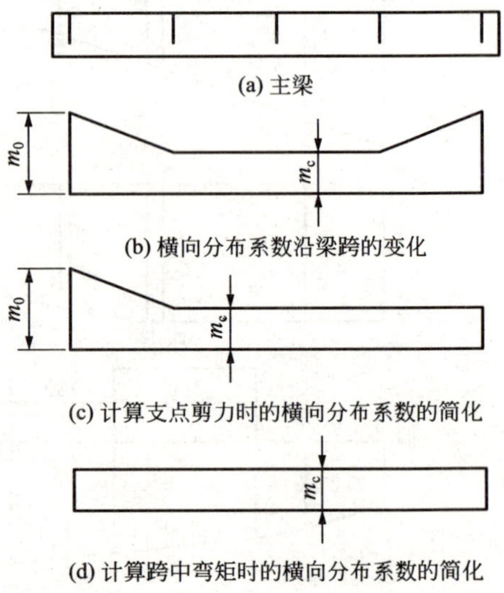

图 7.29 计算支点剪力、跨中弯矩时横向分布系数沿桥跨的变化

在计算简支梁跨中最大弯矩与剪力时，由于车辆的重轴一般作用于跨中区段，而横向分布系数在跨中区段的变化不大，为了简化计算，通常采用不变的跨中横向分布系数 m_c 计算［图 7.29(d)］。

其他截面的弯矩剪力计算一般也可取用不变的 m_c。但对于中梁来说，m_0 与 m_c 的差值可能较大，且其内横梁又少于 3 根时，应计及 m_x 沿跨径的变化。

对于跨内其他截面的主梁剪力，也可视具体情况计及 m_x 沿跨径的变化。

3. 活载内力计算

1）跨中截面

如图 7.30(b)所示。当计算简支梁各截面的最大弯矩和跨中最大剪力时，可近似取用不变的跨中横向分布系数 m_c 计算。

$$\left.\begin{aligned}&\text{汽车荷载}\ S_q=(1+\mu)\xi m_{cq}(P_K y_K+q_k\Omega)\\&\text{人群荷载}\ S_r=m_{cr}q_r\Omega\end{aligned}\right\}\tag{7-49}$$

式中：S_q、S_r——跨中截面由汽车荷载、人群荷载引起的弯矩或剪力；

μ——汽车荷载冲击系数；

ξ——多车道桥梁的车道荷载折减系数；

m_{cq}、m_{cr}——跨中截面汽车荷载、人群荷载的横向分布系数；

P_K、q_k——汽车车道荷载的集中荷载和均布荷载标准值；

y_K——计算内力影响线纵标的最大值，将集中荷载标准值作用于影响线纵标的最大的位置处，即为荷载的最不利布置；

q_r——人群荷载集度，一般均取单侧人行道计算，q_r＝人群荷载标准值×单侧人行道宽；

Ω——跨中截面计算内力影响线面积。

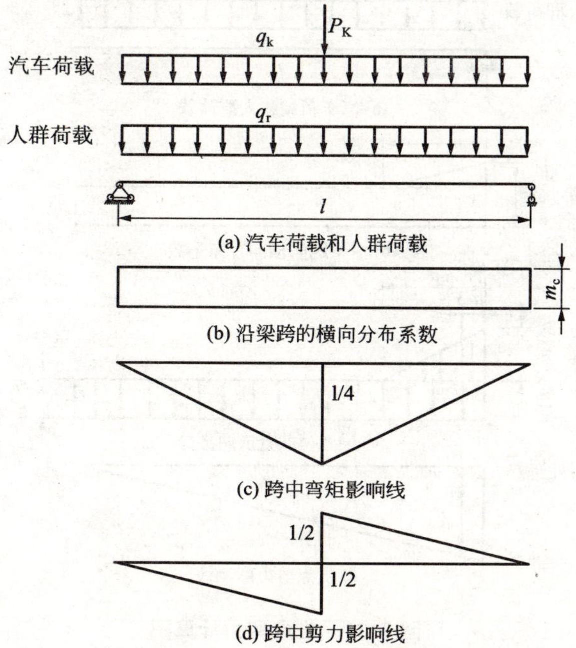

图 7.30　跨中内力计算图

跨中截面弯矩影响线的面积［图7.30(c)］为：

$$\Omega_M=\frac{l^2}{8} \tag{7-50}$$

2）支点截面剪力

对于支点截面的剪力或靠近支点截面的剪力，需计入由于荷载横向分布系数在梁端区段内发生变化所产生的影响［图7.31(b)］，以支点截面为例，其计算公式为：

$$Q_A=Q_A'+\Delta Q_A \tag{7-51}$$

式中：Q_A'——由式(7-49)按不变的 m_c 计算的内力值，在图7.31(c)中 Q_A'是由均布荷载 m_{cq}、q_k、$m_{cr}q_r$ 引起的内力值。m_{cq}、q_k、m_{cr}、q_r 的含义同式(7-49)；

ΔQ_A——考虑靠近支点处横向分布系数的变化而引起的内力增(减)值。

(1) 汽车荷载。

① 由集中荷载 P_K 引起的支点截面剪力 Q_{q1}。当 $m_{0q}>m_{cq}$时，将集中荷载 P_K 作用于支点截面处，引起的支点截面剪力最大，如图7.31(b)所示。

$$Q_{q1}=(1+\mu)\xi m_{0q}P_K\cdot 1=(1+\mu)\xi m_{0q}P_K \tag{7-52}$$

当 $m_{0q}<m_{cq}$时，设集中荷载 P_K 作用于距左支点 x 位置处，列出支点剪力 Q_{q1} 与 x 的关系式，求得 Q_{q1}的极大值，也可近似将集中荷载 P_K 作用于支点截面计算。

② 由均布荷载 q_K 引起的支点截面剪力 Q_{q2} 为：

$$Q_{q2}=(1+\mu)\xi\left[m_{cq}\cdot q_k\cdot\frac{l}{2}+\frac{a}{2}(m_{0q}-m_{cq})q_k\cdot\bar{y}\right] \tag{7-53}$$

当 $m_{0q}<m_{cq}$时，括号中的第二项为负值。

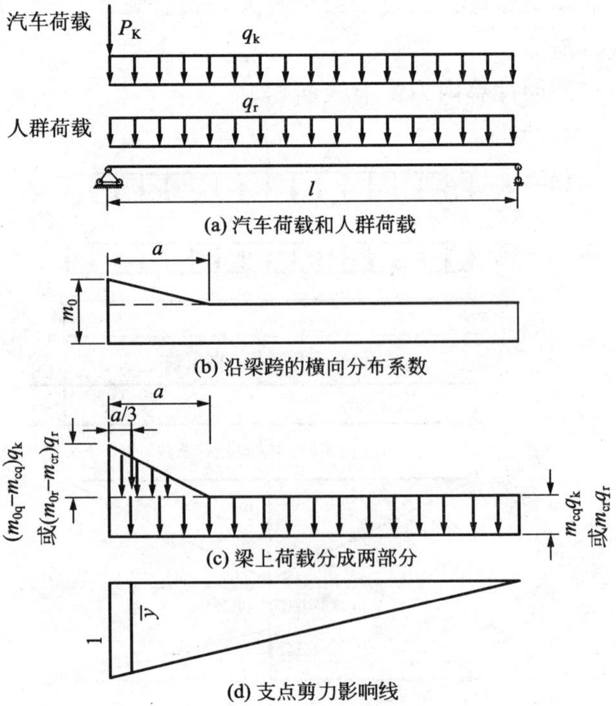

图7.31　支点剪力计算图

③ 汽车荷载引起的支点截面剪力为：

$$Q_q = Q_{q1} + Q_{q2} \tag{7-54}$$

（2）人群荷载。人群荷载为均布荷载，由其引起的支点剪力与由汽车荷载的均布荷载 q_k 引起的支点截面剪力计算方法相同。

由人群荷载引起的剪力为：

$$Q_r = m_{cr} \cdot q_r \cdot \frac{l}{2} + \frac{a}{2}(m_{0r} - m_{cr}) q_r \cdot \bar{y} \tag{7-55}$$

式中：m_{cr}、m_{0r}——人群荷载跨中、支点截面的横向分布系数；

q_r——单侧人行道人群荷载的集度；

a、$\bar{y}$的含义如图 7.31 所示。

例 7-5 5梁式钢筋混凝土简支梁桥，桥梁宽：（净 9+2×1.0）m，设计荷载公路-Ⅱ级，人群荷载为 3.0kN/m²，计算跨径为 19.5m，冲击系数 μ=0.4442，1 号梁的荷载横向分布系数见表 7-6，计算 1 号梁在汽车荷载和人群荷载作用下的跨中弯矩和支点截面剪力。

表 7-6 1 号梁的荷载横向分布系数

梁号	自跨中至 $l/4$ 段的分布系数 m_c		支点的分布系数 m_0	
	汽车荷载	人群	汽车荷载	人群
1	0.611	0.599	0.409	1.273

解：（1）汽车车道荷载标准值。

查《公路桥涵设计通用规范》（JTG D60—2004），桥面净宽 w=9m，车辆双向行驶，7.0≤w≤14.0，横向布置车队数为 2，不考虑折减系数，ξ=1。

公路-Ⅰ级车道荷载：计算跨径 l=19.5m，位于 5～50m 之间，集中荷载标准值 $P_K = 180 + \frac{19.5-5}{50-5} \times (360-180) = 238\text{kN}$；均布荷载标准值 q_k=10.5kN/m。

公路-Ⅱ级车道荷载为公路-Ⅰ级车道荷载的 75%，则 P_k=238×0.75=178.5kN，q_k=10.5×0.75=7.875kN/m；计算剪力效应时，集中荷载标准值应乘以 1.2 的系数，则计算剪力时，集中荷载标准值 P_k=178.5×1.2=212.4kN；均布荷载标准值 q_K=7.875kN/m。

（2）跨中弯矩。

跨中弯矩影响线的最大纵标：$y_K = \frac{l}{4} = \frac{19.5}{4} = 4.875\text{m}$

跨中弯矩影响线的面积：$\Omega_M = \frac{l^2}{8} = \frac{19.5^2}{8} = 47.531\text{m}^2$

车道荷载作用下 1 号主梁跨中弯矩为：

$$\begin{aligned} M_q &= (1+\mu)\xi m_{cq}(P_K y_K + q_k \Omega) \\ &= (1+0.4442) \times 1 \times 0.611 \times (178.75 \times 4.875 + 7.875 \times 47.531) \\ &= 1099.22\text{kN} \cdot \text{m} \end{aligned}$$

人群荷载集度：q_r=3.0×1.0=3.0kN/m

人群荷载作用下弯矩：$M_r = m_{cr} q_r \Omega = 0.599 \times 3.0 \times 47.531 = 85.41\text{kN} \cdot \text{m}$

（3）支点剪力。支点截面剪力计算须考虑荷载横向分布系数沿桥纵向的变化，支点截

面取 m_0，$l/4\sim l$ 取 m_c，支点～$l/4$ 段的横向分布系数按直线变化。

① 汽车荷载。由于 $m_{0q}<m_{cq}$，设集中荷载 P_K 作用于距左支点 x 位置处，则有：

$$Q_{q1}=(1+\mu)\xi m_{xq}P_K\cdot y_K=(1+\mu)\xi P_K\cdot\left[m_{0q}+\frac{x}{a}(m_{cq}-m_{0q})\right]\cdot\frac{l-x}{l}$$

$$=1.4442\times1\times212.4\times\left[0.409+\frac{x}{19.5/4}(0.611-0.409)\right]\times\frac{19.5-x}{19.5}$$

由 $\frac{dQ_{q1}}{dx}=0$，即可解得 $x=5.74\text{m}>a=19.5/4=4.875\text{m}$

取 $x=a=4.875\text{m}$

荷载作用于距左支座 $L/4$ 位置处，相应的横向分布系数 $m_{xq}=m_{cq}=0.611$，将 $x=4.875\text{m}$ 代入上式，则有：

$$Q_{q1}=1.4442\times1\times212.4\times0.611\times\frac{19.5-4.875}{19.5}=140.57\text{kN}$$

$$Q_{q2}=(1+\mu)\xi\left[m_{cq}\cdot q_k\cdot\frac{l}{2}+\frac{a}{2}(m_{0q}-m_{cq})q_k\cdot\bar{y}\right]$$

$$=1.4442\times1\times\left[0.611\times7.875\times\frac{19.5}{2}+\frac{4.875}{2}(0.409-0.611)\times7.875\times\frac{11}{12}\right]=62.62\text{kN}$$

$$Q_q=Q_{q1}+Q_{q2}=140.57+62.62=203.19\text{kN}$$

② 人群荷载。

$$Q_r=m_{cr}\cdot q_r\cdot\frac{l}{2}+\frac{a}{2}(m_{0r}-m_{cr})q_r\cdot\bar{y}$$

$$=0.599\times3.0\times\frac{19.5}{2}+\frac{1}{2}\times\frac{19.5}{4}\times(1.273-0.599)\times3.0\times1.0\times\frac{11}{12}=22.03\text{kN}$$

7.2.2 恒载内力计算

计算恒载时，通常将跨内横隔梁、桥面铺装的重量、人行道和栏杆的重量平均分配给各梁，因此，对于等截面梁桥的主梁，其计算恒载为均布荷载。精确计算时，可将横隔梁作为集中力考虑，将人行道和栏杆的重量横向分配给各主梁。

如图 7.32 所示，以一片主梁为研究对象，其承受的恒载集度为 g，A 截面弯矩 M_x 和剪力 Q_x 分别为：

$$M_x=\frac{gl}{2}x-gx.\ \frac{x}{2}=\frac{gx}{2}(l-x) \tag{7-56}$$

$$Q_x=\frac{gl}{2}-gx=\frac{g}{2}(l-2x) \tag{7-57}$$

式中：x——计算截面到支点截面的距离(m)；

l——计算跨径(m)；

g——恒载集度(kN/m)。

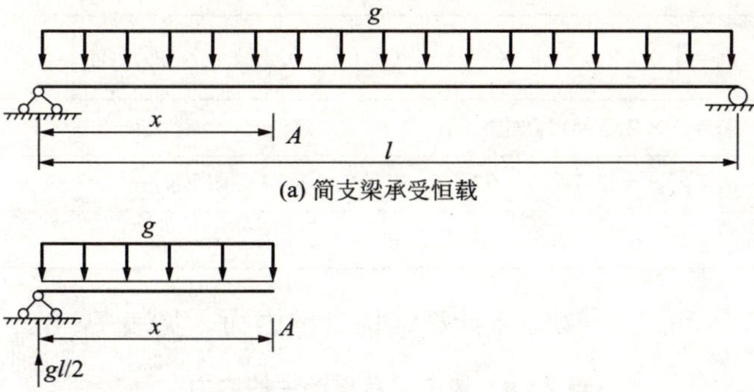

(a) 简支梁承受恒载

(b) 截面法计算内力

图 7.32 简支梁任一 A 截面的内力计算

例 7-6 一座 5 梁式装配式钢筋混凝土简支梁桥的主梁和横隔梁截面如图 7.33 所示，计算跨径 $l=19.5$m，结构重要性系数为 1.0。已知每侧的栏杆及人行道构件重量的作用力为 5kN/m。求边主梁的结构自重产生内力。

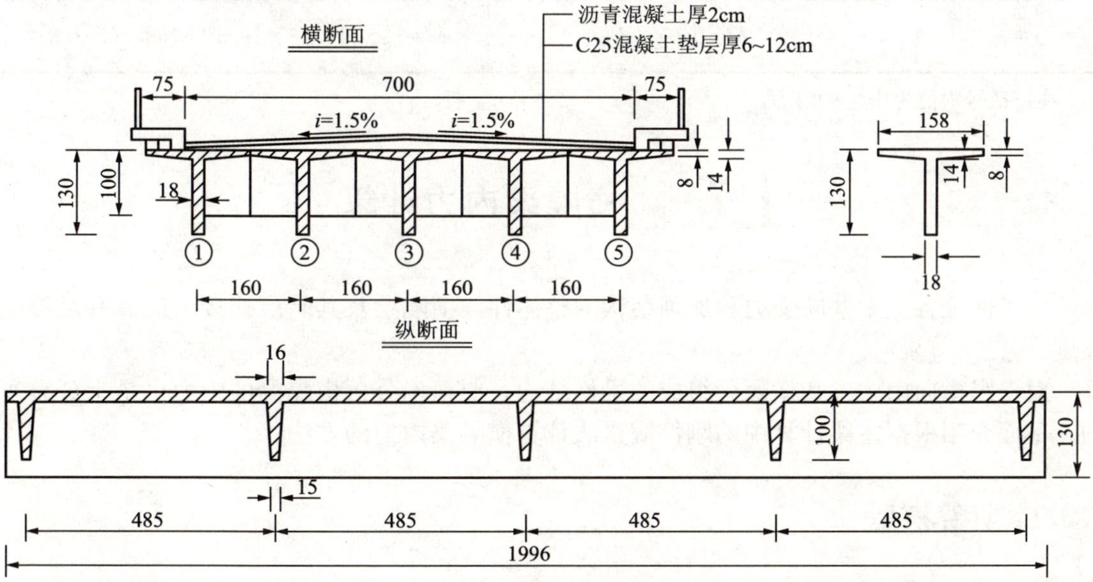

图 7.33 简支 T 梁的主梁和横隔梁简图(单位：cm)

解：(1) 计算结构自重集度，见表 7-7。

表 7-7 结构自重集度计算表

主梁		$g_1=\left[0.18\times1.30+\left(\dfrac{0.08+0.14}{2}\right)(1.60-0.18)\right]\times25=9.76\text{kN/m}$
横隔梁	对于边主梁	$g_2=\left\{\left[1.00-\left(\dfrac{0.08+0.14}{2}\right)\right]\times\left(\dfrac{1.60-0.18}{2}\right)\right\}\times\dfrac{0.15+0.16}{2}\times5\times25/19.50=0.63\text{kN/m}$
	对于中主梁	$g_2^1=2\times0.63=1.26\text{kN/m}$

(续)

桥面铺装层		$g_3=\left[0.02\times7.00\times23+\frac{1}{2}(0.06+0.12)\times7.00\times24\right]/5=3.67\text{kN/m}$
栏杆和人行道		$g_4=5\times2/5=2.00\text{kN/m}$
合计	对于边主梁	$g=\sum g_i=9.76+0.63+3.67+2.00=16.06\text{kN/m}$
	对于中主梁	$g'=9.76+1.26+3.67+2.00=16.69\text{kN/m}$

(2) 利用式(7-56)和式(7-57)，计算结构自重内力，见表7-8。

表7-8 边主梁自重产生的内力

内力 / 截面位置 x	剪力 Q/kN	弯矩 M/kN·m
$x=0$	$Q=\frac{16.06}{2}\times19.5=156.6(162.7)$	$M=0(0)$
$x=\frac{1}{4}$	$Q=\frac{16.06}{2}\left(19.5-2\times\frac{19.5}{4}\right)=78.3(81.4)$	$M=\frac{16.06}{2}\times\frac{19.5}{4}\left(19.5-\frac{19.5}{4}\right)=572.5(595.0)$
$x=\frac{1}{2}$	$Q=0(0)$	$M=\frac{1}{8}\times16.06\times19.5^2=763.4(793.3)$

注：括号内值为中主梁内力。

7.3 横隔梁内力计算

为了保证各主梁共同受力和加强结构的整体性，横隔梁及其装配式接头应具有足够的强度。

对于纵横向由主梁和横隔梁组成的梁格结构，要精确分析横隔梁的内力也是十分繁复的。下面介绍根据主梁计算中的刚性横梁法计算横隔梁内力的方法。

7.3.1 计算模型

刚性横梁法将桥梁的中横隔梁近似视作竖向支承在多根弹性主梁上的多跨弹性支承连续梁，如图7.34(b)所示。鉴于各主梁的荷载横向影响线(也即弹性支承力影响线)在主梁计算中已经求得，故这根连续梁可以用静力平衡条件来求解。

对于具有多根内横隔梁的桥梁，位于跨中的横隔梁受力最大，通常仅计算跨中横隔梁的内力，其他横隔梁可以偏安全地仿此设计。

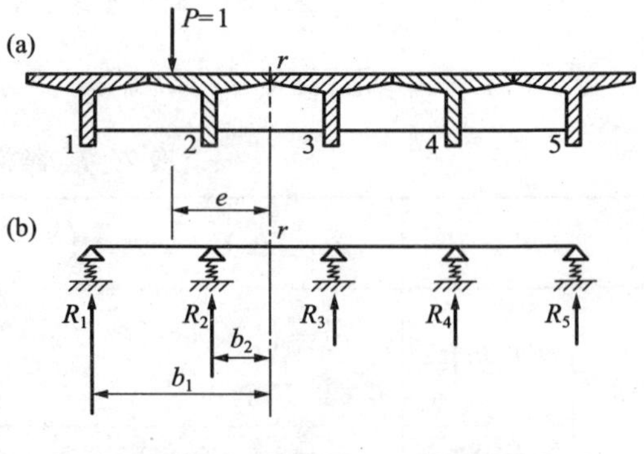

图7.34 横隔梁计算模型

7.3.2 横隔梁的内力影响线

鉴于桥上荷载的横向移动性，通常用绘制横隔梁内力影响线的方法计算横隔梁的内力。

如图 7.35 所示，当桥梁在跨中有单位荷载 $P=1$ 作用时，各主梁所受的荷载(横隔梁的弹性支承反力)为 R_1、R_2、…、R_n，由力的平衡条件就可写出横隔梁任意截面 r 的内力计算公式。

(1) 荷载 $P=1$ 位于截面 r 的左侧时：

$$M_r = R_1 b_1 + R_2 b_2 - 1 \cdot e = \sum^{左} R_i b_i - e \tag{7-58}$$

$$Q_r = R_1 + R_2 - 1 = \sum^{左} R_i - 1 \tag{7-59}$$

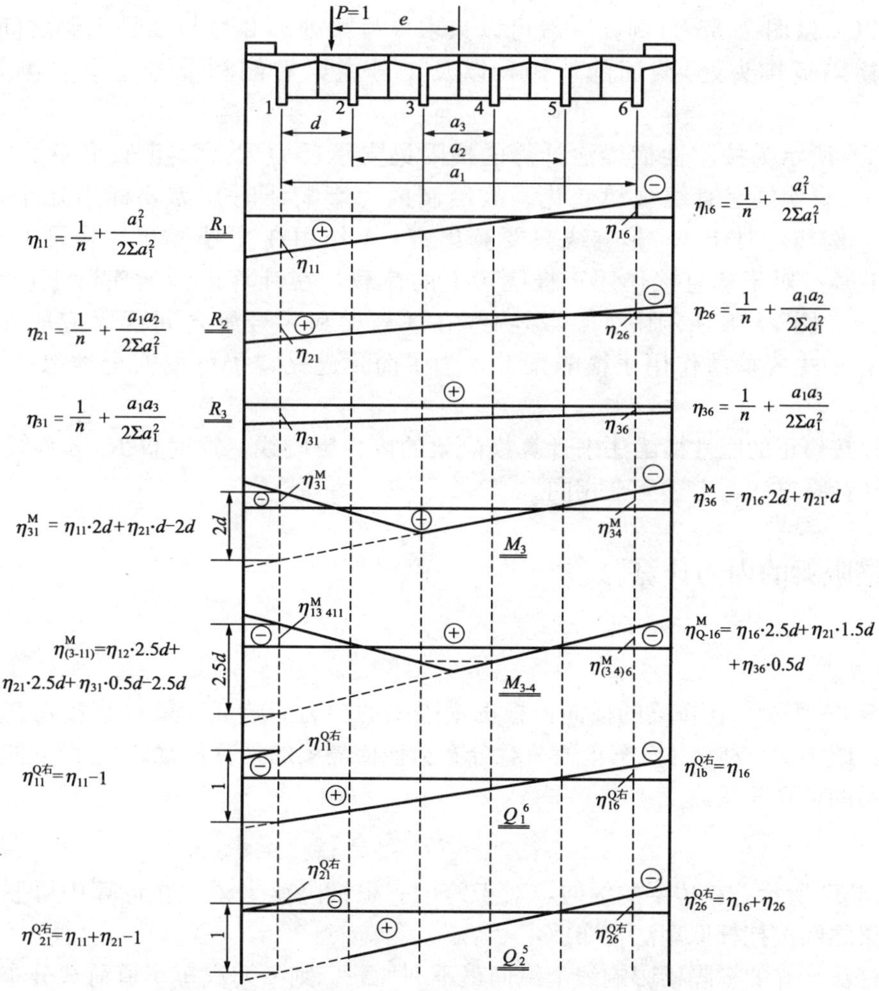

图 7.35 按刚性横梁法计算横隔梁的 M、Q 影响线

(2) 荷载 $P=1$ 位于截面 r 的右侧时：

$$M_r = R_1 b_1 + R_2 b_2 = \sum^{左} R_i b_i \tag{7-60}$$

$$Q_r = R_1 + R_2 = \sum^{左} R_i \tag{7-61}$$

式中：M_r、Q_r——横隔梁任意截面 r 的弯矩和剪力；

E——荷载 $P=1$ 至所求截面的距离；

b_i——支承反力 R_i 至所求截面的距离；

$\sum^{左}$——表示所求截面以左的全部支承反力的作用。

以上公式中对于确定的计算截面 r 来说，所有的 b_i 是已知的，而 R_i 则随荷载 $P=1$ 位置 e 而变化。因此就可以直接利用已经求得的 R_i 的横向影响线绘制横隔梁的内力影响线。

通常横隔梁的弯矩在靠近桥中线的截面较大，剪力则在靠近桥两侧边缘处的截面较大。所以，以图 7.35 为例，一般可以只求 3 号梁处和 2 号与 3 号主梁之间(对于装配式桥即横隔板接头处)截面的弯矩，以及 1 号主梁右侧和 2 号主梁右侧等截面的剪力。

图 7.35 所示为按刚性横梁法计算的横隔梁支承反力 R、弯矩 M 和剪力 Q 的影响线。鉴于 R_i 影响线呈直线规律变化，故绘制内力影响线时只需要标出几个控制点的竖坐标值。例如，对于 M_3 影响线只要算出 $P=1$ 作用在 1 号梁和 6 号梁上时的相应坐标 η_{31}^{M} 和 η_{36}^{M}。对于非直接作用于横隔梁上的荷载，在计算内力时实际上应考虑间接传力的影向，图 7.35 所示中 M_{3-4} 影响线在 3 号梁和 4 号梁之间区段应取虚线之值。但鉴于计算中主要荷载作用于横隔梁上，为了简化起见，仍可偏安全地忽略间接传力的影响。

也可以按修正的刚性横梁法来计算横隔梁的内力影响线，这时仅 R_i 影响线的竖坐标稍有变化，计算方法与上述完全相同。

7.3.3 横隔梁的内力计算

1. 横向

如图 7.36 所示，在桥梁的横向，根据横隔梁的内力影响线，就可直接在其上横向最不利加载，图中 P_Q 为一列汽车车道荷载分布给该横隔梁的计算荷载，P_r 为单侧人群分布给该横隔梁的计算荷载。

2. 纵向

如图 7.37 所示，在桥梁的纵向，对于跨中一根横隔梁来说，在计算中可假设荷载在相邻横隔梁之间按扛杆原理法传布。

在杠杆法计算的横隔梁影响线上纵向最不利加载，则一列汽车车道荷载分布给横隔梁的计算荷载为：

$$P_q = q_k \Omega + P_k y_k = q_k L_a + P_k \tag{7-62}$$

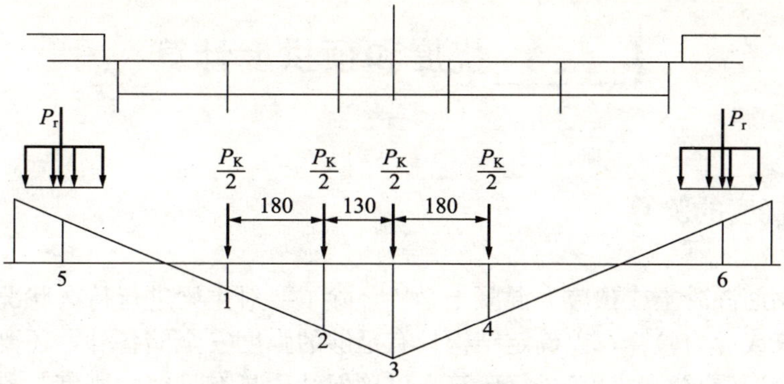

图 7.36 在横隔梁的内力影响线上横向最不利加载(尺寸单位：cm)

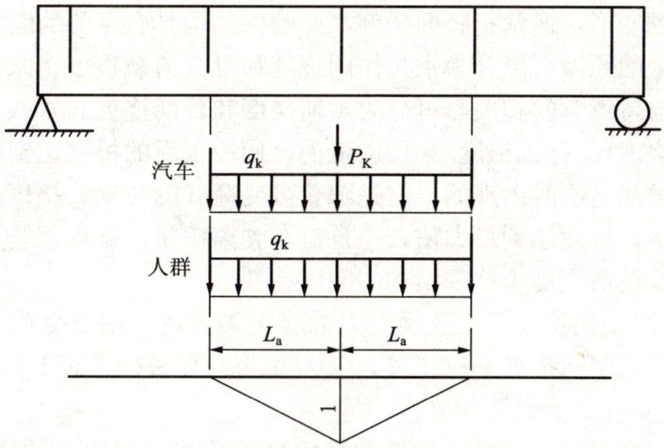

图 7.37 在桥梁的纵向加载

纵向单侧人群荷载分布给横隔梁的计算荷载为：

$$P_K = q_r \Omega_k = q_r L_a \tag{7-63}$$

式(7-62)和式(7-63)中：Ω_k——按杠杆原理法计算的纵向荷载影响线面积；

L_a——横隔梁间距；

P_K、q_k——汽车车道荷载标准值；

y_K——P_K 相应的影响线纵标；

q_r——单侧人群的荷载集度。

3. 横隔梁的内力

考虑纵横向最不利加载后，得到横隔梁在计算截面上最大(或小)的内力值如下。

汽车荷载：
$$S_q = (1+\mu) \cdot \xi \cdot (q_k L_a + P_K) \cdot \frac{1}{2} \sum \eta_q \tag{7-64}$$

人群荷载：
$$S_r = q_r L_a \cdot \sum \eta_r \tag{7-65}$$

式中：μ、ξ——冲击系数和车道折减系数；

η_q、η_r——图 7.36 中汽车车轮和单侧人群荷载合力作用点相应的影响线纵标。

7.4 挠度和预拱度计算

7.4.1 桥梁挠度的验算

对于一座钢筋混凝土或预应力混凝土梁桥，除了要对主梁进行持久状况承载能力极限状态的强度计算或应力验算，以确定结构具有足够的强度安全储备外，还要对正常使用极限状态下梁的变形(裂缝和挠度)进行验算，以确保结构具有足够的刚度。若桥梁发生过大的变形，不但会导致高速行车困难，加大车辆的冲击作用，引起桥梁的剧烈振动和使行人不适，而且可能使桥面铺装层和结构的辅助设备遭致损坏，严重者甚至危及桥梁的安全。因此，必须计算梁的变形，通常指竖向挠度，以确保结构具有足够的刚度。

桥梁挠度按产生的原因可以分为永久作用挠度和可变荷载挠度。永久作用是恒久存在的，其产生挠度与与持续时间相关，可分为短期挠度和长期挠度。永久作用挠度可以通过施工时预设的反向挠度(又称预拱度)来加以抵消，使竣工后的桥梁达到理想的线形。

可变荷载挠度虽然是临时出现的，但是随着可变荷载的移动，挠度大小逐渐变化，在最不利的荷载位置下，挠度达到最大值，一旦汽车驶离桥梁，挠度就告消失。因此在桥梁设计中需要验算可变荷载挠度来体现结构的刚度特性。

《桥规》规定，对于钢筋混凝土及预应力混凝土梁式桥，用可变荷载频遇值计算的上部结构长期的跨中最大竖向挠度不应超过 $l/600$，l 为计算跨径；对于悬臂体系，悬臂端点的挠度不应超过 $l'/600$，l'为悬臂长度。

值得注意的是，全预应力混凝土构件的结构自重往往引起向上的挠度，也称上挠度，如图7.38所示。这种挠度甚至会由于混凝土徐变的作用而不断增加，其上挠值随张拉龄期的不同有较大的差异。这在跨度较大的装配式预应力T梁中表现得尤为明显。因此，在设计和施工时必须慎重，严格控制各片梁的初张拉龄期，结合荷载产生的向下挠度和合理控制预加应力来避免产生过大的上拱度。

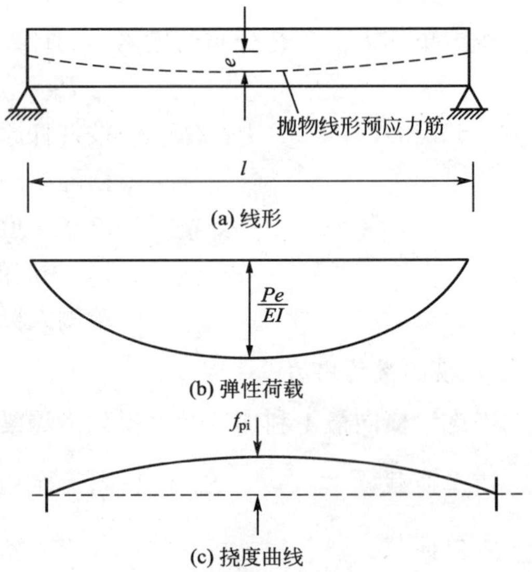

图7.38 预张拉产生的挠度

钢筋混凝土和预应力混凝土简支梁长期挠度值 f_c 可按下式计算。

$$f_c=\eta_\theta f \qquad (7-66)$$

式中：f_c——长期挠度值；

η_θ——挠度长期增长系数，当采用C40以下混凝土时，取为1.60；当采用C40～C80混凝土时，取为1.45～1.35，中间强度等级可按直线内插取用。

计算预应力混凝土简支梁预加力反拱值时，取为 2.0；

f——按荷载短期效应组合计算的短期挠度值。

钢筋混凝土和预应力混凝土受弯构件在正常使用极限状态下的挠度，可根据给定构件的刚度，用结构力学方法计算。由结构力学分析可知，受弯构件挠度为：

$$f=\int_0^l \frac{\overline{M}_1 M}{B}\mathrm{d}x \tag{7-67}$$

式中：$\overline{M}_1$——在挠度计算点作用单位力时产生的弯矩；

M——荷载产生的弯矩；

B——受弯构件的刚度。

对于钢筋混凝土构件抗弯刚度为：

$$B=\frac{B_0}{\left(\frac{M_{cr}}{M_s}\right)^2+\left[\left(1-\frac{M_{cr}}{M_s}\right)^2\right]\frac{B_0}{B_{cr}}} \tag{7-68}$$

$$M_{cr}=\gamma f_{tk} W_0 \tag{7-69}$$

式中：B——开裂构件等效截面的抗弯刚度；

B_0——全截面的抗弯刚度，$B_0=0.95E_c I_0$；

B_{cr}——开裂截面的抗弯刚度，$B_{cr}=E_c I_{cr}$；

M_{cr}——开裂弯矩；

γ——构件受拉区混凝土塑性影响系数为：$\gamma=\frac{2S_0}{W_0}$；

S_0——全截面换算截面重心轴以上(或以下)部分面积对重心轴的面积矩；

W_0——换算截面抗裂边缘的弹性抵抗矩；

I_0——全截面换算截面惯性矩；

I_{cr}——开裂截面换算截面惯性矩；

f_{tk}——混凝土轴心抗拉强度标准值。

7.4.2 桥梁施工预拱度

为了消除恒载挠度而设置的预拱度(指跨中的反向挠度)，其值通常取等于全部恒载和一半静活载所产生的竖向挠度值，这意味着在常遇荷载情况下桥梁基本上接近直线状态。对于位于竖曲线上的桥梁，应视竖曲线的凸起(或凹下)情况，适当增(或减)预拱度值，使竣工后的线型与竖曲线接近一致。

受弯构件的预拱度可按下列规定设置。

1. 钢筋混凝土受弯构件

(1) 当由荷载短期效应组合并考虑荷载长期效应影响产生的长期挠度不超过计算跨径的 1/1600 时，可不设预拱度。

(2) 当不符合上述规定时应设预拱度，且其值应按结构自重和 1/2 可变荷载频遇值计算的长期挠度值之和采用。

2. 预应力混凝土受弯构件

(1) 当预加应力产生的长期反拱值大于按荷载短期效应组合计算的长期挠度时，可不设预拱度。

(2) 当预加应力的长期反拱值小于按荷载短期效应组合计算的长期挠度时应设预拱度，其值应按该项荷载的挠度值与预加应力长期反拱值之差采用。

对自重相对于活载较小的预应力混凝土受弯构件，应考虑预加应力反拱值过大可能造成的不利影响，因此要严格控制初张拉的混凝土强度和弹性模量，结合荷载产生的向下挠度和合理控制预加应力，避免桥面隆起甚至开裂破坏。

本章小结

本章主要介绍了简支梁桥桥面板、主梁内力、横隔梁内力、挠度及预拱度的计算。桥面板内力计算时，应首先确定桥面板的内力计算图式，然后根据计算图式计算桥面板的最不利内力，计算时应注意荷载有效分布宽度的选取。

主梁内力计算时，应考虑荷载的横向分布。根据各主梁的横向连接方式的不同，采用不同的横向分布系数的计算方法。横向分布系数确定后，即可确定各主梁所分担的荷载大小，从而计算荷载所引起的主梁内力。

要精确分析横隔梁的内力是十分复杂的，本章主要介绍了刚性横梁法计算横隔梁内力的方法。计算时将横隔梁近似看作是竖向支承在多根弹性主梁上的多跨弹性支承连续梁，通过对绘制的横向、纵向内力影响线进行最不利加载，求得横隔梁的最不利内力。

桥梁的挠度包括永久作用挠度和可变作用挠度，永久作用挠度可以通过预拱度来抵消，可变作用挠度则体现结构的刚度特性。

习　题

1. 何谓单向板、双向板？从受力性能及设计方面阐述其区别。

2. 在实际桥梁工程中，最常遇到的行车道板按受力图式可分为哪几种？

3. 试阐述板的有效工作宽度的概念。

4. 什么是荷载横向分布？荷载横向分布计算主要有哪几种方法？并阐述各种方法的特点及适用场合。

5. 什么是桥梁施工预拱度？对于钢筋混凝土受弯构件及预应力混凝土受弯构件，一般如何设置施工预拱度？

6. 如图7.39所示，某钢筋混凝土T梁，其桥面铺装平均厚为11cm，T梁翼板按铰接悬臂板计算，试求公路-Ⅱ级车辆荷载作用下的翼板控制截面内力(公路-Ⅱ级车辆荷载汽车车轮中、后轴车轮着地长度 $a_2=0.2\text{m}$；着地宽度 $b_2=0.6\text{m}$)。

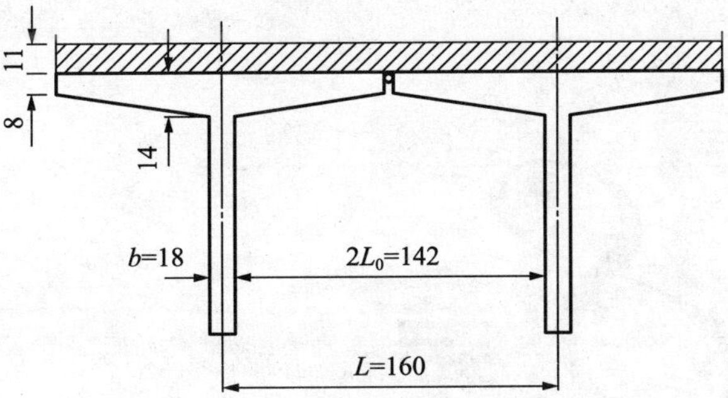

图 7.39　题 7-6 图(单位：cm)

7. 如图 7.40 所示，某钢筋混凝土简支 T 梁桥，车行道宽 9m，两侧人行道宽 1m，桥梁横截面为 5 梁式布置，已知主梁抗扭修正系数 $\beta=0.9$，试按考虑主梁抗扭的修正偏心压力法，求 1 号梁在汽车及人群荷载作用下的荷载横向分布系数 m_q、m_r。

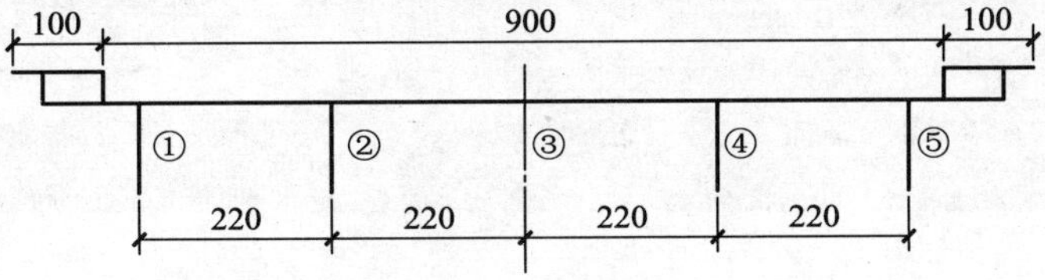

图 7.40　题 7-7 题图(单位：cm)

8. 某一装配式钢筋混凝土简支 T 梁桥，标准跨径为 20m，计算跨径 $L_{计}=19.5\text{m}$，桥梁的横桥向布置如图 7.41 所示，车行道宽 7m，双车道。已知汽车荷载的冲击系数 $\mu=0.191$，2 号梁在汽车荷载作用下荷载横向分布系数：跨中 $m_c=0.45$，支点截面 $m_o=0.65$。试计算在公路-Ⅰ级汽车荷载作用下，2 号梁跨中最大弯矩及支点最大剪力的标准值。

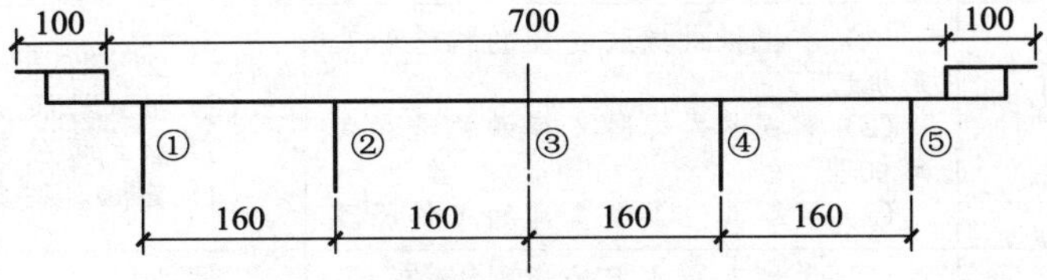

图 7.41　题 7-8 图 (单位：cm)

第8章 梁式桥的支座

教学目标

本章主要介绍梁式桥常用支座的类型和构造、支座的布置原则以及板式橡胶支座的计算。通过本章的学习，应达到以下目标。

(1) 掌握常用支座的类型和构造。

(2) 掌握支座的布置原则。

(3) 了解支座的计算。

教学要求

知识要点	能力要求	相关知识
常用支座的类型和构造	(1) 掌握板式橡胶支座的构造和变形机理 (2) 掌握盆式橡胶支座的构造和变形机理 (3) 了解其他类型支座的工作原理	(1) 支座作用 (2) 板式橡胶支座 (3) 盆式橡胶支座 (4) 其他类型支座
支座的布置	(1) 掌握支座布置的原则 (2) 掌握支座在纵、横桥向的常用布置方式	(1) 支座布置原则 (2) 支座布置方式
支座的计算	(1) 熟悉支座上所承受的力 (2) 掌握板式橡胶支座的设计计算所包括的内容 (3) 了解板式橡胶支座的尺寸确定与验算方法	(1) 支座反力 (2) 支座平面尺寸的确定 (3) 支座的验算

基本概念

橡胶支座、球形钢支座、拉压支座、抗震支座、支座反力

引例

支座是桥梁的重要构件之一，支座选用不当或设计不合理，往往使得上部或下部结构先破坏，如某现浇七跨 50m 预应力混凝土连续箱梁，采用移动支架施工，第一联跨落梁时，箱梁在活动盆式支座上出现滑移，1 小时后最大横向滑移量达 46cm，导致严重事故。事故原因为支座设计不恰当和支座布置不合理，导致落架时产生水平推力，促使梁体在支座上发生滑移。因此，掌握常用支座的构造和活动机理，合理地设计和布置支座是非常重要的。

支座设置在桥梁的上部结构与墩台之间，其主要作用如下。

(1) 将上部结构的支承反力(包括结构自重和可变作用引起的竖向力和水平力)传递到桥梁墩台。

(2) 保证结构在汽车荷载、温度变化、混凝土收缩和徐变等因素作用下能自由变形，以使上、下部结构的实际受力情况符合结构的静力图式(图 8.1)。

梁式桥的支座一般分为固定支座和活动支座两种。固定支座既要固定主梁在墩台上的位置并传递竖向压力和水平力，又要保证主梁发生挠曲时在支承处能自由转动，如图 8.1 左端所示。活动支座只传递竖向压力，但要保证主梁在支承处既能自由转动又能水平移动，如图 8.1 右端所示。

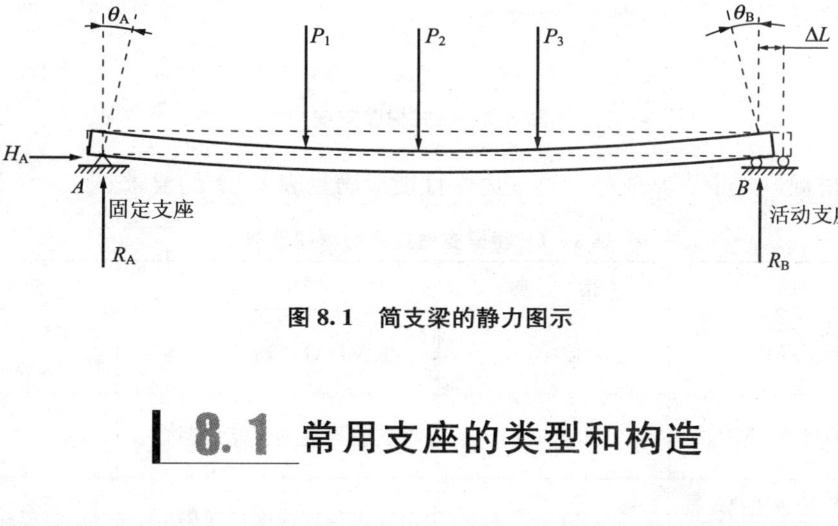

图 8.1　简支梁的静力图示

8.1　常用支座的类型和构造

由于桥梁跨径、支座反力、支座允许转动与位移的不同，选用的支座材料的不同，支座是否满足防震、减震要求的不同，桥梁支座有许多类型。本节将主要介绍板式橡胶支座、盆式橡胶支座、球形钢支座、抗震支座等现在常用的梁桥支座形式。

8.1.1　橡胶支座

橡胶支座具有构造简单、加工方便、造价低、结构高度小、安装方便和使用性能良好的优点。此外，它能方便地适应任意方向的变形，故特别适应于宽桥、曲线桥和斜桥。橡胶的弹性还能削减上、下部结构所受的动力作用，对于抗震十分有利。在当前，橡胶支座已经得到了越来越广泛的使用。

橡胶支座一般可分为板式橡胶支座、四氟橡胶滑板支座、球冠圆板式橡胶支座和盆式橡胶支座4类。

1. 板式橡胶支座

板式橡胶支座由几层橡胶和薄钢片迭合而成，如图8.2所示。它的活动机理是：利用橡胶的不均匀弹性压缩实现转角θ；利用其剪切变形实现微量水平位移Δ。

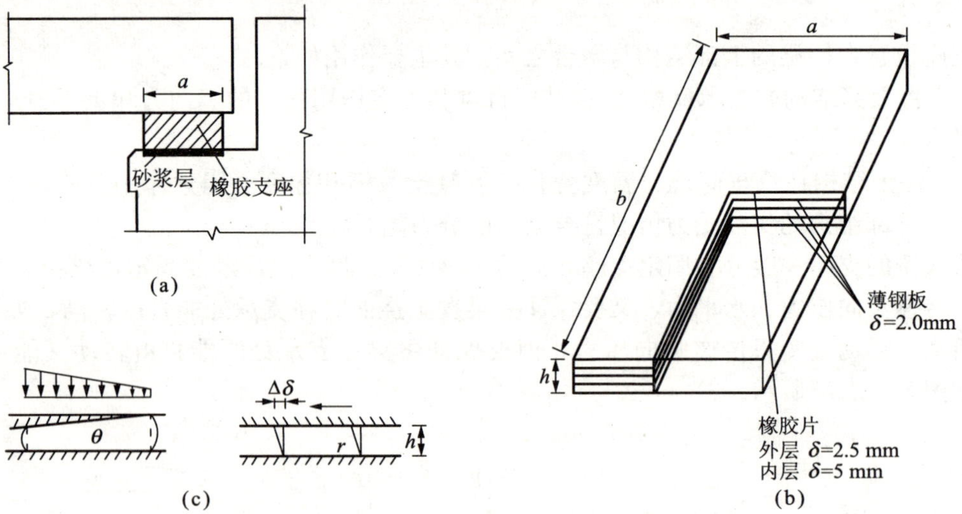

图8.2　板式橡胶支座

我国《桥规》规定支座成品的物理力学性能应满足表8-1的要求。

表8-1　桥梁支座成品的物理性能

项　目	指　标	项　目	指　标
极限抗压强度/MPa	≥70	橡胶片容许剪切正切值	不计制动力≤0.5 计制动力≤0.7
抗压弹性模量E_e/MPa	$5.4G_eS^2$	支座与混凝土摩擦系数μ	≥0.3
常温下抗剪弹性模量G_e/MPa	1.0	支座与钢板摩擦系数μ	≥0.2

注：表中形状系数$S=\frac{a\times b}{2(a+b)\delta_1}$，其中$\delta_1$为中间层橡胶片厚度，$a$为支座短边尺寸(顺桥向)，$b$为支座长边尺寸(横桥向)。

板式橡胶支座一般不分固定支座和活动支座，这样能将水平力均匀地传递给各个支座且便于施工，如有必要设置固定支座可采用不同厚度的橡胶支座来实现。

目前我国生产的板式橡胶支座的竖向支承反力为100～10000kN，可选择氯丁胶、天然胶、三元乙丙胶3种胶种，最高适宜温度为+60℃，最低达-45℃(三元乙丙胶种)。

矩形板式橡胶支座的平面尺寸，目前常用的有 0.12m×0.14m、0.14m×0.18m、0.15m×0.20m 等。橡胶片的厚度为 5mm，薄钢板厚度为 2mm，支座厚度可根据橡胶支座的剪切位移而采用不同层数组合而成，一般从 14mm(两层钢板)开始，以 7mm 为一个台阶递增。

对于斜桥或圆形柱墩的桥梁可采用圆形板式橡胶支座。

安装橡胶支座时，支座中心尽可能对准上部结构的计算支点。为防止支座受力不均匀，应使上部结构底面及墩台顶面不仅保持表面清洁和粗糙，而且都能与支座接触面保持水平和紧密贴合，以增加接触面的摩阻力而避免相对滑动，必要时可先铺一薄层水灰比不大于 0.5 的 1∶3 水泥砂浆垫层。

2. 聚四氟乙烯滑板式橡胶支座

聚四氟乙烯滑板式橡胶支座是按照支座平面尺寸大小，在普通板实式橡胶支座上粘附一层聚四氟乙烯板(厚 2～4mm)而成。它除具有普通板式橡胶支座的优点外，还能利用聚四氟乙烯板与梁底不锈钢之间的低摩擦系数(通常 μ=0.06)，使得桥梁上部构造的水平位移不受限制(图 8.3)。

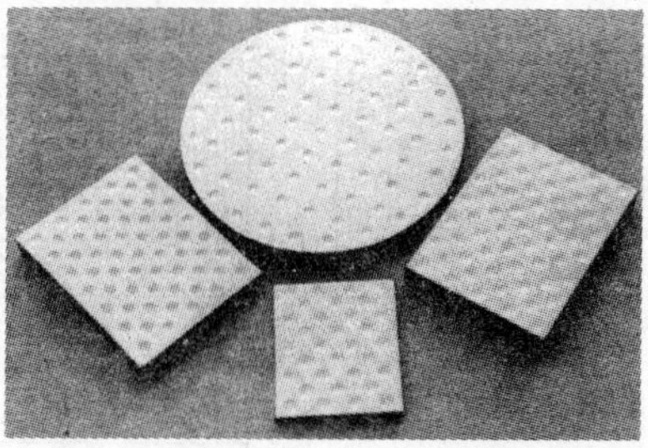

图 8.3 聚四氟乙烯滑板式橡胶支座

聚四氟乙烯滑板式橡胶支座适用于较大跨度的简支梁桥、桥面连续的梁桥和连续梁桥，此外，还可用作连续梁顶推施工的滑块。

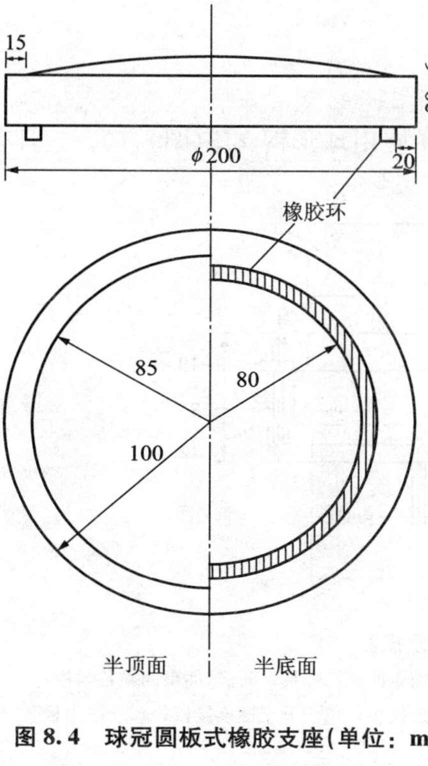

图 8.4 球冠圆板式橡胶支座(单位：mm)

3. 球冠圆板式橡胶支座

球冠圆板式橡胶支座是一种改进后的圆形板式支座，其中中间层橡胶和钢板布置与圆形板式橡胶支座完全相同，而在支座顶面用纯橡胶制成球形表面，球面中心橡胶最大厚度为4～10mm(图 8.4)。

球冠圆板橡胶支座的特点是在平面上各向同性，以球冠调节受力状况，可明显改善或避免支座底面产生偏压、脱空等不良现象，特别适应于纵横坡度较大(3%～5%)的立交桥及高架桥。但公路桥涵在纵横坡度较大时，不宜使用带球冠或带坡形的板式橡胶支座。

4. 盆式橡胶支座

当竖向力较大时则应使用盆式橡胶支座(图 8.5)。它由不锈钢滑板、聚四氟乙烯板、盆环、氯丁橡胶块、钢密封圈、钢盆塞及橡胶防水圈等组成。它是利用设置在钢盆中的橡胶板达到对上部结构承压和转动的功能，利用聚四氟乙烯板和不锈钢板之间的平面滑动来适应桥梁的水平位移要求。

盆式橡胶支座按其工作特征可以分为固定支座、多向活动支座和单向活动支座3种。与板式橡胶支座相比，盆式橡胶支座具有承载能力大、水平位移量大、转动灵活等优点，因此特别适宜在大跨径桥梁上使用。

我国目前生产的盆式橡胶支座竖向承载力为1000～50000kN，有效水平位移量从±40～±250mm，支座的容许转角为40′，设计摩擦系数为0.05。可依据不同情况选购使用。

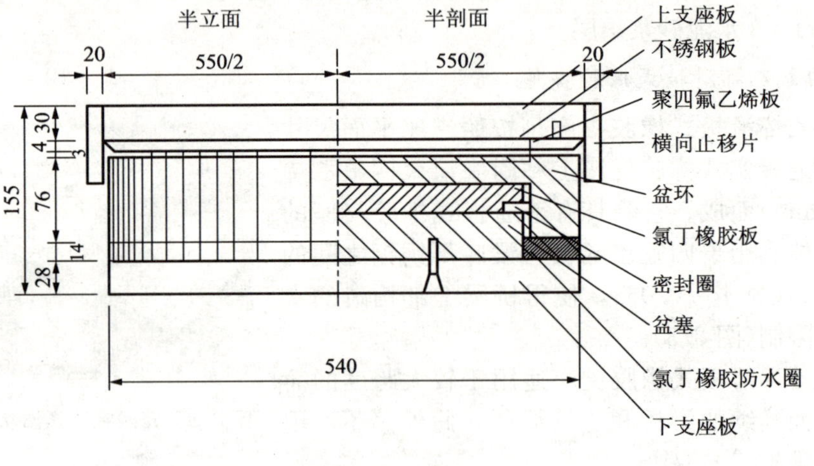

图8.5　盆式橡胶支座构造(单位：mm)

8.1.2　球形钢支座

为了适应多向转动且转动量大的情况，还可选择使用球形钢支座(图8.6)。它具有受

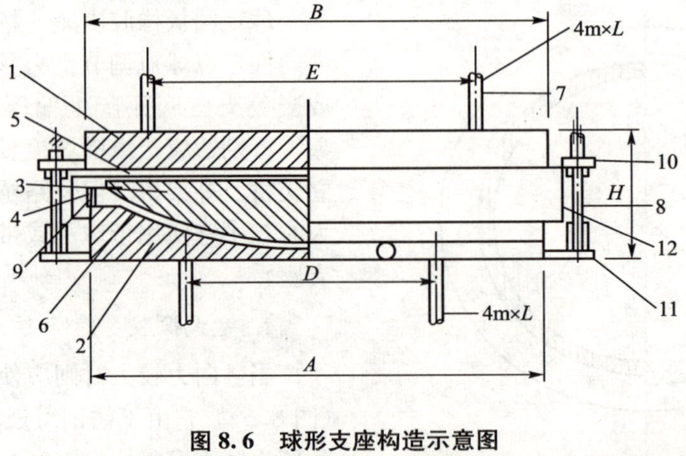

图8.6　球形支座构造示意图

1—支座板；2—下支座板；3—钢衬板；4—钢挡圈；5—平面聚四氟乙烯板；6—球面聚四氟乙烯板；7—锚固螺栓；8—连接螺栓；9—橡胶防尘条；10—上支座连接板；11—下支座连接板；12—防尘板

力均匀、转动量大(设计转角可达 0.05rad 以上)且各向转动性能一致等优点，特别适用于曲线桥和宽桥。由于球形支座不再使用橡胶承压，不存在橡胶变硬或老化等不良影响，因此特别适用于低温地区。

球形支座有固定支座、单向活动支座和多向活动支座之分。活动支座主要由下支座凹板、中间球形钢衬板、上支座滑板、不锈钢位移板、聚四氟乙烯滑板(平面和球面各一块，简称四氟板)及橡胶密封圈和防尘罩等部件组成。

目前球形支座已在国内独柱支承连续弯板桥结构、独柱支承的连续弯箱梁结构、双柱支承的连续 T 构及大跨度斜拉桥中获得广泛的应用。

8.1.3 拉压支座

在连续梁桥、悬臂梁桥、斜桥、宽悬臂翼缘箱梁桥以及小半径曲线桥上，在某些会出现拉力的支点处，必须设置拉力支座，以便抗拉且承受相应的转动和水平位移。

球形支座、盆式和板式橡胶支座都能变更功能作为拉力支座。板式橡胶拉压支座(图 8.7)适用于拉力较小的桥梁，对于反力较大的桥梁，则用球形抗拉钢支座或盆式拉力支座更合适。

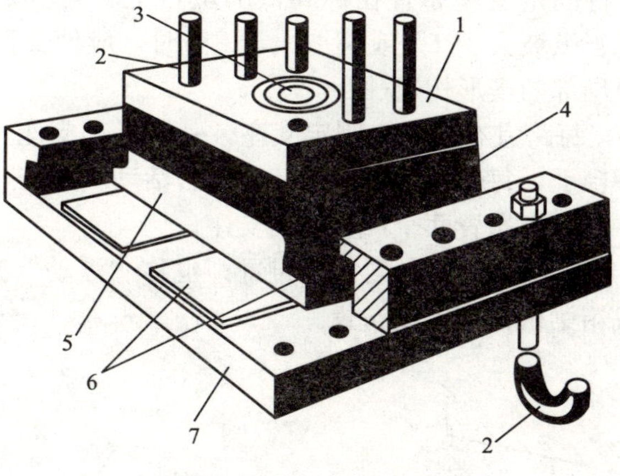

图 8.7 板式橡胶拉压支座

1—上支座板；2—锚筋；3—受拉螺栓；
4—承压橡胶块；5—滑板；6—奥式体钢；7—下支座板

8.1.4 抗震支座

地震地区的桥梁应使用具有抗震和减震功能的支座。减隔震支座的作用是尽可能地将结构或部件与可能引起破坏的地震地面运动分离开来，以大大减小传递到上部结构的地震力和能量。目前国内主要的减隔震支座、抗震支座的类型有抗震型球形支座(图 8.8)、铅芯橡胶支座和高阻尼橡胶支座等。

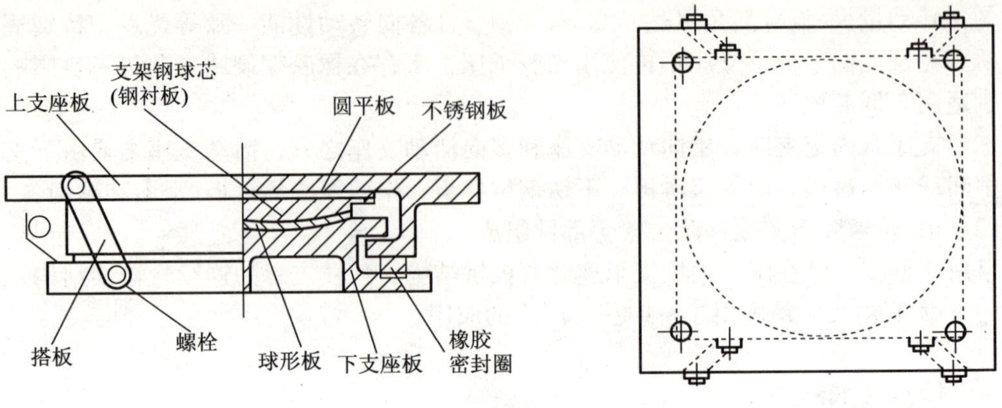

图 8.8 KQGZ 抗震型球形钢支座结构

8.2 支座的布置

支座的布置应以有利于墩台传递纵向水平力、有利于梁体的自由变形为原则。根据梁桥的结构体系以及桥宽，支座在纵、横桥向的布置方式主要有以下几种。

(1) 对于坡桥，宜将固定支座布置在标高低的墩台上。同时，为了避免整个桥跨下滑，影响车辆的行驶，当纵坡大于 1%或横坡大于 2%时，应使支座保持水平，通常在设置支座的梁底面，增设局部的楔形构造(图 8.9)。

(2) 对于简支梁桥，每跨宜布置一个固定支座，一个活动支座；对于多跨简支梁，一般把固定支座布置在桥台上，每个桥墩上布置一个(组)活动支座与一个(组)固定支座。若个别桥墩较高，也可在高墩上布置两个(组)活动支座。

图 8.10(a)所示为地震区单跨简支梁常用布置，也称“浮动”支座布置；图 8.10(b)所示为整体简支板桥或箱梁桥常用支座布置。

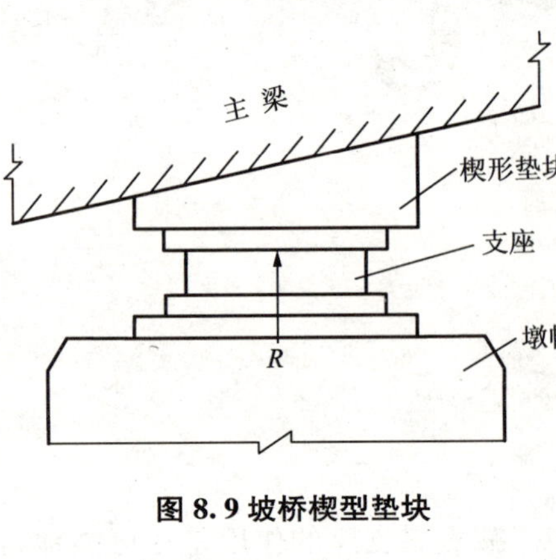

图 8.9 坡桥楔型垫块

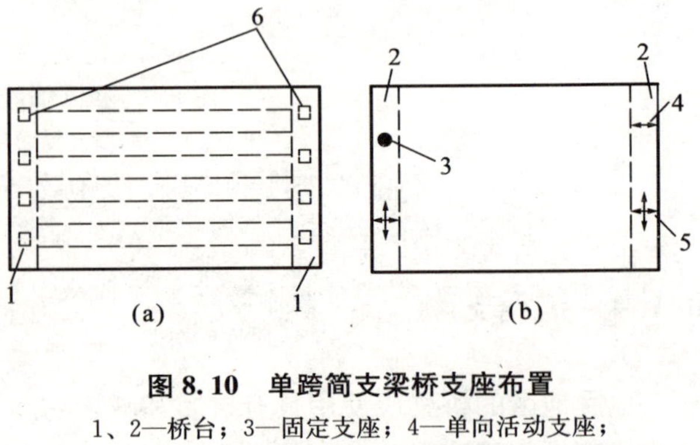

图 8.10 单跨简支梁桥支座布置

1、2—桥台；3—固定支座；4—单向活动支座；
5—多向活动支座；6—橡胶支座

(3) 对于连续梁桥及桥面连续的简支梁桥，一般在每一联设置一个固定支座，并宜将固定支座设置在靠近温度中心，以使全梁的纵向变形分散在梁的两端，其余墩台上均设置活动支座，在设置固定支座的桥墩上，一般采用一个固定支座，其余为横桥向的单向活动支座；在设置活动支座的所有桥墩(台)上，一般沿设置固定支座的一侧，均布置顺桥向的单向活动支座，其余均为双向活动支座。图 8.11 为连续结构支座布置示意图。

(4) 对于悬臂梁桥，锚固孔一侧布置固定支座，一侧布置活动支座；挂孔支座布置与简支梁相同。

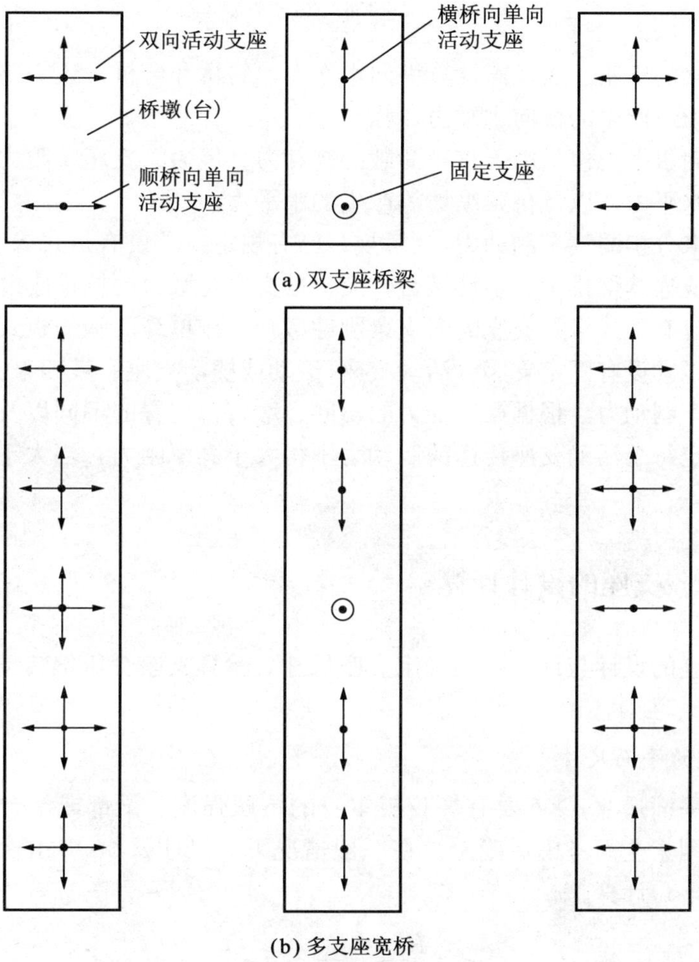

图 8.11　连续结构支座布置

8.3 支座的计算

8.3.1　支座反力的确定

在进行桥梁支座尺寸的选定和稳定性验算时，必须先求得每个支座上所承受的竖向力和水平力。

1. 竖向力

支座上的竖向力有结构自重的反力、汽车荷载的支点反力及其影响力。在计算汽车荷载的支点反力时，应按照最不利的状态布置荷载计算，对于汽车荷载的作用，应计入冲击影响力；在可能出现拉力的支点，应分别计算支座的最大竖向力和最大上拔力；对于上部结构可能被风力掀离的桥梁，应计算其支座锚栓及有关部件的支承力。

2. 水平力

正交直线桥梁的支座一般仅需计算纵向水平力。斜桥和弯桥，还需要计算由于汽车荷载的离心力或风力所产生的横向水平力。

支座上的纵向水平力包括由于汽车荷载的制动力、风力、支座摩阻力或温度变化、支座变形等引起的水平力，以及桥梁纵坡等产生的水平力。

对于由支座来分担的汽车制动力，《桥规》已有规定：①设有板式橡胶支座的简支梁、连续桥面简支梁或连续梁排架式柔性墩台，应根据支座与墩台的抗推刚度集成情况分配和传递制动力；②设有板式橡胶支座的简支梁刚性墩台，按单跨两端的板式橡胶支座的抗推刚度分配制动力；③设有固定支座、活动支座(滚动或摆动支座、聚四氟乙烯板支座)的刚性墩台传递的汽车制动力，根据梁体受力的不同、墩(台)位置的不同以及支座类型按不同规定采用，且规定每个活动支座传递的制动力不得大于其摩阻力，当大于摩阻力时，按摩阻力计算。

8.3.2 板式橡胶支座的设计计算

板式橡胶支座的设计与计算包括确定支座尺寸、验算支座受压偏转情况以及验算支座的抗滑稳定性。

1. 确定支座的平面尺寸

橡胶支座的平面尺寸 $a\times b$ 要有橡胶板本身的抗压强度、梁部或墩台顶混凝土的局部强度3个方面的因素全面考虑后确定。在一般情况下，尺寸 $a\times b$ 多由橡胶支座的强度来控制，即按式(8-1)计算。

对于橡胶板：
$$\sigma_c=\frac{R_{ck}}{A}=\frac{R_{ck}}{a\times b}\leqslant[\sigma_c] \tag{8-1}$$

式中：σ_c——橡胶支座承受的平均压应力；

R_{ck}——支座压力标准值，汽车荷载应计入冲击系数；

$[\sigma_c]$——橡胶支座使用阶段的平均压应力限值，$[\sigma_c]=10000\text{kPa}$；$S$ 应在 $5\leqslant S\leqslant 12$ 范围内取用，计算公式见表8-1。

2. 确定支座的厚度

板式橡胶支座的重要特点是：梁的水平位移要通过全部橡胶片的剪切变形来实现，如图8.12所示。显然，橡胶片的总厚度 t_e 与梁体水平位移 Δ 之间应满足下列关系。

$$\tan\gamma=\frac{\Delta}{t_e}\leqslant[\tan\gamma] \tag{8-2}$$

式中：t_e——橡胶片的总厚度；

$[\tan\gamma]$——橡胶片的容许剪切角正切值，对于硬度为55°～60°的氯丁橡胶，《桥规》规定，当不计汽车荷载制动力作用时采用0.5，计及汽车荷载制动力时可采用0.7。

由此上式可写成：

$$t_e \geqslant 2\Delta_g \tag{8-3}$$

以及

$$t_e \geqslant 1.43(\Delta_g + \Delta_p) \tag{8-4}$$

$$\Delta_p = \frac{H_T t_e}{2G_e ab} \tag{8-5}$$

式中：Δ_g——上部结构在结构自重作用下由温度变化等因素引起作用于一个支座上的水平位移；

Δ_p——由汽车荷载制动力引起作用于一个支座上的水平位移；

H_T——作用于一个支座上的汽车荷载制动力；

G_e——橡胶的剪切模量，见表8-1。

同时，考虑橡胶支座工作的稳定性，《桥规》还规定t_e不应大于支座顺桥向边长的20%。确定了橡胶片总厚度t_e，再加上金属加劲薄板的总厚度，就可以得到所需要支座的总厚度h。

3. 验算支座的偏转情况

主梁受荷发生挠曲变形时，梁端将引起转角θ，如图8.13所示。此时支座伴随出现线性的压缩变形，梁端一侧的压缩变形量为δ_1，梁体一侧的为δ_2。为了确保支座偏转时橡胶与梁底不发生脱空而出现局部承压的现象，则必须满足条件：

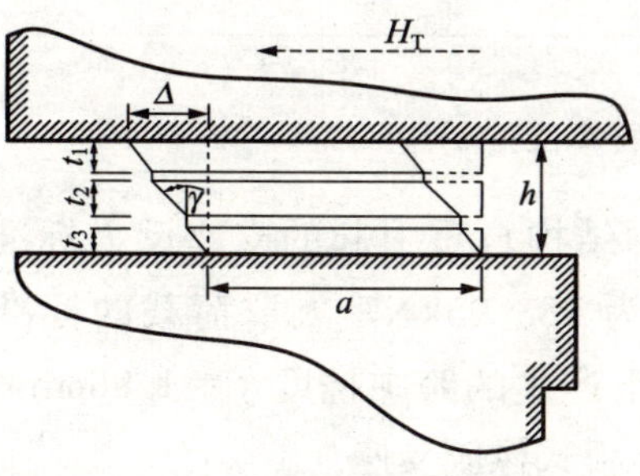

图8.12 支座厚度的计算图示

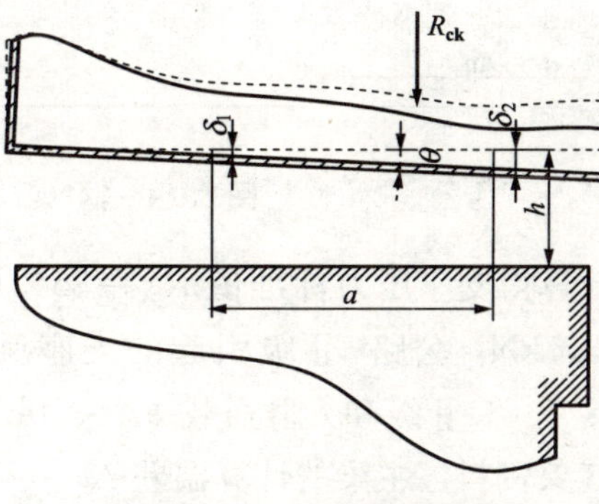

图8.13 支座偏转图式

$$\delta_1 \geqslant 0 \tag{8-6}$$

即：

$$\delta_{c,m} = \frac{R_{ck} t_e}{abE_e} + \frac{R_{ck} t_e}{abE_b} \geqslant \frac{a\theta}{2} \tag{8-7}$$

式中：$\delta_{c,m}$——平均压缩变形（忽略薄钢板的变形）；

E_e——支座抗压弹性模量，见表8-1；

E_b——橡胶弹性体体积模量，$E_b=2000\text{MPa}$；

θ——梁端转角。

此外，《桥规》还规定橡胶支座的竖向平均压缩变形$\delta_{c,m}$应不超过$0.07t_e$。

4. 验算支座的抗滑稳定性

为了保证橡胶支座与梁底或墩台顶面之间不发生相对滑动，则应满足以下条件。

不计汽车制动力时

$$\mu R_{Gk} \geqslant 1.4G_e A_g \frac{\Delta_1}{t_e} \tag{8-8}$$

计入汽车制动力时

$$\mu R_{Ck} \geqslant 1.4G_e A_g \frac{\Delta_1}{t_e} + F_{bk} \tag{8-9}$$

式中：R_{Gk}——由结构自重引起的支座反力标准值；

R_{Ck}——由结构自重标准值和 50%汽车荷载标准值(计入冲击系数)引起的支座反力；

μ——橡胶与混凝土间的摩擦系数采用 0.3，与钢板间的摩擦系数采用 0.2；

Δ_1——由上部结构温度变化、混凝土收缩徐变等作用标准值引起的剪切变形和纵向力标准值产生的支座剪切变形，但不包括汽车制动力引起的剪切变形；

F_{bk}——由汽车荷载引起的制动力标准值；

A_g——支座平面毛面积。

例 8-1 钢筋混凝土 5 片式 T 形梁桥全长为 19.96m，计算跨径 l=19.5m(图 8.14)。主梁采用 C40 混凝土，支座处梁肋宽度为 30cm。梁的两端采用等厚度的橡胶支座。

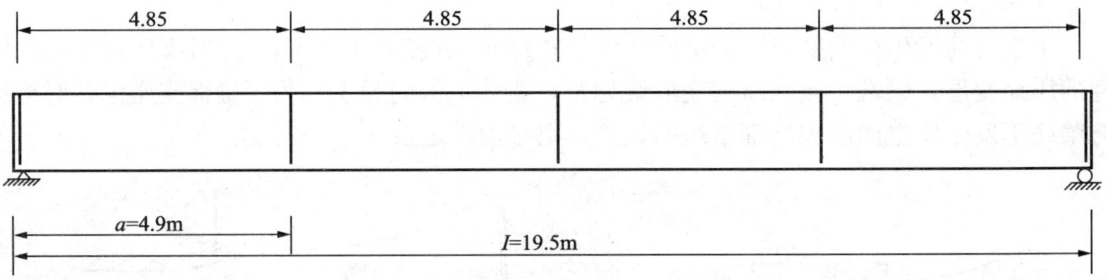

图 8.14 钢筋混凝土 T 形梁桥(单位：m)

已计算得支座压力标准值 R_{ck}=354.12kN，其中结构自重引起的支座反力标准值为 R_{ck}=162.7kN，公路-Ⅱ级引起的支座反力标准值为 183.95kN，人群荷载的标准值为 7.47kN；公路-Ⅱ级和人群荷载 p_r=3.0kN/m² 作用下产生的跨中挠度 f=1.96cm，根据当地的气象资料，主梁的计算温差 Δt=36℃。试设计板式橡胶支座。

解： 1) 确定支座平面尺寸

选定支座的平面尺寸为 $a\times b=18\times 20=360\text{cm}^2$，采用中间层橡胶片厚度 t=0.5cm。

(1) 计算支座的平面形状系数 S。

$$S=\frac{ab}{2t(a+b)}=\frac{18\times 20}{2\times 0.5(18+20)}=9.5>8$$

(2) 计算橡胶支座的弹性模量。

由表 8-1 中的公式可得：

$$E_e=5.4G_eS^2=5.4\times 1.0\times 9.5^2=487.35\text{MPa}$$

(3) 验算橡胶支座的承压强度。

$$\sigma_c=\frac{R_{ck}}{a\times b}=\frac{354.12}{0.18\times0.20}=9837\text{kPa}<[\sigma_c]=10000\text{kPa}(\text{合格})$$

2）确定支座的厚度

(1) 主梁的计算温差为 $\Delta t=36℃$，温度变形由两端的支座均摊，则每一支座承受的水平位移 Δ_g 为：

$$\Delta_g=\frac{1}{2}a\cdot\Delta t\cdot l'=\frac{1}{2}\times10^{-5}\times36\times(1950+18)=0.354\text{cm}$$

(2) 为了计算汽车荷载制动力引起的水平位移 Δ_p，首先要确定作用在每一支座上的制动力 H_T。

对于 19.5m 桥跨，一个设计车道上公路-Ⅱ级车道荷载总重为：$7.875\times19.5+178.5=332.1$kN，则其制动力标准值为 $332.1\times10\%=33.2$kN；但按《桥规》，不得不小于 90kN。经比较，取总制动力为 90kN 参与计算，5 根梁共 10 个支座，每个支座承受水平力 $F_{bk}=\frac{90}{10}=9$kN。

(3) 确定需要的橡胶片总厚度 t_e。

不计汽车制动力 $t_e\geqslant2\Delta_g=2\times0.354=0.708\text{cm}$

计入汽车制动力 $t_e\geqslant\dfrac{\Delta_g}{0.7-\dfrac{F_{bk}}{2G_eab}}=\dfrac{0.354}{0.7-\dfrac{9}{2\times1.0\times10^{-1}\times18\times20}}=0.616\text{cm}$

《桥规》的其他规定 $t_e\leqslant0.2a=0.2\times18=3.6\text{cm}$

选用 4 层钢板和 5 层橡胶片组成的支座，上下层橡胶片厚 0.25cm，中间层厚 0.5cm，薄钢板厚 0.2cm，则橡胶片总厚度为：

$$t_e=3\times0.5+2\times0.25=2.0>0.708\text{cm}，并<3.6\text{cm}(\text{合格})$$

(4) 支座总厚： $h=t_e+4\times0.2=2.0+0.8=2.8\text{cm}$

3）验算支座的偏转情况

(1) 由式(10-7)计算支座的平均压缩变形为：

$$\delta_{c,m}=\frac{R_{ck}t_e}{abE_e}+\frac{R_{ck}t_e}{abE_b}=\frac{354.12\times0.020}{0.18\times0.20\times487.350}+\frac{354.12\times0.020}{0.18\times0.20\times2000}=0.0502\text{cm}$$

按《桥规》的规定，尚应满足 $\delta\leqslant0.07t_e$，即：

$$0.0502\text{cm}\leqslant0.07\times2.0=0.140\text{cm}(\text{合格})$$

(2) 计算梁端转角 θ。

由关系式 $f=\frac{5gl^4}{384EI}$ 和 $\theta=\frac{gl^3}{24EI}$ 可得：

$$\theta=\left(\frac{5l}{16}\cdot\frac{gl^3}{24EI}\right)\frac{16}{5l}=\frac{16f}{5l}$$

设结构自重作用下，主梁处于水平状态。已知公路-Ⅱ级荷载下的跨中挠度 $f=1.96$cm，代入上式得：

$$\theta=\frac{16\times1.96}{5\times1950}=0.00322\text{rad}$$

(3) 验算偏转情况： $\delta_{c,m}\geqslant\dfrac{a\theta}{2}$

即：$$0.0502\text{cm}>\frac{18\times0.00322}{2}=0.0290\text{cm}\quad(\text{合格})$$

4) 验算支座的抗滑稳定性

(1) 计算温度变化引起的水平力为：

$$H_t=abG_0\frac{\Delta_g}{t_e}=0.18\times0.20\times1.0\times10^3\times\frac{0.354}{0.2}=6.372\text{kN}$$

(2) 由式(8-8)和式(8-9)验算滑动稳定性：

$$\mu R_{ck}=0.3\left(162.7+\frac{1}{2}\times183.95\right)=76.4\text{kN}$$

$$1.4H_t+F_{bk}=1.4\times6.372+9.0=17.92\text{kN}$$

则 $$76.4>17.92\quad(\text{合格})$$

以及 $\mu N_G=0.3\times162.7=48.81\text{kN}>1.4H_t=8.92\text{kN}$(合格)

结果表明，支座不会发生相对滑动。

本章小结

本章主要介绍了支座的作用和梁式桥为了满足不同的受力和变形要求而采用的几种常用支座类型。着重介绍了目前工程上用得最为广泛的橡胶支座，包括橡胶支座的常用类型、橡胶支座的构造和变形机理等。

介绍了支座的几种常用布置方式，其原则是有利于墩台传递纵向水平力和有利于梁体的自由变形。

确定好支座类型后，还应对所选的的支座进行设计计算。计算时应首先确定支座所承受的竖向力和水平力以及各种力的大小和传递方式，然后进行支座的验算。本章主要介绍了板式橡胶支座的设计计算。

习　题

1. 桥梁支座的主要作用是什么？桥梁支座主要有哪几种类型？
2. 桥梁橡胶支座主要有哪几种？
3. 阐述板式橡胶支座的组成及其活动机理。
4. 为什么板式橡胶支座一般没有固定支座和活动支座之分？
5. 阐述盆式橡胶支座的组成及其主要受力特点与适用场合。
6. 试阐述简支梁桥、连续梁桥及桥面连续梁桥的支座布置方式及其理由。
7. 板式橡胶支座的设计与计算一般包括哪些主要内容？

第9章 拱桥概述

教学目标

本章主要介绍拱桥的基本概念。通过本章的学习，应达到以下目标。

(1) 掌握拱桥的主要特点。

(2) 掌握拱桥的主要组成及主要类型。

教学要求

知识要点	能力程度	相关知识
拱桥的主要特点	(1) 掌握拱桥的受力特点 (2) 熟悉拱桥的主要优缺点	水平推力的概念
拱桥的主要组成及主要类型	(1) 掌握拱桥的主要组成 (2) 掌握拱桥的主要类型	(1) 拱桥的上、下部结构组成 (2) 简单体系拱桥、桁架拱桥、刚架拱桥、梁拱组合体系桥 (3) 无推力、有推力梁拱组合体系桥 (4) 板拱、肋拱桥、双曲拱桥、箱形拱、钢管混凝土拱桥、劲性骨架混凝土拱桥

基本概念

水平推力、简单体系拱桥、桁架拱桥、刚架拱桥、梁拱组合体系桥、无推力梁拱组合体系桥、有推力梁拱组合体系桥、板拱、肋拱桥、双曲拱桥、箱形拱、钢管混凝土拱桥、劲性骨架混凝土拱桥

引例

重庆万县长江大桥位于重庆市万州长江上游7km，是国道主干线(成都-上海)、国道318线上跨长江的一座特大公路桥梁。该桥由四川省交通厅公路规划勘察设计研究所设计，于1994年5月1日大桥正式动工，1997年6月建成。

大桥孔跨布置为：5×30.667m(利川岸)+420(主孔)+8×30.667m(万县岸)，大桥全长856.12m，桥面全宽24m，桥拱净跨420m，桥面距江面高140m。主桥为钢筋混凝土箱形拱桥，一孔跨江，无水下基础，拱上孔跨与引孔一致，为30.667m。

本桥在桥梁领域首次采用钢管混凝土(C60高强混凝土)为拱圈材料，并形成新的复合结构；针对万县长江大桥两岸不良地质情况，提出了新型组合式刚架桥台的创新设计。

为了减轻拱上荷载，拱上主柱采用了钢筋混凝土双柱式变截面箱形墩方案。柱身顶部外形尺寸为1.4m×2.5m(纵×横)，纵向1∶100向下放坡，横向等宽不变，壁厚为25cm。柱顶设钢混凝土悬臂盖梁支承T梁及桥面系，两柱之间不再设任何横系梁。引桥墩柱与拱上立柱采用同样规格。拱上立柱最高60cm，引桥墩最高84m。

万县长江大桥荣获了国家科学技术进步一等奖、全国优秀工程设计金质奖、国家优质奖、国家优质工程银质奖、詹天佑土木工程大奖等奖项。

9.1 拱桥的主要特点

拱桥是我国公路上使用广泛且历史悠久的一种桥梁结构形式，它的外形宏伟壮观且经久耐用。拱桥与梁桥不仅外形上不同，而且在受力性能上有着较大的区别。由力学知识可以知道，拱桥在竖向荷载作用下，两端支承处除有竖向反力外，还产生水平推力。正是这个水平推力，使拱内产生轴向压力，并大大减小了跨中弯矩，使之成为偏心受压构件，截面上的应力分布[图9.1(a)]与受弯梁的应力[图9.1(b)]相比，较为均匀。因而可以充分利用主拱截面的材料强度，使跨越能力增大。根据理论推算，混凝土拱桥的极限跨度可以达到500m左右，钢拱桥的极限跨度可达1200m左右。

拱桥的主要优点：①能充分做到就地取材，与钢筋混凝土梁桥相比，可节省大量的钢材和水泥；②跨越能力较大；③构造较简单，尤其是圬工拱桥，技术容易被掌握，有利于广泛采用；④耐久性能好，维修、养护费用少；⑤外形美观。

拱桥的主要缺点是：①自重较大，相应的水平推力也较大，增加了下部结构的工程量，当采用无铰拱时，基础发生变位或沉降所产生的附加力是很大的，因此，对地基条件要求高；②多孔连孔的中间墩，其左右的水平推力是相互平衡的，一旦一孔出现问题，其他孔也会因水平力不平衡而相继毁坏；③与梁桥相比，上承式拱桥的建筑高度较高，当用于城市立交及平原区的桥梁时，因拱面标高提高，而使桥两头接线的工程量增大，或使桥面纵坡增大，既增加了造价又对行车不利；④混凝土拱施工需要劳动力较多，建桥时间较长等。

混凝土拱桥虽然存在这些缺点，但由于它的优点突出，在我国公路桥梁中得到了广泛的应用，而且，这些缺点也正在得到改善和克服。如在地质条件不好的地区修拱桥时，可

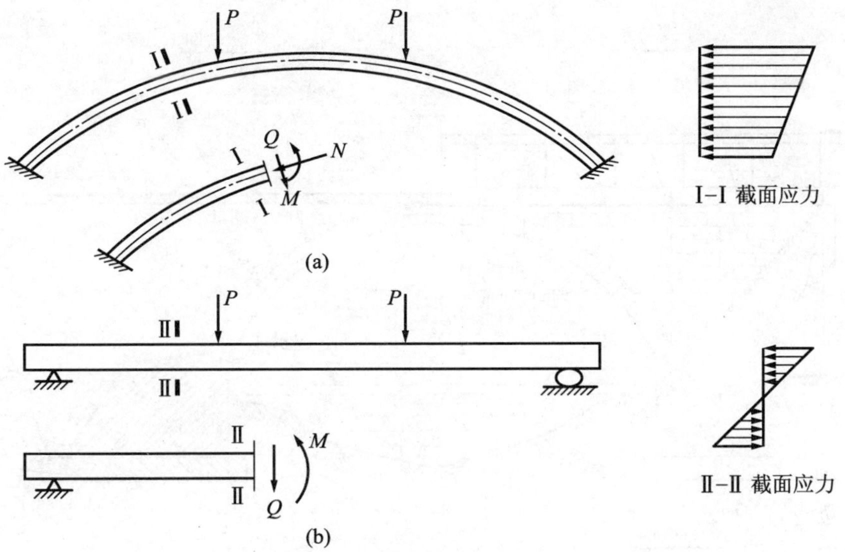

图 9.1 拱和梁的应力分布

从结构体系上、构造形式上采取措施，以及利用轻质材料来减轻结构自重，或采取措施提高地基承载能力。为了节约劳动力，加快施工进度，可采用预制装配及无支架施工。这些都有效地扩大了拱桥的适用范围，提高了跨越能力。

9.2 拱桥的组成及主要类型

9.2.1 拱桥的主要组成

拱桥和其他桥梁一样，也是由上部结构和下部结构组成的。

拱桥上部结构的主要受力构件是拱圈，因此在设计时可根据地质情况、环境及桥头的接线的相对位置，将桥面系置于拱背之上(上承式)或吊于拱肋之下(下承式)，也可以将桥面系一部分吊于拱肋之下，一部分支承于拱背之上做成中承式。

上承式拱桥的上部结构由主拱圈和拱上建筑组成(图 9.2)。主拱圈是拱桥的主要承重结构。由于拱圈是曲线形，一般情况下车辆无法直接在弧面上行驶。所以在桥面系与拱圈之间需要有传递压力的构件和填充物，以使车辆能在平顺的桥道上行驶。桥面系和这些传力构件或填充物统称为拱上结构或拱上建筑。

拱圈的最高处称为拱顶，拱圈与墩台连接处称为拱脚(或起拱面)。拱圈各横向截面(或换算截面)的形心连线称为拱轴线。拱圈的上曲面称为拱背，下曲面称为拱腹。起拱面和拱腹相交的直线称为起拱线。拱顶截面形心至相邻两拱脚截面形心之连线的垂直距离称为计算矢高(f)。拱顶截面下缘至起拱线连线的垂直距离称为净矢高(f_0)。相邻两拱脚截面形心点之间的水平距离称为计算跨径(l)。每孔拱跨两个起拱线之间的水平距离称为净

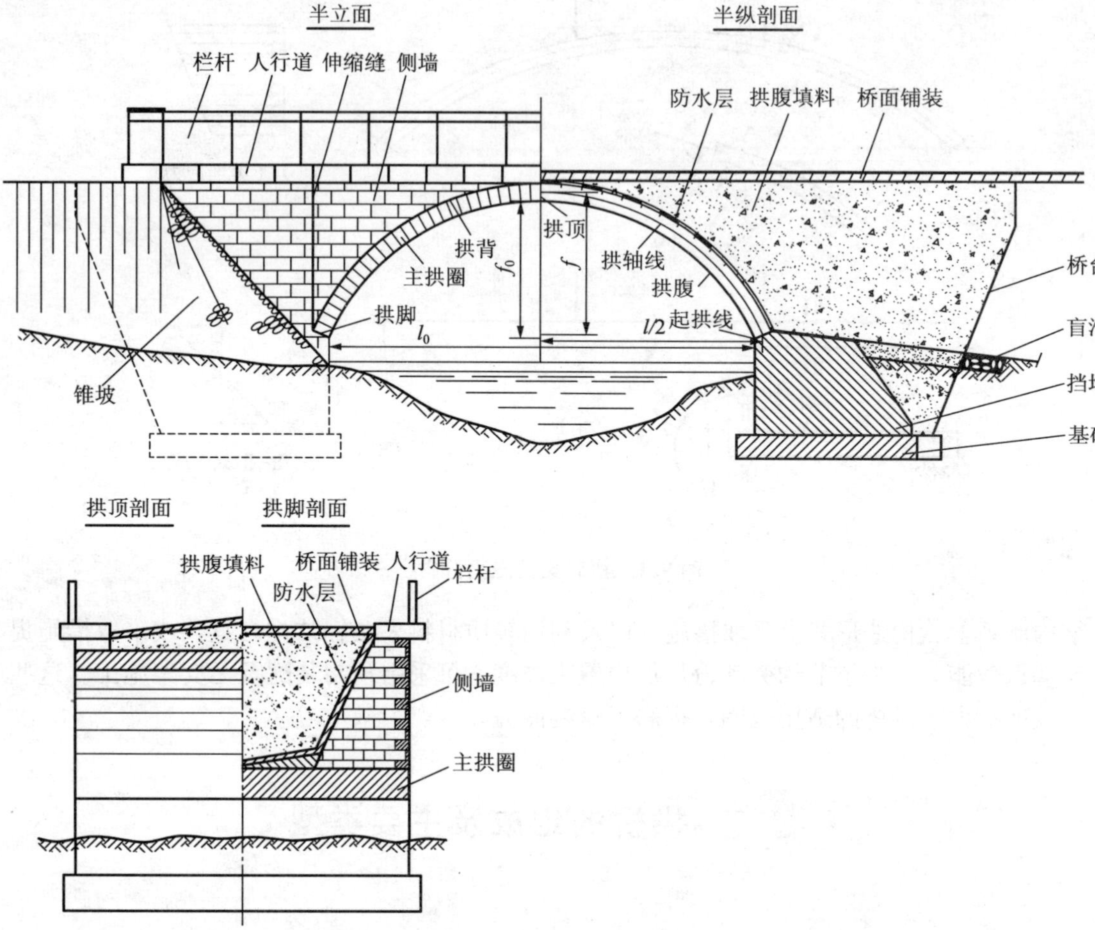

图 9.2 拱桥的主要组成部分

跨径(l_0)。拱圈(或拱肋)的矢高(或净矢高)与计算跨径(或净跨径)之比称为矢跨比，即 $D=\frac{f}{l}$ 或 $D_0=\frac{f_0}{l_0}$。

拱桥的下部结构由桥墩、桥台及基础等组成，用以支承桥跨结构，将桥跨结构的荷载传至地基。桥台还起着与两岸路堤相连的作用，使路桥形成一个协调的整体。

9.2.2 拱桥的主要类型

拱桥的形式多种多样，构造各有差异。为了便于进行研究，可以按照不同的方式将拱桥分为各种类型。

(1) 按照建桥材料(主要是针对主拱圈使用的材料)可以分为圬工拱桥、钢筋混凝土拱桥、钢拱桥和钢-混凝土组合拱桥等。

(2) 按照桥面的位置可以分为上承式拱、中承式拱和下承式拱(图 9.3)。

(3) 按照结构体系可以分为简单体系拱桥、桁架拱桥、刚架拱桥和梁拱组合体系桥。

(4) 按照截面的形式可以分为板拱桥、混凝土肋拱桥、箱形拱桥、双曲拱桥、钢管混凝土拱桥和劲性混凝土拱桥。

下面仅按最后两种分类方式作一些介绍。

1. 按结构的体系分类

1) 简单体系

简单体系的拱桥可以做成上承式、中承式、下承式。

在简单体系拱桥中，桥面系结构(拱上结构或拱下悬吊结构)不参与主拱肋(圈)一起受力，主拱肋(圈)为主要承重结构。一般采用拱肋(圈)与墩台固结，即无铰拱的形式。

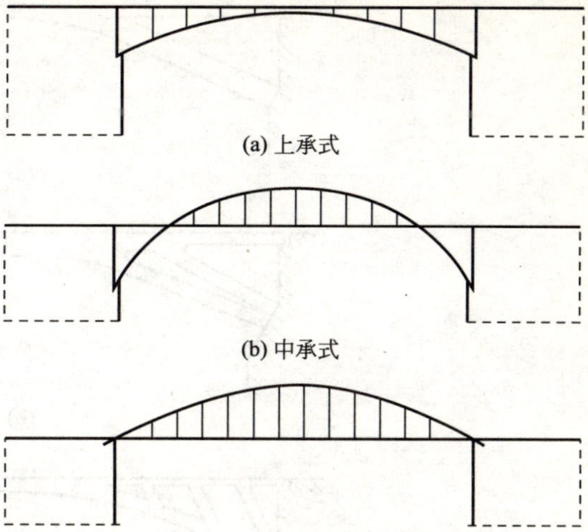

(a) 上承式

(b) 中承式

(c) 下承式

图 9.3 拱桥按桥面位置分类

2) 桁架拱桥

桁架拱桥的主要承重结构是桁架拱片。如图 9.4 所示，桁架拱桥是由拱和桁架两种结构体系组合而成的，因此具有桁架和拱的受力特点。即由于受推力的作用，跨间的弯矩得以大大减少；由于把一般拱桥的传力构件(拱上建筑)与承重结构(拱肋)联合成整体桁架，结构整体受力，能充分发挥各部分构件的作用。结构刚度大、自重小、用钢量省。桁架拱的拱脚一般采用铰结方式，以减少次内力影响。

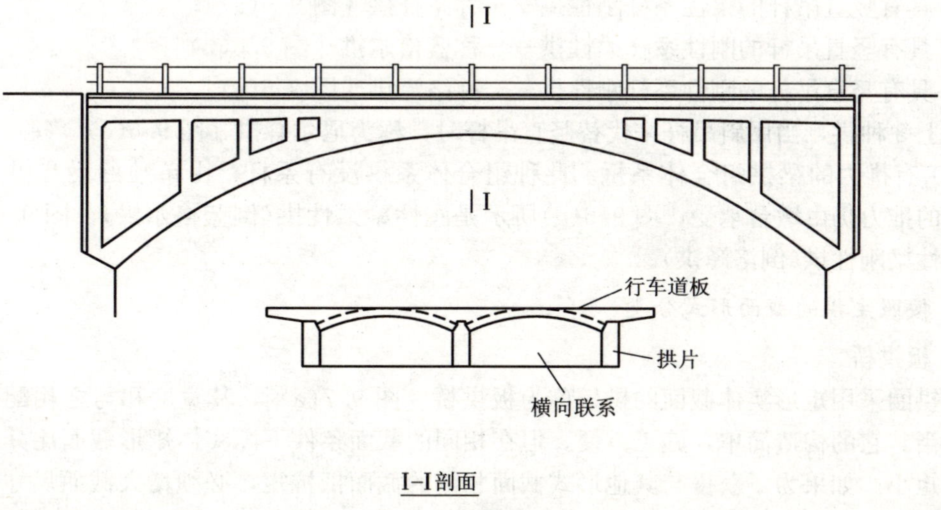

图 9.4 桁架拱桥

3) 刚架拱桥

刚架拱桥是在桁架拱桥、斜腿刚架桥等基础上发展起来的另一种桥型，属于有推力的高次超静定结构(图 9.5)。它具有构件少、质量小、整体性好、刚度大、施工简便、造价低和造型美观等优点。

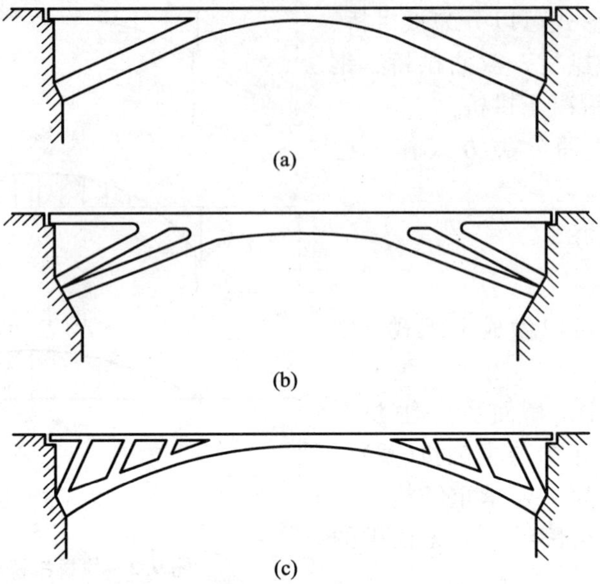

图 9.5　刚构桥

4）梁拱组合体系桥

梁拱组合体系桥是将梁和拱两种基本结构组合起来，共同承受荷载充分发挥梁受弯、拱受压的结构特性。一般可分为有推力和无推力两种类型。

(1) 无推力的梁拱组合体系桥。拱的推力由系杆承受，墩台不承受水平力。根据拱肋和系杆的刚度大小及吊杆的布置形式可分为以下几种形式。

① 具有竖直吊杆的柔性系杆刚性拱——称系杆拱［图 9.6(a)］；

② 具有竖直吊杆的刚性系杆柔性拱——称蓝格尔拱［图 9.6(b)］；

③ 具有竖直吊杆的刚性系杆刚性拱——称络泽拱［图 9.6(c)］。

以上 3 种拱，当用斜吊杆来代替竖直吊杆时，称为尼尔森拱［图 9.6(d)、(e)、(f)］。

(2) 有推力的梁拱组合体系桥。此种组合体系拱没有系杆，由单独的梁和拱共同受力。拱的推力仍由墩台承受，图 9.6(g)所示是刚性梁柔性拱(倒蓝格尔拱)，图 9.6(h)所示是刚性梁刚性拱(倒洛泽拱)。

2. 按照主拱的截面形式分类

1）板拱桥

主拱圈采用矩形实体截面的拱桥称为板拱桥［图 9.7(a)］，其宽度和与之相配的道路宽度相当。它的构造简单，施工方便。但在相同的截面条件下，实体矩形截面比其他形式的抵抗矩小。如果为了获得与其他形式截面相同的截面抵抗矩，必须增大截面尺寸，这就相应地增加了材料用量和结构自重，这是不经济的。所以通常只在地基条件较好的中、小跨径圬工拱桥中采用板拱形式。为提高拱圈的抗弯刚度，可以在较薄的拱板上增加几条纵向肋就构成板拱的另一种形式，即板肋拱［图 9.7(b)］。

2）肋拱桥

肋拱桥［图 9.7(c)］通常是由两个(布置在桥面两侧)或 3 个(桥面两侧和中间分隔带各一个)相对较窄而高的截面组成的，肋与肋之间由横系梁相联。其优点是用料不多，而抗

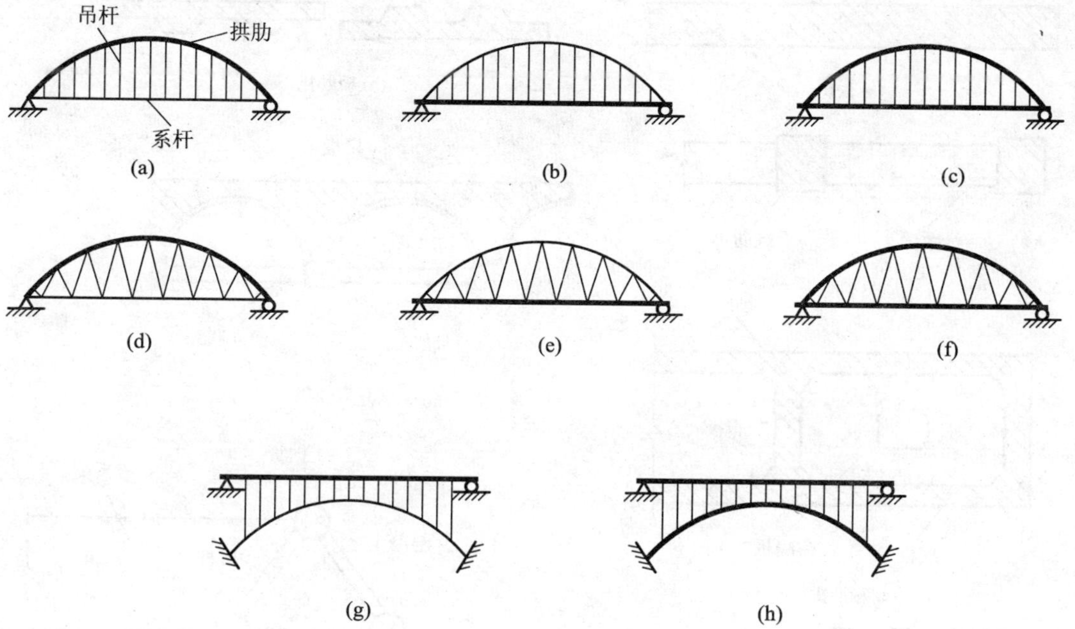

图 9.6 组合体系梁桥

弯刚度大大增加，从而减轻了拱桥的自重。因此多用于大、中跨径的拱桥。

3）双曲拱桥

主拱圈的横截面是由数个横向小拱组成的，使主拱圈在纵向及横向均是曲线形的，故称之为双曲拱［图 9.7(d)］。这种截面抵抗矩较相同材料用量的板拱大，它的预制部件分得细，吊装质量轻，在公路桥梁上曾获得广泛的应用。但由于其截面组成划分过细，整体性能较差，建成后出现裂缝较多。

4）箱形拱

箱形截面拱圈的拱桥［图 9.7(e)］，外形与板拱相似，由于截面的挖空，使箱形拱的抵抗矩较相同材料用量的板拱大很多，故节省材料较多，对于大跨径拱则效果更为显著。又由于它是闭口箱形截面，截面抗扭刚度大，横向整体性和结构稳定性均较双曲拱好，所以特别适用于无支架施工。因此，它是国内外大跨径钢筋混凝土拱桥主拱圈截面的基本形式。

5）钢管混凝土拱桥

钢管混凝土拱［图 9.7(f)］属于钢-混凝土组合结构中的一种，主要用于以受压为主的结构，它一方面借助于内填混凝土增强钢管壁的稳定性。同时又利用钢管对其混凝土的套箍作用，使填充混凝土处于三向受压状态，从而使其具有更高的抗压强度和抗变形能力。

6）劲性骨架混凝土拱桥

劲性混凝土拱桥是指以钢骨桁架作为受力筋，它既可以是型钢，也可以是钢管。采用钢管作为劲性骨架的混凝土拱又可称为内填外包型钢筋混凝土拱［图 9.7(g)］，它主要解决大跨度拱桥施工的“自架设问题”。首先架设自重轻，强度、刚度均较大的钢管骨架，然后在空钢管内灌注混凝土形成钢管混凝土。再在钢管混凝土骨架外挂模板浇筑外包混凝土，形成钢筋混凝土结构。在这种结构中，钢管和随后形成的钢管混凝土主要是作为施工的劲性骨架来考虑的。成桥后，它可以参与受力，但其用量通常是由施工设计控制的。

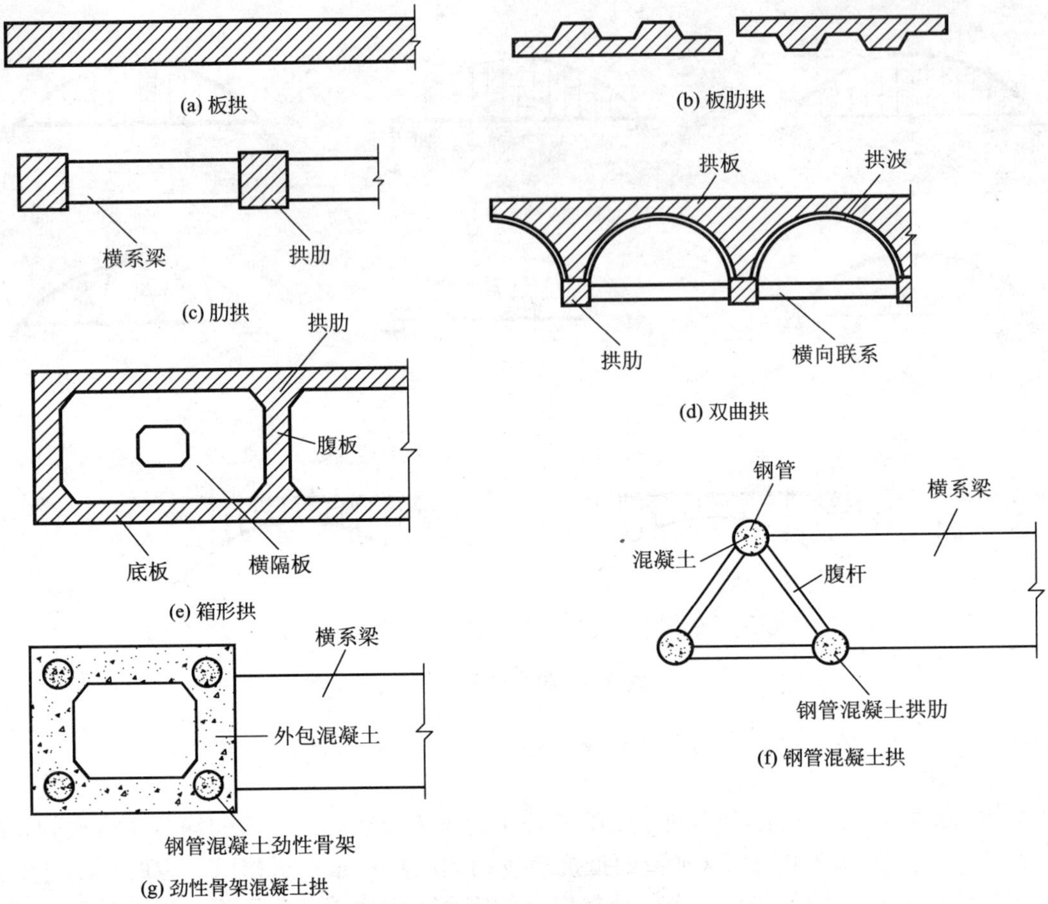

图 9.7　主拱圈横截面形式图

本 章 小 结

本章主要介绍了拱桥基本概念，主要内容包括介绍拱桥的主要特点、拱桥的主要组成及主要类型。

拱桥主要特点是在竖向荷载作用下，除有竖向反力外，还产生水平推力；对混凝土拱桥的优、缺点的分析，旨在指导在今后的桥梁设计中取长补短，使拱桥的设计达到最优化。

拱桥组成分为上部结构和下部结构，拱桥的主要受力构件是拱圈，简单介绍了拱桥拱顶、拱脚、拱轴线、拱背、拱腹、起拱线、计算矢高、净矢高、计算跨径、净跨径和矢跨比等概念。

拱桥按照不同方式分为各种类型，按照结构体系分类为简单拱桥、桁架拱桥、刚架拱桥、梁拱组合体系桥；按照主拱的截面形式分类为板拱桥、肋拱桥、双曲拱桥、箱形拱桥、钢管混凝土拱桥及劲性骨架混凝土拱桥。

习　题

1. 拱桥的受力特点是什么？
2. 拱桥的优缺点有哪些？
3. 按截面形式分拱桥有哪些类型？

第10章 拱桥的设计与构造

教学目标

本章主要介绍拱桥设计要求与构造特点，包括上承式拱桥的设计与构造、拱桥主拱的构造与尺寸拟定、拱上建筑构造特点及其他细部构造要求。通过本章的学习，应达到以下目标。

(1) 掌握拱桥的整体布置特点。

(2) 掌握主拱的各种构造形式与其构造特点及主拱尺寸拟定方法。

(3) 熟悉实腹式和空腹式拱上建筑的构造特点及要求。

(4) 了解拱桥细部构造要求。

教学要求

知识要点	能力要求	相关知识
拱桥的设计与构造	(1) 掌握拱桥的整体布置特点 (2) 熟悉不等跨连续拱的处理	(1) 确定拱桥长度及分孔、设计标高和矢跨比 (2) 平衡水平推力方法
拱桥主拱的构造与尺寸拟定	(1) 掌握板拱的构造特点及尺寸拟定 (2) 掌握肋拱的构造特点及尺寸拟定 (3) 掌握箱形拱的构造特点及尺寸拟定 (4) 了解双曲拱的构造特点及尺寸拟定 (5) 了解桁架拱的构造特点及尺寸拟定 (6) 了解刚架拱的构造特点及尺寸拟定	(1) 石拱桥、混凝土板拱和钢筋混凝土板拱 (2) 拱肋、横系梁、立柱和行车道 (3) 肋拱、拱波、拱板及横向联系 (4) 斜腹杆式、竖腹杆式、桁肋式及组合式桁架拱
拱上建筑构造	(1) 掌握实腹式拱上建筑构造特点 (2) 掌握空腹式拱上建筑构造特点	(1) 侧墙、拱腹填料、护拱、变形缝、防水层、泄水管及桥面等部分 (2) 腹孔、腹孔墩
其他细部构造	(1) 熟悉拱上填料、桥面及人行道构造要求 (2) 了解伸缩缝与变形缝构造要求 (3) 了解排水与防水构造要求 (4) 了解拱铰的设置要求	(1) 填料厚度要求 (2) 主拱圈和拱上建筑附加内力 (3) 防水层和泄水管设置 (4) 弧形铰、铅垫铰、平铰、不完全铰和钢铰

基本概念

拱肋、横系梁、立柱、拱波、拱板、横向联系、桁架拱、桁肋式桁架拱、组合式桁架拱、实腹式拱桥、空腹式拱桥、腹孔、腹孔墩、伸缩缝、变形缝、拱铰

引例

卢浦大桥，北起浦西鲁班路，穿越黄浦江，南至浦东济阳路，全长8722m，是当今世界第一钢结构拱桥，是世界上跨度最大的拱桥。大桥主桥为全钢结构，大桥直线引桥全长3900m，其中主桥长750m，宽28.75m，采用一跨过江，由于主跨跨径达550m，居世界同类桥梁之首，被誉为“世界第一钢拱桥”。主桥按6车道设计，引桥按6车道、4车道设计，设计航道净空为46m，通航净宽为340m。主拱截面世界最大，为9m高，5m宽，桥下可通过7万吨级的轮船。它也是世界上首座完全采用焊接工艺连接的大型拱桥。工程总投资20多亿元，2003年6月28日建成通车。

10.1 上承式拱桥的设计与构造

1. 拱桥的整体布置

与其他桥式一样，拱桥的布置十分重要，这是一个建桥全局性问题，它牵涉地质条件、桥址环境及两岸接线等各方面因素。总体布置的优劣是整个桥梁设计好坏的基础。总体布置的主要内容包括拟采用的拱桥结构形式及结构体系；确定桥梁的长度、跨径及孔数；拱的主要几何尺寸，例如矢跨比、宽度、高度等；桥梁的高度；墩台及其基础形式和埋置深度；桥上及桥头引道的纵坡等。

1）确定桥梁长度及分孔

通过水文水力计算、泄洪总跨径的计算和技术经济等方面的比较，确定了两岸桥台台口之间的总长度之后，在综合考虑纵、平、横3个方向桥梁与两端路线的衔接后，可以确定桥台的位置和长度，桥梁的全长便被确定下来。

在桥全长确定后，可以进一步对拱桥分孔。拱桥分孔就是根据桥址处的地形、地质、水位及通航要求等情况，并结合选用的结构体系、结构形式和施工条件，确定选择单孔还是多孔。

如果跨越通航河流，应按通航孔和不通航孔两部分来考虑。分孔时，除应保证净孔径之和满足设计洪水通过的需要外，还应确定一孔或两孔作为通航孔。通航孔径和通航标高大小应满足航道等级要求，通航孔的位置通常布置在常水位时的河床最深处或航行最方便的地方。对航道可能变迁的河流，必须多设几个通航的桥跨，即使主河道位置变迁时，也能满足通航要求。对于不通航或非通航河段，桥孔的划分可按经济原则考虑，尽量使上、下部结构的总造价最低。

2）确定桥梁的设计标高和矢跨比

拱桥的标高主要有4个，即桥面标高、拱顶面标高、起拱线标高和基础底面标高(图10.1)。

桥面标高代表着建桥高度，特别在平原区，在相同的纵坡情况下，桥高会使两端的引桥或道路工程显著增加，将提高桥梁的总造价。反之，如果桥修矮了，不但有遭受洪水冲毁的危险，而且往往影响桥下通航的正常运行，致使桥梁建成后带来难以挽救的缺陷。

建在山区河流上的拱桥，由于两岸公路路线的位置一般较高，桥面标高一般由两岸线

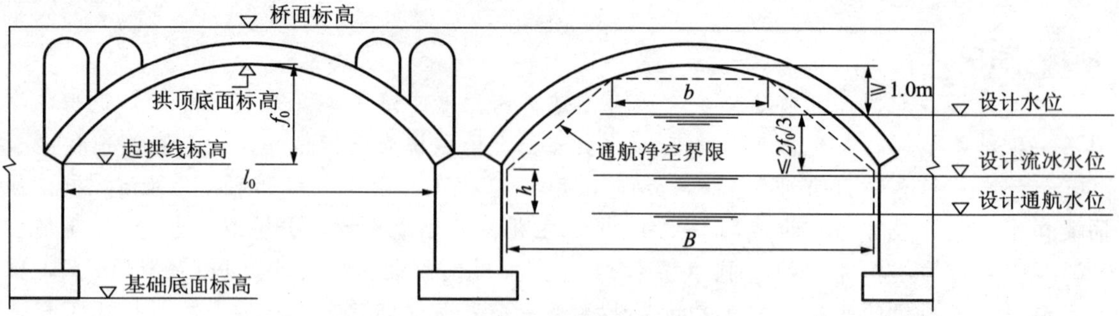

图 10.1　拱桥的主要标高示意图

路的纵面设计所控制。对于跨平原区河流的拱桥，其桥面的最小高度一般由桥下净空所控制。为了保证桥梁的安全，桥下必须留有足够的排泄设计洪水流量的净空。对于有淤积的河床，桥下净空应适当加高。对于通航河流，通航孔的最小桥面高度，除满足以上要求外，还应满足对不同航通等级所规定的桥下净空界限的要求。设计通航水位，一般是按照一定的设计洪水频率进行计算，并与航运部门具体协商决定。

因此，拱桥的桥面标高一方面由两岸线路的纵断面设计来控制，另一方面要保证桥下净空能满足通航及泄洪要求。具体计算公式见第 2 章。

当桥面标高确定之后，由桥面标高减去拱顶处的建筑高度(拱顶填料厚度和主拱圈厚度)就可以得到拱顶底面的标高。

起拱线标高由矢跨比要求确定。

基础底面的标高，主要根据河流的冲刷深度、基础位置处的地质情况、地基承载能力等因素确定。

主拱圈的矢跨比是拱桥设计的主要参数之一，它不但影响主拱圈的内力，还影响拱桥的构造形式和施工方法的选择，应从通航、泄洪和上下部结构受力等综合因素确定矢跨比。

拱的水平推力与垂直反力的比值随矢跨比的减少而增大。当矢跨比减小时，拱的推力增加，反之则推力减小。众所周知，推力大，相应地在主拱圈内产生的轴向力也大，对主拱圈本身是有利的，但对墩台基础不利。同时，矢跨比小，则弹性压缩，混凝土收缩和温度等附加内力均较大，对主拱圈又不利。另外，拱桥与周围环境是否协调、外形是否美观，也与矢跨比有很大的关系。因此，在设计时，矢跨比的大小应经过综合比较进行选择。通常，对于砖石、混凝土拱桥和双曲拱桥，矢跨比一般为 1/4～1/8，不宜超过 1/8；箱形拱桥的矢跨比一般为 1/6～1/10。但拱桥最小矢跨比不宜小于 1/12。一般将矢跨比大于或等于 1/5 的拱称为陡拱，矢跨比小于 1/5 的拱称为坦拱。

2. 不等跨连续拱的处理

一般情况下，多孔拱桥最好选用等跨分孔的方案。但有时受地形、地质、通航等条件的限制；或引桥很长，考虑与桥面纵坡协调一致时；或对桥梁美观有特殊要求时，可以考虑用不等跨分孔的办法处理。

不等跨拱桥，由于相邻两孔的恒载推力不相等，使桥墩和基础增加了恒载不平衡水平推力。为改善桥墩基础受力状况，可采取以下措施。

1）采用不同的矢跨比

利用矢跨比与推力大小成反比的关系，在相邻两孔中，大跨径用较陡的拱(矢跨比较大)，小跨径用较坦的拱(矢跨比较小)，使相邻两孔在恒载作用下的水平推力大致相等。

2）采用不同的拱脚标高

由于采用了不同的矢跨比，致使相邻两孔的拱脚标高不在同一水平线上(图10.2)，因大跨径孔的矢跨比大，拱脚降低，减小了拱脚水平推力对基底的力臂，这样可使大跨与小跨的恒载水平推力对基底产生的弯矩得到平衡。

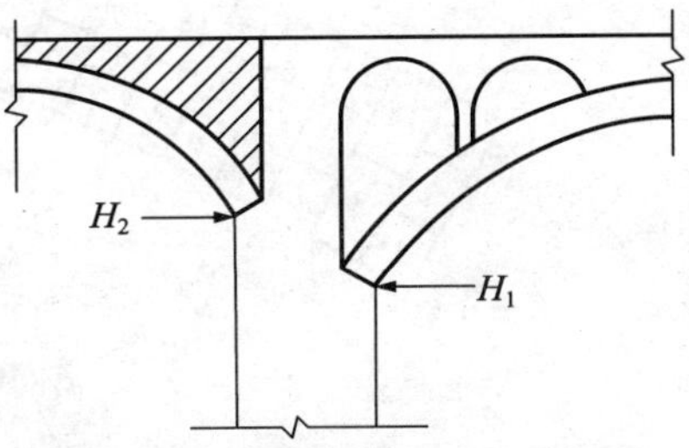

图10.2　大跨与小跨拱脚的标高

3）调整拱上建筑的恒载重量

通常是大跨径用轻质的拱上填料或采用空腹式拱上建筑，小跨径用重质的拱上填料或采用实腹式拱上建筑。用增加小跨径拱的恒载重力来增大恒载的水平推力。

4）采用不同类型的拱跨结构

常常是小跨径用板拱或厚壁箱拱结构，大跨径用分离式肋拱或薄壁箱拱结构，以减轻大跨径拱的恒载质量来减小恒载的水平推力。有时，为了进一步减小大跨径拱的恒载水平推力，可将大跨径部分做成中承式拱。

在具体设计时，也可以将以上几种措施同时采用。如果仍不能达到平衡推力的目的，可加大桥墩和基础的尺寸，或将其做成不对称的形式。

10.2　上承式拱桥主拱的构造与尺寸拟定

1. 板拱

按照主拱所用的建筑材料划分，板拱可分为石板拱、混凝土板拱和钢筋混凝土板拱等。

1）石板拱

用来砌筑石板拱主拱圈的石料主要有料石、块石、和砖石等。用粗料石砌筑拱圈时，拱石需要随拱轴线和截面的形式不同而分别进行编号，以便于拱石的加工，等截面的圆弧拱的拱石，规格较少，编号比较简单(图10.3)。变截面拱圈，由于截面发生变化，使拱石类型较多，编号复杂，给施工带来很大的困难(图10.4)。因此，目前大多采用等截面拱桥。

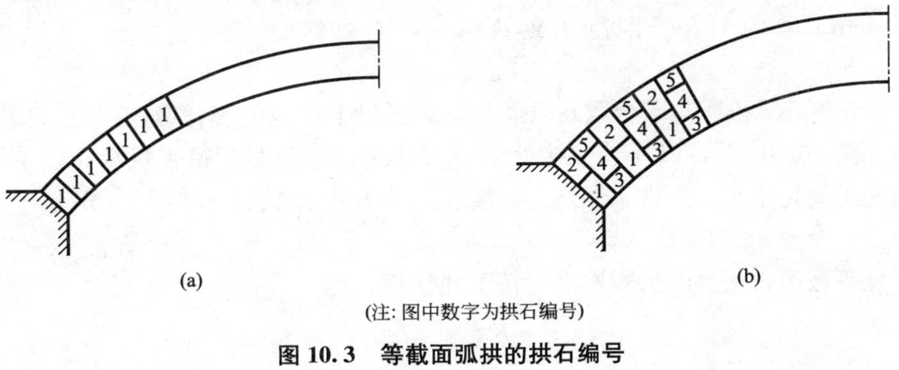

图10.3　等截面弧拱的拱石编号

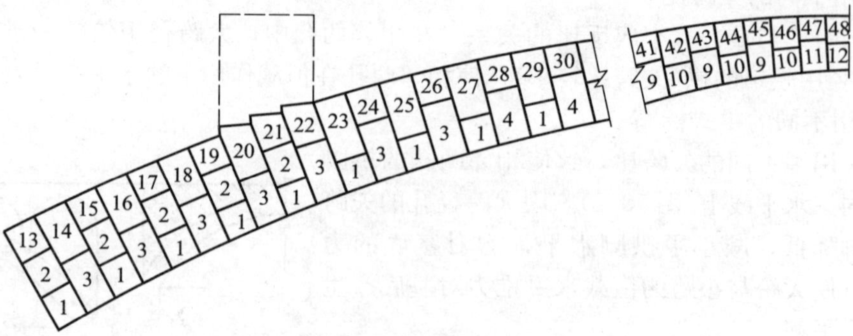

图 10.4　变截面拱圈的拱石编号

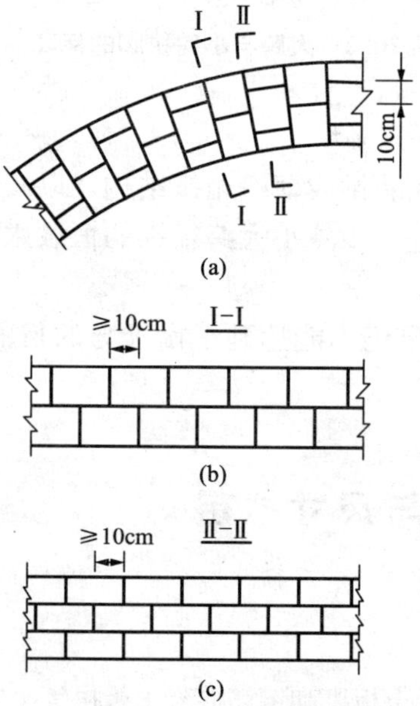

图 10.5　拱石的错缝要求

用于拱圈砌筑的石料应石质均匀，不易风化，石料的强度等级不应低于 MU50；砌筑拱石用的砂浆，对于大、中跨径拱桥不应低于 M10，对于小跨径拱桥不应低于 M7.5。

根据拱圈的受力(主要承受压力，其次是弯矩)特点和需要，拱圈砌筑应满足下列构造要求。

(1) 错缝。对于料石拱，拱石受压面的砌缝应与拱轴线垂直，不必错缝，当拱圈厚度不大时，可采用单层砌筑［图 10.3(a)］，其横向砌缝必须错开且不小于 10cm；当拱圈厚度较大时，采用多层砌筑［图 10.3(b)、图 10.4］，但其垂直于受压面顺桥方向的砌缝［图 10.5(a)］、拱圈横截面内拱石竖向砌缝［图 10.5(b)、(c)］以及各层横向砌缝必须错开且不小于 10cm，这样，在纵向或横向剪力的作用下，可以避免剪力单纯由砌缝内的砂浆承担，从而可以增大砌体的抗剪强度和整体性，对于块石拱，应选择较大平面与拱轴线垂直，拱石大头在上，小头在下，砌缝错开不小于 8cm。对于片石拱，拱石较大面与拱轴线垂直，大头在上，砌缝交错。

(2) 限制砌缝宽度。因砂浆强度比拱石低得多，所以拱石砌缝宽度不能太大，缝太宽必将影响砌体强度和整体性。通常，对料石拱不大于 2cm，对块石拱不大于 3cm，对片石拱不大于 4cm，采用小石子混凝土砌筑时，块石砌缝宽不大于 5cm，片石砌缝宽为 4～7cm。

(3) 设五角石。拱圈与墩台以及拱圈与空腹式拱上建筑的腹孔墩连接处，应采用特别的五角石［图 10.6(a)］，以改善连接处的受力状况，五角石不得带锐角，以免施工被压碎，目前为了简化施工，通常采用现浇混凝土拱座及腹孔墩底梁［图 10.6(b)］来代替石质五角石。

小跨径等截面石板拱的拱圈厚度可按下式估算。

$$h=\beta k\sqrt[3]{l_0} \tag{10-1}$$

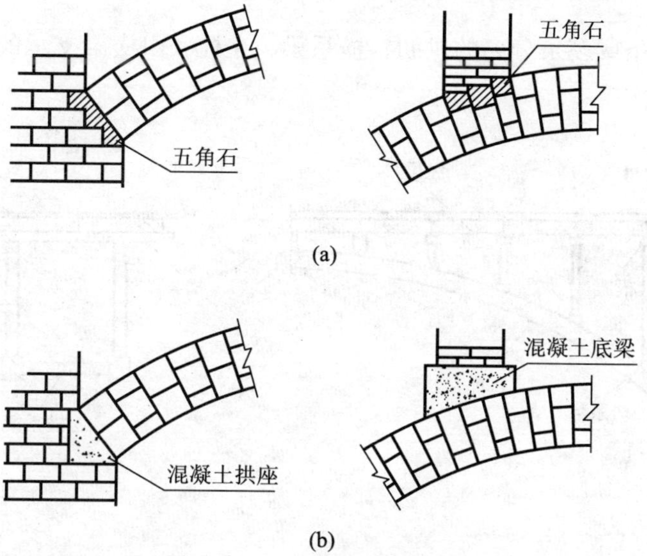

图 10.6 拱面与墩台及腹孔墩连接

式中：h——拱圈厚度(cm)；

l_0——拱圈净跨径(cm)；

β——系数，一般为4.5～6.0，取值随矢跨比的减小而增大；

k——荷载系数，一般取1.2。

2) 混凝土板拱

(1) 素混凝土板拱。在缺乏合格天然石料的地区，可以用素混凝土来建造板拱，混凝土板拱可以采用整体现浇，也可以采用预制砌筑。整体现浇混凝土拱圈，拱内收缩应力大，受力不利，同时，拱架模板等用量大，费时费工，且质量不易控制，故较少采用。预制砌筑就是将混凝土板拱划分成若干块件，然后预制混凝土块件，最后，把块件砌筑成拱。为减少和消除混凝土的收缩影响，预制砌块在砌筑之前应有足够的养生期。

(2) 钢筋混凝土板拱。与混凝土板拱相比，钢筋混凝土板拱具有构造简单，外表整齐，可以设计成最小的板厚，轻巧美观等特点(图10.7)。钢筋混凝土板拱根据桥宽需要可做成单条整体拱圈或多条平行板(肋)拱圈，施工时，可反复利用一套较窄的拱架与模板来完成，大大节省材料。钢筋混凝土等截面板拱的拱圈高度可按跨径的1/60～1/70初拟，跨径大时取小者。

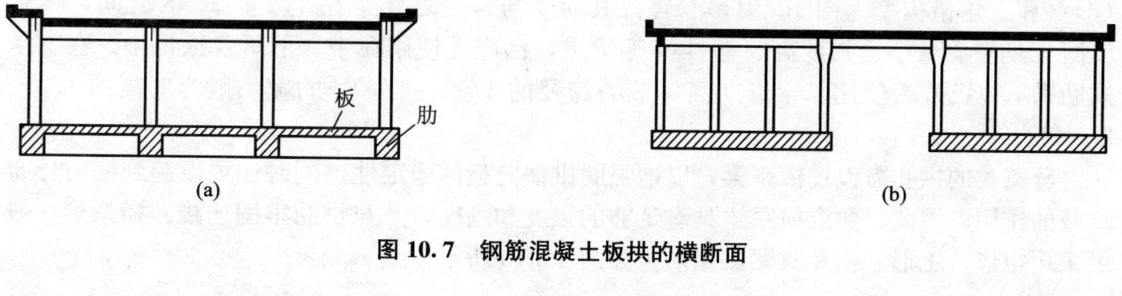

图 10.7 钢筋混凝土板拱的横断面

2. 肋拱

肋拱桥是由两条或多条分离的拱肋、横系梁、立柱和由横梁支承的行车道部分组成的(图 10.8)。

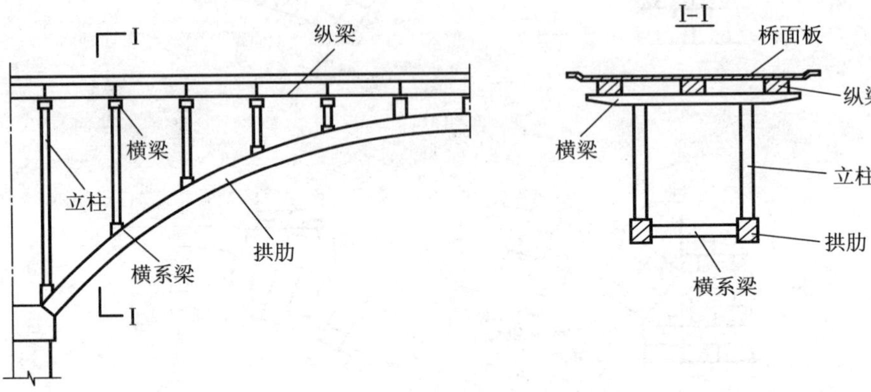

图 10.8　肋拱桥立面布置图

拱肋质量小，恒载内力减小，相应的活载内力的比重增大，可充分发挥钢筋等材料的性能，具有较好的经济性，现已在大中型拱桥中广泛使用，并逐渐取代板拱。

拱肋是拱桥的主要承重结构，可由混凝土、钢筋混凝土、劲性骨架混凝土组成。其肋数、间距以及截面形式主要根据桥梁宽度、主拱制作材料、施工方法和经济性等方面综合考虑决定。一般在吊装能力满足要求的情况下，为了简化构造，宜采用少肋形式。通常桥宽在 20m 以内时，均可采用双肋式；当桥宽在 20m 以上时，可采用分离的双幅双肋拱，以避免由于肋中距增大而使肋间横系梁、拱上结构横向跨度与尺寸增大太多。上下游拱肋最外缘的间距一般不宜小于跨径的 1/15，以保证肋拱的横向整体稳定性。

拱肋的截面形式分为实体矩形、工字形、箱形、管形和劲性骨架混凝土箱形等。矩形截面具有构造简单、施工方便等优点，在受弯矩作用时不能充分发挥材料的作用，经济性差，一般仅用于中小跨径的拱肋。肋高可取跨径的 1/40～1/60，肋宽可为肋高的 0.5～2.0 倍。工字形截面由于截面核心距比矩形大，具有更大的抗弯能力，常用于大、中跨径的肋拱桥。

肋高一般为跨径的 1/25～1/35，肋宽约为肋高的 40%～50%，腹板厚度常为 30～50cm。管形肋拱是指采用钢管混凝土结构作为拱肋的拱桥，钢管混凝土肋拱断面中钢管的根数、布置形式和直径等应根据桥梁的跨径、桥宽及受力等具体情况确定。其截面形式一般有单管型 [图 10.9(a)]、双肢亚铃型 [图 10.9(b)]、四肢格构型 [图 10.9(c)、(d)] 和三角格构型 [图 10.9(e)] 等。其肋高与跨径之比常在 1/45～1/65 之间，钢管混凝土具有质量小、强度高、塑性好等优点，已广泛使用在中、下承式拱桥中，在上承式肋拱上也已开始使用。箱形肋高一般为跨径的 1/50～1/70，肋宽一般为肋高的 1.0～2.0 倍。

分离式的拱肋需设置横系梁，以增强肋拱横向整体稳定性，同时还可以起到横向分布荷载的作用。因此，要求横系梁具有足够的强度和刚度，并与拱肋牢固连接。横系梁一般可采用矩形、工形、桁片式梁或箱形，如图 10.10 所示。

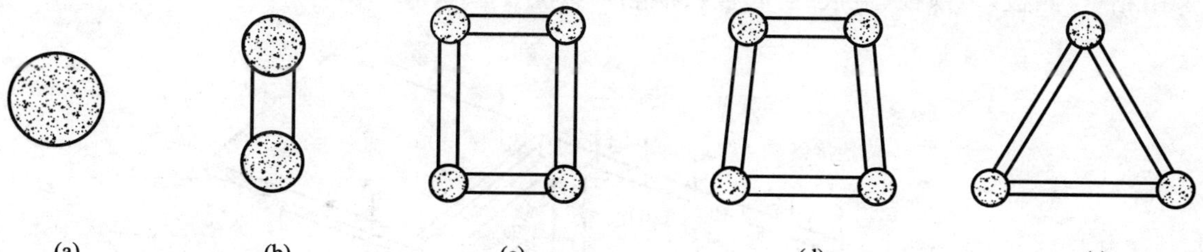

图 10.9　钢管混凝土拱肋截面形式

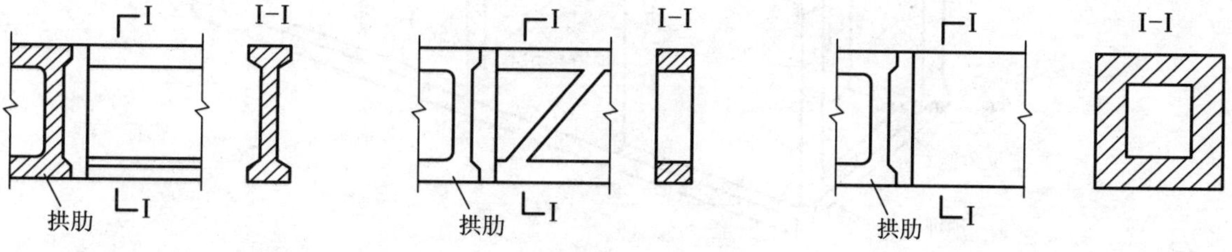

图 10.10　箱形拱横系梁

3．箱形拱

主拱圈截面由多室箱构成的拱称为箱形拱(图 10.11)，又由于箱形拱主拱截面外观同板拱，所以也称箱板拱。

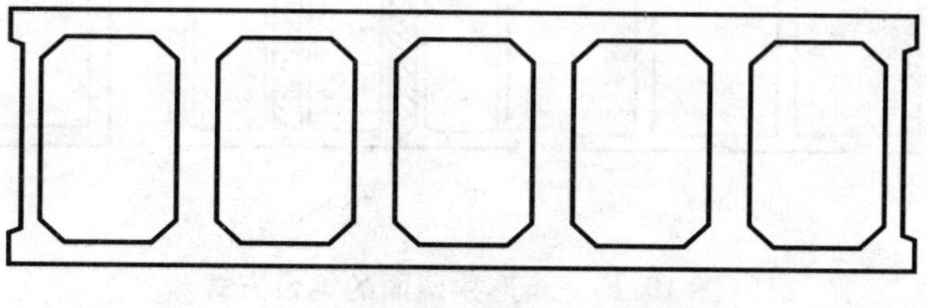

图 10.11　箱形拱拱圈断面示意图

1）箱形拱的主要特点

(1) 截面挖空率大，挖空率可达全截面的 50%～60%，与板拱相比，可大量节省圬工体积，减轻质量。

(2) 箱形截面的中性轴大致居中，对抵抗正负弯矩有几乎相等的能力，能较好地适应各截面正、负弯矩变化的情况。

(3) 由于是闭合空心截面，抗弯、抗扭刚度大，拱圈的整体性好，应力分布比较均匀。

(4) 单根箱梁的刚度较大，稳定性较好，能单片成拱，便于无支架吊装。

(5) 预制拱箱的宽度较大，施工操作安全，易于保证施工质量。

(6) 制作要求较高，起吊设备较多，主要用于大跨径拱桥。

箱形拱的拱圈可以由一个闭合箱(单室箱)或几个闭合箱(多箱室)组成，每一个闭合箱又由箱壁(侧板)、顶板(盖板)、底板及横隔板组成(图 10.12)。

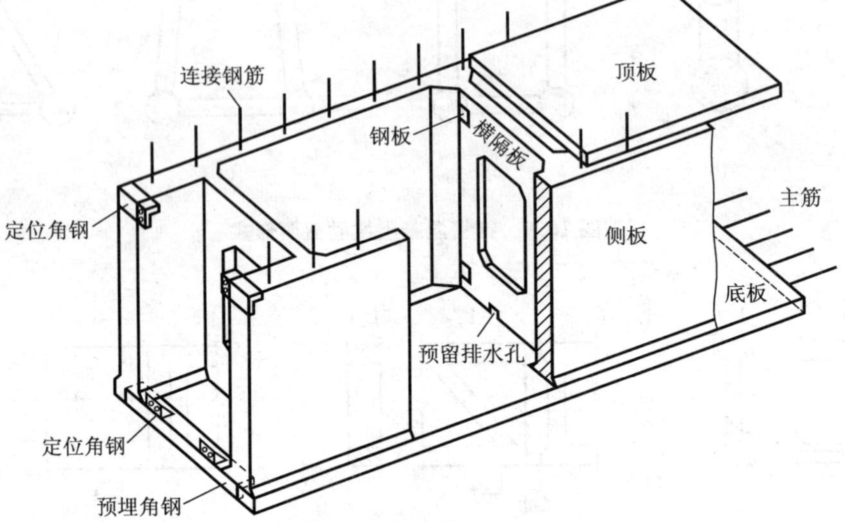

图 10.12　箱形拱闭合箱的构造

2) 箱形拱截面的组成方式

(1) 由多条 U 形肋组成的多箱形截面［图 10.13(a)］。此种截面是将底板和箱壁预制成 U 形拱肋(沿拱轴方向一定间距设置横隔板)，分段预制，吊装合拢后再安装 U 形断面的肋盖板(预制)，最后现浇顶板和填缝混凝土形成箱形截面。

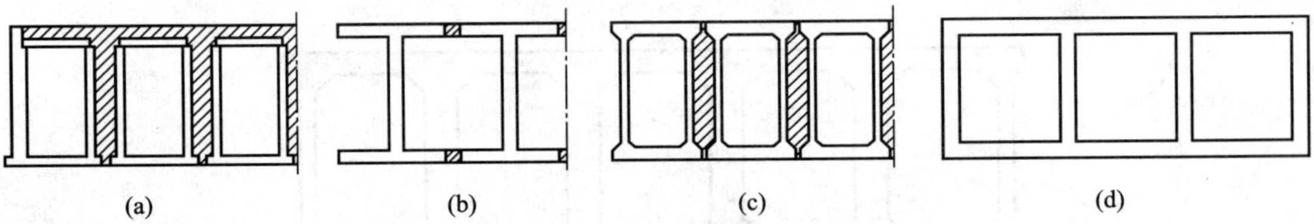

图 10.13　箱形拱截面的组合方式

(2) 由多条工字形组成的多室形截面［图 10.13(b)］。这种截面是在工字形预制拱肋段吊装合拢后，相邻工字形肋翼缘板直接对拼并焊好连接钢板。

(3) 由多条闭合箱肋组成的多室箱形截面［图 10.13(c)］。首先预制箱肋的侧板、横隔板，其后在拱胎上安装箱底板侧模，组拼箱侧板和横隔板，然后现浇箱底板及侧板与横隔板的接头，从而形成开口箱肋段，最后立模现浇箱顶板形成待吊装的闭合箱肋段。各闭合箱肋吊装成拱后，浇筑肋间填缝混凝土就形成了多室箱形截面。

(4) 整体式单箱多室截面。此种截面外形为一箱，箱内具有多个室［图 10.13(d)］。单箱多室主要用于不能采用预制吊装的特大型拱桥，单箱多室截面的形成与施工方法有关，当采用转体施工时，截面可在拱胎(支架)上组装或现浇形成；当采用悬臂施工时，可采用与悬臂浇筑梁桥类似的方法，在空中逐块浇注并合拢，也可采用预制拼装成拱。

箱形拱的构造与施工方法有密切的联系，修建箱形拱时，可以采用预制拱箱无支架吊装或有支架现场院浇筑等施工方法。采用无支架施工时，拱箱可分段预制，当吊装能力很大时，可采用封闭式拱箱，以增加拱箱在施工过程中的整体稳定性，减少施工步骤。

3）箱形拱截面尺寸的拟定

拟定箱形拱截面尺寸主要包括拱圈的高度、宽度、箱肋的宽度以及顶底板及腹板的尺寸。

(1) 拱圈的高度。拱圈的高度主要取决于拱的跨度，还与拱圈所用混凝土强度有很大关系，初拟拱圈的高度可取跨径的1/55～1/75或按如下经验公式估算。

$$h=\frac{l_0}{100}+\Delta \tag{10-2}$$

式中：h——拱圈高度；

l_0——净跨径；

Δ——取为0.6～0.8m。

提高拱圈混凝土强度可减小截面尺寸，从而减小拱体本身的自重力。目前，常用C35～C40混凝土，对于特大跨径拱桥应尽量采用强度等级更高的混凝土。

(2) 拱圈的宽度。拟定箱形拱的拱圈宽度时，可采用悬挑桥面，减小拱圈宽度，即采用窄拱圈形式，拱圈的宽度一般可为桥宽的1.0～0.6倍，桥面悬挑可达4m。但为保证其横向稳定性，一般希望桥宽不小于跨径的1/20。但特大跨径桥的拱圈宽度常难以满足该条件，只要横向稳定性能得到保证即可。

(3) 箱肋的宽度。箱肋是组成预制吊装施工箱形拱桥的基本构件。拱圈宽度确定后，根据(缆索)吊装能力，在横向划分为几个箱肋，即可确定箱肋的宽度。

(4) 顶底板及腹板尺寸拟定。对于常用由多条闭口箱肋组成的箱形拱(图10.14)其顶底板及腹板各部分尺寸采用何值，与跨径及荷载大小有关。顶、底板厚度 t_d 一般为15～22cm，两外箱肋外腹板厚 t_{wf} 一般为12～15cm，内箱肋腹板厚 t_{nf} 常取5～7cm，以尽量减少吊装质量。但需注意的是拱圈顶、底、腹板太薄可能出现压溃，其原因除构造尺寸太小外，就是应力允许值用得太大(国际上对压板应力值限制很严)，故应对其作必要的局部应力验算。填缝宽度 t_f 根据受力大小确定(主要考虑轴向力的大小)，一般采用20～35cm。为保证填缝混凝土浇筑质量，Δ_1 不宜小于15cm，Δ_2 为安装缝，通常为4cm。

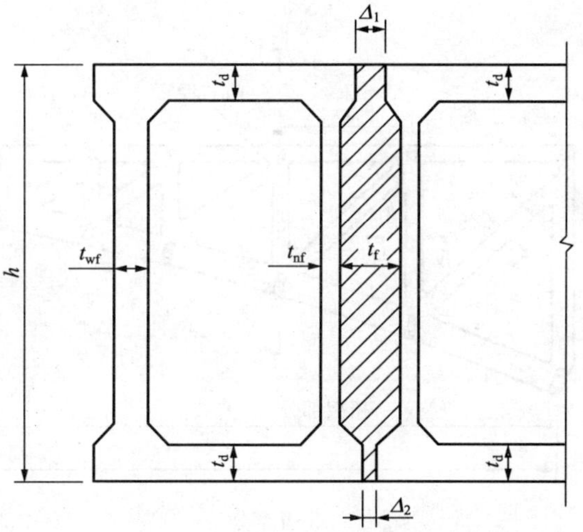

图 10.14 常用箱形拱截面构造

4. 双曲拱桥

双曲拱桥主拱通常由拱肋、拱波、拱板和横向联系等几部分组成，如图10.15所示，由于拱圈在纵、横向均是曲线形而得名。主拱圈的特点是化整为零，再集零为整，以适应无支架施工但又无大型起吊设备时的情况。施工时，先将拱圈划分成拱肋、拱波、拱板及横向联系4部分，并预制拱肋、拱波和横向联系(梁板)，即化整为零；然后吊装钢筋混凝土拱肋成拱，并与横向联系构件组成拱形框架，在拱肋间安装拱波，随后浇筑拱板混凝土，形成主拱圈，即集零为整。这种拱桥由于结构整体性差，目前已较少采用。

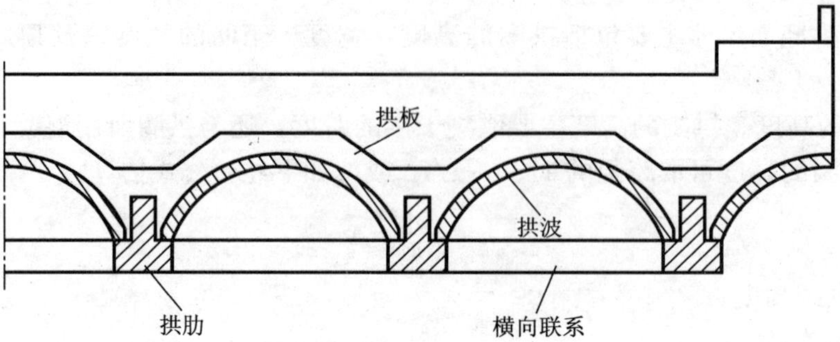

图 10.15　双曲拱桥主拱圈横断面

5. 桁架拱桥

桁架拱桥又称拱形桁架桥。桁架拱桥是一种有水平推力的桁架结构，其上部结构由桁架拱片、横向连接系和桥面组成，桁架拱片是主要的承重结构，由上、下弦杆、腹杆和实腹段组成，其主立面布置如图 10.16 所示。它在施工期间单独受力，在竣工后与桥面板共同受力。桁架在荷载作用下具有水平推力，使跨间弯矩减小，跨中实腹段以受压为主，即

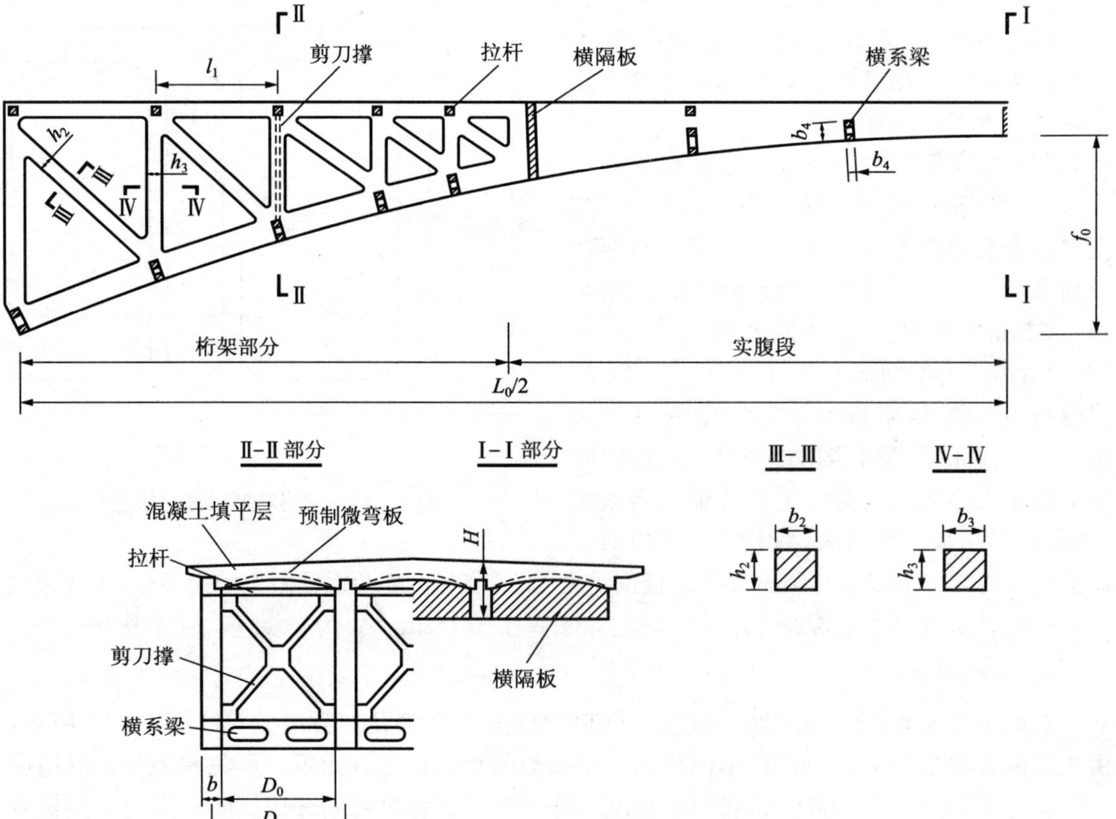

图 10.16　桁架拱桥的主要组成部分

具有拱的受力特点；同时，它相当于把普通上承式拱的传载构件(拱上结构)与拱肋连成整体，拱与拱上结构共同受力，相当于加大了拱圈的高度，各杆件主要承受轴力，所以又具有桁架的受力特点。由于桁架拱兼备了桁架和拱结构的有利因素，因此能充分发挥材料的受力性能。另外，由于桁架拱外部通常采用两铰拱结构，因基础位移、温度变化等产生的附加内力较小，适合软弱地基的需要。

桁架拱在施工过程中具有整体钢筋骨架，因而整体性好，抗震性强，施工主要采用预制装配，工序少，工期短，质量易于控制。其主要缺点是，由于节点的次应力容易导致两端开裂，另外，桁架杆件纤细，模板复杂，浇筑和吊运要求高。

根据构造不同，桁架拱可分为斜腹杆式、竖腹杆式、桁肋式和组合式 4 种。

(1) 斜(腹)杆式［图 10.17］。其中，三角形腹杆的桁架拱拱片，腹杆根数少，长度最短。因此，腹杆用料省，整体刚度较大［图 10.17(a)］。但当拱跨较大，矢高较高时，三角形体系的节间就过大，为了承受桥面荷载，就要增加桥面构件的钢筋用量。因此宜增设竖杆来减少节间长度，成为竖杆的三角形桁架拱［图 10.17(b)］，根据斜杆倾斜方向不同，又有斜压杆和斜拉杆两种［图 10.17(c)、(d)］。

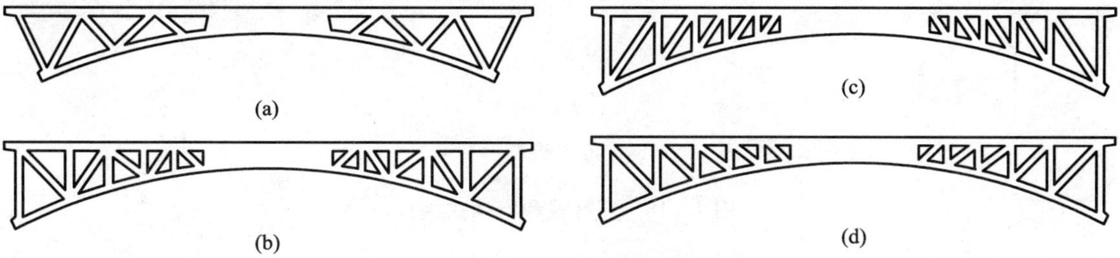

图 10.17 斜杆式桁架拱桥

(2) 竖(腹)杆式［图 10.18(a)］。竖杆式桁架拱片外型较整齐美观，节点构造简单，施工方便，但整体刚度小，竖杆与上、下弦连接点易开裂，适用于荷载小、跨径小的桥梁。

(3) 桁肋式［图 10.18(b)］。这种形式实质上为普通上承式拱，仅是将主拱圈改为桁架结构，桁肋自重轻，吊装方便，适宜于无支架施工。但由于桁架和拱脚处固结，基础变位、温度变化和混凝土徐变引起的附加内力较大，拱脚上弦易开裂。

(4) 桁式组合拱(图 10.19)。桁式组合拱与普通桁架拱的主要区别在于上弦杆断点位置不同。普通桁架拱的上弦杆简支于墩(台)上，上弦杆在墩(台)之间没有断缝(即断点)，而桁式组合拱上弦杆却是在墩(台)顶部及拱顶之间适当位置断开，形成一条断缝(即断点)，从断点至墩(台)顶部形成一个悬臂桁架(与墩台固结)，跨间两断点之间为一普通桁架拱，全桥下弦保持连续。桁式组合拱常用于 100m 以上的特大型预应力混凝土拱桥。

桁式组合拱的特点是保留了普通桁架的优点。纵、横刚度大，施工和运营阶段稳定性好，拱顶正弯矩比同跨径普通桁架减少 30%以上，构造简单。由于上弦断开，其拉力比同跨径普通桁架减少 200%以上。悬臂桁架在施工和运营阶段受力一致，不需额外增加施工用材，总的经济性较好。

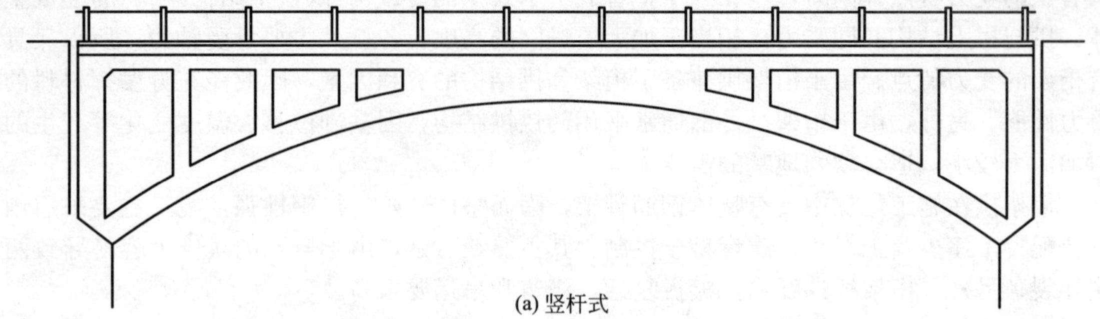

(a) 竖杆式

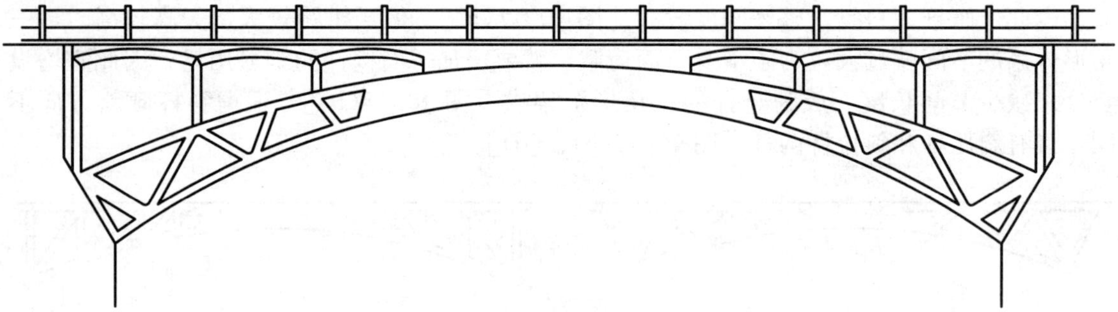

(a) 桁肋式

图 10.18　竖杆式和桁肋式拱片

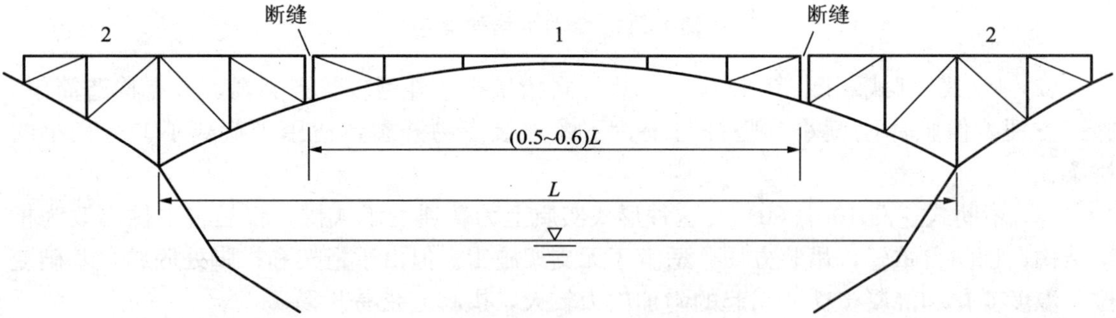

图 10.19　桁式组合拱组成

6. 刚架拱桥

刚架拱桥属于有推力的高次超静定结构，具有构件少、质量小、整体性好、刚度大、施工简便、造价低和造型美观等优点，被广泛用于 25～70m 的桥梁。

刚架拱桥的上部结构由刚架拱片、横向连接系和桥面等部分组成(图 10.20)。

刚架拱片是刚架拱桥的主要承重结构，一般由跨中实腹段的主梁、空腹段的次梁、主拱腿(主斜撑)、次拱腿(斜撑)等构成，与桥面板一起形成刚架拱的主拱片。主梁和主拱腿的交接处称为主接点，次梁与次拱腿的交接处称为次节点。节点构造一般按照固结设计，并配置钢筋。

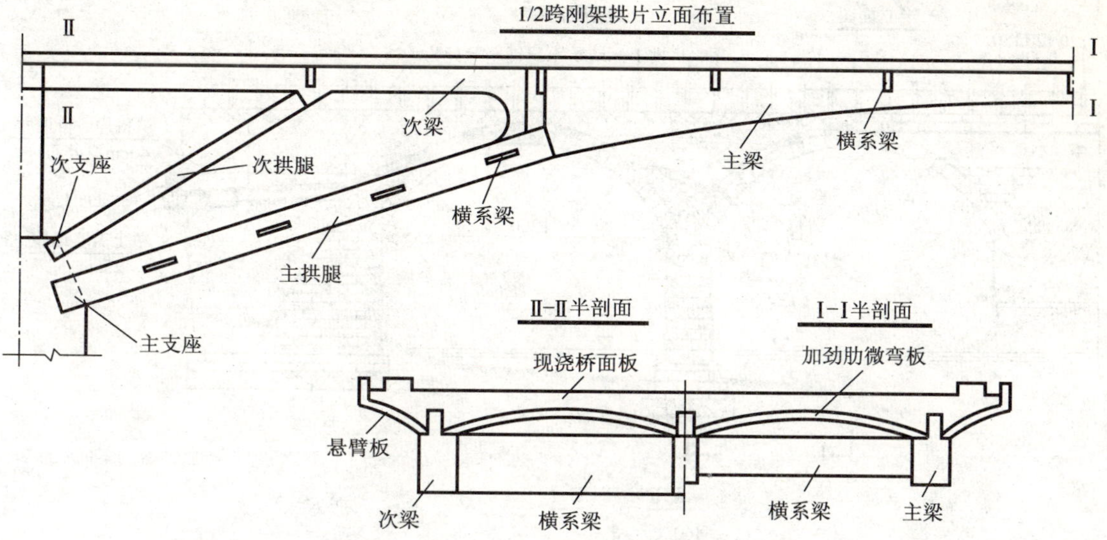

图 10.20 刚架拱桥的主要组成部分

主梁和主拱腿构成的拱形结构的几何形状是否合理，对全桥结构的受力有显著的影响。主梁和次梁的梁肋上缘线一般与桥面纵向平行，主梁下边缘线一般可采用二次抛物线、圆弧线或悬链线，使主梁成为变截面构件。主拱腿可根据跨径大小和施工方法等不同，设计成等截面直杆或微曲杆。有时从美观考虑，也可采用与主梁同一曲线的弧形杆，这样可改善梁、拱腿的受力性能。

横向联系的作用是将刚架拱片联成整体共同受力，并保证其横向稳定。

10.3 拱上建筑构造

拱上建筑是拱桥的一部分。拱上建筑的形式一般分为实腹式和空腹式两大类。

1. 实腹式拱上建筑

实腹式拱上建筑由侧墙、拱腹填料、护拱、变形缝、防水层、泄水管和桥面等部分组成(图 10.21)。实腹式拱上建筑的特点是构造简单、施工方便、填料数量较多、恒载较重，因此，一般用于小跨径的拱桥。

拱腹填料分为填充式和砌筑式两种，填充式拱腹填料应尽量做到就地取材，通常采用砾石、碎石、粗砂或卵石类粘土并加以夯实。在地质条件较差的地区，为了减轻拱上建筑的重量，可以采用其他轻质材料，如炉渣与粘土的混合物、陶粒混凝土等。砌筑式拱腹就是在散粒料不易取得时采用的一种干砌圬工方式。

侧墙的作用是围护拱腹上的散粒填料，设在拱圈两侧，一般用块石或片石砌筑，为了美观的需要，可以用料石镶面。侧墙一般要求承受拱腹填料及车辆荷载产生的侧压力，故按挡土墙进行设计。对浆砌圬工的侧墙，顶面厚度一般为 50～70cm，向下逐渐增厚，墙脚的厚度可取侧墙高度的 40%。

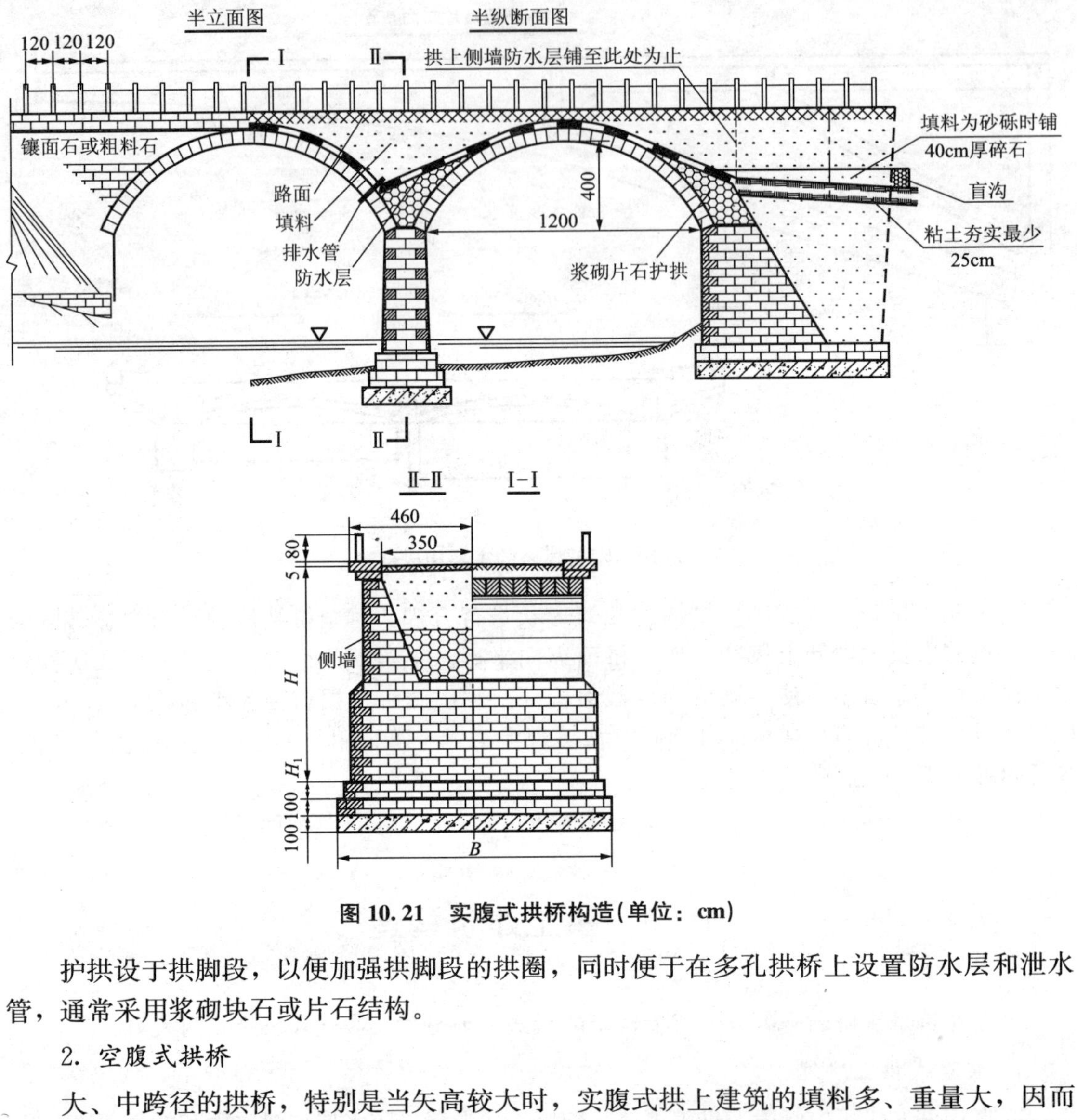

图 10.21　实腹式拱桥构造(单位：cm)

护拱设于拱脚段，以便加强拱脚段的拱圈，同时便于在多孔拱桥上设置防水层和泄水管，通常采用浆砌块石或片石结构。

2. 空腹式拱桥

大、中跨径的拱桥，特别是当矢高较大时，实腹式拱上建筑的填料多、重量大，因而以采用空腹式拱上建筑为宜。空腹式拱上建筑除具有实腹式拱上建筑相同的构造外，还具有腹孔和腹孔墩。

1) 腹孔

根据腹孔的构造，可分为拱式拱上建筑和梁式拱上建筑两种。

(1) 拱式拱上建筑。拱式拱上建筑构造简单，外形美观，但质量较大，一般用于圬工拱桥［图 10.22(a)］。腹孔对称布置在靠拱脚侧的一定区段内，一般在半跨内的范围以跨径的 1/3～1/4 为宜，此时，跨中存在一实腹段。对中小跨径拱桥，腹孔跨数以 3～6 孔为宜，目前也有采用全空腹形式［图 10.22(b)］，一般以奇数孔为宜。

腹孔跨径的确定主要应考虑主拱的受力需要。腹孔跨径过大时，腹孔墩处的集中力就大，对主拱受力不利；腹孔跨径过小时，对减少拱上结构质量不利，构造也较复杂。对中小跨径拱桥一般选用 2.5～5.5m 为宜，对大跨径拱桥则控制在主跨径的 1/8～1/15 之间，

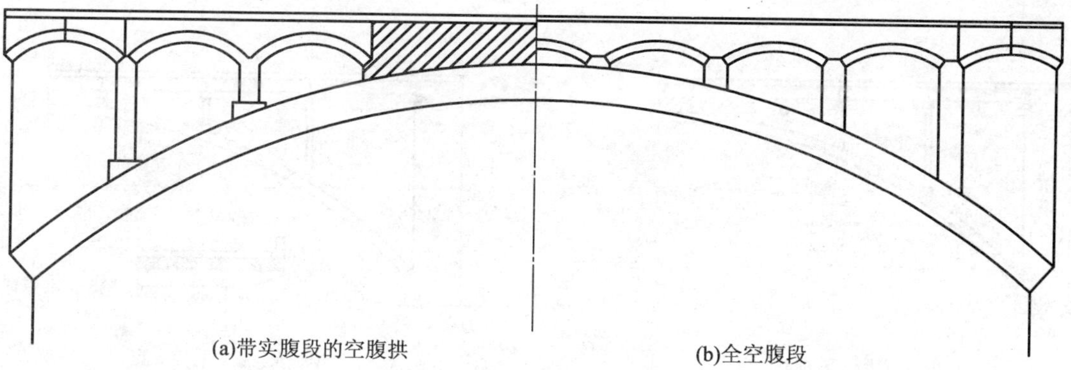

图 10.22 拱式拱上建筑

腹孔的构造宜统一，以便施工和有利腹孔墩的受力。

腹拱的拱圈可以采用石砌、混凝土预制或现浇的圆弧形板拱，矢跨比一般为 1/2～1/5，有时也采用矢跨比为 1/10～1/12 的微弯板或扁壳结构作为腹板拱跨结构。腹拱圈的厚度与它的构造形式有关，当跨径小于 4m 时，石板拱为 30cm，混凝土板拱为 15cm，微弯板为 14cm(其中预制 6cm，现浇 8cm)；当跨径大于 4m 时，腹拱圈厚度则可按板拱厚度经验公式或参考已成桥的资料确定腹拱。拱腹填料与实腹拱相同。

紧靠桥墩(台)的第一个腹拱，目前较多的做法是将腹拱的拱脚直接支承在墩(台)上[图 10.23(a)、(b)]，或跨越桥墩，使桥墩两侧的腹拱圈相连 [图 10.23(c)]。由于拱圈受力后变形较大，而墩台变形较小，容易造成第一个腹拱因拱脚变位而开裂，因而靠近墩台的第一个腹拱应做成三铰拱，即腹拱顶及其两个拱脚均为铰结(静定体系)。

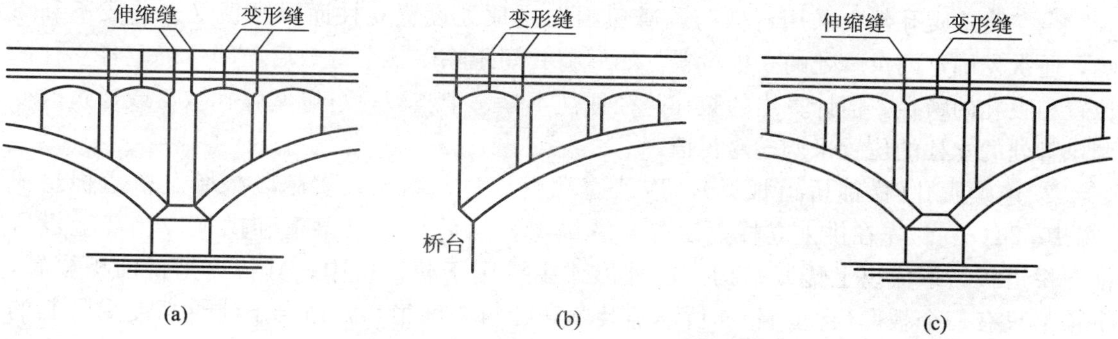

图 10.23 桥墩(台)上腹拱的布置方式

(2) 梁式拱上建筑。采用梁式拱上建筑，可使桥梁造型轻巧美观，减轻拱上重量，降低拱轴系数(使拱上建筑的恒载分布接近于均布荷载)，改善拱圈施工过程中的受力状况，获得更好的经济效果。梁式腹孔结构有简支、连续和框架式等多种形式。

① 简支腹孔(纵铺桥道板梁)。简支腹孔由底梁(座)、立柱、盖梁和纵向简支桥道板(梁)组成。由于桥道板(梁)简支在盖梁上，因此，基本上不存在拱与拱上结构的联合作用，受力明确，是大跨径拱桥拱上建筑采用的主要形式。

简支腹孔的布置有两种方法：一种是对称布置在每半跨自拱脚至拱顶 1/4～1/3 内[图 10.24(a)]，l 为主拱跨径；一种是全空腹式结构 [图 10.24(b)]。前者多用于板拱，后者多用于大跨径拱桥。

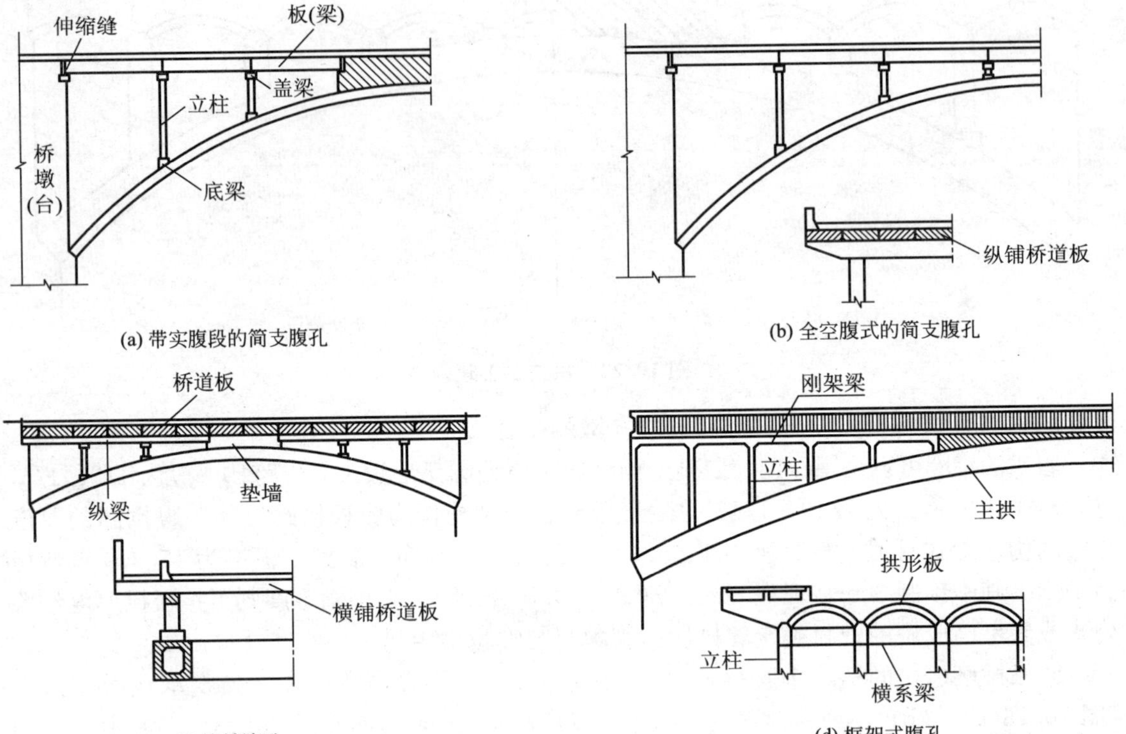

(a) 带实腹段的简支腹孔　(b) 全空腹式的简支腹孔　(c) 连续腹孔　(d) 框架式腹孔

图 10.24　梁式空腹式拱上建筑

全空腹式腹孔数宜采用奇数跨，避免因在拱顶处设置立柱而对拱顶受力造成不利影响，通常先确定两拱脚处的立柱位置。然后将其间距除以某个奇数后，即可确定各立柱的位置和腹孔的跨径。但计算出的腹孔跨径往往不是一个整数，可以调整孔数，或通过改变两拱脚处的立柱的位置来调整跨径值。

② 连续腹孔(横铺桥道板梁)。连续腹孔由立柱、纵梁、实腹段垫墙及桥道板组成[图 10.24(c)]。先在拱上立柱上设置连续纵梁，然后再在纵梁上和拱顶段垫墙上设置横向桥道板，形成拱上传载结构。这种形式主要用于肋拱桥中，其特点是桥面板横置，拱顶上只有一个板厚(含垫墙)和桥面铺装厚，建筑高度很小，适合于建筑高度受限制的拱桥。

③ 框架腹孔。框架腹孔在横桥向根据需要设置，每片通过系梁形成整体 [图 10.24(d)]。

2) 腹孔墩。腹孔墩可分为横墙式和排架式两种。

(1) 横墙式。横墙式墩身 [图 10.25(a)] 一般采用圬工材料砌筑或现浇混凝土做成实体墙，施工简便。有时为了节省圬工，减轻重量或便于检修人员在拱上建筑内通行，也可在横墙上挖孔。横墙式腹孔墩自重大，但节省钢材，多用于砖、石拱桥中。腹孔墩的厚度，用浆砌片石、块石时，不宜小于 0.6m；用混凝土浇注时，一般应于大于腹拱圈厚度的一倍。底梁能使横墙传下来的压力较均匀地分布到主拱圈全宽上，其每边尺寸较横墙宽 5cm，其高度则以使较矮一侧高出拱圈 5～10cm 的原则来确定，底梁常采用素混凝土结构。墩帽宽度宜大于墙宽 5cm ，也采用素混凝土。

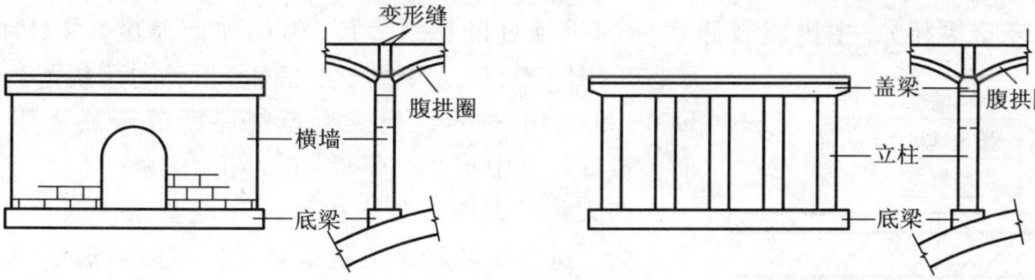

图 10.25 腹孔墩构造形式

(2) 排架式。排架式腹孔墩是由立柱和盖梁组成的钢筋混凝土排架结构［图 10.25(b)］。为了使立柱传递给主拱圈的压力不致于过分集中，通常在立柱下面设置底梁。立柱一般由 2 根或多根钢筋混凝土立柱组成，立柱较高时应在各立柱间设置横系梁，以确保立柱的稳定。立柱和横梁常采用矩形矩面，截面尺寸及钢筋配置除了满足结构受力需要外，并应考虑和拱桥的外形及构造相协调。腹孔墩的侧面一般做成竖直的，以方便施工。

对于拱上结构与主拱连接成整体的钢筋混凝土空腹式拱桥，在活载或温度变化等因素作用下将引起拱上结构变形，在腹孔墩中产生附加弯矩，而导致节点附近产生裂缝。为了使拱上结构不参与主拱受力，可以将腹孔墩的上、下端设铰，使它成为仅受轴向压力的受力构件。这样就能改善拱上建筑腹孔墩的受力情况，由力学知识可知，当腹孔墩截面尺寸相同时，高度较大的腹孔墩的相对刚度要比矮腹孔墩小。为了简化构造和方便施工，一般高立柱仍采用固结形式。而只将靠近拱顶处的 1～2 根高度较小的矮立柱上、下端设铰(图 10.26)。

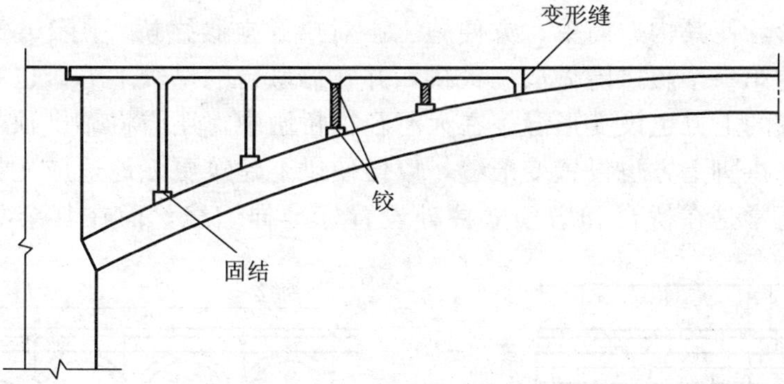

图 10.26 立柱的连接方式

10.4 其他细部构造

1. 拱上填料、桥面及人行道

拱上建筑中的填料，一方面能扩大车辆荷载的分布面积的作用，同时还能减小车辆荷载的冲击作用，但也增加了拱桥的恒载重量。无论是实腹式拱，还是空腹式拱(除无拱上填料的轻型拱桥)，主拱圈及腹拱圈的拱顶处的填料厚度(包括路面厚度)均不宜小于0.30m(图10.27)。根据《公路桥涵设计通用规范》(JTG D60—2004)的规定，当拱上填料厚度等于或大于50cm时，设计计算中不计汽车荷载的冲击力。

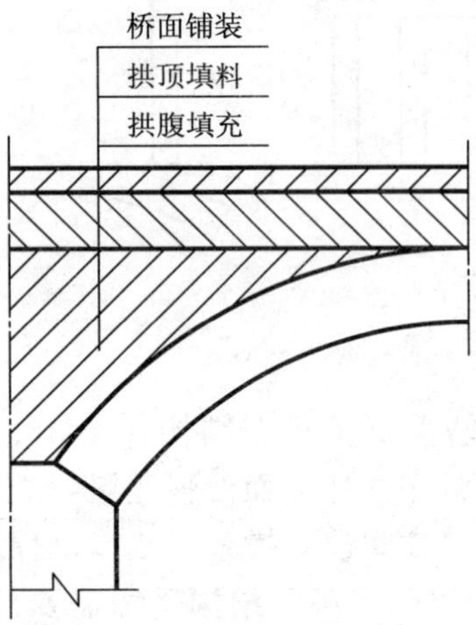

图10.27 拱上填料图式

在大跨度钢筋混凝土拱桥或在地基条件很差的情况下，为了进一步减轻拱上建筑重量，可以减薄填料厚度，甚至可以不用填料，直接在拱顶上修建混凝土路面，此时应计入汽车荷载的冲击力。

拱桥行车道和人行道的桥面铺装要求与梁桥的基本相同。

2. 伸缩缝与变形缝

由于拱上建筑与主拱圈的共同作用，一方面拱上建筑能够提高主拱圈的承载能力；但另一方面，它对主拱圈的变形又起到约束作用，在主拱圈和拱上建筑内均产生附加内力，从而使结构受力复杂。

为使结构的计算图式尽量与实际的受力情况相符合，避免拱上建筑不规则地开裂，以保证结构的安全使用和耐久性，除在设计计算上应作充分的考虑外，还须在构造上采取必要的措施。通常是在相对变形(位移或转角)较大的位置设置伸缩缝(把墩台和拱上结构用一条横向的贯通缝完全隔开，断缝宽度大于2cm的称为伸缩缝)，而在相对变形较小处设置变形缝(无宽度或宽度小于2cm的称为变形缝)。实腹式拱桥的伸缩缝通常设在两拱脚的上方［图10.28(a)］，并在横桥方向贯通全宽和侧墙的全高至人行道。伸缩缝多做成直线形，使其构造简单、方便施工。对拱式空腹拱桥［图10.28(b)］，一般将紧靠桥墩(台)的第一个腹拱圈做成三铰拱，并在靠墩台的拱铰上方，也相应地设置伸缩缝，在其余两铰的上方也设变形缝。在大跨径拱桥墩中，还应将靠拱顶的腹拱做成两铰或三铰拱。并在拱脚上方也设置变形缝，以便使拱上建筑更好地适应主拱圈的变形。对于梁式腹孔，通常是在桥台和墩顶立柱处设置标准伸缩缝，而在其余立柱处采用桥面连续。

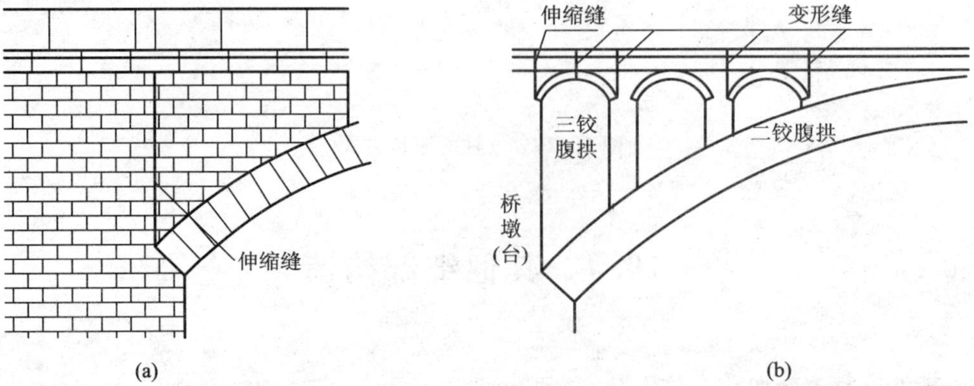

图10.28 拱桥伸缩缝及变形缝的布置

伸缩缝的宽度一般为2～3cm，通常是在施工时用锯屑与沥青按1∶1比例配合压制成的预制板嵌入砌体或埋入现浇混凝土中即可。变形缝则不留缝宽，用干砌或油毛毡隔开即可。

3. 排水与防水

对于拱桥，不仅要求将桥面雨水及时排除，而且也要求将透过桥面铺装渗入到拱腹内的雨水及时排除。关于桥面雨水的排除，除桥梁设置纵坡和桥面设置横坡外，一般还沿桥面两侧缘石边缘设置泄水管(图10.29)，透过桥面铺装渗入到拱腹内的雨水，应由防水层汇集于预埋在拱腹内的泄水管排出，防水层和泄水管的敷设方式与上部结构的形式有关。

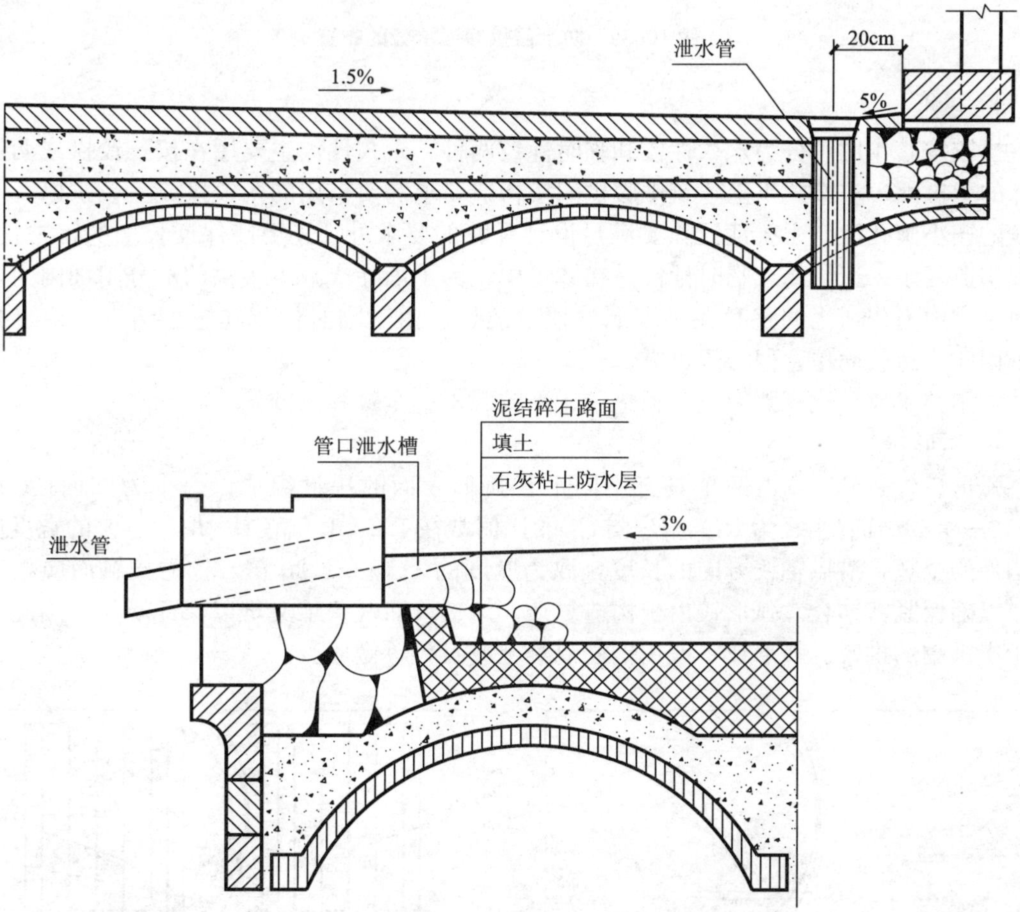

图10.29 拱桥桥面排水设置

实腹式拱桥，防水层应沿拱背护拱侧墙铺设。如果是单孔，可以不设拱腹泄水管，积水沿防水层流至两个桥台后面的盲沟，然后沿盲沟排出路堤(图10.21右侧桥台的构造)，如果是多孔桥，可在跨径1/4处设泄水管［图10.30(a)］，对于空腹式拱桥，防水层应沿腹拱上方与主拱圈跨中实腹段的拱背设置，泄水管也宜布置在1/4跨径处［图10.30(b)］。对跨线桥、城市桥或其他特殊桥梁，应设置全封闭式排水系统。防水层在全桥范围内不宜断开，在通过伸缩缝或变形缝处需要妥善处理，使其既能防水又能变形。

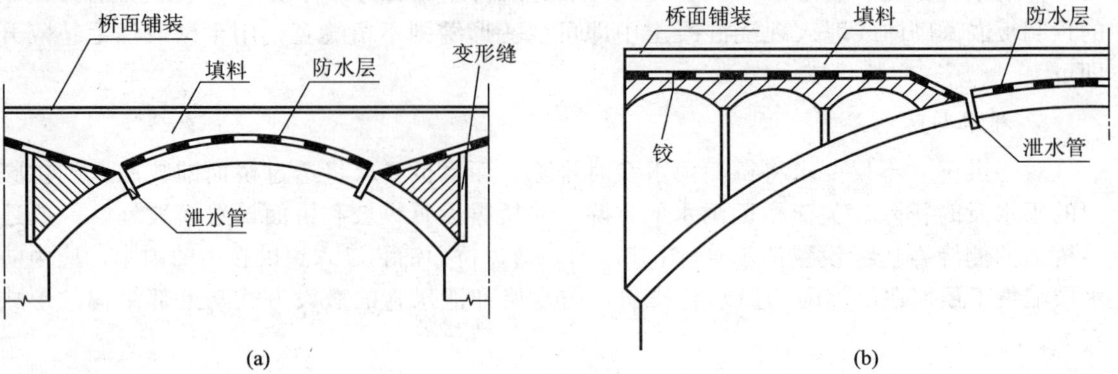

图 10.30　防水层拱腹泄水管的布置

4. 拱铰

拱铰按其作用可分为永久性铰和临时性铰两种。永久性铰主要用在按三铰拱或两铰拱设计的主拱圈、空腹式拱上建筑中腹拱圈按构造要求需要采用的两铰拱或三铰拱以及需设置铰的矮小腹孔墩。永久性铰除要满足设计计算的要求外，还要能保证长期的正常使用，因此构造复杂，造价高。临时性铰是在施工中，为了消除或减少主拱的部分附加内力，以及对主拱内力作适当调整时在拱脚或拱顶设的铰。由于临时性铰在施工结束后要将其封固，因此构造较简单，但必须可靠。

常用的拱铰型式有弧形铰、铅垫铰、平铰、不完全铰和钢铰。

1) 弧形铰

弧形铰(图 10.31)由两个具有不同半径弧形表面的块件组成，一个为凹面(半径为 R_2)，一个为凸面(半径为 R_1)，R_2 与 R_1 的比值常在 1.2～1.5 范围内取用。铰的宽度应等于构件的全宽，沿拱轴线方向的长度，取为厚度的 1.15～1.20 倍，铰的接触面应精确加工，以确保紧密结合。弧形铰由于构造复杂，加工铰面既费工又难以保证质量。因此主要用于主拱圈的拱铰。弧形铰一般用钢筋混凝土或石料等做成。

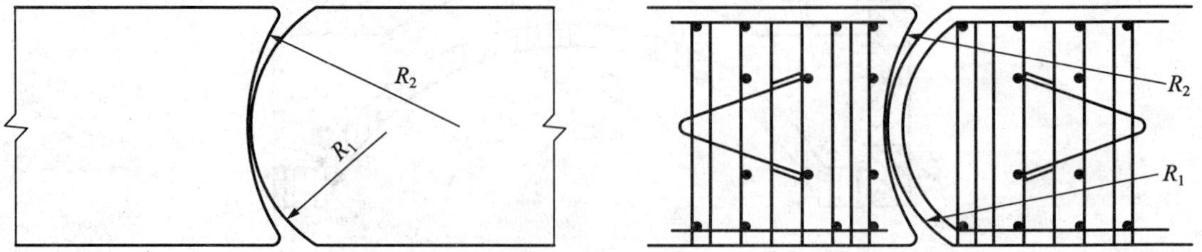

图 10.31　弧形铰

2) 铅垫铰

对于中小跨径的板拱或肋拱，可以采用铅垫铰(图 10.32)，铅垫铰由厚度 1.5～2.0cm 的铅垫板外包以锌、铜薄片(1.0～2.0cm)构成，铅垫板的宽度为拱圈厚度的 1/4～1/3，在主拱圈的全部宽度上分段设置。铅垫板是利用铅的塑性变形达到支承面的自由转动，从而实现铰的功能。此外，铅垫铰也可用作临时铰。

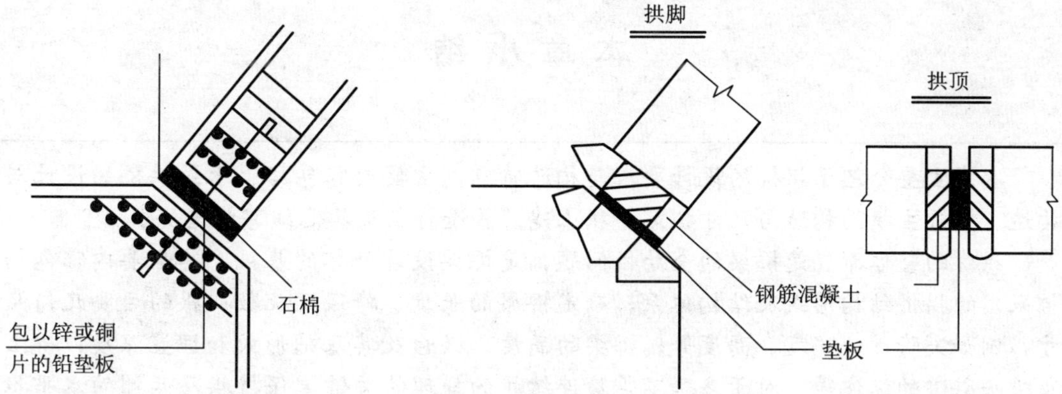

图 10.32 铅垫铰

3）平铰

平铰就是构件两端面(平面)直接抵承，其接缝可铺一层低标号砂浆，也可垫衬油毛毡或直接干砌，一般用于空腹式腹拱圈上(图 10.33)。

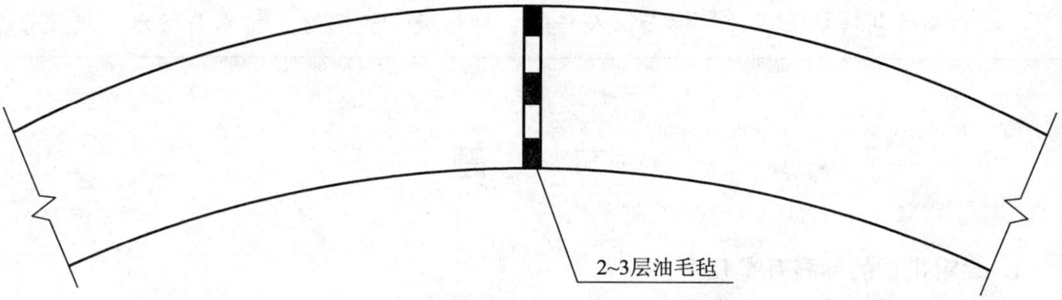

图 10.33 平铰

4）不完全铰

常用在小跨或轻型拱圈以及空腹式拱桥的腹墩柱上，其构造是将拱截面突然减小(一般为全截面的 1/3～2/5)，以保证该截面的转动功能［图 10.34(a)、(b)、(c)］。在施工时拱圈不断开，使用时又能起到铰的作用，由于截面突然变小而使其应力很大，容易开裂。故必须配以斜钢筋。

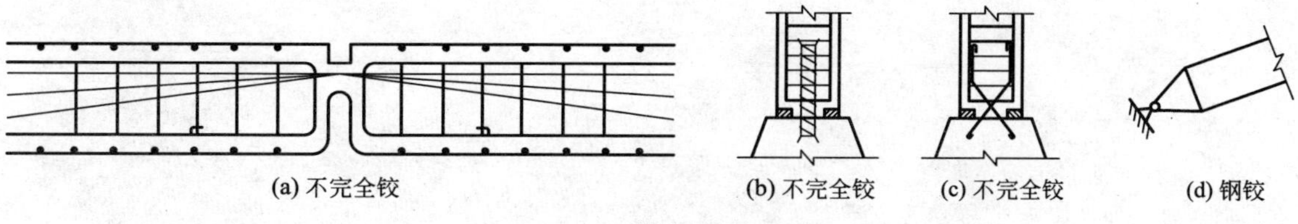

图 10.34 其他类型铰

5）钢铰

钢铰［图 10.34(d)］通常做成理想铰。钢铰除用于少数有铰钢拱桥的永久铰结构外，更多的用于施工需要的临时铰。

本章小结

本章主要介绍了拱桥的设计要求与构造特点，主要内容包括上承式拱桥的设计与构造、拱桥主拱的构造与尺寸拟定、拱上建筑构造特点及其他细部构造要求。

拱桥的整体布置是桥梁的全局性问题，是桥梁设计好坏的基础，其主要内容包括拟采用的拱桥结构形式及结构体系；确定桥梁的长度、跨径及孔数；拱的主要几何尺寸，例如矢跨比、宽度、高度等；桥梁的高度；墩台及其基础形式和埋置深度；桥上及桥头引道的纵坡等。对于多跨不等跨连续拱的处理的关键要保持拱跨两侧的水平推力基本平衡。

上承式拱桥主拱的构造要求及尺寸拟定分为板拱的构造及尺寸拟定、肋拱的构造及尺寸拟定、箱形拱的构造及尺寸拟定、双曲拱的构造及尺寸拟定、桁架拱的构造及尺寸拟定、刚架拱的构造及尺寸拟定。

拱桥的上部构造分为实腹式拱上建筑和空腹式拱上建筑。

细部构造包括拱上填料、桥面、人行道、伸缩缝、变形缝、排水与防水、拱铰等

习　　题

1. 确定拱桥的标高有哪几个？
2. 不等跨拱桥处理方法有哪些？
3. 肋拱的主要截面有哪些？各有何特点？
4. 箱形拱的主要特点是什么？
5. 实腹式拱拱上建筑由哪几部分组成？
6. 梁式腹孔结构有哪几种形式？
7. 叙述拱上填料的作用，叙述伸缩缝和变形逢的作用。
8. 简述拱铰的类型及其作用。

第11章 拱桥的计算

教学目标

本章主要介绍实腹式悬链线拱拱轴线方程和空腹式悬链线拱的“五点重合法”及拱轴系数的确定，拱桥计算的有限元方法中的若干问题。通过本章的学习，应达到以下目标。

(1) 掌握实腹式悬链线拱拱轴线方程。
(2) 掌握拱轴系数的确定方法。
(3) 掌握“五点重合法”。
(4) 掌握恒载内力计算。
(5) 熟悉有限元计算的处理方法。
(6) 掌握主拱强度和稳定性的验算。

教学要求

知识要点	能力要求	相关知识
实腹式悬链线拱拱轴线方程	(1) 掌握悬链线拱拱轴线方程的基本含义 (2) 掌握悬链线拱拱轴线方程的推导	(1) 悬链线的概念 (2) 理想拱轴线与恒载压力线 (3) 3种常用的拱轴线
拱轴系数	(1) 拱轴系数的定义 (2) 掌握拱轴系数的确定方法	(1) 拱轴系数的计算公式 (2) 拱轴系数与主拱圈内力的关系 (3) 逐渐逼近法
“五点重合法”	(1) 掌握“五点重合法”的基本概念 (2) 空腹式拱的拱轴线形式 (3) 不计弹性压缩的恒载内力	(1) 空腹式拱的拱轴线方程 (2) 拱轴线的偏离对内力的影响 (3) 恒载内力计算
有限元计算的处理方法	(1) 杆系有限元的基本方法 (2) 熟悉有限元的处理方法	(1) 结构离散的特点 (2) 边界条件的处理方法 (3) 刚臂、中间铰、支座的处理方法 (4) 地基与基础的处理方法
主拱验算	(1) 强度验算 (2) 稳定性验算	(1) 作用效应组合 (2) 偏心距 (3) 平面内稳定 (4) 平面外稳定

基本概念

拱轴系数、恒载压力线、五点重合法、弹性压缩、有限元法、边界条件、刚臂单元

引例

通常，拱桥计算可以考虑主拱圈、桥面和立柱或吊杆的联合作用来建立整体结构模型，也可以单独将主拱圈作为承重结构来进行计算，拱上建筑及桥面等都作为外荷载来进行分析，同时在计算时须考虑主拱的稳定性，它与结构的强度具有同等的重要性，甚至更为突出。

在实际工程中，经常会遇到铰结点的情况。当处理弹性地基时，又会遇到弹性支承的约束条件。在对基础进行分析时，不可避免地要处理结构与土的接触问题等。所有这些问题中，约束条件怎么处理等是在有限元计算中必须要考虑的常见问题。究竟采取什么形式的边界来进行模拟非常关键。

拱桥为多次超静定的空间结构。实际上存在有“拱上建筑与主拱的联合作用”，但为了简化分析，一般偏安全地不去考虑它。在横桥向，不论活载是否作用在桥面的中心，在桥梁的横断面上都会出现应力的不均匀分布，这种现象称为“活载的横向分布”，但目前我国在设计石拱桥、箱形拱桥及拱上建筑为立墙的双曲拱桥时，一般也不考虑这个影响。

11.1 悬链线拱的计算

拱轴线型直接影响主拱截面内力的分布与大小。理想的拱轴线是与拱上荷载的压力线重合，这样主拱截面只受轴向压力而无弯矩和剪力，截面应力分布均匀。但实际上由于主拱不但受到恒载的作用还受到活载、温度荷载、材料收缩等作用，拱轴线不可能与拱上荷载压力线完全重合，所以选择拱轴线也只可能尽量减少主拱截面的弯矩。一般来说，恒载所占比重相对于活载等其他荷载来说要大许多，在实际当中也一般采用恒载压力线作为拱轴线。恒载越大这种选择越合理。

本节主要介绍悬链线上承式无铰拱桥的内力计算，对于其他类型拱桥的计算，可参考相关文献与著作。

11.1.1 实腹式悬链线拱

实腹式拱桥的恒载包括主拱圈、拱上填料和桥面的自重，其恒载集度由拱顶向拱脚连续分布且逐渐加大(图11.1)，其恒载压力线是一条悬链线。因此实腹式悬链线拱采用恒载压力线(不计弹性压缩)作为拱轴线。实腹式悬链线拱的拱轴方程就是在图11.1(b)所示的恒载作用下，根据拱轴线与压力线完全吻合的条件推导出来的。

1. 拱轴方程的建立

取图11.1所示的坐标系，由拱轴线为恒载压力线可知在恒载作用下，拱顶截面的弯矩 $M_d=0$，由于对称性，剪力 $Q_d=0$，于是拱顶截面仅有恒载推力 H_g。对拱脚截面取矩，则有：

$$H_g=\frac{\sum M_j}{f} \tag{11-1}$$

式中：$\sum M_j$——半拱恒载对拱脚截面的弯矩；

H_g——拱的恒载水平推力(不考虑弹性压缩)；

f——拱的计算矢高。

对任意截面取矩，可得：

$$y_1=\frac{M_x}{H_g} \quad (11-2)$$

式中：M_x——任意截面以右的全部恒载对该截面的弯矩值；

y_1——以拱顶为坐标原点，拱轴上任意点的坐标。

式(11－2)即为求算恒载压力线的基本方程。将式(11－2)两边对 x 求二阶导数得：

$$\frac{d^2y_1}{dx^2}=\frac{1}{H_g}\cdot\frac{d^2M_x}{dx^2}=\frac{g_x}{H_g} \quad (11-3)$$

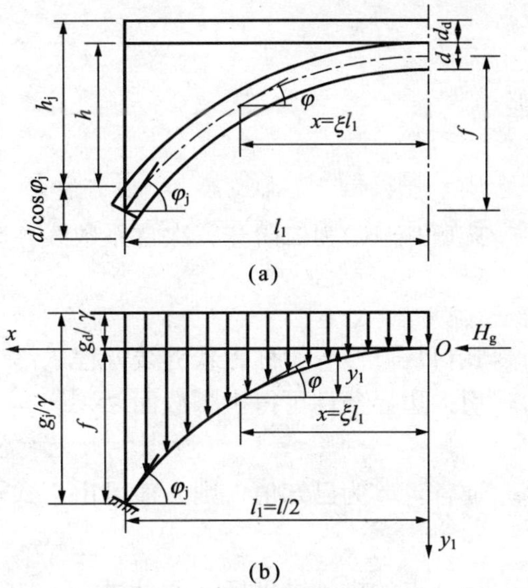

图 11.1 悬链线拱轴计算图示

式(11－3)即为求算恒载压力线的基本微分方程式。为了得到拱轴线(即恒载压力线)的一般方程，必须知道恒载的分布规律。由图 11.1(b)得任意点的恒载集度 g_x可以由下式表示。

$$g_x=g_d+\gamma y_1 \quad (11-4)$$

式中：g_d——拱顶处恒载集度；

γ——拱上材料单位体积重量。

令：

$$m=\frac{g_j}{g_d} \quad (11-5)$$

由式(11－4)、式(11－5)得：

$$g_j=g_d+\gamma f=mg_d \quad (11-6)$$

式中：m——拱轴系数(或称拱轴曲线系数)；

g_j——拱脚处恒载集度。

由式(11－6)得：

$$\gamma=(m-1)\frac{g_d}{f} \quad (11-7)$$

将式(11－7)代入式(11－4)可得：

$$g_x=g_d+(m-1)\frac{g_d}{f}y_1=g_d\left[1+(m-1)\frac{y_1}{f}\right] \quad (11-8)$$

再将式(11－8)代入基本微分方程(11－3)，引入参数：

$$x=\xi l_1，则\ dx=l_1 d\xi$$

可得：

$$\frac{d^2y_1}{d\xi^2}=\frac{l_1^2}{H_g}g_d\left[1+(m-1)\frac{y_1}{f}\right]$$

令：

$$k^2=\frac{l_1^2 g_d}{H_g f}(m-1) \tag{11-9}$$

则：

$$\frac{d^2 y_1}{d\xi^2}=\frac{l_1^2 g_d}{H_g}+k^2 y_1 \tag{11-10}$$

式(11-10)为二阶非齐次常系数线性微分方程。解此方程，则得拱轴线方程为：

$$y_1=\frac{f}{m-1}(\mathrm{ch}k\xi-1) \tag{11-11}$$

式(11-11)一般称为悬链线方程。

引入边界条件可得拱脚截面 $\xi=1$，$y_1=f$，代入式(11-11)得：

$$\mathrm{ch}k=m$$

通常，m 为已知值，则 k 值可由下式求得。

$$k=\mathrm{ch}^{-1}m=\ln(m+\sqrt{m^2-1}) \tag{11-12}$$

任一点的拱轴纵坐标 y_1 可由式(11-11)求得。

当 $m=1$ 时，即表示恒载是均布荷载，则 $g_x=g_d$。将 $m=1$ 代入式(11-9)，解式(11-10)微分方程后可知，在均布荷载作用下的压力线为二次抛物线，其方程为：

$$y_1=f\xi^2$$

由悬链线方程(11-11)可以看出，当拱的矢跨比 f/l 确定后，拱轴线各点的纵坐标将取决于拱轴系数 m，而 m 又取决于拱脚与拱顶的恒载集度比。各种 m 值的拱轴线坐标 y_1 值可直接由《拱桥设计手册》附录(Ⅲ)表(Ⅲ)-1 查出或由式(11-12)求得 k，再由式(11-11)计算求得。

2. 拱轴系数 m 的确定

如前所述，根据实腹拱的恒载分布规律，由图 11.1 知拱脚及拱顶处恒载集度分别为：

$$\begin{cases} g_d=h_d\gamma_1+d\gamma \\ g_j=h_d\gamma_1+h\gamma_2+\dfrac{d}{\cos\varphi_j}\gamma \end{cases} \tag{11-13}$$

式中：h_d——拱顶填料厚度，一般为 30～50cm；

d——拱圈厚度；

γ——拱圈材料单位体积重；

γ_1——拱顶填料及路面的单位体积重；

γ_2——拱腹填料单位体积重；

φ_j——拱脚处拱轴线的水平倾角。

$$h=f+\frac{d}{2}-\frac{d}{2\cos\varphi_j} \tag{11-14}$$

从式(11-13)可以看出，除 φ_j 为未知数外，其余均为已知数。由于 φ_j 为未知，故不能直接算出 m 值，需用逐次逼近法确定：即先根据跨径和矢高假定 m 值，由《拱桥设计手册》表(III)-20 查得拱脚处的 $\cos\varphi_j$ 值，代入式(11-13)求得 g_j 后，即可算得 m 值。然后与假定的 m 值相比较，如二者相符，则假定的 m 值即为真实值；如两者相差较大，则应以算得的 m 值作为假定值(为了计算的方便，m 值应按表 11-1 所列数值假定)，重新进行计算，直至两者接近为止。

由式(11-11)可以看出，当拱的矢跨比 f/l 确定后，悬链线的形状取决于拱轴系数 m，而 m 值越大，曲线在拱脚处越陡，其线型特征点的位置就越高(图 11.2)。拱跨 $l/4$ 点的纵坐标 $y_{l/4}$ 与 m 有下述关系。

当 $\xi=\frac{1}{2}$ 时，$y_1=y_{l/4}$，由式(11-11)得：

$$\frac{y_{l/4}}{f}=\frac{1}{m-1}\left(\text{ch}\frac{k}{2}-1\right)$$

因 $\text{ch}\frac{k}{2}=\sqrt{\frac{\text{ch}k+1}{2}}=\sqrt{\frac{m+1}{2}}$

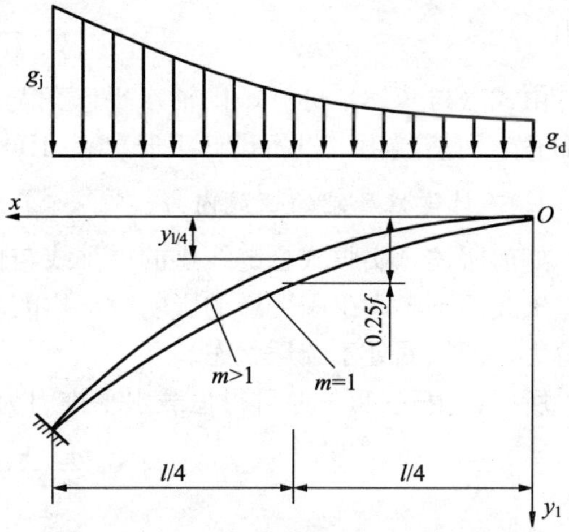

图 11.2 拱跨 $l/4$ 点纵坐标与 m 的关系

所以
$$\frac{y_{l/4}}{f}=\frac{\sqrt{\frac{m+1}{2}}-1}{m-1}=\frac{1}{\sqrt{2(m+1)}+2} \tag{11-15}$$

或
$$m=\frac{1}{2}(f/y_{l/4}-2)^2-1 \tag{11-16}$$

由式 (11-16) 可见，$y_{l/4}$ 随 m 的增大而减小(拱轴线抬高)，随 m 的减小而增大(拱轴线降低)(图 11.2)。在一般的悬链线拱桥中，$g_j>g_d$，因而 $m>1$。只有在均布荷载作用下，$g_j=g_d$ 时，方能出现 $m=1$ 的情况。在这种情况下由式(11-15)可得 $y_{l/4}/f=0.25$，即为悬链线中最低的一条曲线(二次抛物线)。

为了方便起见，按式(11-11)在 $y_{l/4}/f=0.25$ 到 $y_{l/4}/f=0.18$ 的范围内(相当于常用的拱轴系数 $m=1.167\sim5.321$)，以 0.005 为级差计算得 $\frac{y_{l/4}}{f}$ 与 m 的对应关系表 11-1。

表 11-1 拱轴系数 m 与 $\frac{y_{l/4}}{f}$ 的关系表

m	1.000	1.167	1.347	1.543	1.756	1.988	2.240	2.514	2.814	3.142	3.500	…	5.321
$y_{l/4}/f$	0.250	0.245	0.240	0.235	0.230	0.225	0.220	0.215	0.210	0.205	0.200	…	0.180

3. 拱轴线水平倾角 φ

将式(11-11)对 ξ 取导数得：

$$\frac{dy_1}{d\xi}=\frac{fk}{m-1}\text{sh}k\xi \tag{11-17}$$

$$\text{而}\ \tan\varphi=\frac{dy_1}{dx}=\frac{dy_1}{l_1 d\xi}=\frac{2dy_1}{ld\xi}$$

将式(11-17)代入上式得：

$$\tan\varphi=\frac{2fk\cdot\text{sh}k\xi}{l(m-1)}=\eta\text{sh}k\xi \tag{11-18}$$

式中：

$$\eta=\frac{2kf}{l(m-1)}$$

由式（11－18）可见，拱轴水平倾角与拱轴系数 m 有关。拱轴线上各点的水平倾角 $\tan\varphi$ 值，可直接由《拱桥设计手册》表(III)－2 查出。

4. 不计弹性压缩的恒载内力

如前所述，实腹式悬链线拱的拱轴线与恒载压力线完全吻合，所以当采用恒载压力线作拱轴线而不考虑拱圈变形的影响时，拱圈各截面的恒载内力均只有轴向压力，而无弯矩和剪力，即拱圈处于纯压状态。

所以，由式(11－9)可得恒载水平推力为：

$$H_g=\frac{m-1}{4k^2}\times\frac{g_d l^2}{f}=k_g\frac{g_d l^2}{f} \tag{11-19}$$

式中：$k_g=\frac{m-1}{4k^2}$

根据力的平衡条件，拱脚的竖向反力为半拱的恒载重量，即：

$$V_g=\int_0^{l_1}g_x\mathrm{d}x=\int_0^1 g_x l_1\mathrm{d}\xi$$

将式(11－8)、式(11－11)代入上式积分得：

$$V_g=\frac{\sqrt{m^2-1}}{2\left[\ln(m+\sqrt{m^2-1})\right]}g_d l=k'_g g_d l \tag{11-20}$$

式中：$k'_g=\frac{\sqrt{m^2-1}}{2\left[\ln(m+\sqrt{m^2-1})\right]}$

系数 k_g、k'_g 可自《拱桥设计手册》表(III)－4 查得。

因为恒载弯矩和剪力均为零，拱圈各截面的轴向力 N 按下式计算。

$$N=\frac{H_g}{\cos\varphi} \tag{11-21}$$

式中：φ——距拱顶 x 截面的倾角。

11.1.2 空腹式悬链线拱

1. 拱轴系数 m 的确定

相对实腹式拱桥来说，空腹式拱桥的恒载不是连续分布的，即主拱圈与实腹段自重的连续分布荷载及空腹部分通过腹孔墩传下的集中力［图 11.3(a)］。由于集中力这种非连续分布荷载的存在，拱的恒载压力线也不是一条平滑的曲线，而是在集中力处有转折，更不是悬链线。但由于悬链线拱的受力情况较好，又有完整的计算表格可供利用，所以在设计空腹式拱桥时，仍然采用悬链线作为拱轴线。而由式(11－11)可知，当拱的矢跨比 f/l 确定后，悬链线的形状就取决于拱轴系数 m。

为了使拱轴线与恒载压力线比较接近，一般采用“五点重合法”确定悬链线拱轴线的 m 值，即要求拱轴线在全拱有 5 点(拱顶、两 $l/4$ 点和两拱脚)与其相应三铰拱恒载压力线重合［图 11.3(b)］。由此，可以根据上述 5 点弯矩为零的条件确定 m 值。

由拱顶弯矩为零及恒载的对称条件知，拱顶仅有通过截面重心的恒载推力 H_g，相应弯矩 $M_d=0$，剪力 $Q_d=0$。

在图 11.3(a)、(b)中，由 $\sum M_A=0$，得：

$$H_g=\frac{\sum M_j}{f} \qquad (11-22)$$

由 $\sum M_B=0$，得：

$$H_g y_{l/4}-\sum M_{l/4}=0$$

$$H_g=\frac{\sum M_{l/4}}{y_{l/4}}$$

将式(11-22)代入上式，可得：

$$\frac{y_{l/4}}{f}=\frac{\sum M_{l/4}}{\sum M_j} \qquad (11-23)$$

式中：$\sum M_j$——半拱恒载对拱脚截面的弯矩；

$\sum M_{l/4}$——拱顶至拱跨 $l/4$ 点区域的恒载对 $l/4$ 截面的弯矩。

等截面悬链线拱主拱圈恒载对 $l/4$ 及拱脚截面的弯矩 $M_{l/4}$、M_j 可由《拱桥》表(III)-19 查得。求得 $\frac{y_{l/4}}{f}$ 之后，可由式(11-16)反求 m。

空腹式拱桥的 m 值，仍按逐次逼近法确定。即先假定一个 m 值，定出拱轴线，作图布置拱上建筑，然后计算拱圈和拱上建筑的恒载对 $l/4$ 和拱脚截面的力矩 $\sum M_{l/4}$ 和 $\sum M_j$，根据式(11-23)求出 $\frac{y_{l/4}}{f}$，然后利用式(11-16)算出 m 值，如与假定的 m 值不符，则应以求得的 m 值作为新假定值，重新计算，直至两者接近为止。

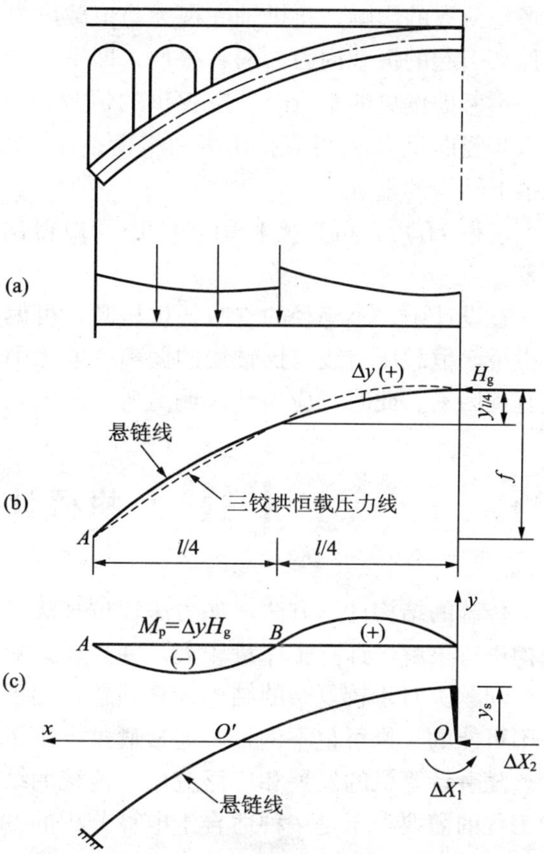

图 11.3　空腹式悬链线拱轴计算图式

应当注意，用上述方法确定空腹拱的拱轴线，仅与其三铰拱恒载压力线保持 5 点重合，其他截面，拱轴线与三铰拱恒载压力线都有不同程度的偏离。计算证明，从拱顶到 $l/4$ 点，一般压力线在拱轴线之上；而从 $l/4$ 点到拱脚，压力线则大多在拱轴线之下。拱轴线与相应三铰拱恒载压力线的偏离类似于一个正弦波［图 11.3(b)］。

空腹式无铰拱桥，采用“5 点重合法”确定的拱轴线，与相应三铰拱的恒载压力线在拱顶、两 $l/4$ 点和两拱脚 5 点重合，而与无铰拱的恒载压力线(简称恒载压力线)实际上并不存在 5 点重合的关系。由结构力学知识可知压力线与拱轴线的偏离会在拱中产生附加内力。但研究证明，拱顶的偏离弯矩为负，而拱脚的偏离弯矩为正，恰好与这两截面控制弯矩的符号相反。这一事实说明，在空腹式拱桥中，用“五点重合法”确定的悬链线拱轴线，偏离弯矩对拱顶、拱脚都是有利的。因而，空腹式无铰拱的拱轴线，用悬链线比用恒载压力线更加合理。

2. 不计弹性压缩的恒载内力

空腹式悬链线无铰拱，由于拱轴线与恒载压力线有偏离，拱顶、拱脚和 $l/4$ 点都有恒载弯矩。在设计中，为了计算的方便，空腹式无铰拱桥的恒载内力又可分为两部分，即先不考虑偏离的影响，将拱轴线视为与恒载压力线完全吻合，然后再考虑偏离的影响，计算由偏离引起的恒载内力。两者叠加，即得空腹式无铰拱计弹性压缩时的恒载内力。

不考虑偏离的影响时，空腹拱的恒载内力亦按纯压拱计算。此时，拱的恒载推力 H_g 和拱脚竖向反力 V_g 可直接由静力平衡条件写出。其中 H_g 由式(11-22)计算，V_g 为半跨拱及拱上结构的重量。

求得 H_g 后，可直接利用式(11-21)得出主拱各截面的轴力，拱中的弯矩和剪力均为零。

在设计中、小跨径的空腹式拱桥时，可偏安全地不考虑偏离弯矩的影响。大跨径空腹式拱桥，恒载压力线与拱轴线的偏离一般比中、小跨径大，恒载偏离弯矩是一种可供利用的有利因素。此时，应当计入偏离弯矩的影响。

11.2 拱桥计算的有限元法

传统的结构计算方法，如力法、位移法、渐近法等都是建立在手算的基础上对超静定结构进行求解，计算工作量较大，并且还只能解决计算简图较粗略、未知数目较少的结构分析问题。对于较复杂的结构计算问题，用手算不但耗费大量时间和人力，而且有时甚至是不可能的。拱桥也不例外，通常通过查拱桥设计手册的方法也是手算。

随着计算机的发展和广泛应用，传统的结构分析方法也早已不适应现代计算技术要求和工程的需要，于是一种适合于电算分析的方法——结构矩阵分析方法便得到了迅速的发展。这一方法同传统的方法并无不同，只是在处理手段上采用了矩阵这一数学工具，不仅使公式非常紧凑，而且形式上具有统一性，运算规律更适合电算的特点。结构矩阵分析法又称为杆系结构的有限单元法，它的基本思路是：先将结构离散成有限数目的单元，然后再考虑某些条件，将这些被离散的单元组合成原来的结构。这样就可使一个复杂结构计算问题转化为简单单元的分析和集合问题。

11.2.1 杆系有限元的基本方法

杆系结构有限元法与传统的结构力学方法在基本原理上并无区别，相对于结构力学的力法和位移法来说，有限单元法可分为矩阵力法(柔度法)和矩阵位移法(刚度法)两类。前者在计算中采用力作为基本未知量；后者采用节点位移作为基本未知量。对于杆系结构，矩阵位移法便于编制通用程序而在工程中应用较广，本节主要介绍这种方法。

1. 有限单元法的基本方程

对如图11.4所示的平面刚架进行有限元分析时，首先建立结构的总体坐标系 oxy，并划分结构的结点、单元并将结点和单元进行编号，再将结构进行离散化，如图 11.5 所示，研究各单元在局部坐标$\overline{oxy}$下的刚度矩阵，随后根据结点外力平衡和变形协调条件将单元刚度矩阵集合成总体刚度矩阵，从而得到有限元的基本方程为：

$$[\boldsymbol{K}]\{\boldsymbol{d}\}=\{\boldsymbol{P}\} \tag{11-24}$$

式中：$[\boldsymbol{K}]$ ——结构总体刚度矩阵；

$\{\boldsymbol{d}\}$ ——结构总位移向量；

$\{\boldsymbol{P}\}$ ——总荷载向量。

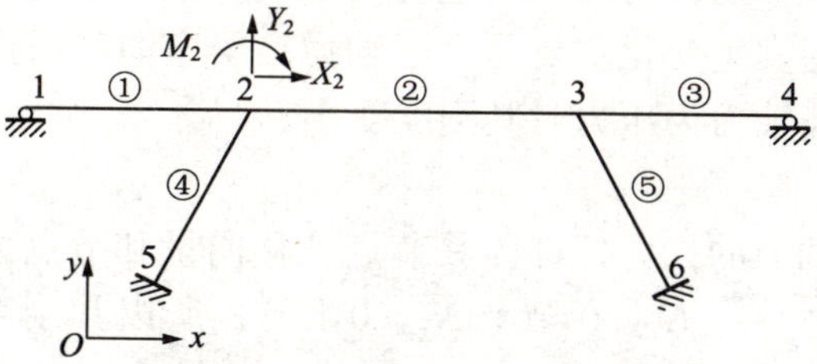

图 11.4　平面刚架结构面

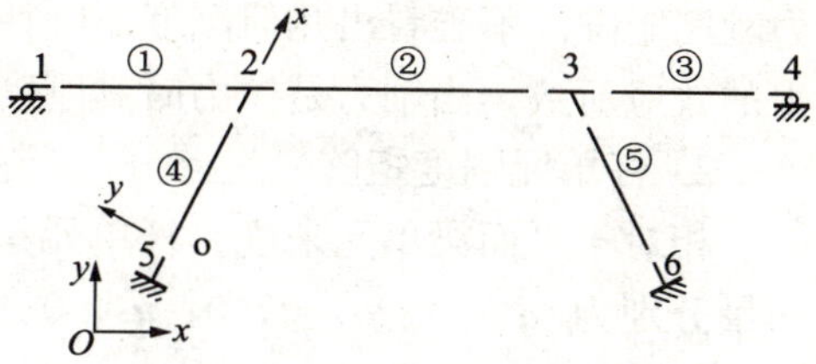

图 11.5　平面刚架结构离散图

2. 单元刚度矩阵

1）平面梁单元弹性刚度矩阵和几何刚度矩阵

对于图 11.4 所示的平面刚架结构来说，该结构由节点之间相互连结的平面梁单元(图 11.5)组成；每一个节点具有 3 个自由度即两个位移和一个转角。

$$\{\overline{\boldsymbol{d}^e}\}=\{\overline{\boldsymbol{u}_i},\ \overline{\boldsymbol{v}_i},\ \overline{\boldsymbol{\theta}_i},\ \overline{\boldsymbol{u}_j},\ \overline{\boldsymbol{v}_j},\ \overline{\boldsymbol{\theta}_j}\}\ \text{和}\ \{\overline{\boldsymbol{P}^e}\}=\{\overline{\boldsymbol{N}_i},\ \overline{\boldsymbol{Q}_i},\ \overline{\boldsymbol{M}_i},\ \overline{\boldsymbol{N}_j},\ \overline{\boldsymbol{Q}_j},\ \overline{\boldsymbol{M}_j}\}$$

式中：$\{\overline{\boldsymbol{d}^e}\}$——单元节点位移向量(6 个未知数)；

$\{\overline{\boldsymbol{P}^e}\}$——单元杆端力向量。

考虑平截面假定和位移连续条件再采用修正的 Lagrangian 公式就可导出几何非线性和材料特性的切向平衡方程组，即：

$$[\overline{\boldsymbol{K}^e}]\ \{\overline{\boldsymbol{d}^e}\}=\{\overline{\boldsymbol{P}^e}\} \tag{11-25a}$$

其中切向刚度矩阵为：

$$[\overline{\boldsymbol{K}^e}]=[\overline{\boldsymbol{K}^e_0}]+[\overline{\boldsymbol{K}^e_1}] \tag{11-25b}$$

$[\overline{\boldsymbol{K}^e_0}]$ 的显式为：

$$[\overline{\boldsymbol{K}^e_0}]=\frac{E}{l^3}\begin{bmatrix} Al^2 & 0 & 0 & -Al^2 & 0 & 0 \\ & 12I & 6Il & 0 & -12I & 6Il \\ & & 4Il^2 & 0 & -6Il^2 & 2IL^2 \\ & & & Al^2 & 0 & 0 \\ & S & & & 12I & -6Il \\ & & & & & 4Il^2 \end{bmatrix} \tag{11-26}$$

$[\overline{\boldsymbol{K}^e_0}]$ 反映平面梁单元截面刚度 EA 及 EI 的影响，通常称它为平面梁单元弹性刚度矩阵。

$[\overline{\boldsymbol{K}^e_1}]$ 的显式为：

$$[\overline{K_1^e}]=\frac{N}{30l}\begin{bmatrix}0&0&0&0&0&0\\ &36&3l&0&-36&3l\\ &&4l^2&0&-3l&-l^2\\ &&&0&0&0\\ &S&&&36&-3l\\ &&&&&4l^2\end{bmatrix} \tag{11-27}$$

式中：N——刚架单元中的轴向力。

$[\overline{K_1^e}]$ 与单元截面的刚度特性 A、I 无关，只与几何长度与位置有关，故称它为平面梁单元几何刚度矩阵。$[\overline{K_1^e}]$ 还与初始轴力 N 有关，所以有时也将它称为平面梁单元的初应力刚度矩阵。不难看出几何刚度矩阵使单元刚度发生变化主要是由于轴力在梁弯曲时所产生的效应所致，当轴力是拉力时其刚度变大，当轴力为压力时其刚度变小。

2）杆单元刚度矩阵

相对于平面梁单元来说，杆单元是只承受轴力的二力杆件。其节点位移向量和节点力向量分别为 $\{\overline{d^e}\}=\{\overline{u_i},0,0,\overline{u_j},0,0\}$ 和 $\{\overline{P^e}\}=\{\overline{N_i},0,0,\overline{N_j},0,0\}$。所以其刚度矩阵如下。

弹性刚度矩阵：
$$[\overline{K_0^e}]=\frac{EA}{l}\begin{bmatrix}1&-1\\-1&1\end{bmatrix} \tag{11-28}$$

几何刚度矩阵：
$$[\overline{K_1^e}]=\frac{N}{l}\begin{bmatrix}1&-1\\-1&1\end{bmatrix} \tag{11-29}$$

3. 单元刚度矩阵的坐标变换

在进行整体分析时，必须采用一个统一的坐标系，使得所有的荷载、位移等都以该坐标系为基准。称该统一的坐标系为总体坐标系或公共坐标系，用 xoy 表示，同时，还必须把局部坐标点中建立的单元刚度矩阵、结点力向量及结点位移向量转换到整体坐标系中来。图 11.6 示出了局部坐标系 $\overline{xoy}$ 与总体坐标系 xoy 中各变量的关系。

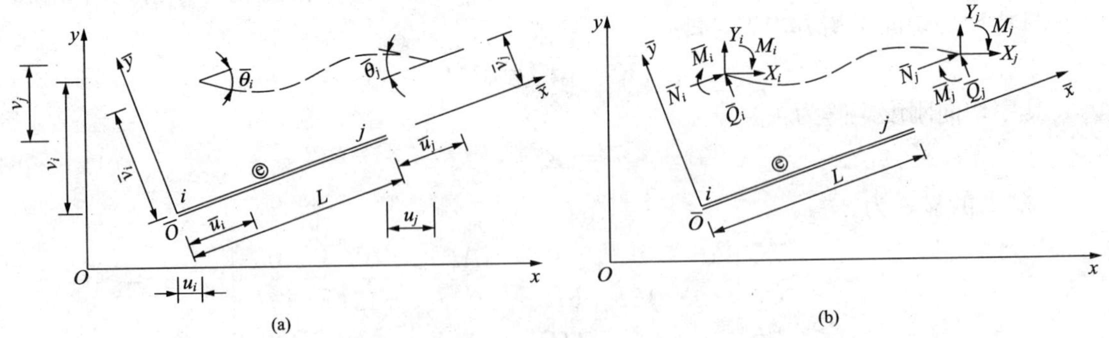

(a)　　(b)

图 11.6　局部和总体坐标系之间的转换

图 11.6 中，$\bar{x}$、$\bar{y}$ 表示单元ⓔ的局部坐标，x、y 表示总体坐标。

由图示的几何关系可知：

$$\left.\begin{aligned}\overline{u_i}&=u_i\cos\alpha_e+v_i\sin\alpha_e\\ \overline{v_i}&=-u_i\sin\alpha_e+v_i\cos\alpha_e\\ \overline{\theta_i}&=\theta_i\end{aligned}\right\} \tag{11-30}$$

式中： α_e——单元轴线与坐标轴的夹角；

$\boldsymbol{u}_i$、$\boldsymbol{v}_i$、$\boldsymbol{\theta}_i$——总体坐标系中单元节 i 点的轴向位移、横向位移和转角；

$\overline{\boldsymbol{u}}_i$、$\overline{\boldsymbol{v}}_i$、$\overline{\boldsymbol{\theta}}_i$——局部坐标系中单元节 i 点的轴向位移、横向位移和转角。

同理，对于 j 结点也有如上关系，写成矩阵形式有：

$$\begin{Bmatrix} \overline{\boldsymbol{u}}_i \\ \overline{\boldsymbol{v}}_i \\ \overline{\boldsymbol{\theta}}_i \\ \overline{\boldsymbol{u}}_j \\ \overline{\boldsymbol{v}}_j \\ \overline{\boldsymbol{\theta}}_j \end{Bmatrix} = \begin{bmatrix} \cos\alpha & \sin\alpha & 0 & 0 & 0 & 0 \\ -\sin\alpha & \cos\alpha & 0 & 0 & 0 & 0 \\ 0 & 0 & 1 & 0 & 0 & 0 \\ 0 & 0 & 0 & \cos\alpha & \sin\alpha & 0 \\ 0 & 0 & 0 & -\sin\alpha & \cos\alpha & 0 \\ 0 & 0 & 0 & 0 & 0 & 1 \end{bmatrix} \begin{Bmatrix} u_i \\ v_i \\ \theta_i \\ u_j \\ v_j \\ \theta_j \end{Bmatrix} \tag{11-31}$$

即：

$$\{\overline{\boldsymbol{d}}^e\} = [\boldsymbol{T}]\{\boldsymbol{d}^e\} \tag{11-32}$$

$[\boldsymbol{T}]$称为坐标转换矩阵，是一个正交矩阵，即：

$$[\boldsymbol{T}]^{-1} = [\boldsymbol{T}]^{\mathrm{T}}$$

上述坐标变换是按位移导出的，但从图 11.6 可以看出，在两坐标系之间结点力有着与位移相同的关系，即：

$$\{\overline{\boldsymbol{F}}^e\} = [\boldsymbol{T}]\{\boldsymbol{F}^e\} \tag{11-33}$$

式中：$\{\overline{\boldsymbol{F}}^e\}$、$\{\boldsymbol{F}^e\}$ ——局部和总体坐标系下的单元结点力向量。

将式(11-32)、式(11-33)代入式(11-25)，得到：

$$[\overline{\boldsymbol{K}}^e][\boldsymbol{T}]\{\boldsymbol{d}^e\} = [\boldsymbol{T}]\{\boldsymbol{F}^e\}$$

$$[\boldsymbol{T}]^{\mathrm{T}}[\overline{\boldsymbol{K}}^e][\boldsymbol{T}]\{\boldsymbol{d}^e\} = [\boldsymbol{F}^e] \tag{11-34}$$

$$[\boldsymbol{K}^e]\{\boldsymbol{d}^e\} = \{\boldsymbol{F}^e\} \tag{11-35}$$

式(11-35)便是总体坐标下的单元刚度方程，$[\boldsymbol{K}^e]=[\boldsymbol{T}]^{\mathrm{T}}[\overline{\boldsymbol{K}}^e][\boldsymbol{T}]$为总体坐标下的单元刚度矩阵。

4. 总刚度矩阵的形成和边界条件处理

1）总体刚度矩阵的形成

整体刚度矩阵形成的过程也就是将离散的结构复原的过程，结构复原后应满足结点力平衡和结点位移协调这两个条件。

由式(11-35)，ij 单元的刚度矩阵可写成如下形式。

$$\begin{bmatrix} \boldsymbol{k}_{ii}^e & \boldsymbol{k}_{ij}^e \\ \boldsymbol{k}_{ji}^e & \boldsymbol{k}_{ii}^e \end{bmatrix} \begin{Bmatrix} \boldsymbol{d}_i^e \\ \boldsymbol{d}_j^e \end{Bmatrix} = \begin{Bmatrix} \boldsymbol{F}_i^e \\ \boldsymbol{F}_j^e \end{Bmatrix} \tag{11-36}$$

式中：k_{ij}^e——j 端单位位移引起 i 端的梁端力。

如图 11.7 所示，考察 i 结点的平衡，则交会于 i 结点的所有梁端力与作用于 i 结点的外力 P_i应相等，即：

$$\sum_e \boldsymbol{F}_i^e = \boldsymbol{P}_i \tag{11-37}$$

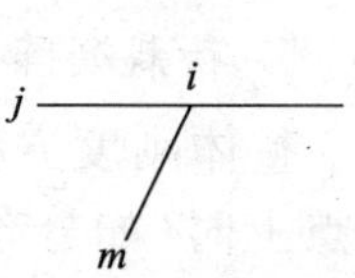

图 11.7 交会于 i 结点的各梁单元

式中：$\sum\limits_e \boldsymbol{F}_i^e$——与 i 点连接的所有单元的梁端力。

得到：

$$\left(\sum_{e}[\boldsymbol{k}_{ii}^{e}]\right)\{\boldsymbol{d}_{i}\}+[\boldsymbol{k}_{ij}^{e}]\{\boldsymbol{d}_{j}\}+[\boldsymbol{k}_{im}^{e}]\{\boldsymbol{d}_{m}\}+\cdots=\{\boldsymbol{P}_{i}\} \tag{11-38}$$

列出所有结点的平衡方程后，便可得到如下的结构整体刚度方程。

$$[\boldsymbol{K}]\{\boldsymbol{d}\}=\{\boldsymbol{P}\} \tag{11-39}$$

按照上述原理和方法，具体操作时，可采用“对号入座”的方法把单元刚度矩阵叠加以形成结构的总刚度矩阵。即将分块矩阵$[\boldsymbol{k}_{ij}]$放在总体刚度矩阵的第 i 行，第 j 列。

2) 边界条件的处理

式(11－39)是一个奇异刚度方程，没有解答，从物理意义上理解，结构中包含着不受限制的刚体位移，因而只有引入边界约束后，式(11－39)才能够有解。

对于边界条件的处理，可简单的采用主元赋大值法，即把总刚度矩阵中与受约束的位移对应的主元素(对角线上元素)赋给一个很大的数，例如 10^{30}。该方法实际应用较广。物理意义也十分明确，赋大数的含义就是给约束方向提供一个刚度很大的支承。同样原理，当采用弹簧支承时，在相应主元素上叠加一个弹簧刚度即可，对于结点强迫位移的计算，只须将刚度矩阵相应主元素赋大值(如 10^{30})，同时将荷载列阵相应元素赋大值与位移量 δ 的乘积(如 $\delta\times10^{30}$)即可。

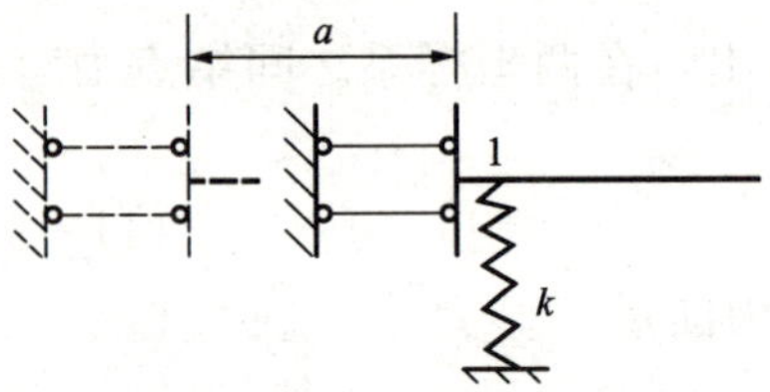

图 11.8　边界条件的处理

图 11.8 所示为某一边界条件。

$u_1=-a$，$\theta_1=0$，v_1 向有一个刚度为 k 的竖向弹簧支承。

总体刚度方程为：

$$\begin{bmatrix} K_{11} & K_{12} & K_{13} & K_{14} & \cdots & \cdots \\ K_{21} & K_{22} & K_{23} & K_{24} & \cdots & \cdots \\ K_{31} & K_{32} & K_{33} & K_{34} & \cdots & \cdots \\ K_{41} & K_{42} & K_{43} & K_{44} & \cdots & \cdots \\ \vdots & \vdots & \vdots & \vdots & \vdots & \vdots \\ \vdots & \vdots & \vdots & \vdots & \vdots & \vdots \end{bmatrix}\begin{Bmatrix} u_1 \\ v_1 \\ \theta_1 \\ u_2 \\ v_2 \\ \theta_2 \end{Bmatrix}=\begin{Bmatrix} X_1 \\ Y_1 \\ M_1 \\ X_2 \\ Y_2 \\ M_2 \end{Bmatrix} \tag{11-40}$$

引入上述 1 结点的边界条件后，总刚度方程变为：

$$\begin{bmatrix} 10^{30} & K_{12} & K_{13} & K_{14} & \cdots & \cdots \\ K_{21} & K_{22}+k & K_{23} & K_{24} & \cdots & \cdots \\ K_{31} & K_{32} & 10^{30} & K_{34} & \cdots & \cdots \\ K_{41} & K_{42} & K_{43} & K_{44} & \cdots & \cdots \\ \vdots & \vdots & \vdots & \vdots & \vdots & \vdots \\ \vdots & \vdots & \vdots & \vdots & \vdots & \vdots \end{bmatrix}\begin{Bmatrix} u_1 \\ v_1 \\ \theta_1 \\ u_2 \\ v_2 \\ \theta_2 \end{Bmatrix}=\begin{Bmatrix} 10^{30}\cdot a \\ Y_1 \\ M_1 \\ X_2 \\ Y_2 \\ M_2 \end{Bmatrix} \tag{11-41}$$

5. 荷载列阵

整体刚度方程［式(11－39)］的右边是结点荷载列阵。当外荷载不是直接作用在结点上时(如分布荷载、单元集中荷载等，称为非结点荷载)，就需要把它们转化为作用在结点上的等效荷载。等效结点荷载与直接作用在结点上的荷载叠加在一起称为“总结点荷载”。

非结点荷载的计算见表 11－2。

表 11-2　非结点荷载表

荷载类型	荷载图示	结点力计算公式
1	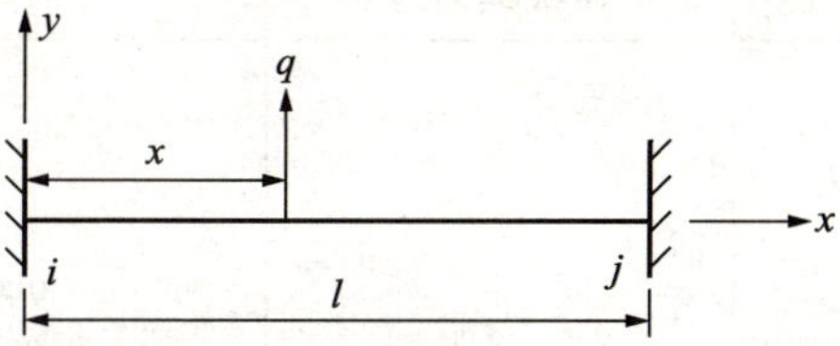	$N_i=N_j=0$ $Q_i=q\cdot(1+2x/l)\cdot(1-x/l)^2$ $Q_j=q-Q_i$ $M_i=-q\cdot x(1-x/l)^2$ $M_j=q\cdot x^2(1-x)/l^2$
2	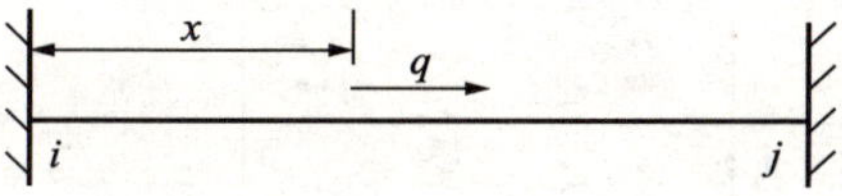	$Q_i=Q_j=M_i=M_j=0$ $N_i=q\cdot(1-x/l)$ $N_j=q-N_i$
3	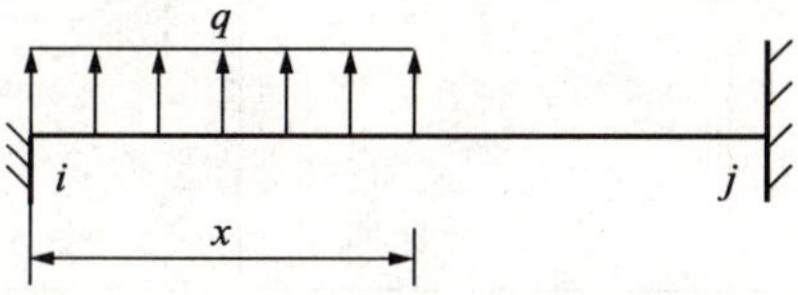	$N_i=N_j=0$ $Q_i=[qx(1-x^2/l^2+x^3(2l^3))]$ $Q_j=qx-Q_i$ $M_i=-qx^2(6-8x/l+3x^2/l^2)/12$ $M_j=qx^3(4-3x/l)/(12l)$
4	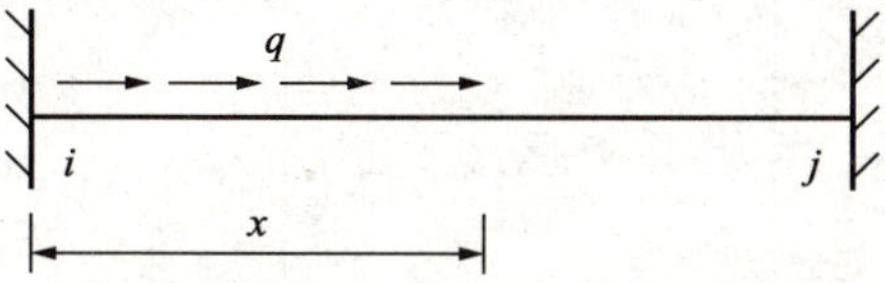	$Q_i=Q_j=M_i=M_j=0$ $N_i=qx^2/(2l)$ $N_j=qx-N_i$
5	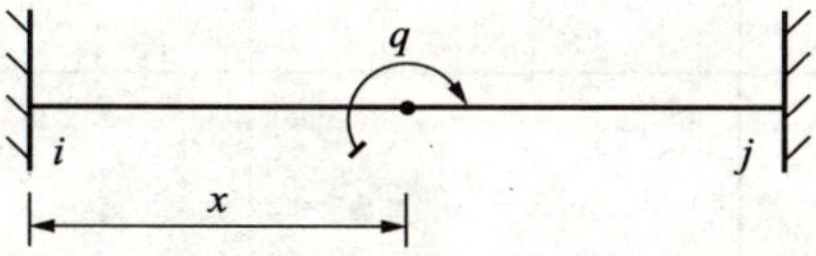	$N_i=N_j=0$ $Q_i=6q(1-x/l)\cdot x/l^2$ $Q_j=-Q_i$ $M_i=-q(1-x/l)\cdot[2-3(1-x/l)]$ $M_j=-q(2-3x/l)\cdot x/l$
6	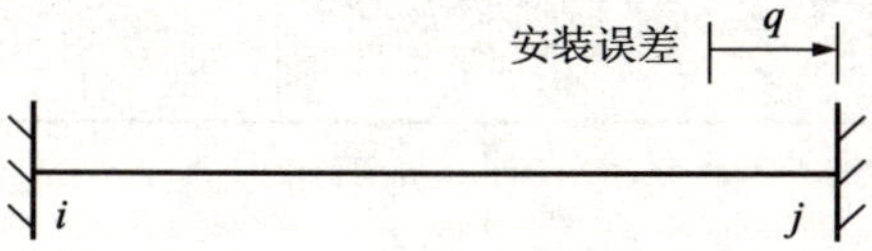	$N_i=qEA/l$ $N_j=-qEA/l$ $Q_i=Q_j=M_i=M_j=0$
7	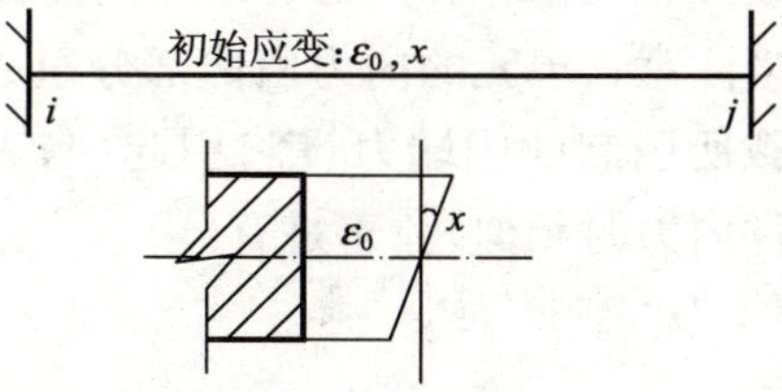	$N_i=-EA\varepsilon_0$ $N_j=-N_i$ $M_i=-EI_\chi$ $M_j=-M_i$

(续)

荷载类型	荷载图示	结点力计算公式	
		荷载类型号	荷载值
8	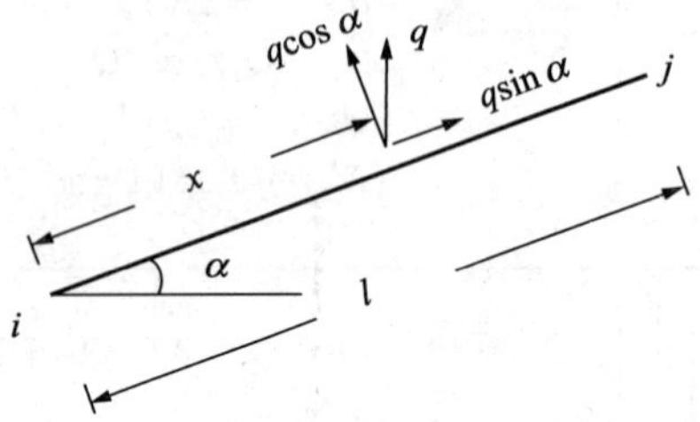	1 2	$q\cos\alpha$ $q\sin\alpha$
9	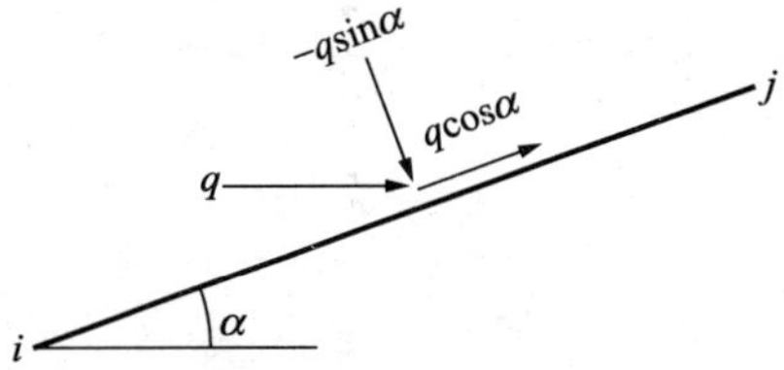	1 2	$-q\sin\alpha$ $q\cos\alpha$
10	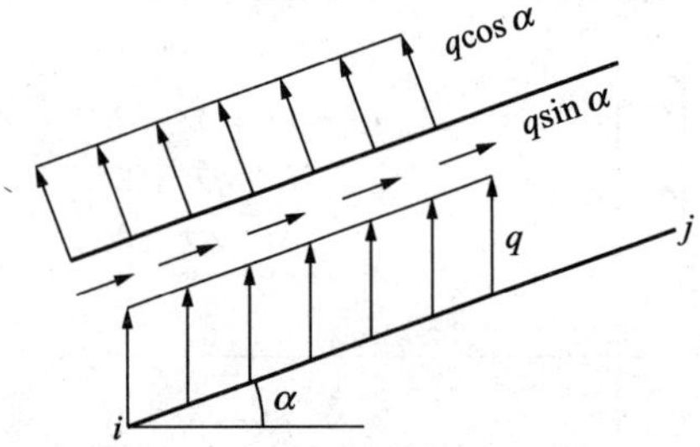	3 4	$q\cos\alpha$ $q\sin\alpha$
11	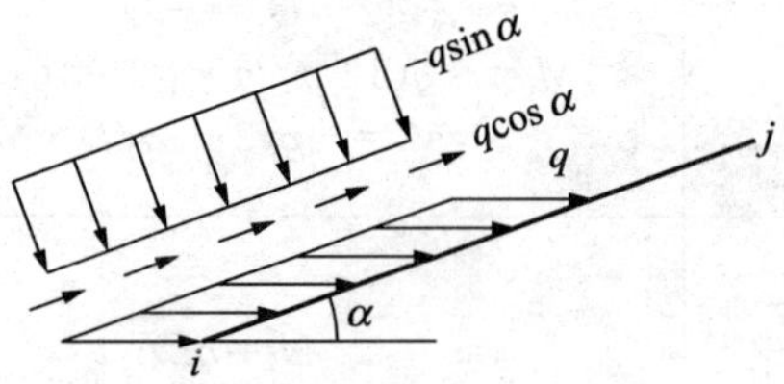	3 4	$-q\sin\alpha$ $q\cos\alpha$

6. 总刚度方程的求解及单元内力计算

在求解总刚方程组得到总体坐标系下的结点位移$\{\boldsymbol{d}\}$后，就可以利用前面已经导出的有关公式求单元在局部坐标系下的内力。应当注意，单元的内力由两部分组成，一部分是由结点位移引起的，另一部分则由非结点荷载所引起的固端力$\{\boldsymbol{P}_0^e\}$引起(与表 11－2 中的结点力反号，这与结构力学中的位移法解杆件内力时相似)。于是有：

$$\{\overline{\boldsymbol{F}}^e\}=[\overline{\boldsymbol{K}}^e]\,[\boldsymbol{T}]\,\{\boldsymbol{d}^e\}+\{\boldsymbol{P}_0^e\} \qquad (11-42)$$

式中：$\{\overline{\boldsymbol{F}}^e\}$——单元结点内力(局部坐标系下)；

其余符号意义同前。

11.2.2 拱桥有限元计算

拱桥与其他超静定桥梁一样，常规的分析计算方法可采用平面杆系有限元法。其解题思路是先建立计算模型，将结构划分为有限个单元和结点，并考虑施工过程选用适合结构受力的单元模型进行模拟。

1. 拱桥分析的特点

拱桥结构分析与梁式桥、吊桥、斜拉桥等其他类型的桥梁结构分析一样，除了必须准确地模拟施工过程，并且能够自动累加各阶段的内力和位移等。同时，还应根据不同类型拱桥的受力的不同、其计算特点不一样而采用相应的基本假定和简化计算图式，以实现平面杆系有限元对实际结构的真实模拟。

常规的中小跨径拱桥结构分析计算按图11.9所示的流程进行静力分析。对于大跨径拱桥，其分析方法与过程就要复杂得多。

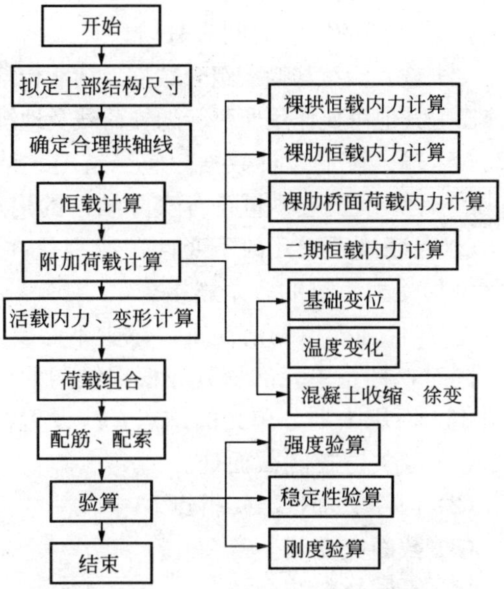

图11.9 中小跨径拱桥设计计算流程图

首先是特殊的施工方法为结构分析带来的复杂性。如钢骨钢筋混凝土(SRC)拱桥或钢管混凝土拱桥，其施工的特点如下。

(1) 将吊装架设RC预制拱箱改变为吊装轻型钢管桁架和现浇或灌筑混凝土。

(2) 将一次形成拱箱改变成为分环多次形成拱箱或分次形成钢管拱肋。并使先期结构与钢管拱骨架共同作用承受后期施工荷载。

(3) 将钢拱的架设改变成为轻型拱式支架，并使之成为营运阶段的受力钢材。

所以，在对此结构进行分析时必须包含对拱桥整个形成过程的描述，即从钢管桁架→管内灌混凝土→浇注混凝土底板→外包混凝土形成SRC截面→桥面施工→铺装二期恒载→成桥。在这一过程中，混凝土徐变、收缩所引起的不同构件内力重分布以及同一构件不同龄期、不同材料和各层之间的应力重分布问题突出。

其次，由于跨度增大，结构体系变柔，拱肋轴力增大，结构的几何非线性问题较突出。

2. 拱桥计算有限元模型的建立

采用平面杆系有限元方法对拱桥进行结构分析时，不但要准确模拟施工过程，还必须将实际结构模拟为杆件系统。因而，为了保证平面杆系有限元对实际结构的真实模拟，首先应对不同类型拱桥的力学性能和受力特点有深入的了解，然后再对具体结构进行结构离散和单元、节点的划分。通常建模的具体过程如下。

(1) 根据不同类型拱桥结构的受力特点对其进行结构离散化，划分单元和结点并进行编号。编号规则都是从1开始的连续正整数，并且与结构离散图的各单元及结点的对应关系要便于阅读和记忆，以便计算结果与结构截面位置的对应关系一目了然。结点号同时还应遵循结点优化规则，即为减少单元刚度矩阵带宽以保证计算精度，单元左右结点编号的差值尽量最小。

(2) 根据具体施工过程划分计算阶段数。

(3) 输入结构模型所用的各种材料及截面特性数据。

(4) 形成结构总体数据。它包括主要控制变量(单元与结点总数、桥面结点数、计算阶段数、支承杆类型数和个数、人工输刚臂杆元数和收缩徐变等)、支承杆特性和安装、单元的连接、参考中性轴结点坐标、单元截面及单元的安装、特殊结点及结点荷载信息等内容。

(5) 输入恒载和施工阶段荷载数据(包括施工临时荷载的处理)。其中一期恒载程序将自动计入，二期恒载根据具体桥面及铺装情况计算输入；施工阶段荷载数据根据具体施工工艺按照杆件的安装时间来分阶段计入。

(6) 输入活载与荷载组合数据。活载包括非桥面移动活载(包括温变荷载、支座位移、风力与撞击等其他可变作用所引起的外荷载及地震荷载等)和桥面移动荷载(包括汽车、人群等)。

(7) 输入配筋设计数据。应当指出：结构离散时应遵循以下3个基本原则。

① 计算模型应尽量符合实际结构的构造特点和受力特点，以保证解的真实性。

② 保证体系的几何不变性，特别是在体系转换过程中更应注意，同时要避免出现与实际结构受力不符的多余连接。

③ 在合理模拟的前提下，减少不必要结点数目以缩短计算时间和减少后处理工作量。

同时，杆系单元的划分应根据结构的构造特点、实际问题的需要以及计算精度的要求来决定。而用来划分单元的结点，应设置在以下位置。

(1) 各关键控制截面处。

(2) 构件交接点、转折点。

(3) 截面突变处。

(4) 不同材料结合处。

(5) 所有支承点(包括永久和临时支承)。

(6) 对于由等截面直杆组成的桥梁结构，除梁、柱等构件的自然交结点处必须设置结点外，杆件中间结点的多少，对计算精度并无影响。一般根据验算截面的布置以及求算影响线时单位力作用点的要求，来确定所需的中间结点。

(7) 对于变截面杆或曲杆结构应尽量细分，使折线形模型尽可能接近实际曲线结构的受力状态。如拱桥的拱肋部分。

(8) 施工缝处。

以下主要以普通上承式拱桥、桁架拱桥、中承式钢管混凝土拱桥、刚架拱桥和系杆拱桥为例，说明拱桥计算中建立有限元模型的一些常见处理方法。

1) 普通上承式拱桥

普通上承式拱桥一般是无铰拱，对于这种多次超静定的空间结构的拱桥，实际上存在有“拱上建筑与主拱的联合作用”，但为了简化分析，一般偏安全地不考虑它，故在进行活载内力分析时也不考虑活载横向不均匀分布的影响。所以建普通上承式拱桥计算模型时一般是将主拱圈单独独立出来只建裸拱计算模型［图 11.10(a)、(b)］，拱上建筑及桥面恒载和活载等直接采用结点集中力荷载进行模拟(活载按照荷载横向分布最不利的情况考虑)。

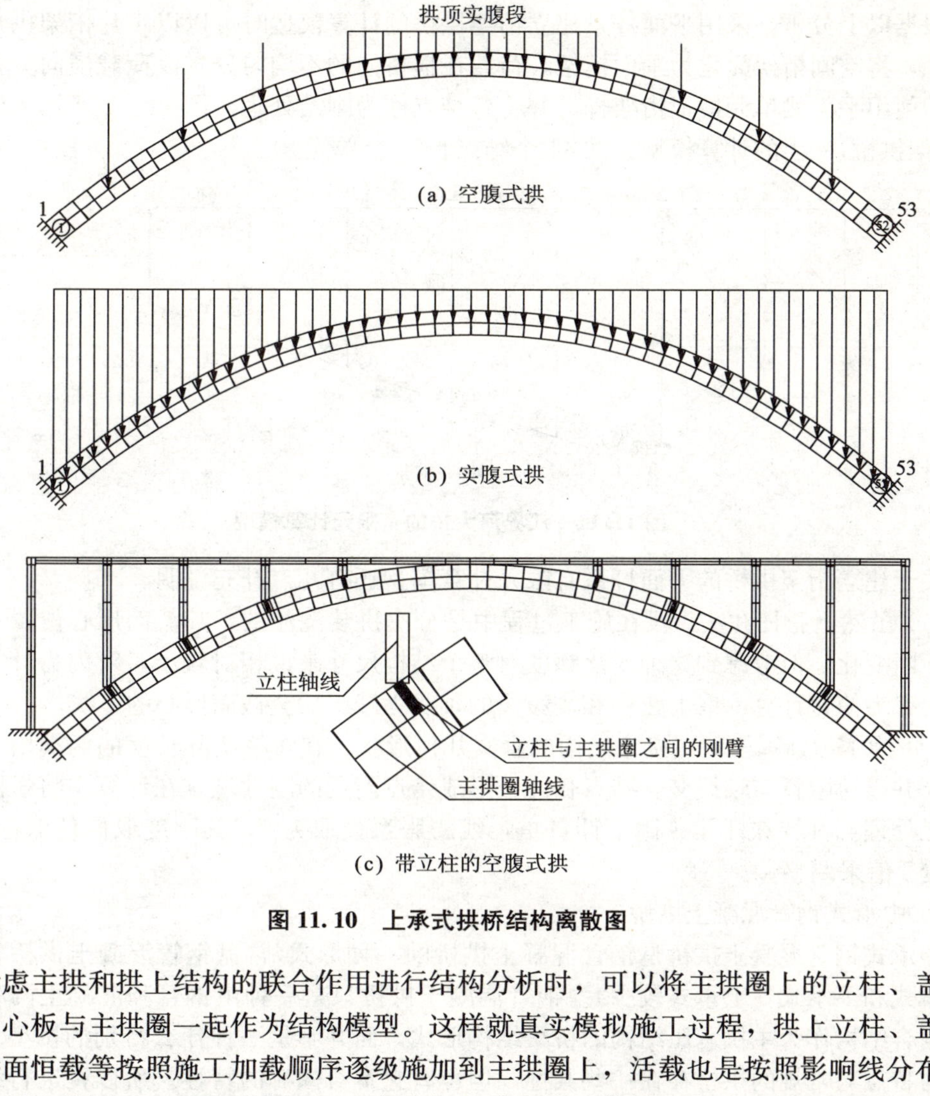

图 11.10　上承式拱桥结构离散图

当考虑主拱和拱上结构的联合作用进行结构分析时，可以将主拱圈上的立柱、盖梁和预应力空心板与主拱圈一起作为结构模型。这样就真实模拟施工过程，拱上立柱、盖梁和主梁及桥面恒载等按照施工加载顺序逐级施加到主拱圈上，活载也是按照影响线分布情况分别施加到主拱圈上。具体建模过程和方法与只建裸拱计算模型大致相同，只是在立柱与主拱圈顶面相接，连接的部位与主拱圈之间不重合而应设置刚臂相连［图 11.10(c)］。

2）桁架拱桥

桁架拱桥的受力特点不同于普通上承式拱桥，最主要区别是桁架拱桥的拱上建筑参与拱圈的共同作用，使结构各个部分的材料都能得到充分利用；其次是拱形桁架部分各杆件主要承受轴向力，实腹段部分承受轴向力和弯矩；同时桁架上弦杆除了作为整体桁架杆件承受轴向力外，还要直接承受运营时局部荷载产生的弯矩，尤其是第一个节间不但间距大，而且杆件长，局部荷载产生的弯矩最大，常是控制设计的杆件。所以建立计算模型时必须将主拱圈和拱上弦杆一起整体考虑而不再像普通上承式拱桥一样将主拱圈隔离出来。

桁架拱桥实际上是一个空间杆系结构，采用空间梁单元模型做结构计算更符合实际，且能真实模拟实际结构。然而，对于大跨度桁式结构各杆件长度尺寸远大于横向尺寸，桥梁结构的主要荷载——恒载、活载、均匀温变等均属于平面内荷载，均可采用平面杆系计算，所以仅考虑平面内荷载作用时，可以进一步简化为平面杆系，用平面杆系有限元法计算。

根据以上分析，采用平面杆系建立桁架拱桥的计算模型时可以以1片桁架拱片作为计算单元，将空间桁架简化为平面桁架，荷载在横桥向的不均匀分布以荷载横向分布系数来体现，使用平面梁单元模拟桁架杆，并将各结点作为刚结处理。图11.11所示为江界河大桥(桁架拱桥)一半的计算模型，共41个结点，51个单元。

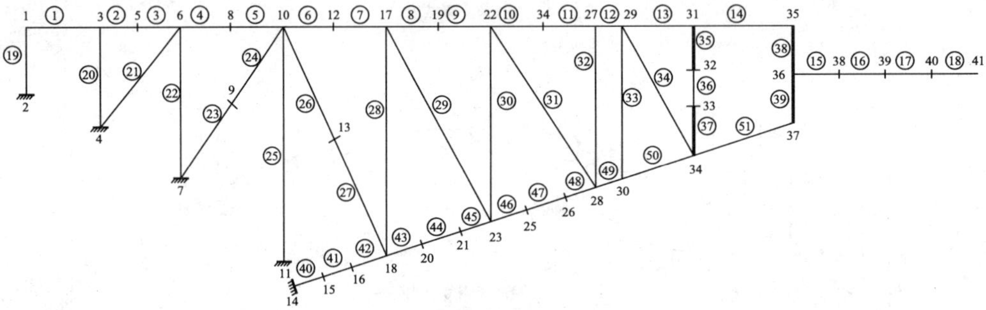

图11.11　江界河大桥的有限元计算模型

关于建立桁架拱桥的平面杆系有限元计算模型还有几点补充说明。

(1) 虽然上弦杆和实腹段在施工过程中是分次拼装浇注的，其截面形心位置在施工过程中不断变化，但考虑到这种变化幅度对整个结构尺寸来说相对较小，对内力计算的影响也不大，为简化计算，取上弦杆和实腹段的轴线为竣工后全截面形心的连线。

(2) 为了使计算模型更接近结构的真实几何形状，在短杆实际长度的两端增加了计算结点，并以短刚臂与轴线交会结点相连，形成结点附近的刚性域。在计算中将短刚臂作特殊杆元处理。其特殊杆元一律不计自重，线膨胀系数取为0，其刚度取值任取标准截面，用改变I值来调整。

3) 中承式钢管混凝土拱桥

中承式钢管混凝土拱桥是钢管混凝土拱桥的一种形式(常见钢管混凝土拱桥较多地采用中承式和下承式，上承式较少)。钢管混凝土拱桥只是一种由钢管和混凝土两种材料组成的组合结构作为主拱承压结构的桥梁结构形式，而并不是一种什么特别的桥型。它的一般受力特点与常规的拱桥存在一些共性，但也有它本身固有的特性。所以在进行结构分析时，必须考虑钢管混凝土拱桥这些独具的特点。

(1) 钢管混凝土拱桥内力计算与施工过程密切相关。先合拢空钢管，再浇筑管内混凝土，受吊装能力限制，一般将拱肋分段加工、吊装形成钢管拱肋桁架，在混凝土达到一定强度形成钢管混凝土结构之前它作为外荷载作用在钢管拱肋上，应按钢结构计算。以后随着混凝土凝固和强度的提高，混凝土开始与钢管一起参与受力。后期拱上建筑、桥面系恒载和活载均由钢管混凝土组合截面承担。因此，钢管混凝土拱桥应采用“应力叠加法”进行设计。

(2) 钢管混凝土作为一种钢-混凝土组合材料，一般采用采用合成法确定钢管混凝土的基本性能。所谓合成法，是指分别选定钢管和核心混凝土在轴心力作用下的本构关系，运用平衡条件和变形协调条件将两者的本构关系合成构件的组合关系，由此组合关系可得到钢管混凝土的各种物理力学组合性能指标。由于在钢管和混凝土的本构关系中包含有套箍力作用，因此在组合关系中也就包含了这种套箍效应。但是上述方法对大偏心受压构件不适用，此时仍采用钢筋混凝土截面的计算方法。

(3) 钢管混凝土拱桥一般是超静定结构，对于温度变化、混凝土收缩和徐变产生的次内力尚缺乏系统的试验和理论研究，因此在沿用现行的钢筋混凝土桥梁设计规范时，在缺乏可靠资料的情况下，应偏安全地取值。

由于钢管混凝土拱桥的以上特点，采用平面杆系建立中承式钢管混凝土拱桥的计算模型时必须考虑如下因素。

(1) 对钢管混凝土拱桥，其截面含筋率较高，计算截面刚度时要考虑钢管的影响。实践证明，钢管混凝土拱肋截面刚度按钢筋混凝土的计算方法和按钢管混凝土的计算方法计算出来的刚度两者相差很大。实用中钢管混凝土截面的刚度按如下公式计算。

$$EA=E_cA_c+E_sA_s \tag{11-43}$$

$$EI=E_cI_c+E_sI_s \tag{11-44}$$

式中：EA——钢管混凝土压缩和拉伸刚度；

EI——钢管混凝土弯曲刚度；

E_c、A_c、I_c——混凝土的弹性模量、截面面积和惯性矩；

E_s、A_s、I_s——钢管的弹性模量、截面积和惯性矩。

所以，输入钢管混凝土拱肋截面特性时，在保证截面刚度等效的前提下进行换算。

(2) 进行钢筋混凝土超静定结构变形计算时，考虑到混凝土开裂对截面刚度削弱的影响而进行折减，《桥规》规定采用 $0.67E_cI_0$，I_0为构件换算截面的惯性矩。而对于钢管混凝土构件，混凝土的裂缝开展受到钢管的约束而较迟出现且不发育，弹性、塑性性能均强于钢筋混凝土结构，而且其含筋率较高，因此可以不考虑折减。

(3) 钢管混凝土拱桥由于材料强度高，主拱圈的刚度相对于钢筋混凝土拱较小，而且桥面系一般均为梁板式结构(下承式多为柔性吊杆梁板式)，活载横向分布作用明显，而拱上建筑联合作用较弱。因此，在活载计算时采用单根拱肋的计算模型。双肋拱拱肋的荷载横向分布系数计算一般采用杠杆法，如图 11.12 所示。

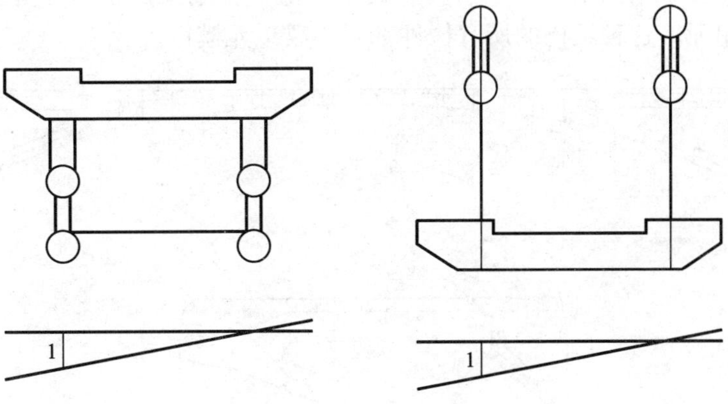

图 11.12　双肋拱横向分布计算图式

采用平面杆系建立中承式钢管混凝土拱桥的计算模型时可以将主拱圈的截面特性用式(11-43)和式(11-44)计算的等效截面处理；荷载在横桥向的不均匀分布以荷载横向分

布系数来体现。图11.13所示为某中承式钢管混凝土拱桥的计算模型，共144个结点，190个单元。其中拱肋和立柱采用梁单元，吊杆采用杆单元，桥面系采用板单元或直接采用均布荷载，均布荷载大小根据具体的桥面宽度后铺张层的厚度及栏杆的构造等具体情况计算得出。

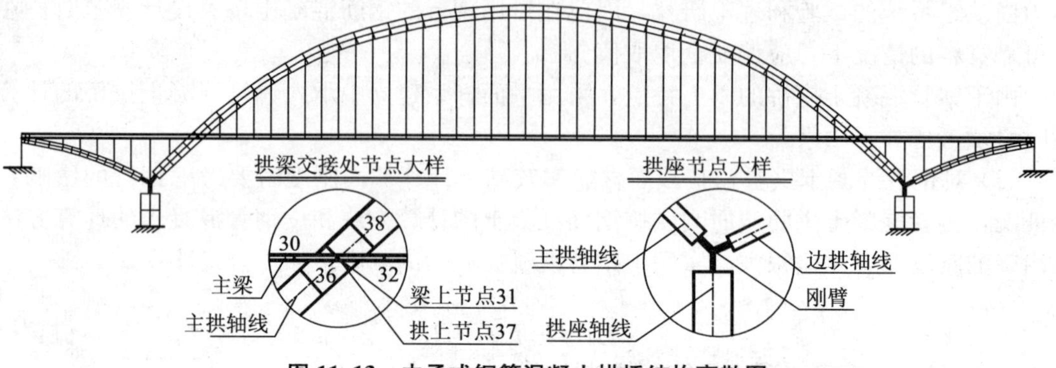

图11.13　中承式钢管混凝土拱桥结构离散图

此时应该注意是，在边主拱和拱座的连接处主拱轴线、边拱轴线和拱座轴线并非重合而应设置刚臂过渡；另外在拱、梁相接处并非固结，应作拱、梁分离处理，在此应由一个结点改为两个具有相同坐标的结点，一个结点用于形成拱肋单元，另一个则用于形成主梁单元，这样处理类似于斜拉桥的漂浮体系。单元和结点的编号同样应分别遵循便于阅读、记忆和结点优化规则。

4）刚架拱桥

刚架拱桥是一种具有推力的高次超静定结构。刚架拱桥的另一特点是全桥没有受拉构件，除腹孔梁为受弯构件外，其余所有构件，如主拱腿、腹孔弦杆、斜撑及实腹段均属压弯构件。它同桁架拱桥一样，拱上建筑也参与拱圈的共同作用。所以建立刚架拱桥的计算模型时同样可以采用平面杆系有限元程序，只是在结构离散时两个斜腿中性轴与主梁中性轴相接处并非重合，应设置刚臂过渡，即将主拱腿、腹孔弦杆、斜撑各结点应处理为刚结点。图11.14所示为某主跨净跨径为60m的钢筋混凝土刚架拱桥的计算模型，共划分71个结点，70个单元，这种结构的所有构件都采用梁单元模拟。

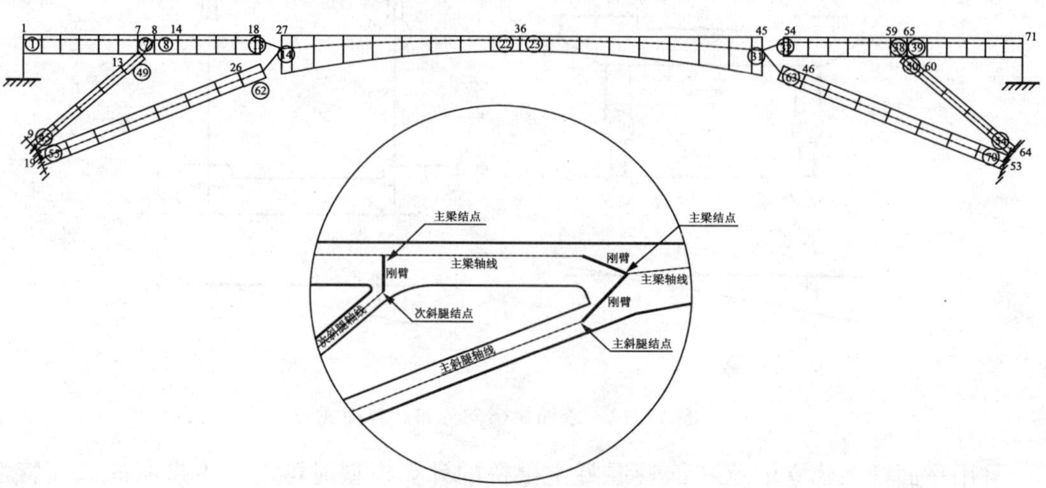

图11.14　钢筋混凝土刚架拱桥结构离散图

5）系杆拱桥

系杆拱桥是由拱肋、系杆(梁)、吊杆(立柱)等协同工作的组合体系，以系杆(梁)部分或完全承受拱脚的水平推力为主要特征。它与斜拉桥、悬索桥一样都是典型的三元结构，即由活载分布构件、传递构件及承重构件组成。在系杆拱桥中，系杆是承重构件，同时也是活载分布构件，其内力的水平分力可以部分或完全平衡拱肋产生的水平推力；拱肋主要承受压力，也起承重构件的作用；吊杆则是前二者联系的传力构件，主要是将桥面荷载传递给拱肋。

根据拱肋和系杆的相对刚度，系杆拱桥可分为柔性系杆刚性拱、刚性系杆柔性拱和刚性系杆刚性拱 3 种结构体系。柔性系杆刚性拱的系杆为柔性杆件，它只承受轴向拉力，基本不承受弯矩；拱肋按普通拱桥的拱肋一样考虑，采用平面梁单元模拟。刚性系杆柔性拱及刚性系杆刚性拱的系杆和拱肋均可以采用梁单元模拟，只是结点采用刚结点。

根据系杆拱桥的结构体系及其受力特点，采用平面杆系有限元程序建立其计算模型时主要考虑系杆的模拟。另外，对于刚架系杆拱应将拱、梁与墩的连接处应按刚结点模拟。其他仍与中承式钢管混凝土拱桥一样，如主拱圈截面特性仍按式(11－43)和式(11－44)计算的等效截面，荷载在横桥向的不均匀分布以荷载横向分布系数来体现等。图 11.15 所示为一系杆拱桥的计算模型，共 248 个单元，201 个结点。

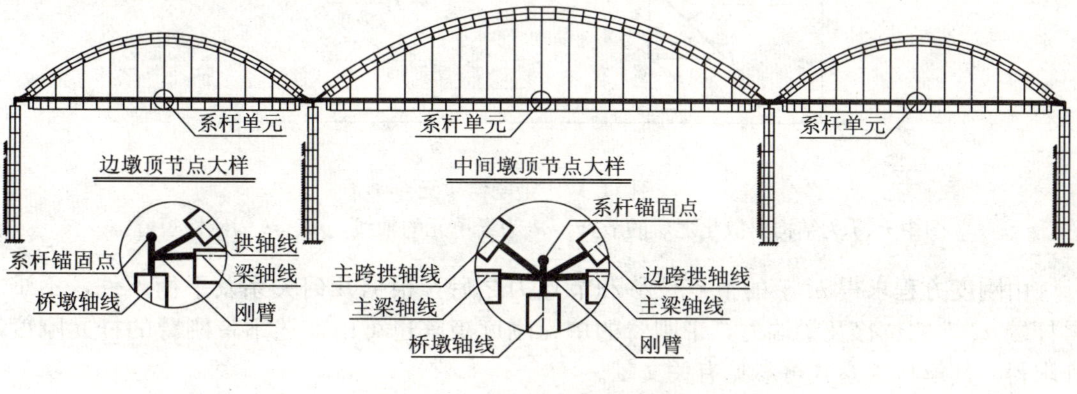

图 11.15　系杆拱桥结构离散图

6）刚臂、铰及基础模型

综上所述，对拱桥上部结构建模的处理方式作了一个较全面的介绍。而对下部结构、特殊部位和基础同样也有一些处理方式，下面分别说明一下。

(1) 刚臂的处理。在实际桥梁结构中，经常会遇到下列情况。

① 几个构件刚性交会于同一节点［图 11.16(a)、(b)］。

② 构件轴线偏心交会［图 11.16(c)、(d)］。

③ 不同受力阶段，构件截面具有不同的几何特性(例如组合截面、后张预应力构件钢束孔道灌浆前后等)。

所有这些情况，在建立杆系分析模型时，均须进行适当的处理。对于第一种情况，刚性结点尺寸对单元内力的影响往往不能忽略，在交会区的杆端应视为刚性部分(刚臂长度范围内的梁体不发生变形)；在后两种情况下，则应设置刚性联系杆件，以保证计算模型的连续性。两端带有刚臂的梁单元模型的一般情形如图 11.17 所示。

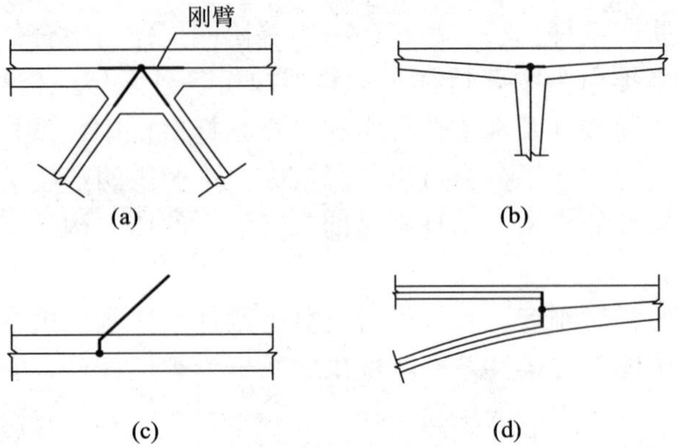

图 11.16　刚臂的处理

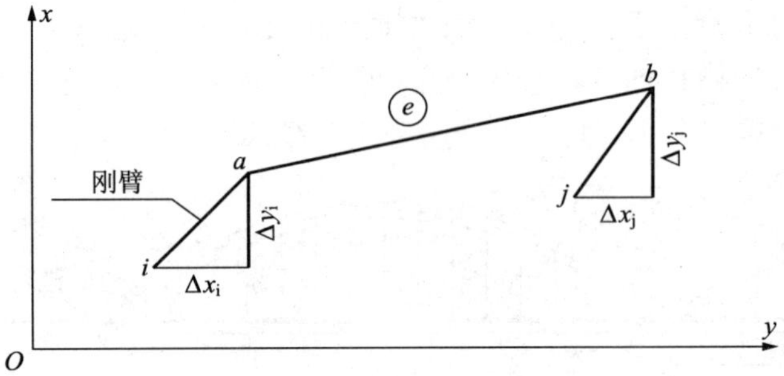

图 11.17　带刚臂单元

图中 i、j 为结构离散化之后的节点，ab 为梁单元的轴线，ia、jb 为刚性短臂。

由刚度方程求得 i、j 的节点位移和节点力之后，根据几何关系及平衡条件，不难求得杆端 a、b 的位移及梁端力，带刚臂的单元刚度矩阵也可由前述不带刚臂的杆元刚度矩阵求得，其解析关系式可参见有关文献。

(2) 中间铰的处理。在桥梁结构中，构件之间常有用铰连接的情形(图 11.18)，如两铰拱、三铰拱、带铰或带挂梁的T型刚构桥等，可采用主从结点的方法予以处理，位移从属是指位移一致。

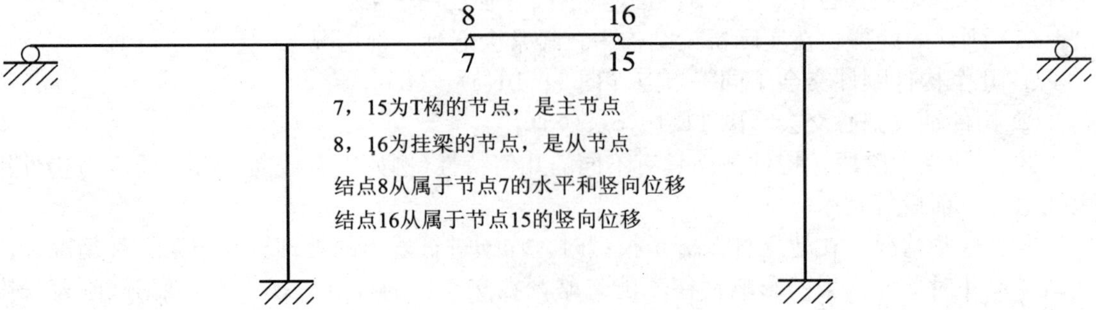

图 11.18　主从节点的处理(以T构为例)

(3) 支座的处理。桥梁结构分析中，常常要求将上、下部结构联合为整体进行计算。此时，梁式桥的支座也构成了体系的中间铰。当支座是刚性支座(如弧形钢板支座、摆动支座等)时，可采用带刚臂单元和中间铰的方法处理。若支座为简易的油毡垫座，则可假定上下部结构之间不发生相对竖向位移。当采用橡胶支座时，应视支座为弹性约束，用两个弹簧杆来模拟支座，如图 11.19 所示。

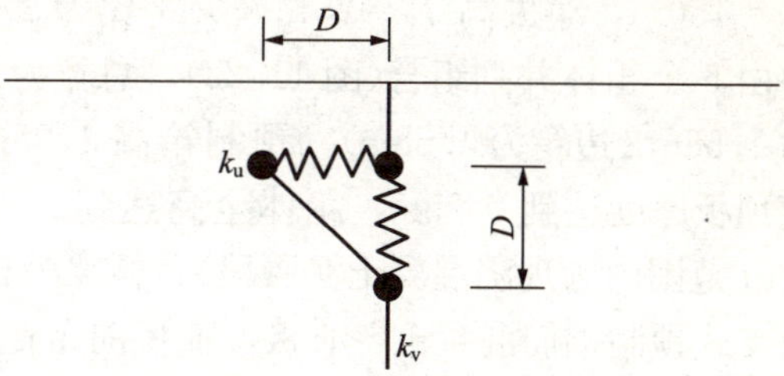

图 11.19 支座处理

竖向弹簧刚度根据橡胶支座的实际尺寸用下式来计算。

$$k_v=\frac{E_o A_o}{D} \tag{11-45}$$

水平弹簧的刚度则根据橡胶支座的抗剪性能按下式来确定(D 为支座厚度)。

$$k_u=\frac{G_o A_o}{D} \tag{11-46}$$

式中：E_o、G_o、A_o、D——橡胶支座的弹性模量、剪切模量、平面面积和支座的橡胶层厚度。

(4) 地基与基础的处理。当结构分析需要考虑弹性地基的作用时，可将弹性地基用弹簧杆来模拟。按照 Winkler 假设，有：

$$p=Kw \tag{11-47}$$

式中：K——基床系数，它表示单位铅直位移($w=1$)产生的地基应力。

用弹簧杆模拟后，将 K 乘以代用的弹簧杆的作用面积，即得弹簧刚度 EA/D(D 为弹簧杆长度)。

当地基与基础间的联系用铅直弹簧杆代替后，为了保证结构的稳定，应适当加设水平连杆，在只有铅直荷载作用的情况下，其内力为零，当有水平荷载作用时(例如土压力)，水平连杆的位置应根据结构的受力特性来决定，或更为精确地，按竖直弹簧杆的设置原理来设置水平弹簧杆。

常见的几种考虑弹性地基的基础模型示于图 11.20。

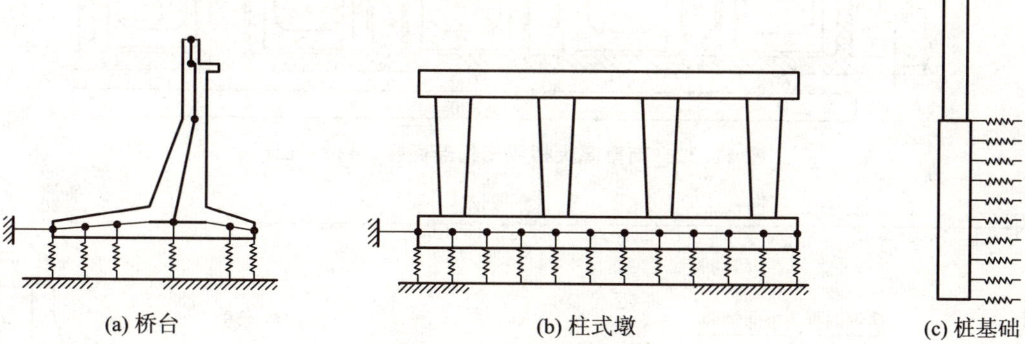

(a) 桥台 (b) 柱式墩 (c) 桩基础

图 11.20 地基模拟

3. 计算示例

1) 桥梁概况

南寨溪大桥是三板溪水电站库区展锦线复建工程的一部分，位于贵州省锦屏县境内。

大桥采用等截面钢筋混凝土箱形拱桥，拱轴线为悬链线，拱轴系数 $m=1.347$。净跨径 $L_0=150m$，净失高 $f_0=25m$，矢跨比为 1/6。桥梁总体布置图如图 11.21 所示。主拱圈横向由 5 个箱体并列组合(图 11.22)，总宽为 8m，纵向分为 5 段预制吊装。每个箱体预制宽度为 1.56m (边箱为 1.58m)，预制箱高 1.95m，顶板预制厚 0.1m，吊装合拢后现浇 0.15m，使顶板厚度达到 0.25m，箱体全高达到 2.1m。拱上立柱为现浇钢筋混凝土排架结构(拱顶 37m 范围内为现浇混凝土实腹段)，帽梁为现浇钢筋混凝土结构。行车道板采用 10m 跨度的简支式预制钢筋混凝土空心板，横桥向布置 8 块，桥面净宽 9m(图 11.23)。桥面铺装层采用现浇 30 号防水混凝土。设计荷载：汽-20，挂-100，人群-3.5kN/m²。根据地形、地质情况右岸拱座采用实体混凝土结构，座底置于弱风化基岩上，左、右岸拱座沿拱轴线和竖向各伸出 2 根直径 2.5m 的人工挖孔桩，桩尖均伸入弱风化基岩，用以抵抗拱圈的轴力和传到拱座的竖向荷载。

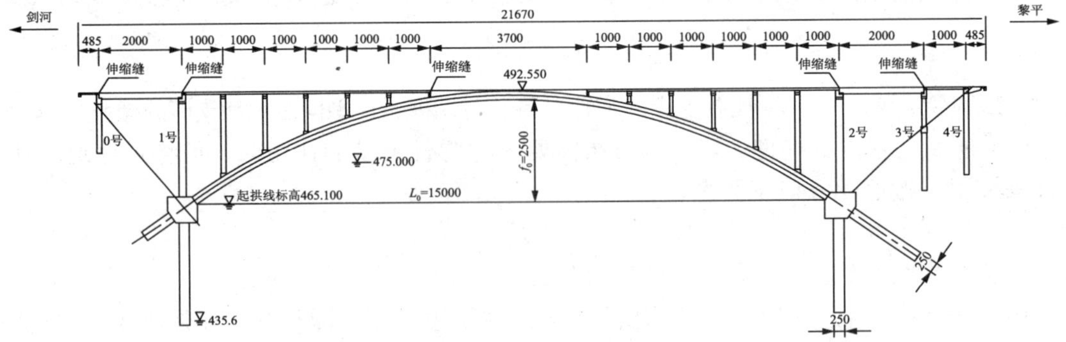

图 11.21 南寨溪大桥立面布置图(单位：cm)

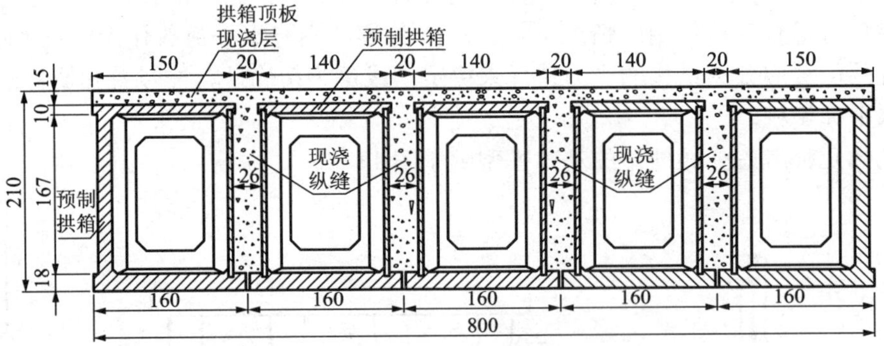

图 11.22 南寨溪大桥拱箱横断面图(单位：cm)

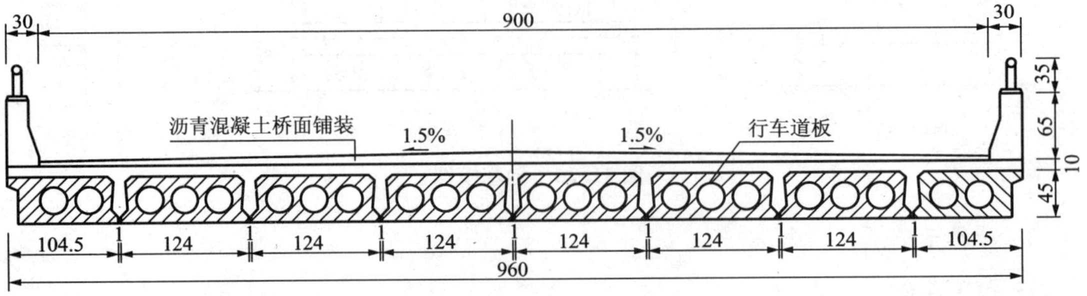

图 11.23 10m 跨钢筋混凝土空心板构造图(单位：cm)

主拱圈采用缆索吊装，拱上排架柱采用现浇混凝土进行施工，具体流程如下：将先期分块在预制厂预制好的单片拱箱节段用缆索吊就位后进行拱箱节段之间的纵、横连接加固和浇筑纵缝及顶板混凝土现浇层。再浇注拱上立柱和盖梁，然后架设盖梁上钢筋混凝土空心板，最后浇注桥面铺装、防撞栏杆等二期恒载。

2) 计算模型的建立

(1) 根据结构的布置情况和受力特点将南寨溪大桥划分成 224 个单元和 216 个结点。其中主拱单元 148 个、立柱单元 42 个、空心板主梁单元 34 个，均采用平面梁单元进行模拟。

(2) 根据具体施工过程将南寨溪大桥划分 4 个计算阶段，第一、二、三阶段依次安装主拱单元、立柱单元和主梁单元，第四阶段安装桥面系等二期恒载。

(3) 输入结构模型所用的各种材料及截面特性数据(表 11-3)。

表 11-3　南寨溪大桥结构模型所用材料及截面特性参数表

结构部位	所用材料	材料特性参数				截面特性参数		
		弹性模量 E/MPa	剪切模量 G/MPa	泊松比 v	热膨胀系数 α	面积 A/m^2	惯性矩 I/m^4	形心轴 y_s/m
主拱圈	C40	3.25×10^4	1.3×10^4	0.2	1×10^{-5}	6.638	3.7917	0.996
拱上立柱	C30	3.0×10^4	1.2×10^4	0.2	1×10^{-5}	2.157	0.1764	0.600
简支空心板梁	C40	3.25×10^4	1.3×10^4	0.2	1×10^{-5}	3.141	0.0678	0.2242

注：截面特性参数可以将截面按有限条分法输入数据，程序将自动生成。

(4) 形成结构总体数据：这一步主要是将整个计算模型的所有单元按照单元所对应的计算阶段和所有结点所对应的截面类型进行安装。在此需首先定位模型参考坐标系以便输入中心轴节点的坐标，再输入支承杆特性数组并进行安装。然后进行单元的连接、单元截面及单元的安装、特殊结点及结点荷载信息等内容。

(5) 恒载的处理：一期恒载根据结构的截面特性及材料容重程序将自动计入；二期恒载包括沥青混凝土桥面铺装、栏杆，经计算取：20.0kN/m。

(6) 设计荷载：公路－Ⅱ级，其车道荷载的均布荷载标准值 $q_k=7.875\mathrm{kN/m}$；集中荷载标准值 $p_k=270\mathrm{kN}$，其中汽车荷载按 2 车道加载横向折减系数为 1.0，桥跨纵向折减系数为 1.0。满布人群荷载集度为 $3.0\mathrm{kN/m^2}$。

(7) 温度效应：大桥应在气温较低的时候合拢，估计在 15～20℃左右；因此在结构分析中考虑两种温度变化，即温降－25℃和温升＋15℃。

(8) 约束条件：桥址左右两岸边坡稳定性较好，基岩较完整，强度较高，两拱脚既设有竖桩还设有斜桩，所以拱脚直接采用固结方式模拟。

当考虑主拱和拱上结构的联合作用进行结构分析时，可以将主拱圈上的立柱、盖梁和空心板梁与主拱圈一起作为结构模型。在立柱与主拱圈顶面相接，连接的部位与主拱圈之间不重合而应设置刚臂相连，这样拱上立柱、盖梁和主梁及桥面恒载等按照施工加载顺序逐级施加到主拱圈上，活载则按照影响线分布情况分别施加到主拱圈上(图 11.24)。

图 11.24　南寨溪大桥结构离散图

3）分析荷载和荷载组合

分析荷载包括恒载分析(包括二期恒载)、活载分析、附加荷载(季节温差、日照温差、汽车制动力、支座沉降、风荷载等)，按此计算模型及荷载条件，对该桥进行了恒载、活载、附加荷载等情况下的内力分析。

同时，依据《桥规》规定，对桥梁结构进行正常使用和承载能力两种极限状态下的荷载组合分析。其中正常使用极限状态下的荷载组合可以采用短期效应组合和长期效应组合，主要包括恒载、汽车荷载(不计冲击力)、人群荷载、风荷载和温度梯度作用等。承载能力极限状态下的荷载组合应采用基本组合和偶然组合这两种作用效应进行组合，主要包括恒载、汽车荷载(含冲击力和离心力)、人群荷载、风荷载和温度作用(均匀温度和梯度温度)、流水(冰)压力及偶然荷载(支座摩阻力、地震、船或漂浮物的撞击)等。

4）主要计算结果

根据计算模型、约束和荷载及荷载组合条件，分别计算结构在恒载、活载、附加内力和变形，并根据规范要求进行最不利荷载组合，根据各种计算结果对结构进行验算，以满足规范要求。主要计算结果包括恒载内力、应力结果、正常使用和承载能力两种极限状态下的内力结果。主要计算结果图形显示如图 11.25～图 11.27 所示。

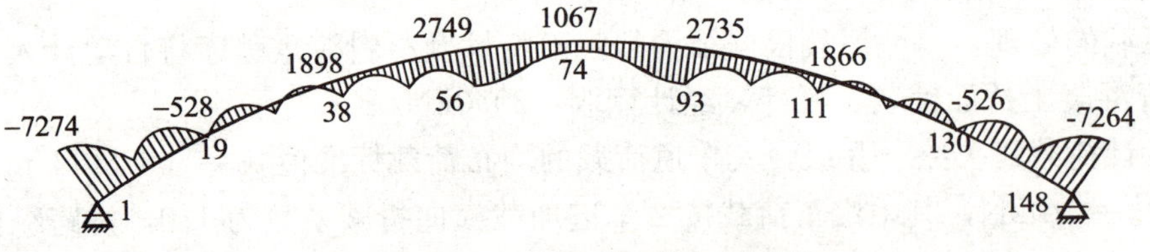

(a) 成桥状态恒载作用下主拱圈弯矩图(单位：kN·m)

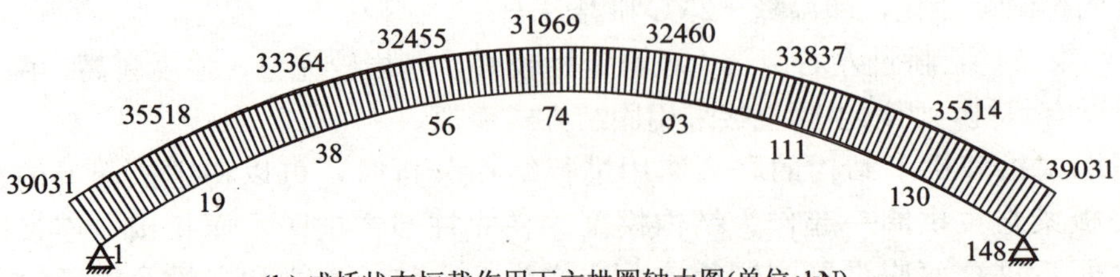

(b) 成桥状态恒载作用下主拱圈轴力图(单位：kN)

图 11.25　成桥状态内力图

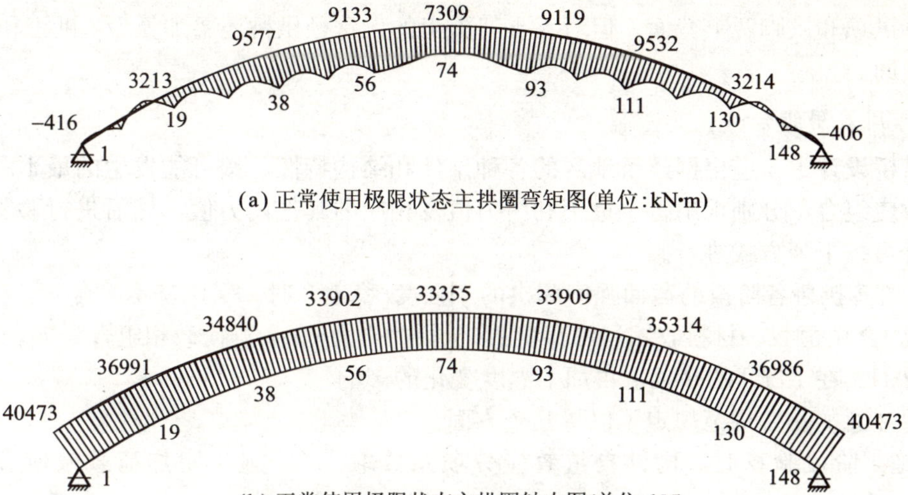

(a) 正常使用极限状态主拱圈弯矩图(单位:kN•m)

(b) 正常使用极限状态主拱圈轴力图(单位:kN)

图 11.26　正常使用极限状态内力包络图

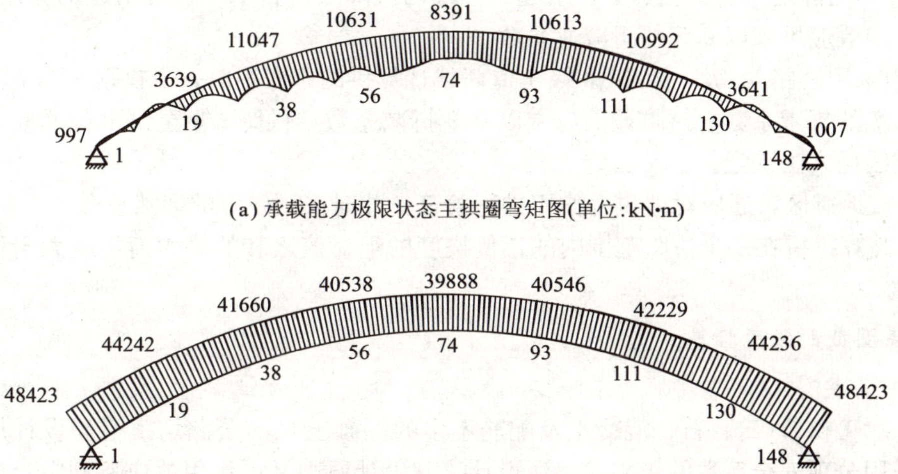

(a) 承载能力极限状态主拱圈弯矩图(单位:kN•m)

(b) 承载能力极限状态主拱圈轴力图(单位:kN)

图 11.27　承载能力极限状态内力包络图

11.3 主拱的验算

主拱的验算包括强度验算和稳定验算这两项主要内容。

11.3.1 强度验算

当求出了各种作用效应下拱结构的内力后，就可以进行作用效应组合，进而验算控制截面的强度和稳定性，一般无铰拱的控制截面在拱顶、$l/4$ 和拱脚处。对小跨径无铰拱桥只需验算拱顶和拱脚两个截面，但对无支架施工的大跨径拱桥还要加算 $l/8$ 拱跨和 $3l/8$ 拱跨两个截面。

1. 作用效用组合

在拱桥设计中，应根据建桥地区的各种条件和结构特性，按可能发生的最不利情况进行作用效应组合，分别求出每个最不利内力值及相应的其他内力值，然后进行验算。作用效应组合可按下列方式进行。

(1) 验算拱桥各阶段的截面强度和拱的“强度-稳定”时，采用基本组合。

工况Ⅰ：由恒载、材料收缩、汽车荷载(包括冲击力)和人群荷载相组合。

工况Ⅱ：在工况Ⅰ的基础上再加上温度变化的影响。

值得注意的是，规范规定了以下几个方面。

① 施工阶段验算时，构件自重效应分项系数取 1.2，施工附加荷载效应分项系数取 1.4。

② 计算拱圈的温度变化影响时，作用效应分项系数为 0.7；计算拱圈的混凝土收缩影响时，作用效应分项系数为 0.45。

③ 计算超静定拱桥由相邻墩台引起的不均匀沉降或桥台水平位移引起的作用效应时，其计算作用效应可乘以 0.5 的折减速系数。

④ 当采用公路-Ⅰ级、公路-Ⅱ级车道荷载计算拱的正弯矩时，自拱顶至跨 $l/4$ 各截面应乘以 0.7 的折减系数；拱脚截面应乘以 0.9 折减系数；拱跨 $l/4$ 至拱脚各截面，其折减系数按直线插入法确定。

(2) 在地震区，还应对地震力作用进行验算，此时采用效应的偶然组合。

(3) 验算拱桥在一个桥跨范围内的正负挠度的绝对值之和的最大值不应大于计算跨径的 1/1000。

2. 拱圈截面强度验算

1) 圬工拱桥

对于圬工拱桥(砖、石、混凝土及配筋不多的混凝土)，《公路圬工桥涵设计规范》规定控圈采用分项安全系数的极限状态法设计，其设计原则是：作用效应不利组合的设计值应小于或等于结构抗力效应的设计值。

(1) 拱圈截面强度验算。根据《公路圬工桥涵设计规范》规定由下式验算拱圈截面强度。

$$\gamma_0 N_d < \varphi f_{cd} A \tag{11-48}$$

式中：N_d——轴向力设计值；

f_{cd}——砌体或混凝土抗压强度设计值；

A——验算截面面积；

γ_0——结构重要性系数；对于特大桥、重要大桥为 1.1，对于大桥、中桥、重要小桥为 1.0，对于小桥、涵洞为 0.9；

φ——主拱截面轴向力的偏心距 e 和长细比对墩身承载力的影响系数，按《公路圬工桥涵设计规范》有关规定计算。

(2) 拱圈截面合力偏心距验算。墩身任一截面应满足:

$$e \leqslant [e] \tag{11-49}$$

式中:e——墩身截面轴向力的偏心距;

$[e]$——偏心距限值,应根据不同的荷载组合按表 11-4 选用;

其余符号意义同前。

表 11-4 受压构件偏心距限值

作用组合	偏心距限值 $[e]$	作用组合	偏心距限值 $[e]$
基本组合	$\leqslant 0.6s$	偶然组合	$\leqslant 0.7s$

注:① 混凝土结构单向偏心的受拉一边或双向偏心的各受拉一边,当设有不小于截面面积 0.05%的纵向钢筋时,表内规定值可增加 0.1s。

② 表中 s 值为截面或换算截面重心轴至偏心方向截面边缘的距离,如图 11.28 所示。

验算截面在各种荷载组合下的偏心距 e 如果超过表 11-4 所示的偏心距限值时,可按下式确定墩身截面承载力。

单向偏心:$$\gamma_0 N_d < \varphi \frac{A f_{tmd}}{\frac{Ae}{W} - 1} \tag{11-50a}$$

双向偏心:$$\gamma_0 N_d < \varphi \frac{A f_{tmd}}{\frac{Ae_x}{W_y} + \frac{Ae_y}{W_x} - 1} \tag{11-50b}$$

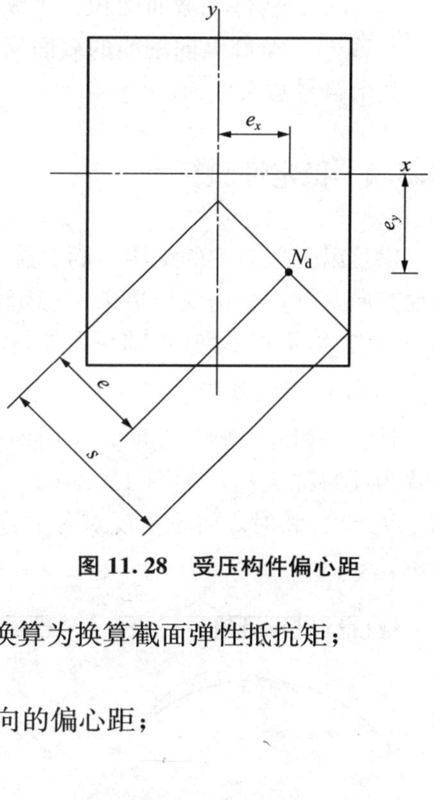

图 11.28 受压构件偏心距

式中:f_{tmd}——受拉边缘的弯曲抗拉极限强度;

W——单向偏心时,截面受拉边缘的弹性抵抗矩,对于组合截面应按弹性模量比换算为换算截面弹性抵抗矩;

W_x、W_y——双向偏心时,截面 x 方向受拉边缘绕 y 轴的截面弹性抵抗矩和截面 y 方向受拉边缘绕 x 轴的截面弹性抵抗矩,对于组合截面应按弹性模量比换算为换算截面弹性抵抗矩;

e——单向偏心时,轴向力偏心距;

e_x、e_y——双向偏心时,轴向力在 x 方向和 y 方向的偏心距;

其余符号意义同前。

(3) 拱圈正载面直接受剪计算。

$$\gamma_0 V_d \leqslant A f_{vd} + \frac{1}{1.4}\mu_f N_k \tag{11-51}$$

式中:V_d——剪力设计值;

A——受剪截面面积;

f_{vd}——砌体或混凝土抗剪强度设计值,按《公路圬工桥涵设计规范》有关规定采用;

μ_f——摩擦系数,采用 $\mu_f = 0.7$;

N_k——与受剪截面垂直的压力标准值；

其余符合意义同前。

2) 钢筋混凝土拱桥

对于钢筋混凝土拱桥，根据《桥规》规定，钢筋混凝土拱圈应进行承载能力极限状态和正常使用极限状态的计算。

根据《桥规》规定：

$$\gamma_0 N_d < 0.90\varphi(f_{cd}A + f'_{sd}A'_s) \tag{11-52a}$$

式中：N_d——拱的轴向力组合设计值；

$$N_d = H_d/\cos\varphi_m \tag{11-52b}$$

式中：H_d——拱的水平推力组合设计值；

φ_m——拱顶与拱脚连线与平线的夹角；

φ——轴压构件稳定系数，按《桥规》有关规定采用；

A——构件毛截面面积，当纵向钢筋配筋率大于3%时，A 应改用 $A_n = A - A'_s$；

A'_s——全部纵向钢筋的截面面积；

其余符号意义同前。

11.3.2 稳定性验算

拱是以受压为主的结构，随着施工技术水平的提高，高强度材料的使用，拱桥正朝大跨径方向发展，结构变得更柔，稳定性问题更加突出。拱的稳定性问题主要包括纵向(拱轴平面内)稳定和横向(拱轴平面外)稳定。

1. 纵向稳定性验算

计算分析和试验均表明，竖向均布荷功作用下，无铰拱和两铰拱在拱轴平面内的失稳形式为反对称失稳，如图 11.29(a)、(b)所示；三铰拱的失稳动工则取决于矢跨比 f/l，当 $f/l \geqslant 0.3$ 将时，将发生反对称失稳，当 $f/l \leqslant 0.2$ 时，将发生对称失稳，如图 11.29(c)所示。

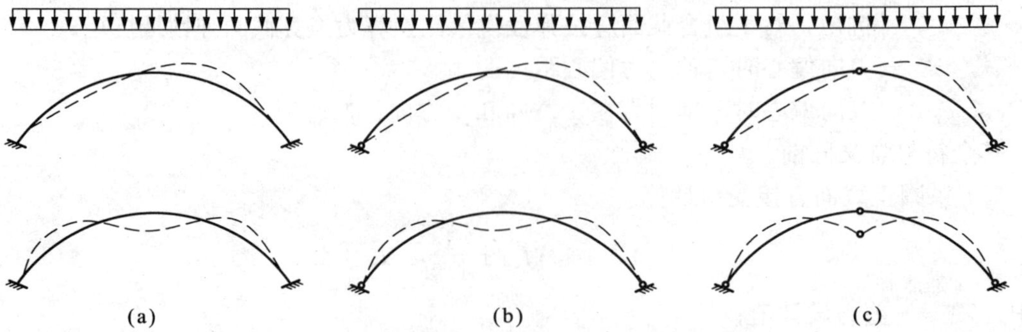

图 11.29 各类拱失稳形式

对长细比不大，矢跨比在 0.3 以下的拱，其纵向稳定性验算一般可表达为强度校核的形式，即将拱圈(助)换算为相当长度的压杆，按平均轴力计算(图 11.30)。

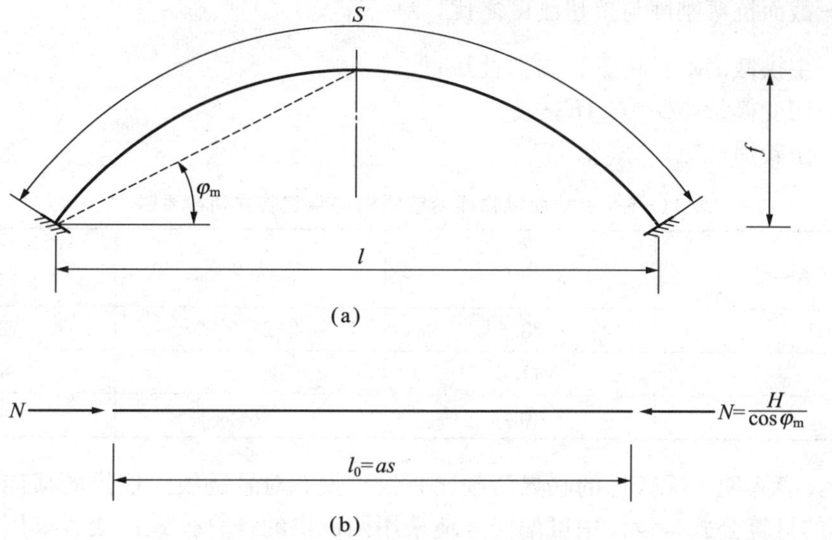

图 11.30　拱圈纵向稳定性验算

拱圈(拱肋)正截面稳定性的验算公式如下。

砌体(包括砌体与混凝土组合)受压构件：　$\gamma_0 N_d < \varphi f_{cd} A$　(11-53)

混凝土受压构件：　$\gamma_0 N_d < \varphi f_{cd} A_c$　(11-54)

钢筋混凝土构件：　$\gamma_0 N_d < 0.90\varphi(f_{cd}A + f'_{sd}A'_s)$　(11-55)

式中：A_c——验算截面混凝土受压区面积；

N_d——拱的轴向力组合设计值，按式(11-54)计算；

其余符号意义同前。

2. 横向稳定性验算

对桥的宽跨比小于 1/20 的主拱以及无支架施工的拱桥，应验算拱的横向稳定性。目前常采用以下公式来验算拱的横向稳定性。

$$K=\frac{N_L}{N_d}\geqslant 4\sim 5 \qquad (11-56)$$

式中：K——横向稳定安全系数；

N_L——拱丧失横向稳定时的临界轴向力；

N_d——拱的轴向力组合设计值。

(1) 对于半拱或采用单肋合龙的拱肋，可近似用矩形等截面抛物线铰拱，在均布竖向荷载作用下的向稳定公式来计算临界轴向力和临界推力。

临界轴向力：
$$N_L=\frac{H_L}{\cos\varphi_m} \qquad (11-57)$$

临界推力：
$$H_L=k\frac{EI_y}{8fl^2} \qquad (11-58)$$

式中：k——临界荷载系数，与拱的矢跨比 f/l 及 λ 有关，见表 11-5；

λ——截面抗弯刚度与抗扭刚度之比，$\lambda=\frac{EI_y}{GI_k}$；

I_y——主拱截面对拱桥纵轴的惯性矩；

G——切变模量，$G=0.4E$；

I_k——扭转惯性矩。

表 11-5　等截面抛物线两铰拱横向稳定临界荷载系数 k

f/l \ λ	0.7	1.0	2.0
0.1	28.5	28.5	28.0
0.2	41.5	41.0	40.0
0.3	40.0	38.5	36.5

试验与计算表明，无铰拱的临界荷载比有铰拱大。对悬链线无铰拱的横向稳定性，目前尚无成熟的计算公式，设计中可偏安全地采用两铰拱的计算公式，或者采用圆弧无铰拱的公式计算临界轴向力。

(2) 对以横向连接的肋拱及无支架施工时采用双肋合龙的拱桥，其横向稳定计算比较复杂，在无计算机的条件下，可将拱展开成一个与拱轴等长的平面桁架，按组合压杆计算其稳定性，如图 11.31 所示。

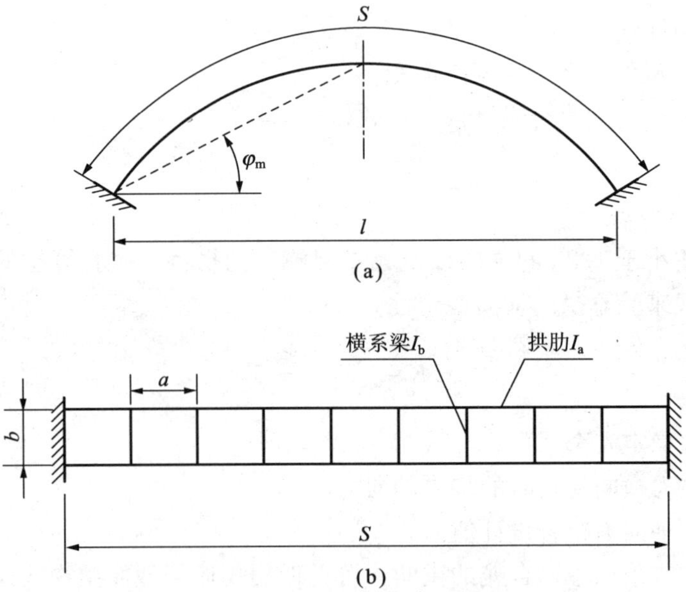

图 11.31　肋拱横向稳定性计算图式

临界轴向力按下式计算。

$$N_L=\frac{\pi^2 E_a I_y}{L_0^2} \tag{11-59}$$

式中：I_y——两拱肋对桥纵轴的惯性矩；

E_a——拱肋材料的弹性模量；

L_0——组合压杆计算长度，$L_0=\rho\cdot\alpha\cdot S$；

α——计算长度系数，无铰拱为0.5，两铰拱为1.0。

$$\rho=\sqrt{1+\frac{\pi^2 E_a I_y}{L_j^2}\left(\frac{ab}{E_b I_b}+\frac{a^2}{24E_a I_a}\times\frac{1}{1-\beta}+\frac{na}{bA_b G}\right)} \tag{11-60}$$

式中：$L_j=\alpha\cdot S$；

a——横系梁(或夹木)的间距；

b——两拱肋中距，即横系梁的计算长度；

I_a——单根拱肋对自身竖轴的惯性矩；

I_b——单根横系梁(或夹木)对竖轴的惯性矩；

E_b——横系梁(或夹木)的弹性模量；

β——考虑节间局部稳定的有关系数，$\beta=\alpha^2 N_L/2\pi^2 E_a I_a$，只能通过试算法求解。没有足够数目的横系梁时，可以忽略不计；

n——与横系梁截面形状有关的系数，对矩形截面 $n=1.2$，对圆形截面 $m=1.11$，项系考虑横系梁中剪力的影响；

G——横系梁的切变模量；

A_b——横系梁的截面面积。

以上介绍了拱的面内、面外稳定性在不考虑拱轴变形及材料非线性对拱稳定性的影响情况下的简单验算。对于复杂结构，坦拱或大跨径拱，需要利用有限元法，对拱进行非线性稳定分析。用有限元法求出拱结构的稳定系数 K，只要 $K\geqslant 4\sim 5$ 即可。

本章小结

本章主要介绍了实腹式悬链线拱拱轴线方程和空腹式悬链线拱的“5点重合法”及拱轴系数的确定，有限元计算的处理方法，主拱强度和稳定性的验算等若干问题。

根据恒载压力线和理想拱轴线重合，拱圈截面弯矩为零推导出悬链线拱的拱轴线方程。采用逐渐逼近法确定拱轴系数。拱轴系数与主拱圈受力的关系。

根据“5点重合”确定空腹式拱的拱顶、拱脚和 $l/4$ 截面5点与悬链线拱的拱轴线重合对主拱受力有利得出“5点重合”的概念，得出空腹式拱的理想拱轴线和拱轴系数。

理想的拱轴线与恒载压力线完全重合，按截面无弯矩计算拱圈截面内力。根据作用效应组合验算拱桥的强度和稳定性。

根据拱桥计算的特点和杆系有限元的基本方法，建立拱桥计算的有限元计算模型，和对有限元计算模型的一些处理方法。

习　题

1. 什么是理想拱轴线？在拱桥设计中一般应如何选择合理拱轴线？

2. 实腹式拱桥的合理拱轴线是什么?

3. 阐述拱轴系数 m 的定义，拱轴系数 m 的变化对拱轴线有何影响?

4. 在空腹式拱桥中，为什么用“5 点重合法”确定的悬链线拱轴线比用恒载压力线更加合理?

5. 用有限元法计算普通上承式拱桥，若只建裸拱计算模型，应如何模拟拱上建筑、桥面恒载及活载的作用?

6. 采用平面杆系有限元法建立钢管混凝土拱桥的计算模型时，如何考虑钢管混凝土拱肋的截面刚度?

7. 有限元计算柔性系杆拱桥，系杆可采用什么单元模拟?

8. 当进行桥梁上、下部结构整体分析时，橡胶支座一般应选取何种计算单元?如何确定相关刚度参数?

9. 无铰拱桥的强度验算时，一般应验算哪几个控制截面?

10. 为什么拱桥需要进行稳定性验算?如何验算其纵、横向稳定性?

第12章

桥梁墩台的构造与设计

教学目标

本章主要介绍梁桥和拱桥墩台的主要类型和构造设计要求。通过本章的学习，应达到以下目标。

(1) 掌握桥梁墩台的基本组成与类型。
(2) 熟悉梁桥实体桥墩、柱式桥墩及重力式U形桥台的构造与设计。
(3) 熟悉拱桥重力式桥墩及重力式桥台的构造与设计。
(4) 了解其他类型墩台的构造要点。

教学要求

知识要点	能力要求	相关知识
墩台作用与选型要求	(1) 掌握墩台作用 (2) 掌握墩台的选型要求	(1) 桥墩、桥台的概念 (2) 墩台作用 (3) 墩台选型原则
墩台基本组成	(1) 掌握墩台的基本组成部分 (2) 掌握常用基本的墩台类型	(1) 墩帽 (2) 墩身 (3) 基础 (4) 重力式墩台 (5) 轻型桥台
梁桥桥墩的类型及构造	(1) 掌握实体桥墩的构造要求 (2) 掌握空心桥墩的类型及构造要求 (3) 掌握柱式桥墩的类型及构造要求 (4) 熟悉柔性排架桩墩的构造要求 (5) 了解框架墩的常用类型及构造要求	(1) 墩帽、墩身和基础构造及尺寸拟定 (2) 部分镂空体桥墩、薄壁混凝土空心桥墩 (3) 单柱式、双柱式、哑铃式及混合双柱式 (4) V形墩及Y形墩
梁桥桥台类型及构造	(1) 掌握重力式桥台的类型及构造 (2) 熟悉轻型桥台的类型及构造 (3) 了解组合式桥台的类型及构造	(1) 重力式U形桥台的构造要求 (2) 实体埋置式桥台构造 (3) 设置支承梁的轻型桥台、框架式桥台、钢筋混凝土薄壁轻型桥台 (4) 加筋土桥台、过梁式框架组合桥台、台墙隔离式组合桥台
拱桥桥墩类型及构造	(1) 掌握重力式桥墩的类型及构造要求 (2) 熟悉轻型桥墩的构造要求	(1) 重力式桥墩的组成及与梁桥重力式桥墩构造上的不同 (2) 桩柱式桥墩和斜撑式桥墩的构造
拱桥桥台类型及构造	(1) 掌握重力式桥台的构造要求 (2) 熟悉轻型桥台的类型及构造要求 (3) 了解组合式桥台	(1) U形重力式桥台的构造要求 (2) 八字形、U字形、背撑式、空腹式、齿槛式轻型桥台的构造

基本概念

桥墩、桥台

引例

我国南方很多地区，如连云港市濒临黄海，底下土中表层为0.5～2.5m的粘性土硬壳层，其下为3～13m的淤泥质粘土层，下面为粘土、亚粘土层，再下为花岗岩片麻岩。其中软土淤泥层呈流塑状态，具有含水量大、压缩性大、透水性差、力学强度低等特点。所以，软土地基上墩台形式的正确选用非常重要，将关系到整个工程结构的质量安危，对造价和对工期有很大影响。

当前，世界各国的桥梁建设都在结构受力与结构造型相协调的方向上迅速发展，提出了实现使用功能与增强人文景观并重的设计理念。这不仅反映在上部结构上，而且也反映在下部结构与上部结构的造型协调一致上。

桥梁墩台是桥梁建筑的重要组成部分之一，主要承受桥梁上部结构传来的作用并将其传递给地基基础，桥台还承受挡土护岸的作用。因此，合理选择桥梁的墩台造型就变得尤为重要。

12.1 概　　述

12.1.1　桥梁墩台的作用与要求

桥梁墩台是桥墩和桥台的合称，是支承桥梁上部结构的结构物。它与基础统称为桥梁下部结构。

桥墩指多跨(两跨以上)桥梁的中间支承结构物，它除了承受上部结构传来的作用外，还要承受流水压力、风荷载以及可能出现的冰压力、船舶或漂流物的撞击作用或者桥下车辆的撞击作用(对于跨线桥)。桥台一般指桥头两端设置的支承与挡土的结构物，它既要支承上部结构，又要衔接两岸接线路堤、挡土护岸、承受台背填土及填土上汽车引起的土侧压力。

桥梁墩台不仅承受上部结构的作用，还承受桥位条件下可能产生的各种附加力以及施工时的临时施工荷载，并要将它们传给地基基础。因此，桥梁墩台不仅自身结构应具有足够的强度、刚度和稳定性，而且为确保上部结构的稳定，对地基的承载力、沉降量、地基与基础之间的摩擦力等也都提出了一定的要求，以避免在上述作用力的影响下产生过大的沉降、水平位移或者转动。

当前，世界各国的桥梁建设都在结构受力与结构造型相协调的方向上迅速发展，提出了实现使用功能与增强人文景观并重的设计理念。这不仅反映在上部结构上，而且也反映在下部结构与上部结构的造型协调一致上。在桥梁的总体规划设计中，致力于上下部结构在受力上相协调而实现桥梁的使用功能，致力于桥型与桥位环境以及上部结构形式与下部结构形式的相协调来增强桥梁的人文景观，因此，合理选择桥梁的墩台造型变得尤为重要。在确定桥梁墩台结构时应遵循满足交通要求、安全耐久、造价低、维修养护少、施工方便、工期短、与周围环境相协调、造型美观和有利于环保等总原则。

对于城市立交桥，桥梁墩台的选型比一般的公路桥梁有更高的要求。它们在选型上，除了遵循上述的总原则外，还应注意以下几点：①要从整体造型着眼，力求形式优美，构造轻盈，线条明快，纹理有质；②各部分的形状尺寸要符合桥体结构受力的规律，结构匀称，比例适度，给人以适用、安全的感觉；③要与周围环境、文化习俗相协调，使其形式和谐，增加环境人文景观。

近年来，国内外的城市立交桥、高架桥中，涌现出了许多结构匀称、形式优美的桥梁墩台形式，如图 12.1 所示，主要有①单柱式墩，其截面可以是圆形、矩形、多边形等，这种桥墩的外形轻盈、视野开阔；②多柱式墩，其柱顶各自直接支承在上部结构的箱梁底部，柱间不设横系梁，显得挺拔有力；③矩形薄壁墩，常将其表面构成竖向或横向纹理，线条明快美观；④构造墩，它有多种形式，如 T 形、V 形和 X 形墩等。以上这些墩台除满足结构受力的要求外，都体现出了造型美观的目的。

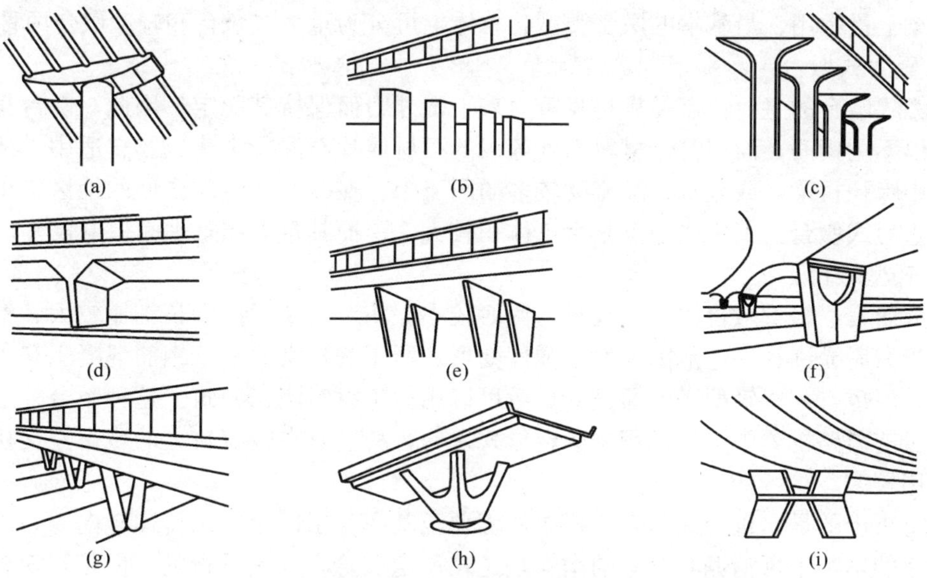

图 12.1　各种轻型桥墩形式

12.1.2　桥梁墩台的基本组成与类型

1. 基本组成

如图 12.2 所示，桥梁墩台一般由墩(台)帽(或拱座)、墩(台)身和基础 3 部分组成。

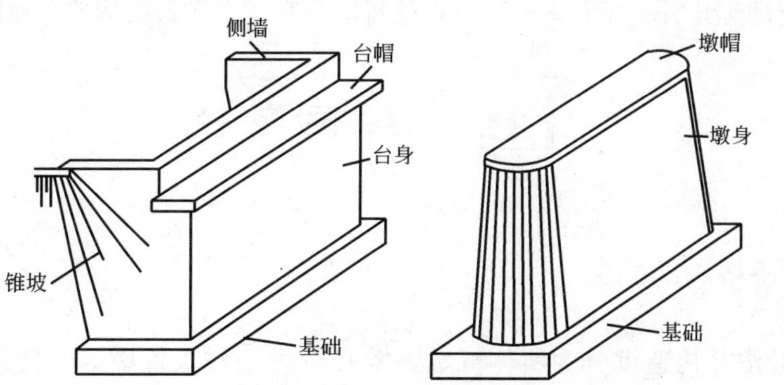

图 12.2　梁桥重力式墩台

墩(台)帽是指梁桥墩台顶端的承力与传力构件部分，它通过支座承托着上部结构，承受很大的竖向支承反力，并将支座传来的集中力分散给墩(台)身；拱座是特指拱桥墩台而言的，它直接承受由拱圈传来的竖向压力、水平推力和弯矩，并将它们分散给墩(台)身。

墩(台)身是桥梁墩台的结构主体。墩身指墩帽(或拱座)以下、基础顶面以上的构造部分，它是一个承受压弯联合作用的构件。台身一般由前墙和侧墙(或耳墙)构成，它们结合成一体，兼有支承墙和挡土墙的作用。

基础是桥梁墩台直接与地基接触的最下构件部分，它的作用是保证桥梁墩台安全埋入土层之中，并将桥梁的全部作用传至地基。

2. 墩台的基本类型

桥梁上最常用、最基本的墩台类型，总体上可分为重力式墩台和轻型墩台两种。

1) 重力式墩台

重力式墩台的主要特点是靠自身重力来平衡外力而保持其稳定。因此，墩台身比较厚实，可以不用钢筋，而用符合材料强度等级的石材或片石混凝土建成。它适用于地基良好的大、中跨径桥梁，或流水、漂流物较多的河流中。在砂石料供应方便的地区，小桥也往往采用重力式墩台。其主要缺点是圬工体积较大，因而其重力和阻水面积也较大。

2) 轻型墩台

一般而言，轻型墩台的墩台身承力截面较小、相对这一截面的长细比较大、整体刚度较小，受力后允许在一定范围内发生弹性变形。所用的建材通常以钢筋混凝土和少筋混凝土为主，但也有一些轻型墩台通过验算后可以用圬工材料浇(砌)筑。这种墩台外形轻巧美观，是目前公路桥梁中广泛采用的墩台形式之一，特别是在较宽较大的城市立交桥和高架桥中应用较多。

值得指出的是，重力式的实体桥墩从墩顶至基底各层以承压来传递竖向力，以利用自身重力矩的增加来抵消偏心弯矩的增大，这在一定墩身高度是可行的。但是，随着高墩的出现，实体墩身的底截面将越来越大，实体圬工量急剧增大，突显出环保与经济问题。因此，钢筋混凝土空心结构或薄壁结构的轻型桥墩目前大量给予采用。而且，近年来为了结构的纤细美观和避免与附近建筑物的干扰，更趋向广泛采用如I形、T形、V形和框架桥墩，加大了对柔性墩、立体刚架墩的选用。由此，应用预应力混凝土也成为桥梁墩台经常采用的结构措施。另外，为了适应桥位软弱地基条件、解决拱桥推力问题，组合式桥台也成为了必不可少的墩台类型之一。

桥梁墩台的细化分类还有多种，将在梁桥墩台和拱桥墩台的构造中加以指出。

12.2 梁桥墩台

12.2.1 梁桥桥墩的构造

梁桥桥墩按其构造可分为实体桥墩、空心桥墩、柱式桥墩、柔性排架桩墩及框架墩等，按墩身横截面形状可分为矩形、圆端形、尖端形及各种空心截面组合成的墩

(图 12.3)，按受力特点可分为刚性墩和柔性墩，按施工工艺可分为就地浇(砌)筑桥墩、预制安装桥墩。

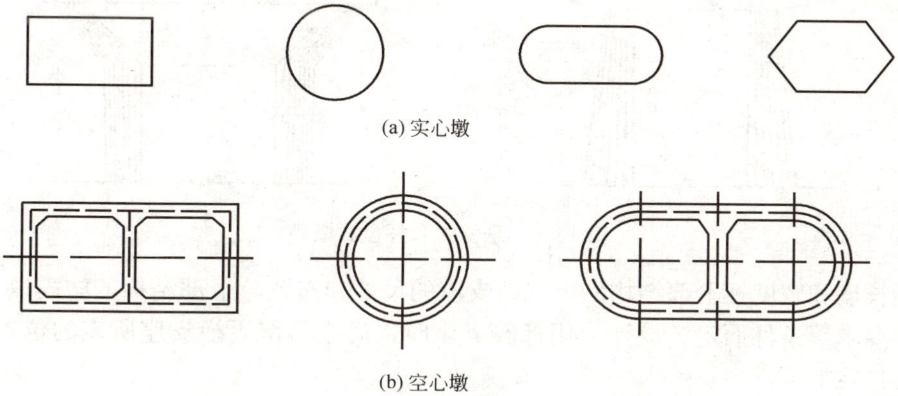

图 12.3　桥墩截面形式

1. 实体桥墩

实体桥墩是由墩帽、墩身和基础构成的一个实体结构。按其截面尺寸和桥墩重力的大小不同，可分为实体重力式桥墩(图 12.4)和实体薄壁式(墙式)桥墩(图 12.5)。

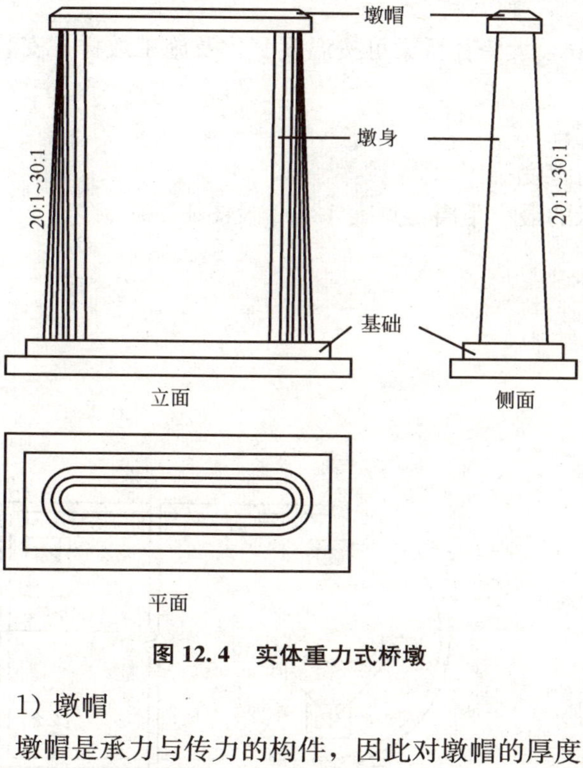

图 12.4　实体重力式桥墩

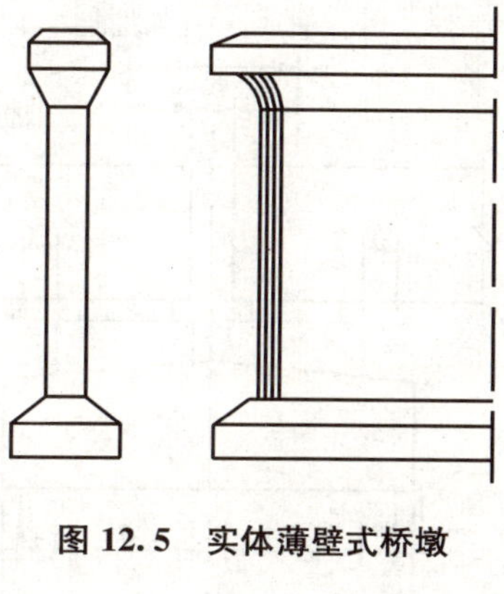

图 12.5　实体薄壁式桥墩

1) 墩帽

墩帽是承力与传力的构件，因此对墩帽的厚度和材料的强度要求较高，其厚度随桥梁跨径而定，对于特大、大跨径桥梁不应小于 50cm，对于中、小跨径桥梁不应小于 40cm。墩帽一般要用 C20 以上的混凝土做成，内应设置构造钢筋。在一些桥面较宽、墩身较高的桥梁中，为了减小墩身及基础的圬工体积，常常利用挑出的悬臂或托盘来缩短墩身横向长度。悬臂式或托盘式墩帽(图 12.6)一般采用 C20 或 C25 钢筋混凝土。

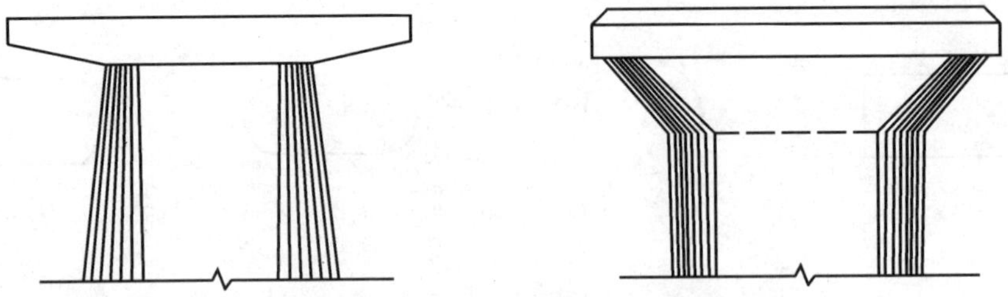

图 12.6　悬臂式和托盘式墩帽

墩帽长度和宽度视上部结构的形式、支座的尺寸和布置、上部结构的防震以及主梁的施工吊装要求等条件而定。设计采用橡胶支座时，尚应预留更换支座所需的位置和空间。墩帽尺寸拟定如下。

(1) 顺桥向墩帽最小宽度 b。

① 双排支座(图 12.7)为

$$b \geqslant f+\frac{a}{2}+\frac{a'}{2}+2c_1+2c_2 \tag{12-1}$$

$$f=e_0+e_1+e_1' \geqslant \frac{a}{2}+\frac{a'}{2} \tag{12-2}$$

式中：f——相邻两跨支座间的中心距；

e_0——伸缩缝宽，中小桥为 2～5cm，大跨径桥梁可按温度变化及施工放样、安装构件可能出现的误差等决定；

e_1、e_1'——桥跨梁端过支座中心的长度；

a、a'——桥跨结构支座垫板的纵桥向宽度；

c_1——纵桥向支座垫板至墩身边缘的最小距离，见表 12-1 及图 12.8；

c_2——檐口宽度，5～10cm。

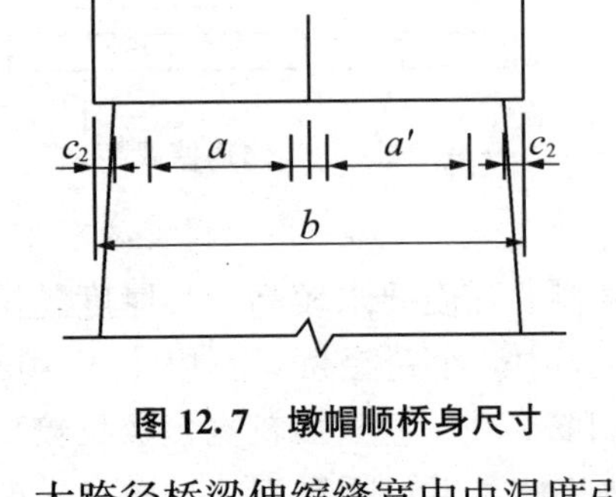

图 12.7　墩帽顺桥身尺寸

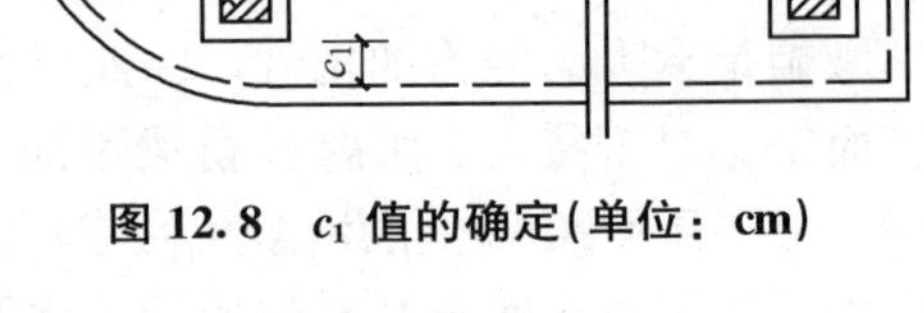

图 12.8　c_1 值的确定(单位：cm)

大跨径桥梁伸缩缝宽中由温度引起的变位为：

$$e_0 = l \cdot t \cdot \alpha \tag{12-3}$$

式中：l——桥跨的计算长度(因桥梁的分孔、联长、固定支座与活动支座布置的不同而不同)；

t——温度变化幅度值，可采用当地最高和最低月平均气温及桥跨浇筑完成时的温度计算决定；

α——材料的线膨胀系数，钢筋混凝土及预应力混凝土梁(板)为 1×10^{-5}。

表 12-1 支座垫板边缘到台、墩身边缘的最小距离 c_1(cm)

跨径/m \ 桥向	纵桥向	横桥向	
		圆弧形端头(自支座边角量起)	矩形端头
特大桥	30	30	50
大　桥	25	25	40
中　桥	20	20	30
小　桥	15	15	20

注：当采用钢筋混凝土或预应力混凝土悬臂墩帽时，可不受本表限制，应以便于施工、养护和更换支座而定。

② 单排支座(图 12.9)。墩上仅有一排支座时(如连续梁桥)，b 可由式(12-4)计算。

$$b = a + 2c_1 + 2c_2 \tag{12-4}$$

③ 不等高梁双排支座。如图 12.10 所示，b 按以下两式计算取大者。

$$b = (c_2 + c_1 + \frac{a}{2} + e_1) + e_0 + (e_1' + \frac{a'}{2} + c_1 + c_2) \tag{12-5}$$

$$b = (a + 2c_1 + c_2) + e_0 + (e_1' + \frac{a'}{2} + c_1 + c_2) \tag{12-6}$$

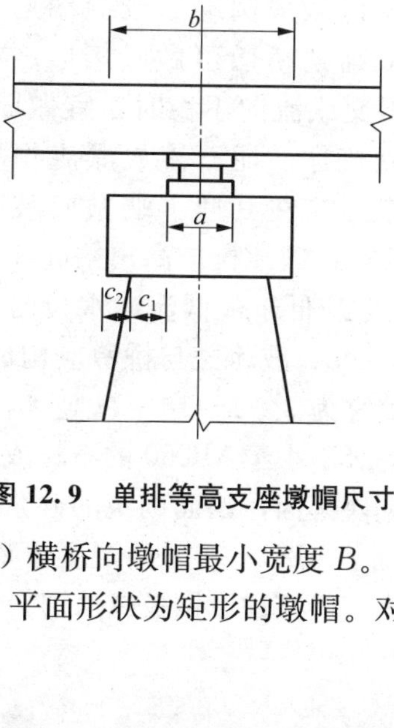

图 12.9 单排等高支座墩帽尺寸

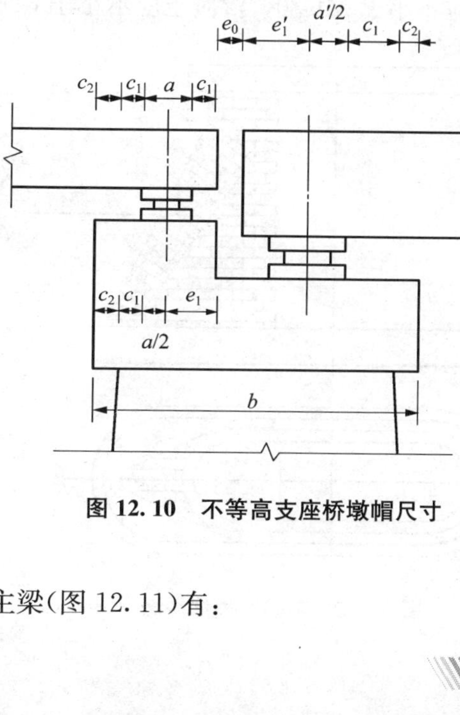

图 12.10 不等高支座桥墩帽尺寸

(2) 横桥向墩帽最小宽度 B。

① 平面形状为矩形的墩帽。对于多片主梁(图 12.11)有：

$$B=B_1+a_1+2c_1+2c_2 \tag{12-7}$$

式中：B_1——桥跨结构两外侧主梁中心距；

a_1——支座底板横向宽度。

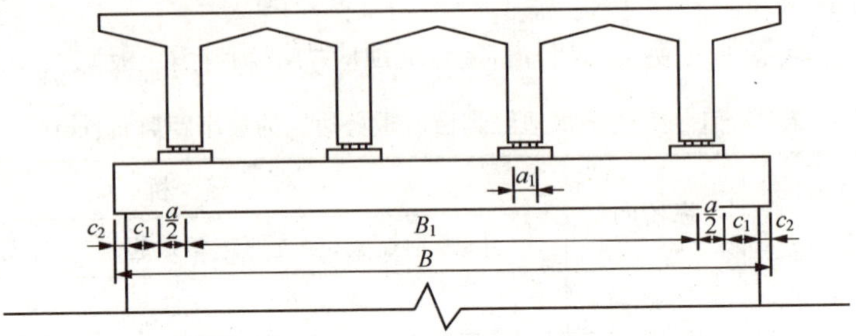

图 12.11　多片主梁墩帽横桥向尺寸

对于箱形梁(图 12.12)，B 的计算公式同式(12-7)，但式中 B_1 为边支座中心距。

② 平面形状为圆端的墩帽，有：

$$B=B_1+a_1+b \tag{12-8}$$

式中：b——墩帽纵桥向采用的最小宽度。

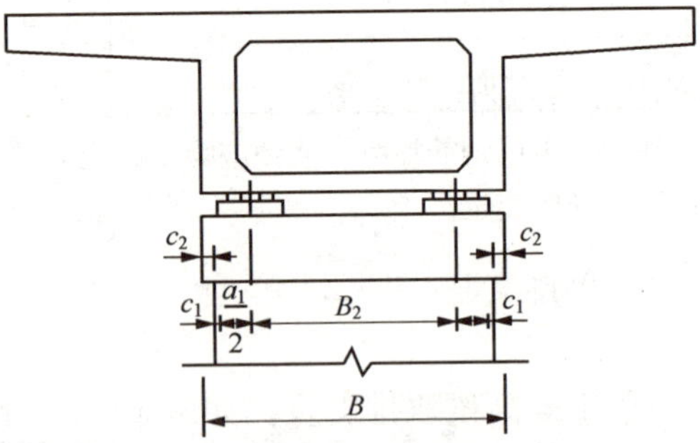

图 12.12　箱形梁墩帽横桥向尺寸

2) 墩身

墩身是桥墩的主体。重力式桥墩墩身的顶宽，对小跨径桥不宜小于 80cm；对中跨径桥不宜小于 100cm；对大跨径桥的墩身顶宽视上部结构类型而定。侧坡一般采用 20∶1～30∶1，小跨径桥的桥墩也可采用直坡。

实体墩身通常由块石、浆砌片石、混凝土或钢筋混凝土等材料建造。对于大、中桥梁墩身采用的材料最低强度等级为：石材 MU40，混凝土 C25，砂浆 M7.5。对于小桥的墩身，石材应不小于 MU30，混凝土应不小于 C20，砂浆应不小于 M5。

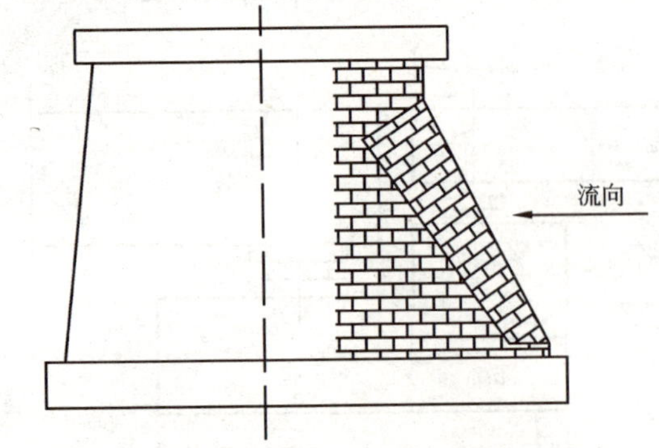

图 12.13　带破冰棱体桥墩

为便于流水和漂流物通过，墩身平面形状可以做成圆端形或尖端形；无水的岸墩或高架桥墩可做成矩形；在水流与桥梁斜交或流向不稳时，宜做成圆形。在有强烈流冰、泥石流或漂流物的河流中的桥墩，应在其迎水端做成破冰棱体(图 12.13)，破冰棱应高出最高流冰水位 100cm，并应低于最低流冰水位时冰层底面以下 50cm。破冰棱与桥墩应构成一体，其倾斜度宜为 3∶1～10∶1(竖∶横)，选用强度等级不小于 MU60 的石材或 C40 混凝土预制块镶面，镶面砌筑的砂浆强度等级不应低于 M20。若采用混凝土破冰棱，在其迎水表面应埋设钢板或角钢。

实体薄壁式桥墩(图 12.5)可用钢筋混凝土材料做成，一般不设侧坡。由于它可以显著减少圬工体积，因而被广泛使用于中小跨径的桥梁中，但其抗冲击力较差，不宜用在流速大并夹有大量泥砂的河流或可能有船舶、冰、漂流物撞击的河流。

3）基础

桥梁墩台基础的种类很多，已在“基础工程”课程中给予了论述，这里仅简要介绍刚性扩大基础在天然地基上的设置要点。刚性扩大基础应采用 M5 以上砂浆砌筑、MU30 以上块石建成，或用 C20 以上混凝土浇筑而成，或用同强度等级的片石混凝土浇筑而成。它的平面尺寸为墩身底截面尺寸加上基础襟边，襟边尺寸受基础的刚性扩散角的影响。扩散角的取值为：对于片石、块石和料石砌体，当用强度等级为 M5 的砂浆砌筑时，不应大于 30°；当用 M5 以上的砂浆砌筑时，不应大于 35°；对于混凝土，不应大于 40°。扩大基础可以设置单层，也可设置成 2～3 层台阶形式。基础襟边尺寸在扩散角的限值以内时，襟边受力可不作验算。

为了保持美观和结构不受碰损，基础顶面一般应设置在最低水位以下不小于 50cm；在季节性河流或旱地上，不宜高出地面。另外，为了保证持力层的稳定性和不受扰动，除岩石地基外基础的埋置深度，应在天然地面或河底以下不小于 100cm；如有冲刷，基底埋深应在设计洪水位冲刷线以下不小于 100cm；对于上部结构为超静定结构的桥梁基础，除了非冻胀土外，均应将基底埋于冻结线以下不小于 25cm。

2. 空心桥墩

对于高大的桥墩或位于软弱地基桥位的桥墩，为了减少圬工体积、减轻自重以及减小地基的负荷，可将墩身内部做成空腔体或部分空腔体，形成空心桥墩。空心桥墩可归纳为部分镂空体桥墩和薄壁混凝土空心桥墩两种。

1）部分镂空体桥墩

如图 12.14 所示，这种空心桥墩在外形上保持了实体重力式桥墩的基本特点，只是自重较实体桥墩轻，能节省一定量的圬工材料。对于部分镂空体桥墩应注意的是：①墩身应在截面强度和刚度均足以承担和平衡外力的前提下进行镂空，使得结构更经济；②在陆上或不受船筏撞击、磨损及不受冰冻侵害的高水位以上部分，才宜于采用中间镂空的截面；③墩帽下应有足够厚度的实体过渡段，将墩帽的压力均匀分布到墩壁，实体过渡段不小于 100～200cm 厚度；④镂空部分的墩身周围应设置适当的壁孔，作为泄水孔或通风孔，孔径宜为 20～30cm。值得指出，空心墩身如不设泄水孔，将使墩壁承受静水压力，而且壁外河水通过墩壁微细缝向墩内渗透，使结构受损。此外，如果基础底面下是透水地基，河水尚对墩身和基础产生浮力，不利于稳定。对于水位以上及旱桥的空心墩墩壁也宜设通风孔，用以调节壁内外温差，但其孔径可适当减小；⑤空心部分墩壁与实体部分衔接处，应设置必要的构造钢筋或做成斜肋，避免在施工时因受温差影响产生局部应力而在转角处发生裂缝。

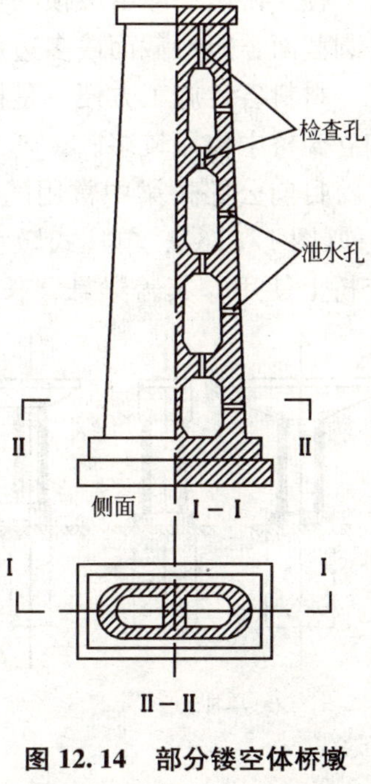

图 12.14 部分镂空体桥墩

2）薄壁混凝土空心墩

如图12.15所示，这种空心墩设置的主要目的是为了减轻墩身的自重，或地震时有较小的惯性力，或减小软弱地基的负荷。其墩身立面形状可分为直坡式和斜坡式，斜坡率通常为50∶1～40∶1。其截面形式如图12.3所示。

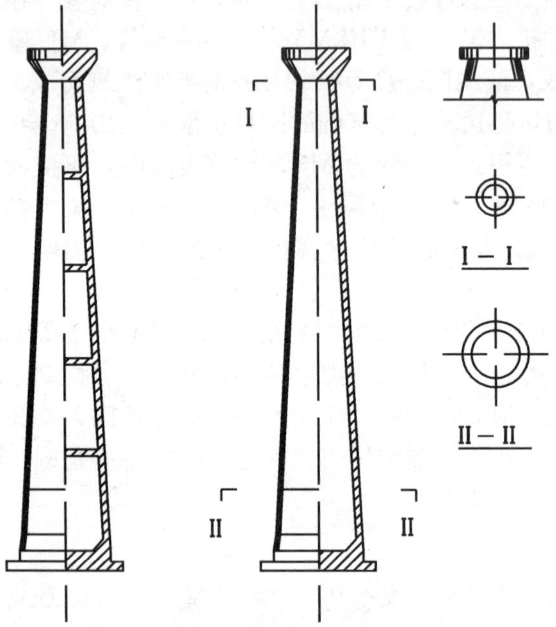

图12.15　圆形空心桥墩

薄壁混凝土空心墩除应满足部分镂空体桥墩规定的要求外，还应注意以下几点：①墩身最小壁厚，对于钢筋混凝土不宜小于30cm，对于素混凝土不宜小于50cm。现浇混凝土的强度等级，大、中桥为C25，小桥为C20；②为保证薄壁空心墩墩壁的稳定以及桥墩的局部和整体的稳定，应在墩身内设横隔板或纵、横隔板，形成空格型结构。水平横隔板设置的间距受墩壁厚的限制，但对于40m以上的高墩，不论壁厚如何，均按6～10m的间距设置横隔板；③对于薄壁钢筋混凝土空心墩应按计算配筋，一般配筋率在0.5%左右，但不论是钢筋混凝土还是素混凝土空心桥墩，墩身表层内应设置钢筋网，其钢筋截面面积在水平方向和竖直方向均不小于每米$250mm^2$，间距不应大于40cm。

3. 柱式桥墩

柱式桥墩一般由墩顶的盖梁(即墩帽)、柱式墩身和桩基础或扩大基组成。墩身的外形是圆截面、矩形截面或多边形截面的单根立柱或分离的两根及多根立柱。这种桥墩轻巧美观、材料省、施工方便，是桥梁中广泛采用的墩型之一，特别是在较宽较大的城市高架桥和立交桥中应用较多。

目前公路桥梁中常用的柱式桥墩的形式有单柱式、双柱式、哑铃式以及混合双柱式4种(图12.16)。单柱式墩宜在斜交角大于15°的斜交桥、河水流向不稳定的水中墩或立交桥上使用，其盖梁悬臂长度和尺寸较大。双柱式是目前双车道桥采用最多的柱式墩，

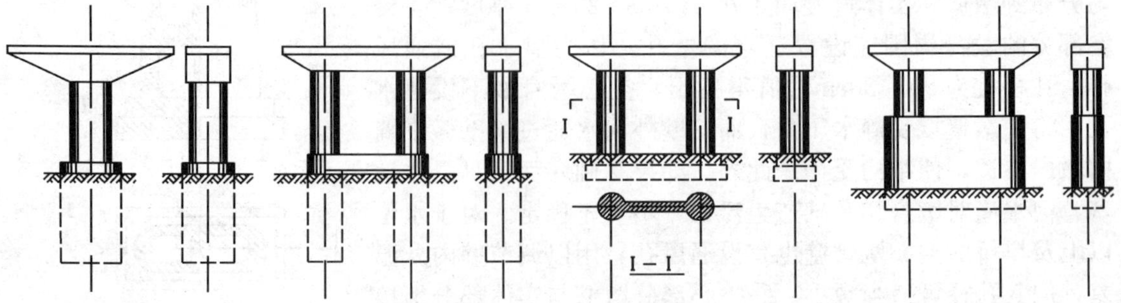

(a) 单柱式　(b) 双柱式　(c) 哑铃式　(d) 混合双柱式

图12.16　柱式桥墩

特别是钻孔灌注桩柱式桥墩，适用于复杂的软弱地质条件以及较大跨径和较高桥墩的桥梁。它由地面下的钻孔灌注桩基与墩柱直接相连，当墩身柱的高度大于 1.5 倍的桩中距时，宜在桩与柱连接面处布置横系梁，以增加桩与柱的整体刚度；当墩柱高度大于 6～7m 时，还应在高柱的中部设置双柱间的横系梁加强墩柱横向联系。哑铃式和混合双柱式墩，是为了适应河道流水速度大且有流冰或漂流物等不利条件，以加强墩身整体刚度所组合成的。

对于柱式桥墩在构造上还应注意以下几点：①盖梁各截面尺寸与配筋需通过受力计算确定。由于盖梁的计算跨径与其高度的比一般在 3～5 之间，尚属受弯构件，在集中荷载作用下，剪力较高，所以盖梁采用的混凝土强度等级宜较高，不应低于 C25。盖梁截面内应设箍筋，其直径不应小于 8mm，间距不宜大于 20cm。盖梁两侧面应设纵向水平钢筋，其直径不宜小于 12mm，间距不宜大于 20cm；②墩柱的核心截面为直径 60～150cm 的圆形或矩形、六角形等，一般采用 C20～C30 的钢筋混凝土。其竖向受力钢筋的直径应不小于 12mm，配筋率应不小于 0.4%，箍筋直径不小于 6mm；③桩(或柱)的横系梁截面高度和宽度可分别取 80%～100%的桩(或 60%～80%的柱)直径或矩形墩柱纵桥向边长。横系梁一般不直接承受外力，可不作内力计算配筋，其截面构造钢筋配筋率不小于 0.1%，截面四角应设置直径不小于 16mm 的纵向钢筋，并设直径不小于 8mm 的箍筋，箍筋间距不应大于横系梁的短边尺寸或 40cm。

4. 柔性排架桩墩

柔性排架桩墩由单排或双排的预制钢筋混凝土沉入桩或钻孔灌注桩与钢筋混凝土盖梁组成(图 12.17)。其主要特点是：可以通过一些构造措施，将上部结构传来的水平力(汽车制动力、温度作用等)传递到全桥的各个柔性墩或相邻的刚性墩台上，以减小单个柔性墩所受到的水平力，从而达到减小桩墩截面的目的。单排架桩墩一般适用于墩身高度不超过 4.0～5.0m；桩墩高度大于 5.0m 时，为避免行车时可能发生的纵桥向晃动，宜设置双排架桩墩，但当采用钻孔灌注桩时，可仍采用单排架桩墩。柔性排架桩墩的尺寸较小，对于山区河流、流冰或漂流物严重的河流，墩柱易被损坏，不宜采用。对于石质或砾石河床，沉入桩也不宜采用。

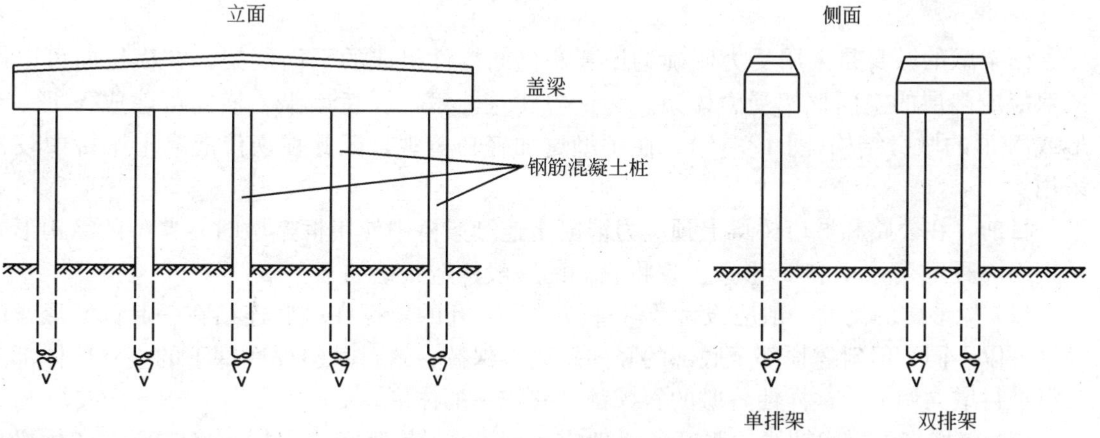

图 12.17 柔性排架桩墩

当桥梁孔数较多且较长时，柔性排架桩墩的墩顶会因水平位移过大而处于不利状态，这时宜将桥跨分成若干联，一联长度的划分视温度、地形、构造和受力情况确定。一般来讲，当墩的高度在5m以内时，可采用一联式、二联式和多联式桩墩，每联1～4孔，每联长约为40～45m。对于多联式中间联的桩墩，由于不受土压力的影响，此联长可以达到50m。联与联之间设温度墩，即为两排互不联系的桩墩，为的是在温度变化的情况下，联与联之间互不影响。当墩的高度为6～7m时，应在每联内设置一个由盖梁构成整体的双排架桩墩，以增加结构的刚度(图12.18)。此时每联长度可适当加长，中间联的孔数可相应增加。

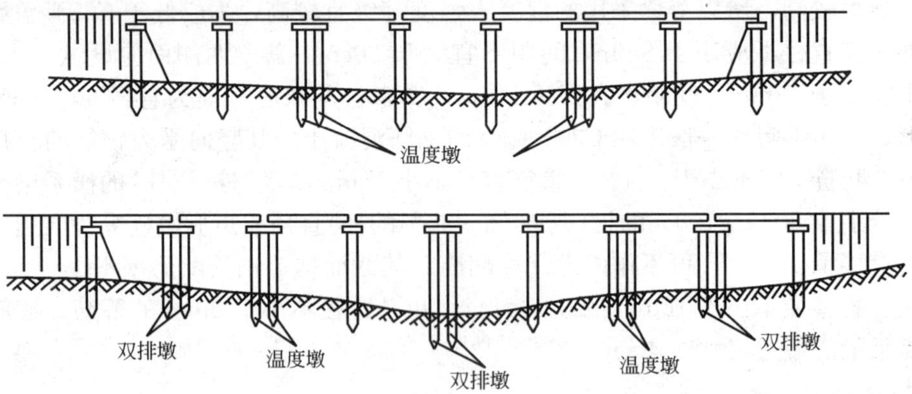

图12.18　柔性排架桩墩的纵向布置

柔性排架桩墩在构造上还应注意以下几点：①对于钻孔灌注桩排架墩，其桩的直径不宜大于90cm，桩间的距离不小于2.5倍的成孔直径，其盖梁的宽度一般比桩径大10～20cm，高度根据受力计算和构造要求而确定；②对于预制钢筋混凝土方桩排架墩，其桩的截面尺寸与桩长有关，一般当桩长在10m以内时，横截面尺寸为30cm×30cm；桩长在10～14m时为35cm×35cm；桩长大于15m时采用40cm×40cm。桩与桩之间的中距不应小于桩边长的3倍，一般为1.5～2.0m。其盖梁一般为矩形截面，单、双排架桩墩盖梁的高度均为40～50cm，单排架桩墩盖梁的宽度采用60～80cm。

5. 框架墩

框架墩的墩身是采用受力明确的压弯和挠曲构件组成的平面框架，在横桥向可以做成双层或多层的空间框架受力体系。为适应建筑艺术，在桥梁纵、横向可建成V形、Y形或X形的墩身结构(图12.19)，使桥型更加轻巧美观，因此在现代混凝土梁桥中较常采用。

目前，在公路和城市桥梁上预应力混凝土连续梁桥中使用框架墩时，典型的结构形式是钢筋混凝土V形墩和Y形墩。现将它们的一般构造归纳如下。

(1) V形墩的高度一般应设计成等高，墩顶分开的斜撑在墩底连结在一起；Y形墩的高度可以不同，但斜撑顶部至底部的竖向距离应保持一致，其斜撑底部下的直立墩体部分可以进行墩高调节，这样使各墩的斜撑都具有统一的体形。

(2) 斜撑与斜撑间轴线的张开角一般应小于90°，其值宜依据桥下净空要求和桥梁总体布置确定；斜撑的截面形式可采用矩形、I形和箱形等。

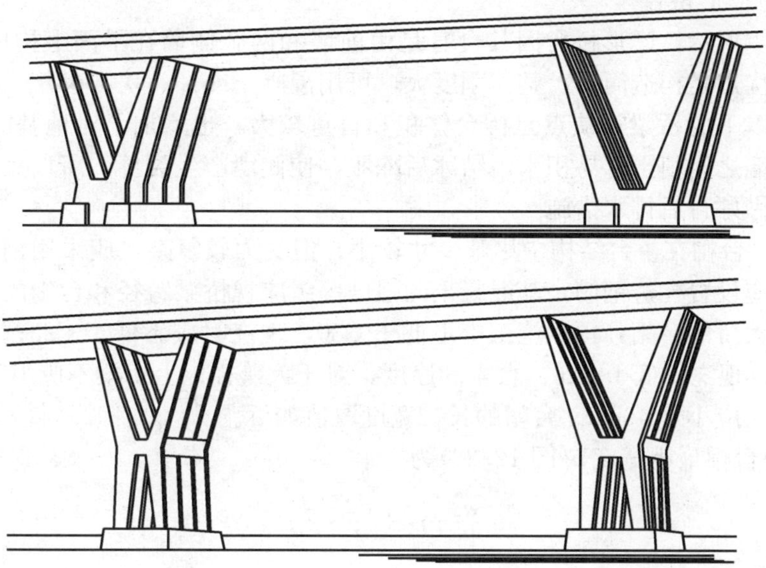

图 12.19 V 形和 X 形桥墩

(3) 桥梁支座可布置在斜撑的顶部或底部，也可不设支座。当支座布置在斜撑顶部时，斜撑是桥墩的一个组成部分；当采用斜撑与主梁固结时，斜撑成为桥梁上部结构的一个组成部分，支座可布置在斜撑的底部，若斜撑与承台刚接可省掉支座。

值得指出的是，斜撑的水平投影长度缩短了主梁的受力计算跨径，由此，降低了梁高，同时提高了桥梁的跨越能力。但是，当斜撑与主梁固结时，斜撑的受力大小与主梁和斜撑的相对刚度有关，受力分析较复杂。而且，当斜撑受力较大时，在斜撑内尚须布置预应力钢筋，施工比较麻烦。

如图 12.20 所示，该桥为三孔一联的部分预应力混凝土 V 形墩连续梁桥，中孔跨径为 30m，但其受力计算跨径只为 26m，梁高降为 1.3m。其 V 形斜撑与箱梁固结，斜撑间张开角为 50°，斜撑高 4.6m。

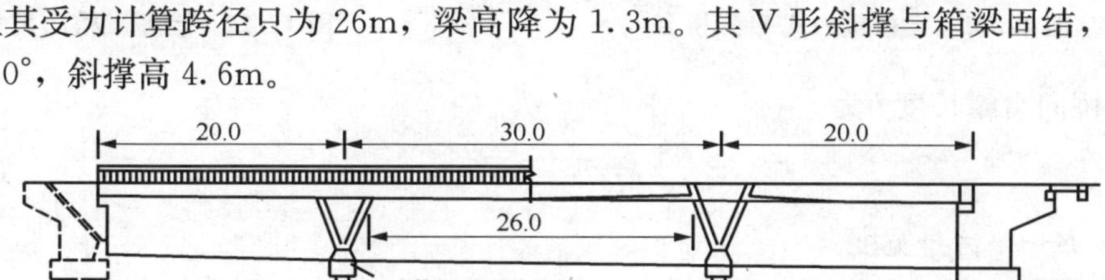

图 12.20 V 形支承连续梁桥(单位：m)

12.2.2 梁桥桥台的构造

梁桥桥台从构造上可分为重力式桥台、轻型桥台和组合式桥台 3 种类型。

1. 重力式桥台

重力式桥台主要靠自身重力来平衡台后的土侧压力，桥台台身一般由圬工材料采用就地浇(砌)筑施工建成，这类桥台常用的种类有重力式 U 形桥台和实体埋置式桥台等。

1）重力式U形桥台

如图12.21所示，U形桥台因其台身是由前墙和两个侧墙在平面上构成的U字形结构而得名。其优点是构造简单，整体刚度大，可用混凝土或片、块石砌筑，适用于填土高度在8～10m以下的桥梁；缺点是桥台体积和自重较大，也增加了对地基的要求。此外，桥台的两个侧墙之间填土容易积水，结冰后冻胀，使侧墙产生裂缝。所以宜用渗水性较好的土夯填，并做好台后排水措施。

(1) 台帽。台帽在桥台结构中尽管尺寸较小，但受力较复杂，应采用钢筋混凝土，若采用素混凝土应设置构造钢筋，其混凝土的强度等级应视桥梁跨径和台帽的施工方法的不同而异：对于大桥的台帽，预制施工应不低于C30，现浇时应不低于C25；小桥台帽，预制不低于C25，现浇不低于C20。台帽的厚度，对于大跨径以上桥梁不应小于50cm，对于中小跨径桥梁不应小于40cm。台帽的长、宽度取值如下。

① 纵桥向台帽最小宽度b(图12.22)为

$$b=\frac{a}{2}+e_1+\frac{e_0}{2}+c_1+c_2 \tag{12-9}$$

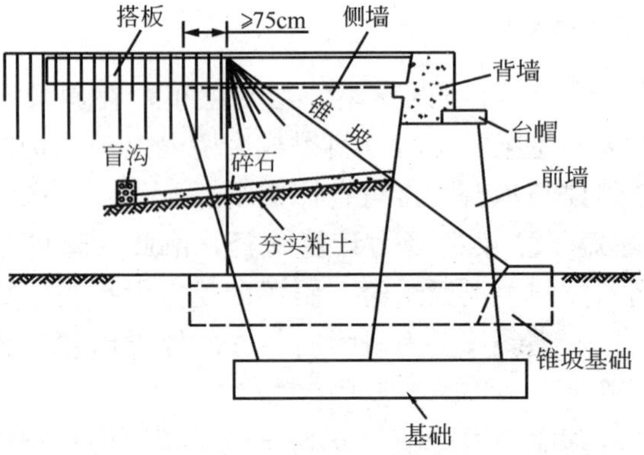

图12.21 梁桥重力式U形桥台

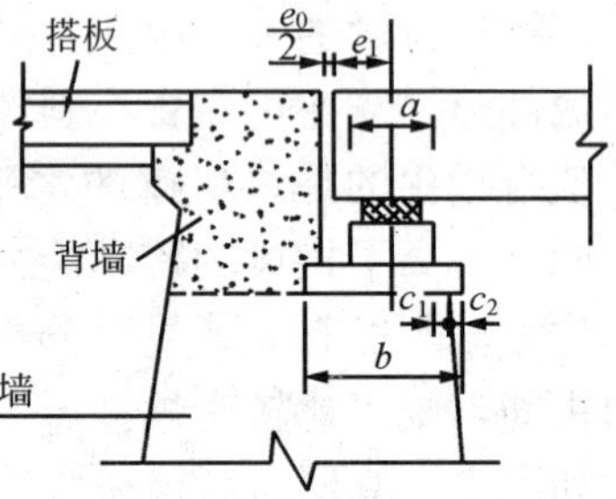

图12.22 台帽顺桥向尺寸

② 横桥向台帽长度l为

$$l=B+2c_2 \tag{12-10}$$

式中：B——台身宽度。

(2) 台身。U形桥台前墙正面可设为竖直面和斜面，竖直面形式有利于桥下净空，斜面形式多采用10∶1或20∶1的斜坡；前墙内侧面为斜面，斜坡取8∶1～6∶1。侧墙与前墙结合成一体，兼有挡土墙和支承墙的作用，侧墙外表面设为竖表面，内侧面为3∶1～5∶1的斜坡，其长度视桥台高度、锥坡坡度以及侧墙尾端伸入路堤内的长度而定。锥坡的下缘一般应与前墙正面所交的地面线相交汇，锥坡坡度一般由纵桥向为1∶1逐渐变至横桥向为路堤的边坡(多为1∶1.5)。为保证桥台与路堤有良好的衔接，侧墙尾端应有不小于75cm的水平长度伸入路堤内(图12.21)，其尾端竖向除最上段100cm采用竖直外，以下部分常采用4∶1～8∶1的倒坡。台身宽度通常与路基顶宽相同。

《公路圬工桥涵设计规范》(JTG D61—2005)规定，前墙与侧墙的顶面宽度均不宜小于50cm(图12.23)，前墙任一水平截面的宽度不宜小于该截面至墙顶高度的40%。对于侧墙任一水平截面的宽度应按下列规定取值：侧墙为片石砌体时，不宜小于该截面至墙顶高度的40%；为块石、粗料石砌体或混凝土墙体时，不宜小于35%；若桥台内填料为中、粗砂或砂砾时，则以上两项可分别相应减为35%或30%。另外，在非岩石类的地基上，较宽的桥台宜每隔10～15m设置一道沉降缝。现浇混凝土桥台应根据当地气候条件及施工条件，每隔5～10m设置一道伸缩缝。为了排除桥台内的积水，应设置台背排水设施，将积水引向设于台后横穿路堤的盲沟内。

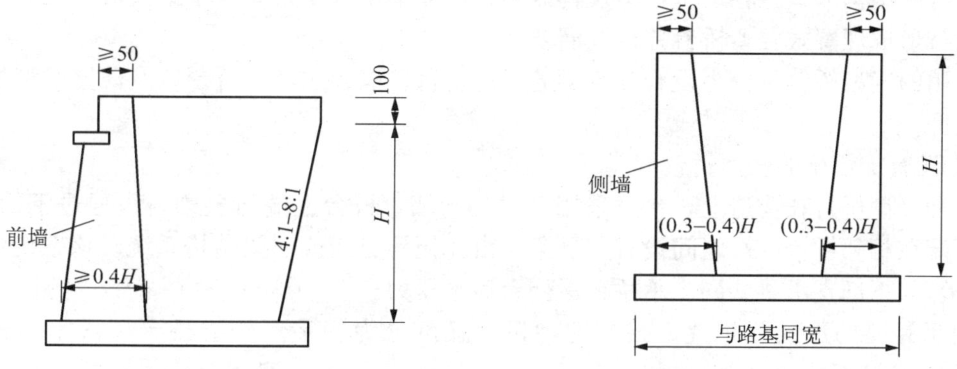

图 12.23　重力式U形桥台尺寸(单位：cm)

2）实体埋置式桥台

实体埋置式桥台由圬工实体的台身、钢筋混凝土的台帽以及耳墙组成(图12.24)，台身埋在桥端的整体溜坡中。由于这种桥台的工作原理是：将台身后倾，使重心落在基底截面的形心之后，以平衡台后填土的倾覆力矩。再则，台身前的溜坡填土对桥台的主动土压力可以抵抗台身后的路堤填土的部分土侧压力。而且，它不设侧墙仅设有薄小的钢筋混凝土耳墙。所以，这种桥台的体积较小、用材省。但由于溜坡伸入桥孔内，压缩了桥下净空，有时需要增加桥长。它适用于桥头为浅滩，溜坡受冲刷较小且路堤填土高度达8m以上的多跨桥的高桥台。

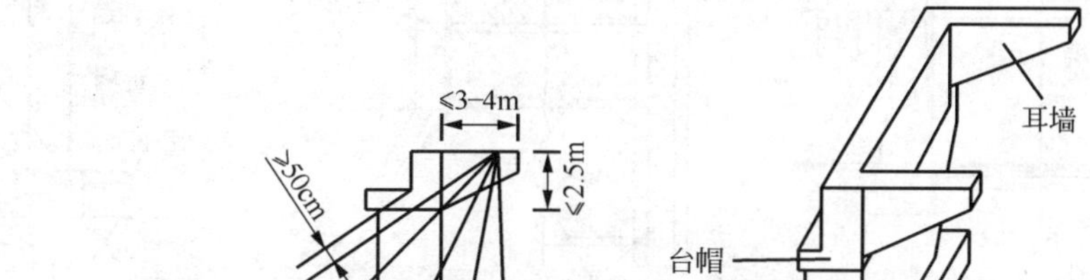

图 12.24　实体埋置式桥台

实体埋置式桥台的耳墙承受路堤的土侧压力，如需要支承人行道上的荷载，则受到两个方向的弯矩和剪力，应按受力分析配置受力钢筋。耳墙长度一般不超过3～4m，其厚度为15～30cm，后端高度为50cm、前端高度为100～250cm，耳墙应将主筋伸入台帽借以锚固。台帽及耳墙采用的混凝土强度等级不宜小于C25，台身和基础为M7.5浆砌、MU40块石，溜坡表面宜采用M5浆砌、MU30片石作铺砌护坡。

2. 轻型桥台

钢筋混凝土轻型桥台，其构造特点是利用结构的抗弯能力和整体刚度来减少台身的体积而使桥台轻型化。它自重较小，能降低对地基强度的要求，为软土地基上的桥台提供了经济可行的结构形式。轻型桥台不设置侧墙，一般采用八字式或一字式翼墙挡土，也可做成耳墙，形成埋置式轻型桥台并设置溜坡。

常用的轻型桥台可分为设有支承梁的轻型桥台、框架式轻型桥台以及薄壁轻型桥台等几种类型。

1) 设有支承梁的轻型桥台

这种轻型桥台在构造上，台身采用直立的台墙，桥台上端与主梁(板)通过钢销铰接，台墙下端在相邻桥台(墩)之间设有支承梁，由此便构成四铰框架结构系统。该系统中上部主梁(板)与下部支承梁共同支承桥台承受台后土压力。

按照翼墙的形式和布置方式，这种桥台又可分为一字形轻型桥台、八字形轻型桥台、耳墙式轻型桥台，如图12.25所示。设有支承梁的轻型桥台适用于桥梁跨径不大于13m、桥孔不宜多于三孔的梁(板)桥。其台墙厚度不宜小于60cm，梁(板)端铰接钢销直径不应小于20mm。支承梁应设于铺砌层或冲刷线以下，中距宜为2～3m，采用钢筋混凝土构件，其截面尺寸不宜小于20cm×30cm(横×竖)，截面四角应设置直径不小于12mm的纵桥向钢筋；如采用混凝土或块石砌筑，其载面尺寸不宜小于40cm×40cm。

对于斜交桥，这种轻型桥台的斜交角不应大于15°，且下部支承梁应按照如下要求布置：两外侧应平行于桥轴线，中间应垂直于台墙。

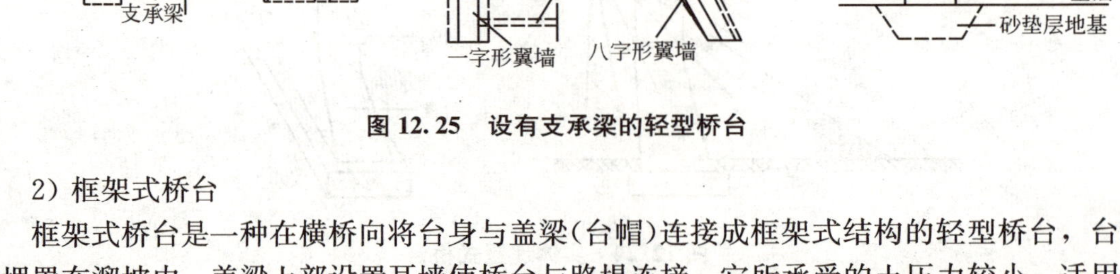

图12.25 设有支承梁的轻型桥台

2) 框架式桥台

框架式桥台是一种在横桥向将台身与盖梁(台帽)连接成框架式结构的轻型桥台，台身均埋置在溜坡内，盖梁上部设置耳墙使桥台与路堤连接。它所承受的土压力较小，适用于地基承载力较低、台身较高、跨径较大的梁桥。这种轻型桥台常用的构造形式有肋板式桥台(图12.26)、柱式桥台(图12.27)和构架式桥台(图12.28)3种。

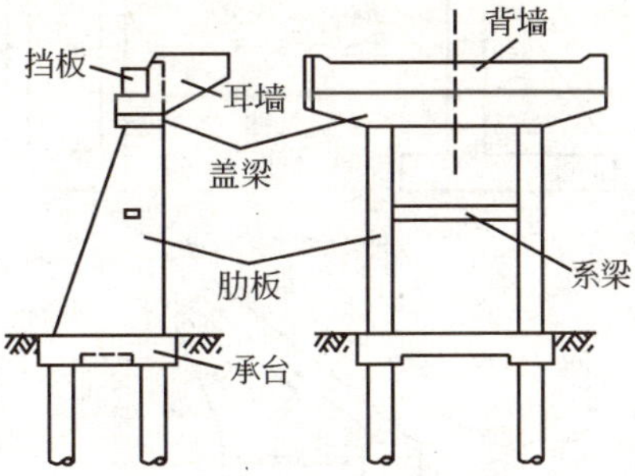

图 12.26 肋板式桥台

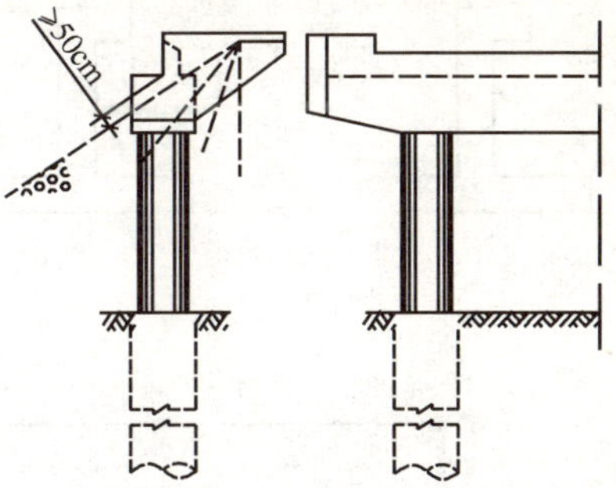

图 12.27 双柱式桥台

肋板式桥台的台身由两块少筋的混凝土实心肋板通过上部盖梁连结而成，当台身的高度达到或超过 10m 时肋板间须设置系梁。盖梁、系梁和耳墙应按受力配置钢筋，采用的混凝土强度等级应大于 C25。桥台的背墙和肋板表层应设置钢筋网，其截面面积在水平和竖直方向均不应小于每米 $250mm^2$(包括受力钢筋)，间距不应大于 40cm。肋板厚度一般为 40～80cm，混凝土强度等级应大于 C20。

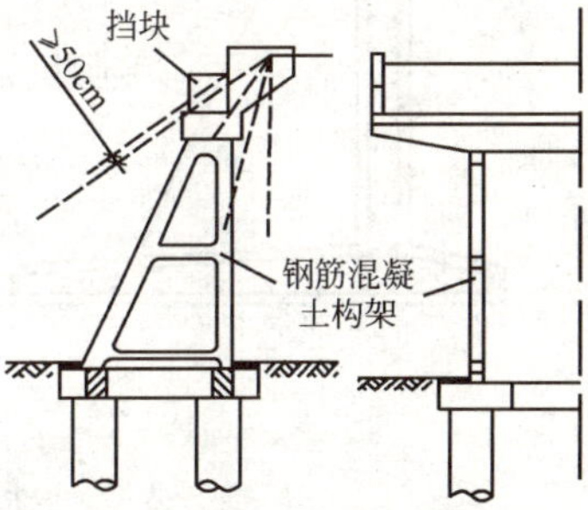

图 12.28 构架式桥台

柱式桥台是将上述肋板式桥台的肋板用钢筋混凝土圆柱或方柱替代而成的，它一般用于填土高度小于 5m 的桥台，所以柱间不需设置系梁。这种桥台能适应各种地基，当地基承载力较好时可采用普通扩大基础，此时柱底嵌固在基础上部形成立柱式框架桥台；当柱子与桩相连时形成桩柱式桥台。横桥向柱子的数目应根据桥宽和地基基础而确定，可采用双柱式、三柱式或多柱式，但常用双柱式。

将肋板式桥台的肋采用钢筋混凝土的框架肋，就形成了构架式桥台。它既比柱式桥台具有更好的刚度，又比肋板式桥台更节省圬工用量。由于这种框架肋的斜杆能够产生水平分力以平衡台后的土压力，加之基底较宽，又通过系梁联成一个构架体，所以稳定性较好，可用于填土高度在 5m 以上的桥台。

3) 钢筋混凝土薄壁桥台

薄壁轻型桥台常用的形式有悬臂式、扶壁式、撑墙式及箱式等，如图 12.29(a)所示。钢筋混凝土薄壁桥台由扶壁式挡土墙和两侧的薄壁侧墙构成，如图 12.29(b)所示。挡土墙由前墙和间距为 2.5～3.5m 的扶壁所组成。台顶由竖直小墙和支于扶壁上的水平板构成，用以支承桥跨结构。两侧薄壁可以与前墙垂直，有时也做成与前墙斜交。前者称 U 字形薄壁桥台，后者称八字形薄壁桥台，如图 12.29(c)所示。这种桥台不仅可以减少圬工体积 40%～50%，同时因自重减轻而减小了对地基的压力。故适用于软弱地基的条件，但其构造和施工比较复杂，并且钢筋用量也较多。

3. 组合式桥台

组合式桥台由主要承受桥跨结构传来的竖向力和水平力的台体，与承受台后土压力的其他结构组合而成。常用的形式有加筋土桥台、过梁式框架桥台以及台墙隔离桥台。

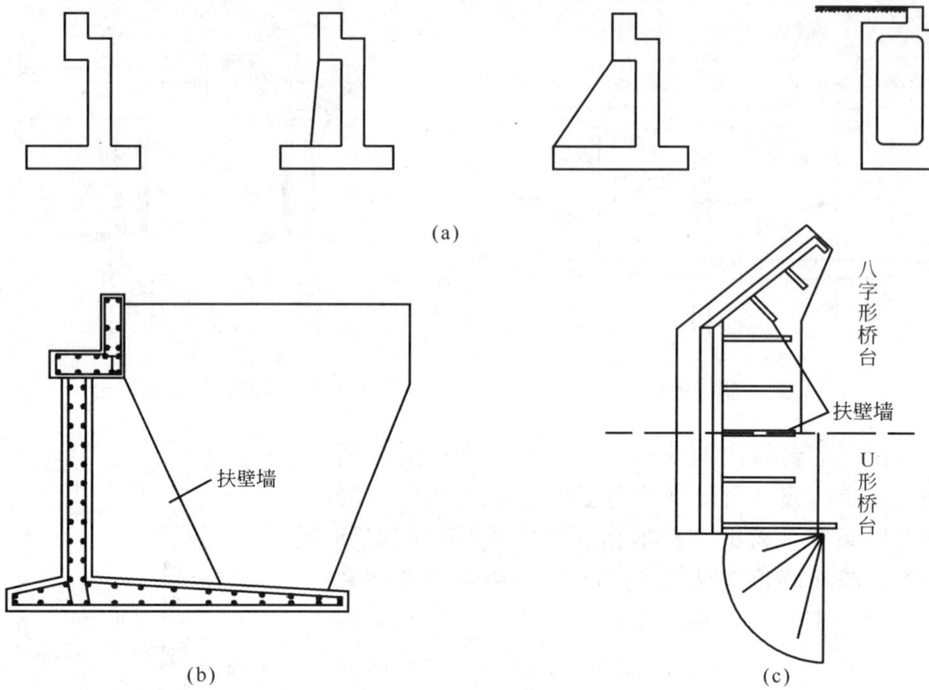

图 12.29　钢筋混凝土薄壁轻型桥台

1）加筋土桥台

加筋土桥台由柱式台的盖梁、台柱、台柱基础以及加筋体的竖直面板、面板基础、筋带和其间填料共同组合而成。它的工作原理是：竖直面板后的填料主动土压力作用到面板上，再通过筋带与填料之间产生的摩擦力来平衡面板对筋带的拉力，而台柱只承受梁传来的作用力。这种桥台受力明确，适用于台高 5～6m 的跨线桥或台位不受河水冲刷的中、小跨径桥。

加筋土桥台根据台柱所处位置可分为内置组合式和外置组合式两种(图 12.30)，不论何种形式，上部结构均由台柱顶部盖梁支承，加筋体不承受支座传递的荷载。因此，盖梁与台柱的设计与常规柱式桥台设计要求相同。但对于加筋体的设计应注意如下要求。

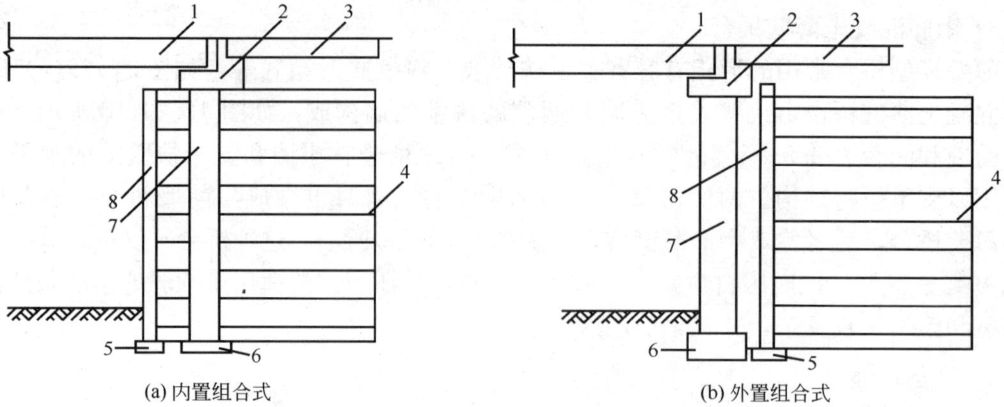

图 12.30　加筋土桥台类型图

1—上部构造；2—盖梁；3—桥头搭板；4—筋带；5—基础；6—台柱基础；7—台柱；8—面板

(1) 内置组合式桥台台柱与面板的净距不宜小于40cm，其值应根据台柱尺寸、筋带种类以及压实方法等条件综合考虑确定；外置组合式桥台，台柱与面板的净距不应小于30cm。

(2) 加筋体的筋带应选用抗老化、耐腐蚀的材料，其截面面积、长度以及加筋体的稳定性，应通过加筋体内部、外部的稳定性分析确定。内部稳定性分析是确定筋带的截面与长度，基本方法是局部平衡法。该方法的原理是根据作用在填料中最大拉应力点上的应力，计算筋带最大拉应力。筋带截面计算应考虑车辆荷载引起的土侧压力对面板影响使筋带产生的拉力，但为偏于安全，筋带在填料中的长度计算可不计车辆荷载引起的摩擦力。

另外，加筋土桥台应设置桥头搭板，其设计要求和具体措施详见我国公路刚性路面设计规范。

2) 过梁式框架组合桥台

桥台与挡土墙用过梁结合在一起，使桥台与桥墩的受力相同。当过梁与桥台、档土墙刚结时，则形成过梁式框架组合桥台(图 12.31)。

框架的长度即过梁的跨径由地形及土方工程比较确定，组合桥台愈长，过梁的材料数量需要就越多，而桥台及挡土墙的材料数量相应地有所减小。

3) 台墙隔离组合桥台

由轻型桥台支承上部结构，台后设带耳墙的挡土墙承受土压力的组合桥台(图 12.32)。台身与挡土墙分离，上端做伸缩缝，使受力明确。当地基比较好时也可将桥台与挡土墙放在同一个基础之上。这种组合桥台可采用轻型桥台，而且可不压缩河床，但构造较复杂，是否经济需通过比较确定。

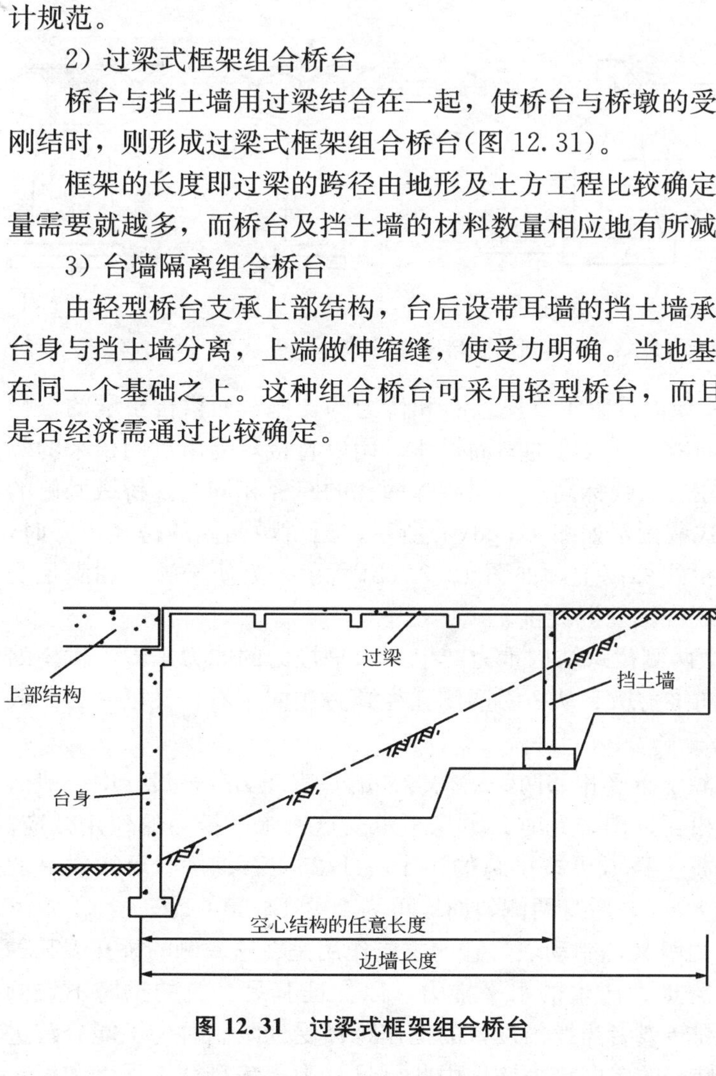

图 12.31　过梁式框架组合桥台

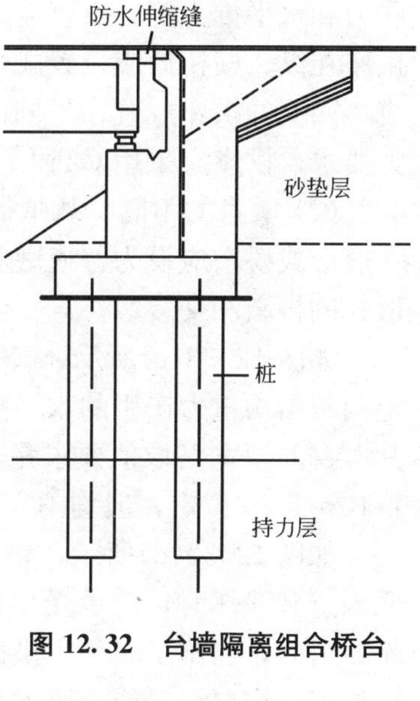

图 12.32　台墙隔离组合桥台

12.3 拱桥墩台

拱桥墩台类型与梁桥墩台一样，也可分为三大类型：重力式墩台、轻型墩台和组合式墩台。由于拱桥是一种具有较大水平推力的结构，一般而言，其墩台构造与梁桥墩台的构造存在一定差异，但它们的作用原理是相类同的。

12.3.1 拱桥桥墩的构造

1. 重力式桥墩

拱桥实体重力式桥墩也由墩帽、墩身以及基础3部分组成(图12.33)，但它与梁桥重力式桥墩相比较，在构造上主要有如下几点不同。

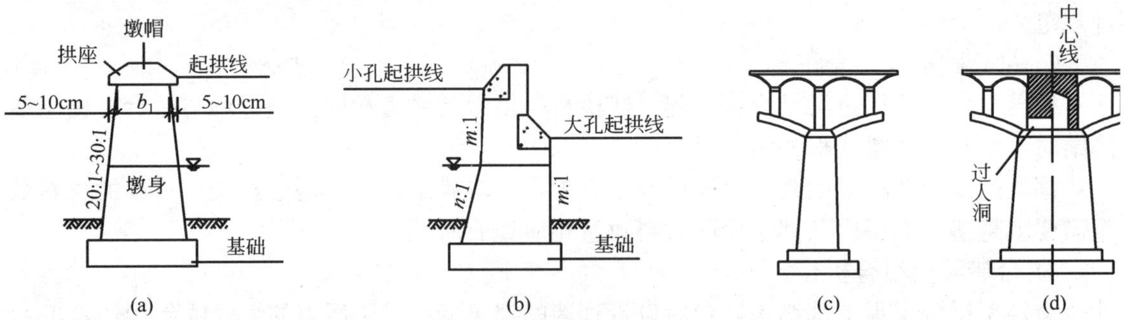

图12.33 拱桥重力式桥墩

(1) 墩帽的不同。梁桥的墩帽顶面设置了支座垫石和传力的支座，而拱桥桥墩的墩帽顶面的边缘应设置成与拱脚截面同斜度同尺寸的斜面拱座，用以直接承受由拱圈传来的竖向力和水平推力等。拱座应设置在起拱线标高上，当相邻两孔的跨径相同时，桥墩两侧的拱座在纵、横桥向应设置成整体式墩帽，如图12.33(a)所示；当桥墩两侧的跨径不等时，应将两侧的拱座放置在不同的起拱线标高上，如图12.33(b)所示。为便于施工和满足受力要求，拱座宜采用C25以上的现浇钢筋混凝土。

(2) 墩身的不同。从抵御桥墩两侧桥跨结构重力产生的水平推力的能力来看，拱桥的一般形式桥墩应设为普通墩和单向推力墩。从桥墩两侧孔径是否相同来看，又可分为一般形式的桥墩和交接墩。

如图12.33(c)所示，普通墩除了承受相邻两跨结构传来的垂直反力外，设计中一般假定两跨结构重力产生的水平推力相互抵消，此时，墩身不承受这一水平推力的作用效应。其墩身的顶宽b_1取值要求是，混凝土桥墩可按拱跨的1/15～1/25、石砌桥墩可按拱跨的1/10～1/20拟定，但均不宜小于80cm。墩身两侧斜面坡可为20∶1～30∶1。

如图12.33(d)所示，单向推力墩又称制动墩，它的主要作用是在它一侧的桥孔因某种原因遭到毁坏时，能承受单侧拱跨重力产生的水平推力，以保证其另一侧的拱跨不致倾塌。另外，当施工时为了拱架的周转或者当缆吊设备的工作跨径受到限制时为了能分跨进行施工，也要设置能承受不平衡推力的单向推力墩。由此可见，为了满足结构强度和稳定性的要求，单向推力墩应比普通墩的墩身要设计得厚实些，而且应适当调整墩身两侧的斜面坡比。

如图12.33(b)所示，交接墩用于桥墩两侧孔径不同的不等跨拱桥，它除了拱座不设置在同一起拱线标高上之外，还应有能够承受不平衡水平推力的构造外形。因此，其墩身应在推力较小的一侧设置变坡斜面，以减小不平衡水平推力引起的基底反力偏心距。从外形美观上考虑，变坡点一般设在常水位之下，而变坡点以上的斜面应与墩另一侧斜面的坡比相同。

2. 轻型桥墩

拱桥的轻型桥墩有桩柱式桥墩和斜撑式桥墩几种类型。但是，目前所用的拱桥轻型桥墩，一般为配合钻孔灌注桩基础的柱式桩墩。

拱桥的柱式桩墩(图 12.34)与梁桥上的柱式桩墩非常相似，其主要差别是：在梁桥墩帽上设置支座，而在拱桥墩顶部分则设置拱座。当拱桥跨径在 10m 左右时，常采用两根直径为 100cm 的钻孔灌注桩；跨径在 20m 左右时可采用两根直径为 120cm 或 3 根直径为 100cm 的钻孔灌注桩；跨径在 30m 左右时可采用 3 根直径为 120～130cm 的钻孔灌注桩。柱式桩墩较高时，应在柱间设置横系梁以增强柱式桩墩的刚度。柱式桩墩一般采用单排桩，单孔跨径在 40m 以上的大桥或高墩，可采用双排桩。在桩顶设置承台，与墩柱联成整体。如果柱与桩直接连接，则应在结合处设置横系梁。若柱高大于 6～8m 时，还应在柱的中部设置横系梁。

对于斜撑式桥墩(图 12.35)，由于设置在普通墩身两侧的钢筋混凝土斜撑和墩身底的水平拉杆容易开裂，且整个墩身造型给人以加固使用的错觉，故目前已较少采用。

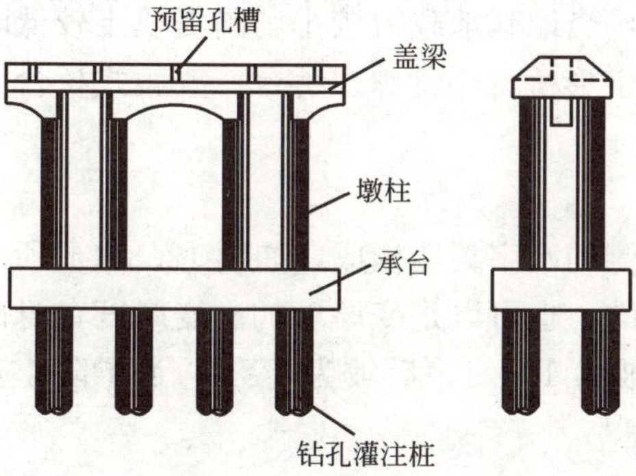

图 12.34 拱桥柱式桥墩

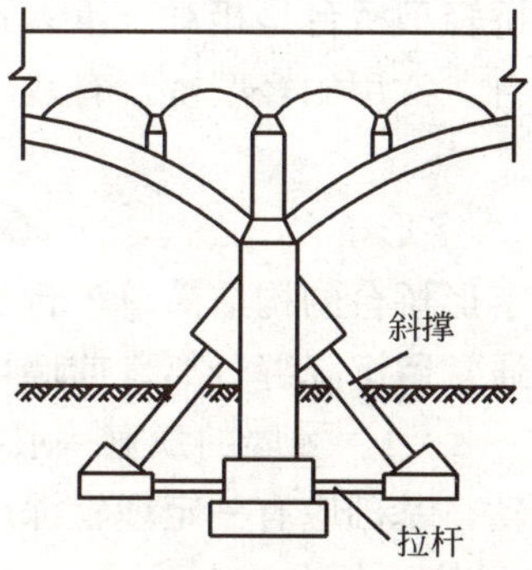

图 12.35 拱桥斜撑式桥墩

12.3.2 拱桥桥台的构造

拱桥桥台在受力变形上的最大特点是：桥台承受拱的较大推力后，将发生绕其基础形心轴向路堤方向的转动。为了抵抗这一转动，拱桥桥台比梁桥桥台在尺寸上要大，在构造类型上要多些。但这类桥台仍然可分为重力式桥台、轻型桥台和组合式桥台三大类。

1. 重力式桥台

拱桥常用的重力式桥台是 U 形桥台(图 12.36)，它由拱座、台身和基础 3 部分组成。其优缺点与梁桥中的 U 形桥台相同，在结构构造上除在拱座和前墙两部分有所差别外，其余部分也基本相同。拱桥桥台只在向桥跨的一侧设置拱座，其尺寸可参照拱桥桥墩的拱座拟定。其他部分的尺寸如图 12.36 所示，可参考梁桥 U 形桥台进行设计。

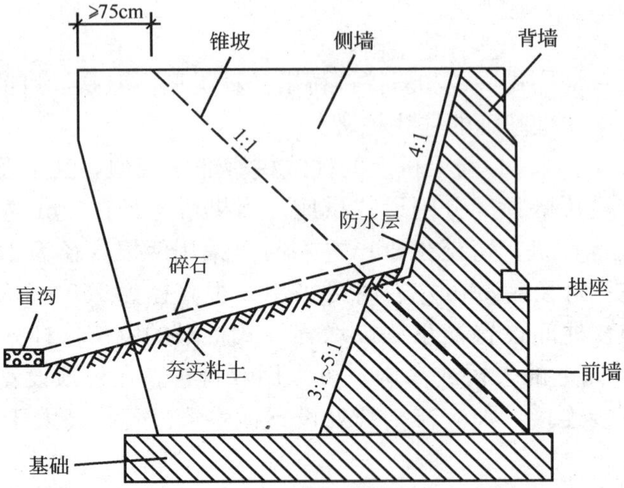

图 12.36　拱桥 U 形桥台

2. 轻型桥台

拱桥轻型桥台是相对于重力式桥台而言的，当地基承载力较小、路堤填土较低时采用此类桥台。常用的轻型桥台有八字形桥台、U 字形桥台、背撑式桥台、空腹式桥台和齿槛式桥台。

1) 八字形桥台

八字形桥台的构造简单，台身由前墙和两侧的八字翼墙构成，如图 12.37(a)所示。两者之间通常留沉降缝分离。前墙可以是等厚度的，也可以是变厚度的。变厚度台身的背坡为 2∶1～4∶1。翼墙的顶宽一般为 40cm。前坡为 10∶1，后坡为 5∶1。为了防止基底向桥跨滑动，基础应有一定埋置深度。

2) U 字形桥台

U 字形轻型桥台由前墙和平行于车行方向的侧墙组成，构成 U 形的水平截面，如图 12.37(b)所示。它与重力式 U 形桥台的差别是：后者是靠扩大桥台底面积，以减小基底压力，并利用基底与地基的摩阻力和适当利用台背土侧压力，以平衡拱的水平推力，因此基础底面积较轻型桥台的要大。U 字形轻型桥台前墙的构造和八字形桥台相同，但侧墙却是拱上侧墙的延伸，它们之间应设变形缝，以适应桥跨的可能变位。

3) 背撑式桥台

当桥台较宽时，为了保证结构的强度和稳定性，可以在八字形或 U 字形的前墙背后加一道或几道背撑，构成Ⅱ字形、E 字形等水平截面形式的前墙(图 12.38)。背撑顶宽为 30～60cm，厚度也为 30～60cm，背坡为 3∶1～5∶1 的梯形。这种桥台比八字形桥台稳定性要好，但土方开挖量及圬土体积都有增多。然而加背撑的 U 字形桥台却能适用于较大跨径的高台和宽桥。

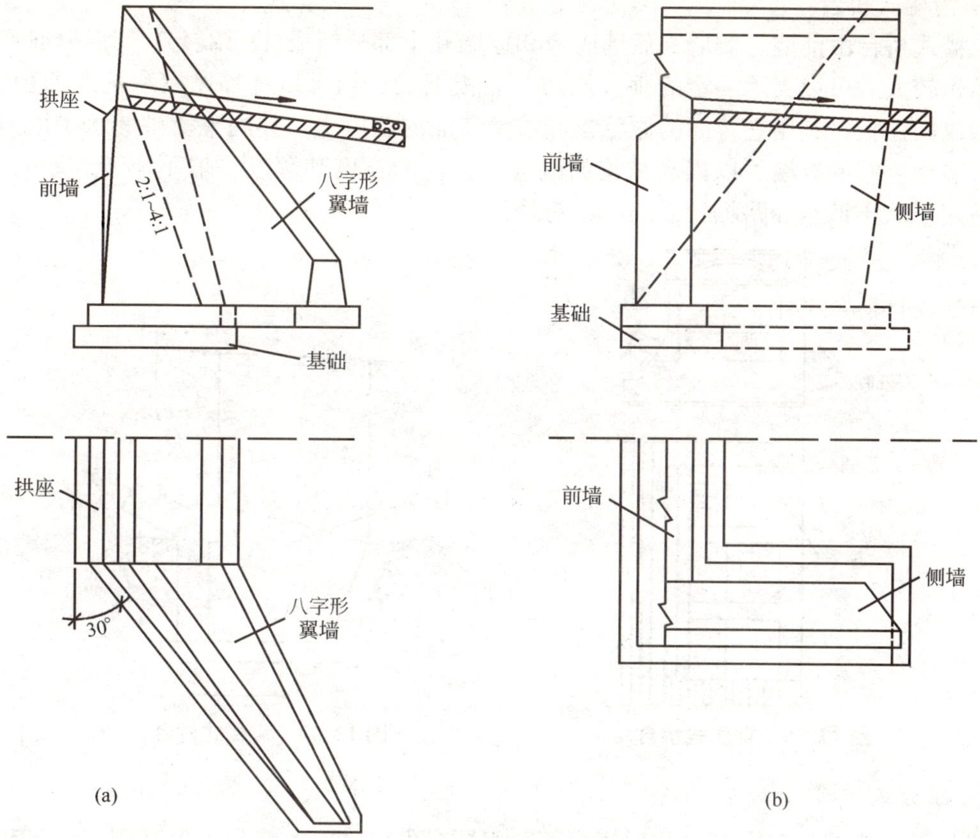

图 12.37 八字形和 U 字形轻型桥台

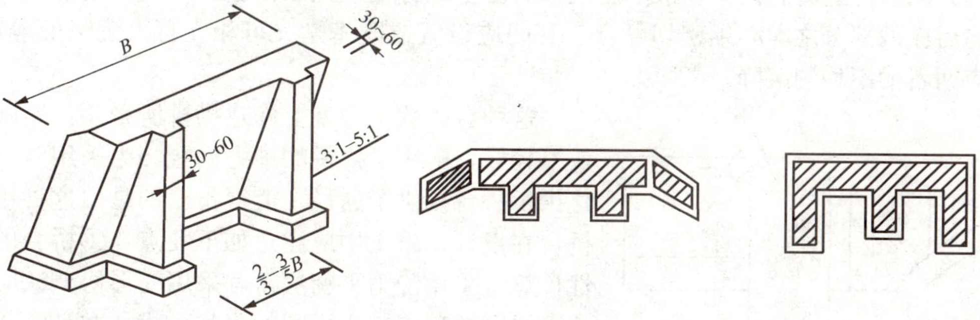

图 12.38 背撑式桥台(单位：cm)

4) 空腹式桥台

空腹式桥台由前墙、后墙、基础板和撑墙等部分组成(图 12.39)。前墙承受拱圈传来的荷载，后墙支承台后的土侧压力。在前后墙之间设置 3～4 道撑墙作为传力构件，并对后墙起到扶壁、对基础板起到加劲作用。最外边的撑墙可以做成阶梯踏步，供人们上下河岸。空腹可以是敞口的，也可以是封闭的。如地基承载力许可时，也可在腹内填土。这种桥台一般在软土地基、河床无冲刷或冲刷轻微、水位变化小的桥位上采用。

5) 齿槛式桥台

齿槛式桥台由前墙、侧墙、后墙底板和撑墙几个部分组成(图 12.40)。其结构特点是：基底面积较大，可以支承一定的垂直压力；底板下的齿槛可以增加摩擦和抗滑的稳定性；台背做成斜挡板，利用它背面的原状土和前墙背面的新填土，共同平衡拱的水平推力；前墙与后墙板之间的撑墙可以提高结构的刚度。齿槛的宽度和深度一般不小于 50cm。这种桥台适用于软土地基和路堤较低的中小跨径拱桥。

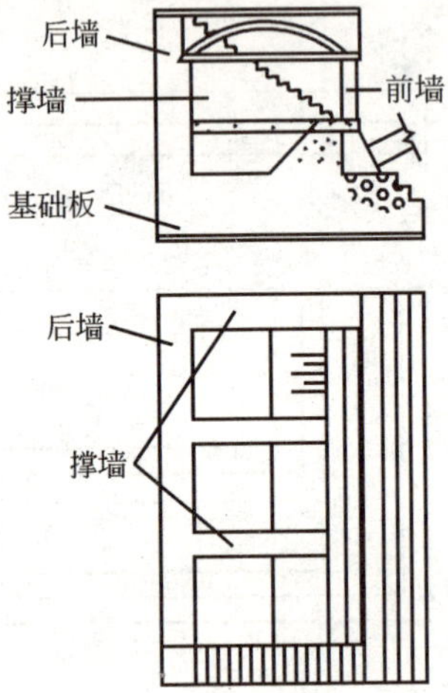

图 12.39　空腹式桥台

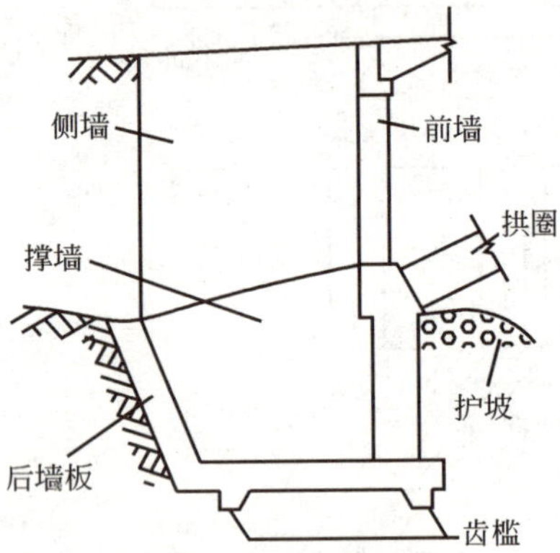

图 12.40　齿槛式桥台

3. 组合式桥台

拱桥的组合式桥台由前台和后座两部分组成(图 12.41)。前台的桩基或沉井基础承受拱的竖向力，台后的主动土压力以及后座基底的摩擦力来平衡拱的水平推力。考虑到主拱水平推力向后传递时有向下扩散的影响，后座基底标高应低于拱脚截面底缘的标高。前台台身与后座两部分之间必须密切贴合，其间应设置成既密贴又可相互自由沉降的隔离缝，以适应两者的不均匀沉降。

图 12.41　组合式桥台

这种台为软土地基上修建拱桥所采用，实践证明效果较好，解决了拱桥的推力问题，为采用竖直桩修建拱桥桥台提供了途径。值得指出的是，这种组合式桥台在设计、施工中应注意如下几点：①桥台的稳定性计算宜采用静力平衡法，若采用变形协调法时应计算因拱脚位移引起主拱圈的附加内力。在计算土侧压力时，其作用分项系数取为 1.0；计算摩阻力时，其作用分项系数为 0.9。拱的推力和竖向力分项系数按《公路桥涵设计通用规范》(JTG D60—2004)的规定取用；②前台与后座之间的沉降隔离缝两侧结构物的接触表面，要求先完成的结构表面光洁细致，然后涂以隔离油脂，并作为后期结构施工的模板，以保证接触面两边密切贴合又可相互自由沉降；③后座基底地基土质较差时，应对地基适当处理，防止后座的不均匀沉降引起前台向后倾斜，导致前台或拱圈开裂。

本章小结

桥梁墩台是桥墩和桥台的合称，是支承桥梁上部结构的结构物。它与基础统称为桥梁下部结构。桥梁墩台一般由墩(台)帽(或拱座)、墩(台)身和基础3部分组成。

桥梁上最常用、最基本的墩台类型，总体上可分为重力式墩台和轻型墩台两种。

梁桥桥墩按其构造可分为实体桥墩、空心桥墩、柱式桥墩、柔性排架桩墩和框架墩等。

梁桥实体桥墩由一个实体结构组成，按其截面尺寸及质量的不同可分为实体重力式桥墩和实体薄壁式桥墩(墙式桥墩)。

梁桥空心桥墩可分为部分镂空体桥墩和薄壁混凝土空心墩。

公路桥中常用梁桥柱式桥墩有单柱式、双柱式、哑铃式和混合双柱式4种。

梁桥桥台按其形式可分为重力式桥台、轻型桥台和组合式桥台。

梁桥重力式桥台主要靠自身重力来平衡台后的土侧压力，桥台台身一般由圬工材料采用就地浇(砌)筑施工建成，这类桥台常用的种类有重力式U形桥台和实体埋置式桥台等。

拱桥墩台可分为重力式墩台、轻型墩台和组合式墩台。

拱桥实体重力式桥墩也由墩帽、墩身以及基础3部分组成，但与梁桥重力式桥墩相比较，在墩帽和墩身的构造上有所不同。

拱桥的轻型桥墩有桩柱式桥墩和斜撑式桥墩几种类型。

拱桥桥台在受力变形上的最大特点是：桥台承受拱的较大推力后，将发生绕其基础形心轴向路堤方向的转动。为了抵抗这一转动，拱桥桥台比梁桥桥台在尺寸上要大，在构造类型上要多些。

拱桥常用的重力式桥台是U形桥台，它由拱座、台身和基础3部分组成。其优缺点与梁桥中的U形桥台相同，在结构构造上除在拱座和前墙两部分有所差别外，其余部分也基本相同。

习　题

1. 何谓桥墩？何谓桥台？
2. 确定桥梁墩台结构时应遵循的总原则是什么？
3. 桥梁墩台一般由哪3部分组成？各自的结构作用是什么？
4. 梁桥薄壁混凝土空心桥墩设置的主要目的是什么？
5. 梁桥柔性排架桩墩的主要特点是什么？
6. 梁桥加筋土桥台由哪两部分组成？其工作原理是什么？
7. 试阐述拱桥桥墩中普通墩、单向推力墩和交接墩三者各自的受力特点与使用场合。
8. 拱桥齿槛式桥台的结构特点是什么？
9. 拱桥组合式桥台在设计和施工中应着重注意哪几点？

第13章 桥梁墩台的计算

教学目标

本章主要介绍梁桥和拱桥重力式桥墩、桥台的设计验算指标及具体计算方法，柱式桥墩和轻型桥台的计算要点。通过本章的学习，应达到以下目标。

(1) 掌握墩台承受的永久作用、可变作用及偶然作用所包括的具体内容。

(2) 掌握作用效应组合。

(3) 掌握梁桥和拱桥的重力式桥墩及重力式桥台的强度与稳定性验算。

(4) 熟悉柱式桥墩、轻型桥台等的计算要点。

教学要求

知识要点	能力要求	相关知识
桥梁墩台计算中的作用及作用效应组合	(1) 掌握墩台计算中的作用 (2) 掌握梁桥墩台作用效应组合 (3) 熟悉拱桥墩台作用效应组合	(1) 墩台承受的永久、可变、偶然作用及施工荷载 (2) 梁桥重力式桥墩纵、横桥向布载及效应组合 (3) 拱桥重力式桥墩纵、横向布载及效应组合 (4)梁桥桥台布载及作用效应组合 (5) 拱桥桥台布载及作用效应组合
重力式桥墩的计算	掌握重力式桥墩的计算方法	(1) 截面承载力验算 (2) 稳定性验算
柱式桥墩的计算	熟悉柱式桥墩的计算方法	(1) 盖梁计算 (2) 柱身计算
轻型桥台的计算	熟悉轻型桥台的计算方法	(1) 梁桥轻型桥台的计算方法 (2) 拱桥轻型桥台的计算方法

基本概念

永久作用、可变作用、偶然作用、作用效应组合

引例

桥墩和桥台在桥位所处的位置决定了它们主要承受上部结构传递下来的荷载作用，尤其是软土地基位移对上部超静定结构的内力影响，下部结构中墩台的计算工作就显得尤为重要，所以下部结构墩台的计算方法的选用是否正确，考虑因素是否全面，直接关系到工程的安危。

墩台在桥梁结构中所担当的角色不同、受到具体桥位条件的影响也不相同，而且因重力式墩台、轻型墩台以及组合式墩台各有自己的工作原理，它们受到的荷载、影响力的类型和取值存在着不同。对于重力式、轻型及组合式等各种不同类型的桥梁墩台，应分别选取合理的计算模型。

13.1 作用及作用效应组合

13.1.1 桥梁墩台计算中的作用

由于桥墩和桥台在桥位所处的位置不同、在桥梁结构中所担当的角色不同、受到具体桥位条件的影响也不相同，而且因重力式墩台、轻型墩台以及组合式墩台各有自己的工作原理，所以它们受到的荷载、影响力的类型和取值存在着不同。由此可知，桥梁墩台计算中的作用应根据桥梁设计规范的一般要求，结合桥位的实际情况和墩台的结构类型及计算的内容等来具体确定。现将桥梁墩台在通常情况下可能受到的作用归纳如下。

1. 墩台承受的永久作用

(1) 上部结构重力通过支座(或拱座)在墩台帽上的支承反力，包括上部构造的混凝土收缩、徐变作用。

(2) 墩台重力，包括在基础襟边上土的重力。

(3) 桥台台后填土的土侧压力，应采用主动土压力标准值，且当土层特性有变化或受水影响时，宜分层计算。

(4) 预加力，例如对装配式预应力空心桥墩所施加的预加力。

(5) 基础变位作用，对于奠基于非岩石地基上的超静定结构，应当考虑由地基压密等引起的支座长期变位的影响，并根据最终位移量按弹性理论计算构件截面的附加内力。

(6) 水的浮力，当验算稳定性时位于透水性地基上的桥梁墩台，应计算设计水位时水的不利浮力；当验算地基承载力时，仅考虑低水位时的有利浮力或不计浮力；基础嵌入不透水性地基的墩台，可以不计水的浮力；当不能肯定是否透水时，则分别按透水和不透水两种情况进行最不利的作用效应组合。

2. 墩台承受的可变作用

(1) 上部结构上的汽车荷载对墩台帽或拱座产生的支承反力。对于钢筋混凝土柱式墩应计入冲击力，对于重力式墩台可不计冲击力。

(2) 弯桥桥墩受到的汽车离心力。

(3) 桥台上受到的汽车引起的土侧压力，应采用“车辆荷载”加载。

(4) 桥面人群荷载。

(5) 汽车荷载的制动力，其着力点可移至墩台支座的底面，墩台承受的制动力的大小应根据支座与墩台的抗推的刚度情况分配。

(6) 上部结构和墩身上受到的纵、横向风荷载，桥台可不计风荷载的影响。

(7) 流水对墩身产生的流水压力，其合力的着力点假定在设计水位线以下30%水深处。

(8) 流冰对墩身产生的冰压力，其值与墩身是竖直表面、斜表面以及流冰方向与桥墩平面轴线夹角等有关。

(9) 上部结构因温度变化在墩台支座(或拱座)上引起的水平反力。

(10) 由上部结构重力在墩台活动支座上产生的支座摩阻力。

3. 墩台承受的偶然作用

(1) 地震作用，其值应按现行《公路工程抗震设计规范》的要求计算。

(2) 船舶或漂流物对河中桥墩产生的撞击作用，当设有与桥墩分开的防撞设施时可不计该作用。

(3) 汽车对上线的立交桥或跨线桥的桥墩产生的撞击作用，对于设有防撞设施的桥墩，可视防撞能力对汽车撞击力的标准值予以折减。

4. 墩台承受的施工荷载

13.1.2 作用效应组合

桥梁墩台在结构空间上受到竖向、横向和纵向3个方向的作用，需作不同受力方向的验算，而且上述归纳中的作用并不可能同时出现，如墩台承受的3个偶然作用通常情况下只可能出现其中一种。为了找到控制设计的最不利作用效应值，就需要对可能同时出现的以不同受力方向的作用进行作用效应组合，取其最不利效应组合值控制墩台的结构设计。

1. 桥墩计算中的作用效应组合

在桥墩计算中，一般需要验算墩身截面的承载力、截面合力偏心距以及墩身的稳定性。为此需根据不同的验算内容，按作用处于最不利的位置，在纵桥向或横桥向进行作用的布置，选择可能的最不利作用效应组合。

1) 梁桥重力式桥墩

(1) 纵桥向布载及作用效应组合。对于计算桥墩承受的作用来说，纵桥向布载中所采用的汽车荷载为车道荷载或车辆荷载。纵桥向效应组合有如下两种布载方式。

① 最大竖向力布载方式，如图13.1(a)所示。这种布载方式用于验算墩身截面承载力和基底最大应力，应采用承载能力极限状态下的基本组合。它包括相关的永久作用和相邻两跨桥孔上的一种或几种可变作用(如车道荷载、汽车冲击力和人群荷载等)。对于车道荷载中的集中力 P_k 应布置在计算桥墩上的支座处，而将均载 q_k 和人群荷载纵桥向布满两跨。

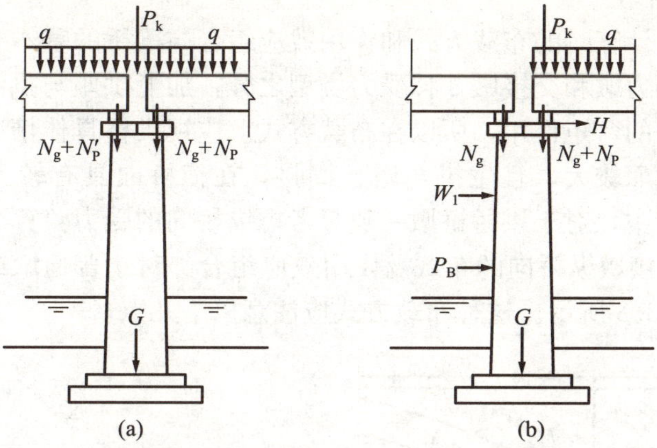

图 13.1　纵桥向作用组合

② 纵桥向最大弯矩布载方式，如图 13.1(b)所示。这种布载方式主要用于桥墩纵桥向的稳定性、基底应力、最大偏心距和墩身截面承载力。这种布载效应组合可根据桥墩是否承受船舶或汽车的撞击作用分成两种。

对于在纵桥向墩身侧面不承受船舶或汽车撞击作用的情况下，应采用承载能力极限状态下的基本组合。它包括相关的永久作用和仅在一孔桥跨上布置的几种可变作用。这几种可变作用除了车道荷载、汽车冲击力和人群荷载外，还应考虑方向指向布载孔的纵桥向风荷载、汽车制动力或支座摩阻力，若墩身侧面与水流斜交时尚应考虑流水压力或冰压力在纵桥向的分力。

对于在纵桥向可能承受船舶或汽车撞击作用的桥墩，它应采用承载能力极限状态下的偶然组合。这种组合的布载包括相关的永久作用和仅在一孔桥跨上布置的某种可变作用再加上船舶或汽车纵桥向的撞击作用。值得指出的是，与偶然作用同时出现的可变作用，可根据观测资料或工程经验取用适当的代表值，也可以不考虑可变作用参加组合。

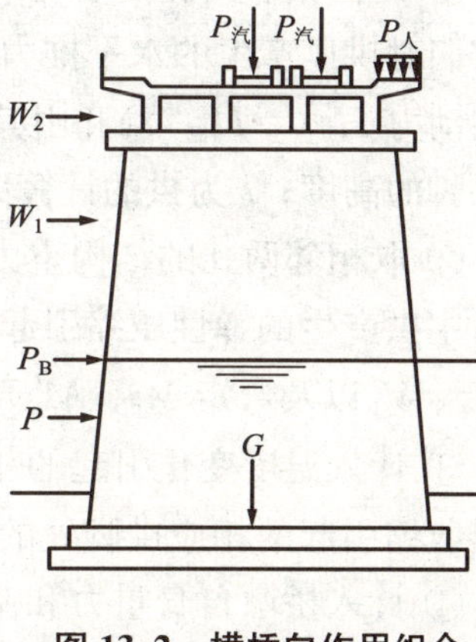

图 13.2　横桥向作用组合

(2) 横桥向布载及作用效应组合。这种布载及作用效应组合的目的是验算横桥向桥墩的稳定性、基底应力和偏心距，以及这种情况下的墩身截面承载力。横桥向布载中应采用的汽车荷载为车辆荷载，它在桥面的布置应按第 1 章概述中车辆荷载横向布置要求靠桥面一侧布载。若桥面有人群荷载，也只在与车辆荷载同侧的人行道上进行布载。若为平面曲线桥且曲线半径不大于 250m 时，还应考虑车辆荷载(不计冲击力)的离心力。

横桥向布载(图 13.2)及作用效应组合也可视桥墩有无船舶或汽车的撞击作用细化为两种。

对于在横桥向墩身前端，不承受船舶或汽车撞击作用时，其作用效应组合应采用基本组合，即由相关的永久作用和偏向于桥面一侧布置的一种或几种可变作用组成。

对于墩身前端有可能承受撞击作用时，其作用效应组合应采用偶然组合，即由相关的永久作用和船舶或汽车的撞击作用再加上某种有代表性的可变作用组成。

2) 拱桥重力式桥墩

拱桥重力式桥墩计算时的布载方式和作用效应组合与梁桥的基本相同，但由于拱桥桥墩有普通墩、单向推力墩和交接墩3种受力类型之分，加上拱座与拱圈一般为固接，使拱座还承受由拱圈传来的弯矩作用，所以在布载方式上应视拱桥具体情况加以区别对待。另外，由于拱桥墩底截面较大，且主拱与墩台固接，在横桥向具有较大的整体稳定性。因此，在公路桥梁设计中，对于拱桥桥墩一般只考虑纵桥向的受力验算。

(1) 普通墩或交接墩纵桥向的布载及作用效应组合。对于普通墩或交接墩在纵桥向上的布载方式，如图13.3所示。这种布载方式应注意以下几点。

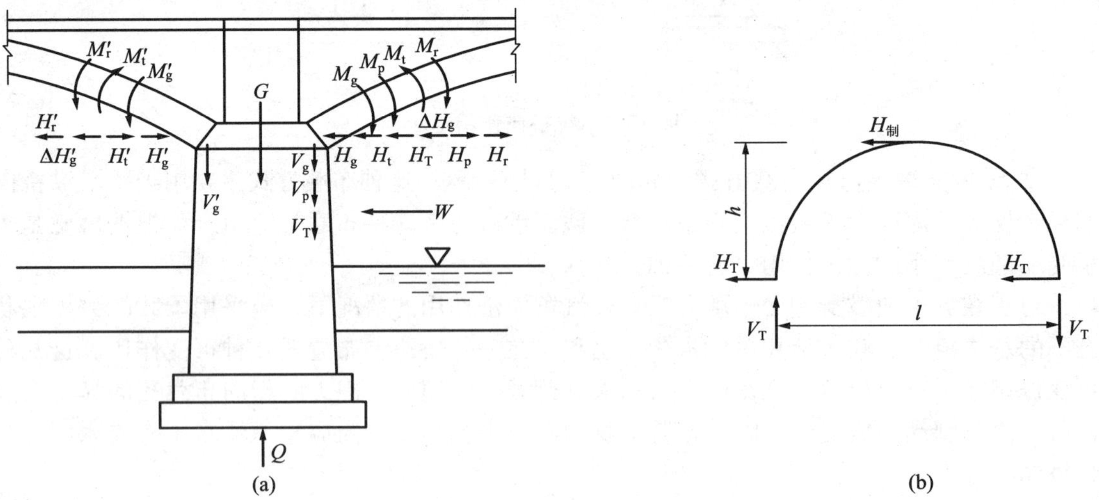

图13.3 纵桥向拱桥桥墩受力情况

① 只在相邻两孔的一孔或跨径较大一孔的桥面上满跨布置车道荷载和人群荷载。计算它们对拱座产生的水平推力 H_p 和与其对应的拱脚竖向反力 V_p、拱脚弯矩 M_p，计算汽车制动力 $H_T(=H_{制}/2)$ 和由其在拱脚引起的拱脚竖向反力 $V_T(=H_{制}h/l)$，其中 h 为桥面至拱脚的高度；l 为拱的计算跨径，如图13.3(b)所示。

② 取相邻两孔的结构重力。计算它们对相应拱座产生的水平推力 H_g、H'_g 以及结构重力对主拱产生的弹性压缩引起的拱脚水平拉力 ΔH_g、$\Delta H'_g$，结构重力在拱脚产生的竖向反力 V_g、V'_g 以及弯矩 M_g、M'_g。

③ 计入温度变化引起的相应拱脚处的水平推力 H_t、H'_t 以及弯矩 M_t、M'_t，计入拱圈材料收缩引起的相应拱脚处的水平拉力 H_r、H'_r 和弯矩 M_r、M'_r。

④ 计入桥墩自身重力和基础襟边上的土的重力 G、水的浮力 Q 和纵桥向风力 W 等。

在上述布载方式下，应采用承载能力极限状态下的基本组合。若要计入船舶或汽车在纵桥向对桥墩的撞击力时，应在上述布载方式中加入撞击作用，其方向指向布载孔，此时应采用偶然组合。

(2) 单向推力墩纵桥向的布载及作用效应组合。对于单向推力墩，纵桥向的布载方式较为简单，取相邻两孔中大跨径孔的结构重力产生的水平推力、竖向反力和弯矩，以及单向推力墩的相关永久作用，其作用效应组合采用基本组合。

2. 桥台计算中的作用效应组合

对于重力式桥台只需进行纵桥向验算。验算内容与重力式桥墩相同，包括台身截面承载力、地基应力以及桥台稳定性的验算。但是，验算桥台时布置在桥跨上的汽车荷载应为车道荷载，而布置在台后破坏棱体上的则是车辆荷载。

1）梁桥桥台的布载及作用效应组合

根据汽车荷载沿纵桥向不同的布置形式，梁桥桥台验算时的布载有如下3种。

(1) 只在台前桥跨上布置车道荷载的方式，如图13.4(a)所示。这种方式下的作用包括桥跨上车道荷载(将集中力 P_k放在桥台的支座上)和人群荷载产生的支座反力 V_p、指向桥孔方向的汽车制动力 H、台后填土产生的土侧压力 E_1、上部结构的重力 V_g、桥台的重力及基础襟边上的土的重力 G、水的浮力 Q。

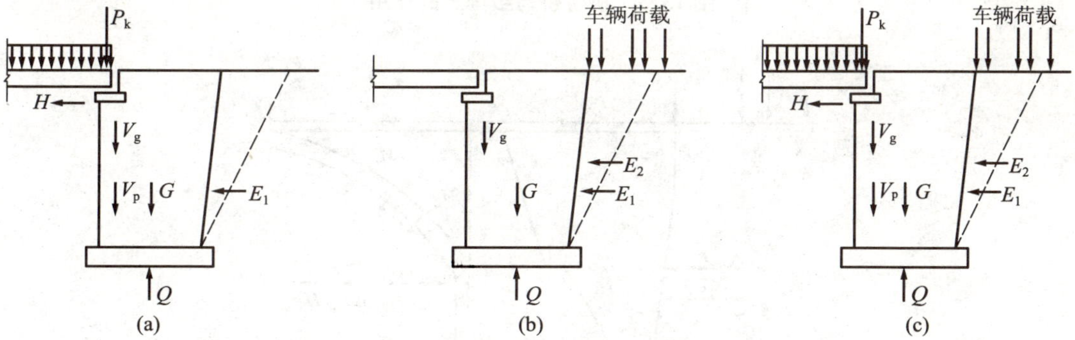

图13.4 梁桥桥台上的作用

(2) 只在台后破坏棱体上布置车辆荷载的方式，如图13.4(b)所示。此种方式的作用应为破坏棱体内的车辆荷载(将后轴靠近桥台)对台身产生的土侧压力 E_2、台后填土产生的土侧压力 E_1、上部结构的重力 V_g、桥台的重力及基础襟边上的土的重力 G、水的浮力 Q。

(3) 在台前桥跨上布置车道荷载同时又在台后破坏棱体上布置车辆荷载的布载方式，如图13.4(c)所示。这一方式的作用为以上(1)、(2)两点的集合。

应指出的是，验算梁桥桥台的最不利作用效应组合应结合桥台验算的具体内容，从以上3种布载方式中经过分析比较给予确定，且应采用基本组合。

2）拱桥桥台的布载及作用效应组合

拱桥桥台一般按以下两种情况布载。

(1) 只在桥跨上布置车道荷载，如图13.5所示(图中符号意义同前)。这一种布载方式的立意点是使桥台有向路堤方向偏移的趋势。由此，它的作用应包括桥跨上布置车道荷载和人群荷载，以便使拱脚水平推力达到最大值；计入主拱受温度上升产生的推力，指向路堤的汽车制动力，台后填土的土侧压力等。

(2) 仅在台后破坏棱体上布置车辆荷载(图13.6)。它的立意点是，使桥台有向桥跨方向偏移的趋势。根据这一立意点，布载应考虑的作用包括在台后破坏棱体上布置车辆荷载使其产生对台身的土侧压力、计入台后填土的土侧压力、主拱受温度下降产生的水平拉力以及指向桥跨的制动力等。

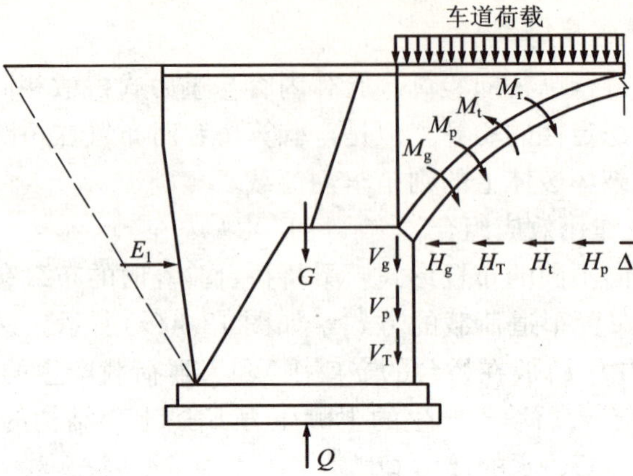

图 13.5 拱桥桥跨结构上的作用

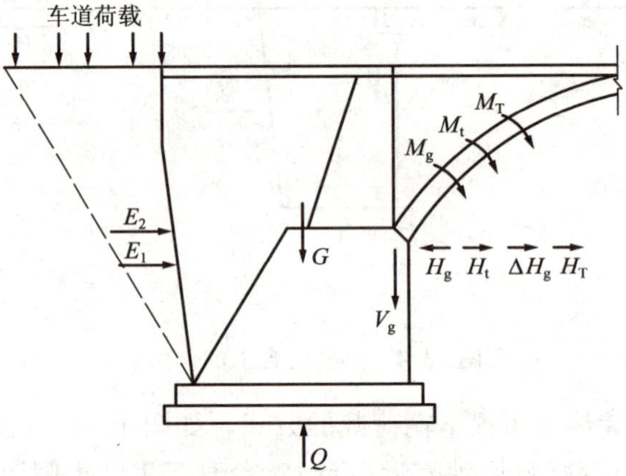

图 13.6 拱桥桥台台后作用

在拱桥桥台的作用效应组合中，除了以上两点已指出的作用外，还应计入相应的永久作用。

13.2 重力式桥墩计算

对于梁桥和拱桥的重力式桥墩的计算，虽然在作用组合的外力上有所不同，但是就任一水平截面而言，这些外力都可以相应于它们的截面组合成如下 3 种组合设计值(图 13.7)：①纵桥向或横桥向布载时竖向作用 N_{xd} 或 N_{yd}；②垂直于该截面 x 轴或 y 轴的水平作用 H_{xd} 或 H_{yd}；③绕 x 轴或 y 轴的弯矩作用 M_{xd} 或 M_{yd}。另外，梁桥和拱桥的重力式桥墩在验算内容上都应对截面承载力、偏心距和稳定性进行计算，而且在计算中采用的原理、方法和一般步骤也基本相同。

应说明的是，考虑到下面有些验算公式与第 3 章中验算拱圈相应内容时相同，而且在《桥规》中都已列出了有关的计算公式和使用要求。所以，在后续章节中凡涉及到这些公式时将直接引用。

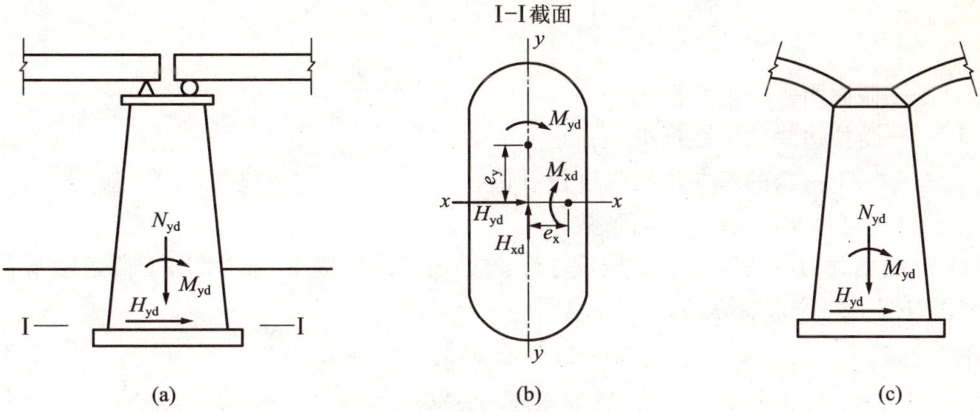

图 13.7 墩身底截面强度验算

13.2.1 截面承载力验算

重力式桥墩主要用圬工材料建成，一般为偏心受压构件，截面承载力验算采用基本组合和偶然组合。在极限状态的设计中，桥墩各控制截面的作用效应组合设计值 S_d 与结构重要性系数 γ_0 的积，应小于或等于截面承载力设计值 $R_{(f_d,a_d)}$，以方程表示为：

$$\gamma_0 S_d \leqslant R_{(f_d,a_d)} \tag{13-1}$$

桥墩截面承载力验算的步骤如下。

(1) 选取验算截面。桥墩承载力验算截面应为危险截面，一般选取墩身底截面及墩身有突变的截面。如悬臂式墩帽的桥墩，除选取墩身底截面外，还应对墩帽与墩身交接的突变截面进行验算。当桥墩较高时，由于危险截面不一定在墩身底部，须沿墩身每隔 2～3m 选取一个验算截面。

(2) 截面上作用组合设计值的计算。根据桥墩具体受到的作用组成情况和效应组合要求，分别对选取的验算截面所受到的纵、横桥向的外力进行相应作用效应组合设计值计算，以求得该截面上承受的 N_{xd} 和 N_{yd}、H_{xd} 和 H_{yd}、M_{xd} 和 M_{yd} 的值。

(3) 截面偏心距的验算。墩身截面承受偏心受压作用的影响。当其偏心距较小时，全截面受压；而当偏心距较大时，截面上离 N_d 较远一侧边缘的压应力较小，并可能出现拉应力，甚至产生裂缝。为了保证圬工桥墩不出现这一裂缝，应对验算截面在相应作用组合设计值影响下产生的偏心距加以限制。偏心距的计算应分为：纵桥向布载时，$e_x = M_{yd}/N_{xd}$；横桥向布载时，$e_y = M_{xd}/N_{yd}$。以上所计算的截面偏心距应满足下列规定：对于基本组合，e_x 或 $e_y \leqslant 0.6S$；对于偶然组合，e_x 或 $e_y \leqslant 0.7S$。S 为截面重心至偏心方向截面边缘的距离。

如果偏心距不满足上述规定，应按下式重新拟定截面尺寸。

$$\gamma_0 N_{xd} \leqslant \varphi \frac{A \cdot f_{tmd}}{\dfrac{A \cdot e_x}{W} - 1} \tag{13-2a}$$

或
$$\gamma_0 N_{yd} \leqslant \varphi \frac{A \cdot f_{tmd}}{\frac{A \cdot e_y}{W} - 1} \tag{13-2b}$$

式中：A——截面所需的承载面积；

W——受拉边缘的弹性抵抗矩；

f_{tmd}——圬工材料的弯曲抗拉强度设计值；

φ——偏心受压承载力影响系数。

(4) 抗压承载力的验算。在受压偏心距满足规定的前提下，对于圬工桥墩墩身各截面抗压承载力按下列公式验算。

$$\gamma_0 N_{xd} < \varphi A f_{cd} \tag{13-3a}$$

或
$$\gamma_0 N_{yd} < \varphi A f_{cd} \tag{13-3b}$$

式中：f_{cd}——砌体或混凝土轴心抗压强度设计值。

如果不满足验算条件，就应修改墩身截面尺寸，重新验算。

(5) 抗剪承载力的验算。当拱桥相邻两孔的推力不相等时，应对拱座底面的墩身截面和墩身底截面进行抗剪承载力的验算，验算公式为：

$$\gamma_0 H_{yd} \leqslant A f_{vd} + \frac{\mu_f \cdot N_{xd}}{1.4} \tag{13-4}$$

式中：A——受剪截面面积；

f_{vd}——砌体或混凝土抗剪强度设计值；

μ_f——摩擦系数，采用0.7的值。

应指出的是，如果主拱采用无支架吊装以及在裸拱情况下卸落拱架时，还应按照该施工阶段的施工荷载进行这项验算。

13.2.2 稳定性验算

重力式桥墩的稳定性验算，一般应包括桥墩的整体稳定性验算和墩顶水平位移验算。但是，根据《公路圬工桥涵设计规范》(JTG D61—2005)中第6.1.3条的条文说明可知，墩顶水平位移不作验算限制。所以，在此只需验算重力式桥墩的整体稳定性。

1. 抗倾覆稳定性验算

如图13.8所示，当桥墩处于临界稳定平衡状态时，绕倾覆转动轴 $A-A$ 取矩，令稳定力矩为正，倾覆力矩为负，则有：

$$\sum N_i \cdot (x - e_i) - \sum H_i \cdot h_i = 0$$

即：

$$x \cdot \sum N_i - (\sum N_i \cdot e_i + \sum H_i \cdot h_i) = 0$$

上述方程左边第一项为稳定力矩，第二项为倾覆力矩。

由此可见，抵抗倾覆的稳定系数 K_0 可按下式验算。

$$K_0 = \frac{M_{稳}}{M_{倾}} = \frac{x \sum N_i}{\sum N_i e_i + \sum H_i h_i} \tag{13-5}$$

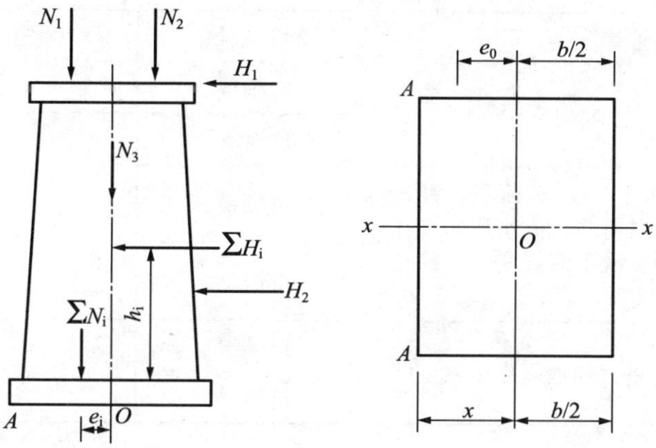

图 13.8 桥墩稳定性验算

式中：$M_{稳}$——稳定力矩；

$M_{倾}$——倾覆力矩；

$\sum N_i$——作用于基底竖向力的总和；

e_i——$\sum N_i$到基底重心轴的距离；

$\sum H_i$——作用在桥墩上各水平力的总和；

h_i——$\sum H_i$到基底的距离；

x——基底截面重心 0 至偏心方向截面边缘距离。

2. 抗滑动稳定性验算

抵抗滑动的稳定系数 K_c按下式验算。

$$K_c=\frac{\mu_f \sum N_i}{\sum H_i} \tag{13-6}$$

式中：μ_f——基础底面(圬工)与地基土之间的摩擦系数，若无实测值时可参照表 13-1 选取。

上述求得的倾覆与滑动稳定系数 K_0和 K_c均不得小于表 13-2 中所规定的最小值。同时，在验算倾覆稳定性和滑动稳定性时，都要分别按常水位和设计洪水位两种情况考虑水的浮力。

表 13-1 基底摩擦系数

地基土分类	摩擦系数 μ_f
软塑粘土	0.25
硬塑粘土	0.30
砂粘土、粘砂土、半干硬的粘土	0.30～0.40
砂土类	0.40
碎石类土	0.50
软质岩土	0.40～0.60
硬质岩土	0.60～0.70

表13-2 抗倾覆和抗滑动的稳定系数

作用布置情况	验算项目	稳定系数
永久作用(无水的浮力)、汽车荷载、冲击力、离心力和人群荷载	抗倾覆	1.5
	抗滑动	1.3
永久作用(有水的浮力)、汽车荷载、冲击力、离心力、制动力、风荷载、流水压力或冰压力;或者,永久作用、汽车荷载和一种撞击作用	抗倾覆	1.3
	抗滑动	
结构重力、土的重力和地震作用	抗倾覆	1.2
	抗滑动	

重力式桥墩计算尚应包括基础底面承载力、基底合力偏心距和基础稳定性验算,但这些内容已在《基础工程》教材中进行了详述,在此不再重述。

13.3 柱式桥墩计算

柱式桥墩的计算主要包括盖梁计算和柱身计算两个部分。

13.3.1 盖梁计算

1. 计算图式

柱式桥墩通常采用钢筋混凝土构件,在横桥向由盖梁与柱身组成框架结构。对于盖梁的有关计算,首先应根据盖梁与柱的线刚度(EI/l)的比值,假定盖梁的结构受力体系,其计算图式有如下3种。

(1) 当盖梁与柱的线刚度之比不大于5时,盖梁与柱为刚构体系,盖梁应按刚构计算。

(2) 当盖梁与柱的线刚度之比大于5时,双柱式桥墩的盖梁与柱为简支体系,盖梁应按悬臂梁计算。

(3) 对于多柱式桥墩,当线刚度之比大于5时,其盖梁可按连续梁计算。

应指出的是,盖梁或柱的线刚度(EI/l)计算需注意以下几点:①E、I、l分别为盖梁或柱的混凝土弹性模量、毛截面惯性矩、盖梁计算跨径或柱的计算长度;②当盖梁按刚构或连续梁分析时,计算跨径为柱中心点之间的距离。当盖梁按悬臂梁计算时,应从柱中心点的距离和1.15倍柱间净距两者中取较小者作为其计算跨径。对于圆柱的柱间净距应取其换算成方形截面柱之后的间距,该方形截面的边长为80%柱径;③柱的计算长度的确定,对于扩大基础上的墩柱可取支座底面至基础顶面的高度作为其计算长度,对于基础为钻孔灌注桩时,其计算长度可取至局部冲刷线以下200cm。

2. 作用效应组合与内力计算

钢筋混凝土盖梁计算中应考虑的主要作用,是由支座传来的竖向力和盖梁的结构重力。支座传来的竖向力由上部结构的重力和可变作用对支座产生的竖向力组成。对于可变作用对支座产生的竖向力，应结合盖梁最不利受力情况，按以下两种布载方式进行计算：①将车道荷载和人群荷载满布在桥墩相邻两跨，以求得一组可变作用对支座产生的竖向力；②将车辆荷载布置在桥墩处桥面上，并考虑两跨人群荷载，求得盖梁承受局部加载的一组可变作用产生的竖向力。取以上两组竖向力较大者，作为盖梁在相应支座处承受的可变作用产生的竖向力，用于组合计算。

值得进一步说明的是，公路桥梁柱式桥墩的盖梁通常设计成双悬臂式，而且盖梁内力计算的控制截面除了跨中截面外，还有支点截面。对于悬臂支点截面处负弯矩计算时，为了求得桥跨边主梁产生最大的支座压力，应将车辆荷载按桥面横向布置要求靠边布置；在计算盖梁跨中正弯矩时，车辆荷载应对称桥面布置。当盖梁为多根柱支承的连续梁时，其弯矩计算可按《桥规》考虑柱顶支承宽度对削减负弯矩峰值的影响。

盖梁所受的作用进行效应组合时，应根据不同的计算内容来选择极限状态下的组合。当计算盖梁的正截面抗弯或抗剪承载力时，作用效应组合采用承载能力极限状态下的基本组合；若须考虑地震作用时，则采用偶然组合。对盖梁的裂缝或挠度计算时，应采用正常使用极限状态下的短期效应组合，并考虑长期效应组合下的影响。

3. 配筋与验算

盖梁配筋的基本方法与钢筋混凝土梁的配筋相似，根据弯矩包络图配置受弯钢筋，按剪力包络图配置弯起钢筋和箍筋。当采用预应力混凝土盖梁时，预应力钢筋的配置及普通钢筋的配置同预应力混凝土梁。

盖梁配筋计算与截面验算的方法，受其跨高比(l/h)的影响有所不同(l 为盖梁的计算跨径，h 为盖梁的截面高度)。当盖梁的跨高比 $l/h>5.0$ 时，可按钢筋混凝土一般构件进行相关计算与验算。当盖梁跨高比处于“简支梁 $2.0<l/h\leqslant 5.0$，连续梁或刚构 $2.5<l/h\leqslant 5.0$”时，应按下列内容进行计算。

1）钢筋混凝土盖梁的正截面抗弯承载力计算

$$\gamma_0 M_d \leqslant f_{sd} A_s Z \tag{13-7}$$

式中：M_d——盖梁最大弯矩组合设计值；

f_{sd}——纵向普通钢筋抗拉强度设计值；

A_s——受拉区普通钢筋截面面积；

Z——内力臂，$Z=\left(0.75+0.05\dfrac{l}{h}\right)(h_0-0.5x)$；

h_0——截面有效高度；

x——截面受压区高度。

2）钢筋混凝土盖梁的抗剪截面应符合的要求

$$\gamma_0 V_d \leqslant (l/h+10.3)/30 \cdot bh_0\sqrt{f_{cu,k}} \cdot 10^{-3} \tag{13-8}$$

式中：V_d——验算截面处的剪力组合设计值(kN)；

$f_{cu,k}$——边长150mm混凝土立方体抗压强度标准值(MPa)，取盖梁设计的混凝土强度等级；

b——盖梁截面宽度(mm)；

h_0——截面有效高度(mm)。

3) 钢筋混凝土盖梁的斜截面抗剪承载力计算

$$\gamma_0 V_d \leqslant \alpha_1 \left[\frac{14-\dfrac{l}{h}}{20}\right] bh_0 \sqrt{(2+0.6P)\rho_{sv} f_{sv} \sqrt{f_{cu,k}}} \cdot 10^{-3} \tag{13-9}$$

式中：V_d——验算截面处的剪力组合设计值(kN)；

α_1——连续梁异号弯矩影响系数，计算边支点附近梁段(包括双柱式简支梁体系悬臂支点附近梁段)时取 $\alpha_1=1.0$，计算中间支点附近梁段以及刚构各节点附近梁段时取 $\alpha_1=0.9$；

P——受拉区受拉钢筋的配筋百分率，$P=100\rho$，$\rho=A_s/bh_0$，b、h_0 的单位为 mm，当 $P>2.5$ 时，取 $P=2.5$；

ρ_{sv}——箍筋配筋率；

f_{sv}——箍筋的抗拉强度设计值(MPa)。

4) 钢筋混凝土盖梁两端悬臂部分的承载力计算

在通常情况下，盖梁两端位于柱外的悬臂部分要支承边主梁，其悬臂部分的承载力计算的方法受限于边主梁支座的作力点至柱边缘的距离。当该作力点至柱边缘的距离(圆形截面柱应换算为边长等于80%柱径的方形截面柱)大于盖梁截面高度时，悬臂部分正截面和斜截面承载力按"持久状况承载能力极限状态"有关规定计算。当边主梁支座的作力点至柱边缘的距离不大于盖梁截面高度时，悬臂部分盖梁正截面抗弯承载力可按承台中的"撑杆-系杆体系"的方法计算，但其斜截面抗剪承载力按钢筋混凝土一般受弯构件计算。以上两种方法的具体计算见《桥规》[3]。

5) 钢筋混凝土盖梁的裂缝及挠度的验算

钢筋混凝土盖梁的最大裂缝宽度按下列规定计算。

$$W_{tk}=C_1 C_2 C_3 \frac{\sigma_{ss}}{E_s}\left(\frac{30+d}{0.28+10\rho}\right) \tag{13-10}$$

式中：W_{tk}——最大裂缝宽度(mm)；

C_1——钢筋表面形状系数，光面钢筋取 1.4，带肋钢筋取 1.0；

C_2——作用长期效应影响系数，$C_2=1+0.5(M_l/M_s)$，其中 M_l 和 M_s 分别为按作用长期效应组合和短期效应组合计算的弯矩值；

C_3——构件受力性质系数，$C_3=[(0.4\cdot l/h)+1.0]/3$；

σ_{ss}——受拉钢筋的应力，$\sigma_{ss}=M_s/(0.87A_s h_0)$；

E_s——钢筋弹性模量；

d——受拉钢筋直径(mm)，当不同直径的钢筋时，$d=\sum n_i d_i^2/\sum n_i d_i$，其中 n_i 和 d_i 分别为受拉区 i 种钢筋的根数和公称直径；

ρ——受拉钢筋配筋率，当 $\rho>0.02$ 时取为 0.02，当 $\rho<0.006$ 时取为 0.006。

钢筋混凝土盖梁的最大裂缝宽度限值与一般钢筋混凝土构件相同，即桥位或盖梁处于Ⅰ类和Ⅱ类环境时，限值为 0.20mm；处于Ⅲ类和Ⅳ环境时，限值为 0.15mm。

公路桥梁的墩台盖梁的跨高比(l/h)绝大多数在 3～5 之间，属于受弯的深梁。桥规规定，当跨高比 $l/h\leqslant 5.0$ 时，钢筋混凝土盖梁可不作挠度验算。

13.3.2 柱身计算

柱式墩的柱身一般为钢筋混凝土偏心受压的立柱，其计算长度的取值见上述盖梁计算图式。

1. 作用计算

柱身计算中应考虑的作用应包括上部结构、盖梁、柱身和柱间系梁的结构重力；结合盖梁上支座布置的具体情况，使桥墩处于最不利作用组合时的可变作用；地震时或汽车撞击时的偶然作用等。

应指出的是，设有油毛毡支座或钢板支座的桥墩，其承受的水平力(如支座摩阻力、汽车制动力、温度作用以及地震作用等)应按桥墩刚度分配；设有板式橡胶支座的桥墩，应考虑支座与桥墩的集成抗推刚度下的作用。如上部结构为多跨简支梁(板)结构，采用板式橡胶支座且桥面连续时，柱式墩受到的水平力应按13.4节中的集成刚度给予计算。

2. 内力计算

柱式墩一般分为刚性和柔性两种墩，而且在基础形式上又有扩大基础和钻孔灌注桩基础。对于扩大基础上的刚性柱式墩的柱身，计算方法与重力式桥墩相类同；但对于桩基础的柱身，应按桩基础的有关内容计算柱的内力。对于单柱式桥墩，其柱身的计算弯矩应考虑纵桥向弯矩M_{yd}与横桥向弯矩M_{xd}的弯矩合力，其值为$M_d=\sqrt{M_{xd}^2+M_{yd}{}^2}$。

3. 柱身配筋与验算

柱身可先按竖向钢筋配筋率$\rho=0.4\%\sim3.0\%$进行配筋，再按最不利作用效应组合内力进行正截面抗压承载力验算。沿周边均匀配置竖向钢筋的圆形截面柱身，按钢筋混凝土偏心受压正截面抗压承载力计算，要求与公式如下(图13.9)。

$$\gamma_0 N_d \leqslant Ar^2 f_{cd} + C\rho r^2 f'_{sd} \tag{13-11}$$

$$\gamma_0 N_d e_0 \leqslant Br^3 f_{cd} + D\rho g r^3 f'_{sd} \tag{13-12}$$

式中：e_0——竖向力的偏心距，$e_0=M_d/N_d$，应乘以偏心距增大系数η，按式(13-13)计算；

r——圆形截面的半径；

g——竖向钢筋所在圆周的半径(r_s)与圆截面半径(r)之比；

ρ——竖向钢筋配筋率，$\rho=A_s/\pi r^2$；

A、B、C、D——计算系数，查《桥规》中附录C。

圆形截面柱身按偏心受压构件计算正截面承载力时，当其长细比$(l_0/2r)>17.5$时，应考虑柱身在弯矩作用平面内的挠曲对竖向力偏心距的影响。此时，应将竖向力对截面重心轴的偏心距e_0乘以偏心距增大系数η。

η的计算公式如下。

$$\eta = 1 + \frac{1}{1400\,\dfrac{e_0}{r+r_s}}\left(\frac{l_0}{2r}\right)^2 \zeta_1 \zeta_2 \tag{13-13}$$

$$\zeta_1 = 0.2 + 2.7\,\frac{e_0}{r+r_s} \leqslant 1.0$$

$$\zeta_2 = 1.15 - 0.01\,\frac{l_0}{2r} \leqslant 1.0$$

l_0为构件计算长度，当柱身两端固定时取$0.5l$；当一端固定一端为不移动的铰时取$0.7l$；当一端固定一端自由时取$2l$。l为构件支点间长度。r或r_s如图13.9所示。

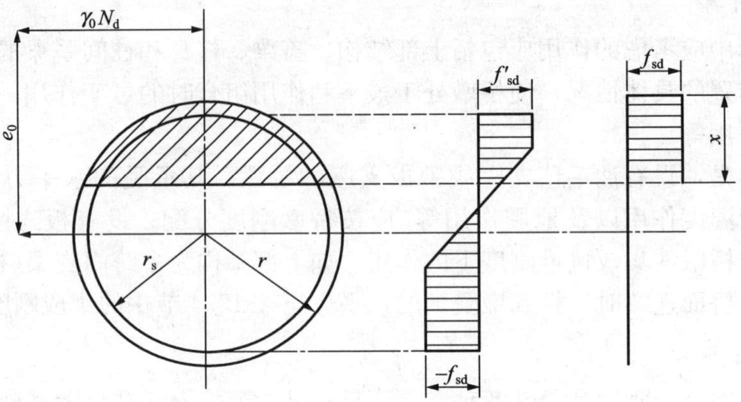

图 13.9　沿周边均匀配筋的圆形截面偏心受压构件计算

4. 抗裂验算

钢筋混凝土圆形截面偏心受压裂缝宽度计算，应根据截面受拉区最外缘钢筋应力 σ_{ss} 进行抗裂性验算判断，当 $\sigma_{ss} \leqslant 24\text{MPa}$ 时，可不必验算裂缝宽度。

1）抗裂性验算判断

$$\sigma_{ss}=\left[59.42\frac{N_s}{\pi r^2 f_{cu,k}}\left(2.80\frac{\eta_s e_0'}{r}-1.0\right)-1.65\right]\rho^{-\frac{2}{3}}(\text{MPa}) \tag{13-14}$$

$$\eta_s=1.0+\frac{l}{4000\dfrac{e_0}{r+r_s}}\left(\frac{l_0}{2r}\right)^2; \quad \left(当\frac{l_0}{2r}\leqslant 14 时，\eta_s=1.0\right)$$

式中：N_s——作用短期效应组合计算的最不利竖向力(N)；

e_0'——竖向力 N_s 的偏心距；

η_s——使用阶段的偏心距增大系数；

e_0——竖向力 N_d 的偏心距。

2）钢筋混凝土圆柱截面最大裂缝宽度 W_{fk} 计算

$$W_{fk}=C_1C_2\left[0.03+\frac{\sigma_{ss}}{E_s}\left(0.004\frac{d}{\rho}+1.52c\right)\right](\text{mm}) \tag{13-15}$$

式中：C_1、C_2——见式(13-10)；

d——竖向钢筋直径(mm)；

c——混凝土保护层厚度(mm)。

钢筋混凝土圆柱最大裂缝宽度应满足一般钢筋混凝土构件的最大裂缝宽度限值要求。

13.4 柔性排架桩墩计算

柔性排架桩墩的受力特性是能将纵桥向水平力传递到联内各柔性桩墩上。由此可知，它的计算应从桥梁结构整体分析着手，对各桩墩沿纵桥向水平力的分配进行计算，从而确定各桩墩的受力。

13.4.1 计算图式与假定

1. 计算图式

目前，柔性排架桩墩多用于桥面连续的多跨简支梁(板)桥，且支座一般为能够实现微小水平位移的板式橡胶支座。在这种工况下，桥梁结构可按在梁与桩墩的结点处设置水平弹簧支承的框架图式计算，如图13.10(a)所示。当支座采用变形不够完善的简易支座或刚板支座时，可近似地按多跨铰接框架的图式计算，如图13.10(b)所示。由于按多跨铰接框架图式所计算的要点，已在同类教材中多有阐述且相对于工程的适用性越来越小，所以本节仅对图13.10(a)所示的多跨水平弹簧支承的框架图式的计算要点进行介绍。

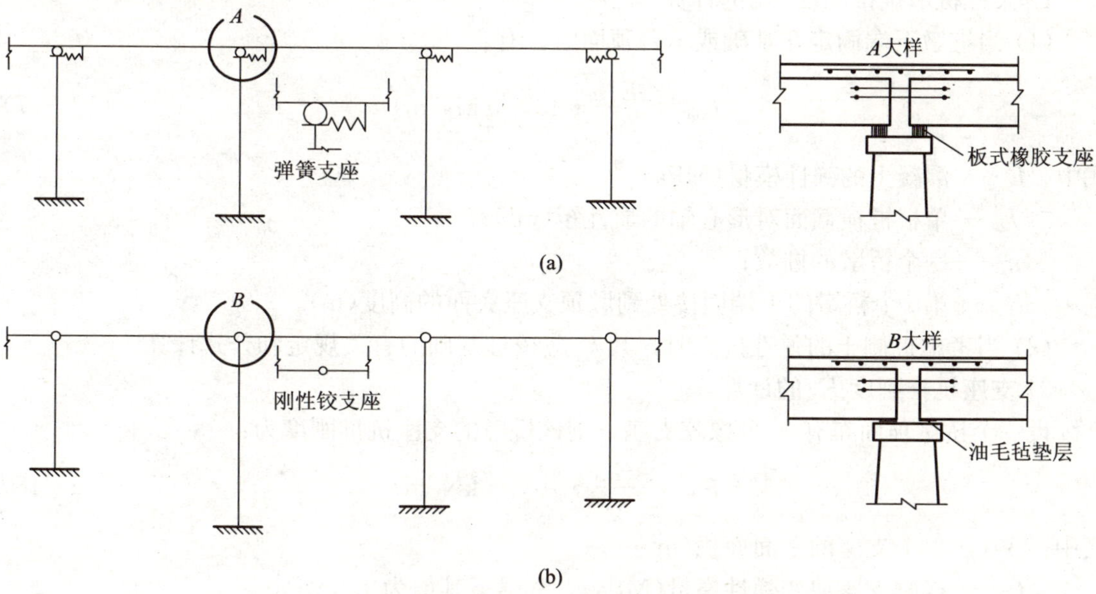

图13.10 梁桥柔性排架墩计算图式

2. 基本假定

(1) 柔性桩墩可视为下端固支，上端节点具有水平弹性变形铰支的超静定体系。

(2) 作用于墩顶的作用包括竖向力 N_i、不平衡弯矩 M_{0i} 以及由温度、制动力等引起的水平力 H_i，必要时还包括桩墩身受到的风荷载。对于梁体的混凝土收缩、徐变等次要因素引起的水平力可忽略不计。

(3) 计算制动力时，各桩墩受力按墩的集成抗推刚度分配，并假定此时各桩墩顶与上部结构之间不发生相对位移。

(4) 计算温度变形时，桩墩对梁产生的弹性拉伸或压缩影响忽略不计，而只计桩墩顶部水平力对桩墩所引起的弯矩的影响。

(5) 在计算墩顶板式橡胶支座的抗推刚度时，只计水平向剪切变形的影响，而忽略梁端偏转角的影响。

13.4.2 计算步骤

1. 桥墩的集成抗推刚度 K_{ji} 的计算

桥墩的集成抗推刚度 K_{ji}，应由柔性桩墩抗推刚度 K_{di} 和支座抗推刚度 K_{zi} 集合而成。根据抗推刚度是指使墩顶产生单位水平位移所需施加的水平反力这一定义可知，柔性桩墩的集成抗推刚度 K_{ji} 应为使墩顶和支座共同产生单位水平位移所需的水平力，即：

$$K_{ji}=\frac{1}{\delta_{di}+\delta_{zi}}=\frac{K_{di}\cdot K_{zi}}{K_{di}+K_{zi}} \tag{13-16}$$

式中：δ_{di}、δ_{zi}——单位水平力作用在第 i 个桥墩上柔性桩墩墩顶的水平位移和支座产生的水平位移。

1）柔性桩墩抗推刚度 K_{di} 的计算

(1) 当桩墩下端固定在基础或承台顶面时，有：

$$K_{di}=\frac{3EIn}{l_i^3}\cdot 10^3 \quad (\text{kN/m}) \tag{13-17}$$

式中：E——混凝土的弹性模量(MPa)；

I——单根桩横截面对形心轴的惯性矩(m^4)；

n——一个桥墩的桩数；

l_i——第 i 个桥墩的下端固接处到墩顶支座底面的高度(m)。

(2) 当考虑桩侧土的弹性抗力时，其 k_{di} 应按桩基础的有关规定和公式计算。

2）支座抗推刚度 K_{zi} 的计算

设一个桥墩顶面布有 m 个橡胶支座，则该桥墩的支座抗推刚度为：

$$K_{zi}=\frac{AGm}{t}\cdot 10^3 \quad (\text{kN/m}) \tag{13-18}$$

式中：A——单个支座的平面面积(m^2)；

G——橡胶支座剪变弹性模量(MPa)，常温下其值为1.0MPa；

t——单个支座中橡胶片的总厚度(m)，可取支座厚度的71%～78%，小型板式橡胶支座取低值，大型支座取高限。

将以上 K_{di} 和 K_{zi} 值代入式(13-16)，可得到相应柔性排架桩墩的集成抗推刚度 K_{ji} 值。

2. 墩顶水平位移与水平力的计算

1）制动力对墩顶产生的水平力与水平位移计算

$$H_{Ti}=T\cdot\frac{K_{ji}}{\sum K_{ji}} \quad (\text{kN}) \tag{13-19}$$

式中：H_{Ti}——作用在第 i 个桥墩的汽车制动力(kN)；

T——全桥(或联内)承受的汽车制动力(kN)。

于是由制动力在墩顶产生的水平位移 Δ_{Ti} 为：

$$\Delta_{Ti}=\frac{H_{Ti}}{K_{ji}} \quad (\text{m}) \tag{13-20}$$

2）梁的温度变形对墩顶引起的水平力和水平位移计算

桥梁相对于其桥面连续施工或梁（板）制作时的温度，将经历高于或低于这一温度值的最不利工况。当温度高于制作施工温度时称为温度上升，否则称为温度下降。

当温度下降时，桥梁上部结构将缩短，纵桥向两端各柔性排架桩墩向桥跨内偏移；当温度上升时两端排架墩向路堤偏移。因此，无论温度升高或降低，必然存在一个温度变化时偏移值为零的位置 O—O 点且距 0 号排架墩或 0 号台的距离为 x_0（图 13.11）。

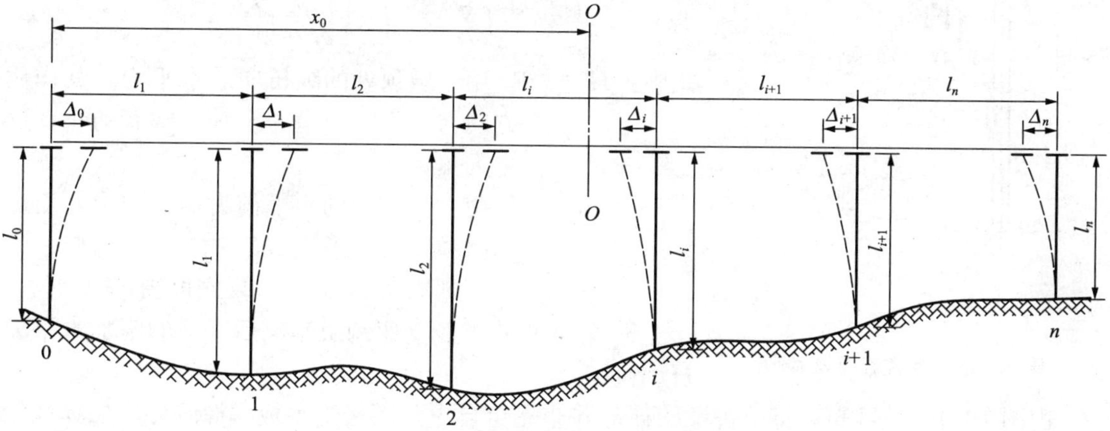

图 13.11 温度变化时柔性排架墩的偏移图式

根据上述第（4）点假定，导出偏移值为零的位置为：

$$x_0=\frac{\sum i\cdot K_{ji}}{\sum K_{ji}}\cdot l_i \tag{13-21}$$

式中：x_0——O—O 点线至 0 号排架墩的距离；

i——排架墩的序号（$i=0$，1，2，…）；

l_i——单孔跨径。

如果用 x_i 表示自 O—O 点线至 i 号排架墩的距离，则得各墩顶部由温度引起的水平位移为：

$$\Delta_{ti}=\alpha\cdot t\cdot x_i \tag{13-22}$$

各排架墩顶所受的温度引起的水平力为：

$$H_{ti}=K_{ji}\cdot\Delta_{ti}=K_{ji}\cdot\alpha\cdot t\cdot x_i \tag{13-23}$$

式中：α——上部结构的线膨胀系数；

t——温度上升值或下降值与施工时温度值的差值。

3）由墩顶不平衡弯矩产生的水平位移计算

根据桥跨结构上纵桥向可变作用最不利布载，可求得简支梁桥墩顶不平衡弯矩 M_{0i}，由其产生的水平位移为：

$$\Delta_{Mi}=\frac{M_{0i}l_i^2}{2EI} \tag{13-24}$$

式中：l_i、E 和 I 的意义同式（13－17）。

4) 不计入支座约束影响时，墩顶产生的总水平位移的计算

在这种情况下，应计入墩顶受到的最不利布载时的竖向力 N_i 及墩身的自重 q、水平力 H_i 和不平衡弯矩 M_{0i} 的影响。这是一个几何非线性的问题，如图 13.12 所示，可应用瑞雷-里兹法和最小势能原理近似求解。

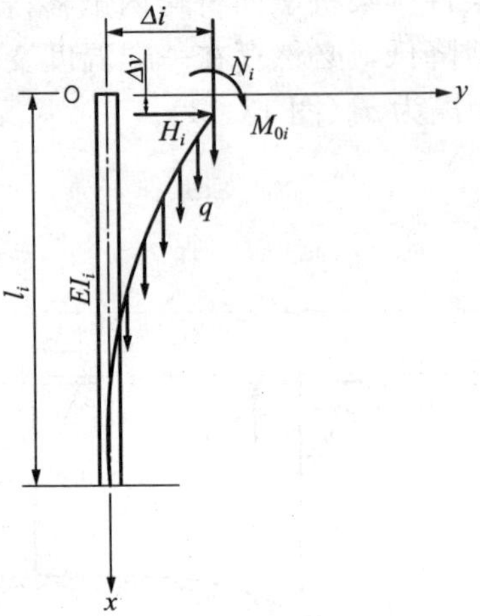

图 13.12 等直截面悬臂墩

墩顶总水平位移为：

$$\Delta_i=\frac{H_i+M_{0i}\left(\frac{\pi}{2l_i}\right)}{\frac{l_i}{8}\left[\frac{EI_i}{4}\left(\frac{\pi}{l_i}\right)^4-\left(N_i+\frac{ql_i}{3}\right)\left(\frac{\pi}{l_i}\right)^2\right]} \quad (13-25)$$

式中：H_i——作用于墩顶处的纵桥向总水平力，其作用方向与图 13.12 中的 y 轴一致者为正，反之为负；

M_{0i}——作用于墩顶处的不平衡力矩，若由它引起的墩顶水平位移与 H_i 的位移效应相一致时，则取与 H_i 同号，反之取与 H_i 异号。

5) 计入板式橡胶支座约束影响后墩顶的附加水平力 H_{di} 的计算

由图 13.10(a)可知，每个桥墩的顶部并非完全自由，而是受到板式橡胶支座的弹性约束。梁体上的水平力通过板式支座与墩、梁接触面的摩阻力传递至桥墩，它既使墩顶产生水平位移，又使板式橡胶支座产生剪切变形。当梁体完成了这个水平力的传递以后，梁体便处于暂时的稳定状态。这时由于存在的竖向力 N_i 和墩桩身自重 q 的影响，将使墩顶产生附加变形 δ_i'。于是，板式橡胶支座由原来传递水平力的功能转变为抵抗墩顶继续变形的功能，当墩身很柔时，有可能使支座原来的剪切变形先恢复到零，逐渐地过渡到反向状态。根据这个工作机理，便可将每座桥墩的受力状态分解为两个工作状态的组合，如图 13.13(a)所示。

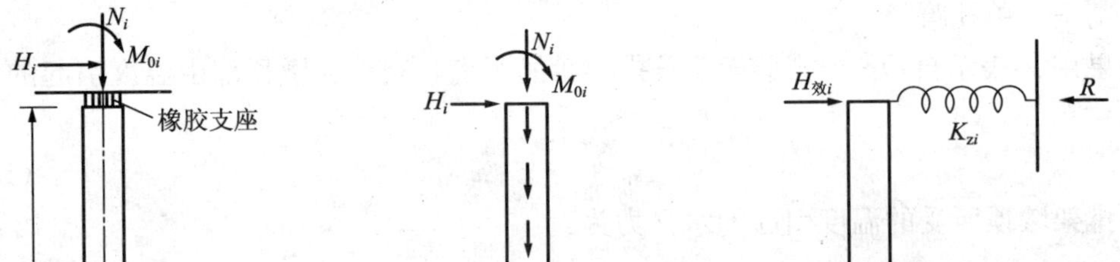

图 13.13 考虑几何非线性效应的计算模型

(1) 不计几何非线性效应的普通悬臂墩，它可按墩顶上的各个外力先分别计算，然后进行内力或变形的叠加，如图 13.13(b)所示。

(2) 将支座模拟为具有刚度的弹簧支座，将引起几何非线性效应影响的作用力换算为由桥墩与支座共同来承担的等效附加水平力 $H_{效i}$，如图 13.13(c)所示。该等效附加水平力可按式(13-26)计算。

$$H_{效i}=K_{di}(\Delta_i-\Delta_{Mi})-H_i \tag{13-26}$$

墩顶处附加水平位移 δ'_i 为：

$$\delta'_i=\frac{H_{效i}}{K_{di}+K_{zi}} \tag{13-27}$$

由此可以得到墩顶分担的附加水平力为：

$$H_{di}=K_{di}\cdot\delta'_i=\frac{K_{di}\cdot H_{效i}}{K_{di}+K_{zi}} \tag{13-28}$$

应指出的是，将墩顶这一分担的附加力 H_{di} 叠加到图 13.13(b)的 H_i 中去，并按该图式单独计算，便直接可得所计算墩在考虑几何非线性效应后的内力值。

3. 内力计算与验算

1) 盖梁内力计算

柔性排架桩墩的盖梁计算与要求见 13.3 节。

2) 桩墩内力计算

当墩顶所受到的水平力按以上要求计算出后，便可根据作用最不利情况进行组合。桩墩内力计算和验算应根据基础形式采用不同的方法，当桩墩下端固定在基础或承台顶面时，可按 13.3 节的柱身计算进行；当排架桩考虑桩侧土的弹性抗力时，须按弹性地基梁法进行内力计算和截面承载力、稳定性以及桩的入土深度等几项验算。

柔性排架桩墩在横桥向是一个多跨刚架，横桥向水平荷载不大，一般不控制设计，可不作验算。

13.5 桥台计算

13.5.1 重力式 U 形桥台的验算

重力式桥台受到的作用及效应组合、最不利布载方式，均已在 13.1 节中作了介绍。重力式 U 形桥台的承载力、偏心距及稳定性的验算与重力式桥墩相似，且只作纵桥向的验算。但要注意的是，桥台要承受台后填土以及路堤破坏棱体内车辆荷载产生的土侧压力，而且这种作用对桥台的尺寸影响很大。当验算基础顶面的台身砌体承载力时，其截面的各部分尺寸应满足构造的规定，如 U 形桥台两侧墙宽度之和不小于同一水平截面前墙全长的 40%时，可按 U 形整体截面验算截面承载力，否则，前墙、侧墙应分别按独立的挡土墙计算。若 U 形桥台较宽，须在前墙设置沉降缝或伸缩缝时，分隔的前墙和侧墙墙身也应分别按独立的墙验算截面承载力。

对于斜交梁(板)的重力式 U 形桥台，当斜交角较大时，其稳定性比正交桥台危险。由于土侧压力作用的方向与桥轴方向不一致，即土侧压力的合力中心与桥轴有一偏角，使斜桥台可能发生旋转和倾斜的趋势，验算时应予以考虑。

13.5.2 设有支承梁的轻型桥台的计算

设有支承梁的梁桥薄壁轻型桥台的受力特点是：利用桥跨结构和底部支承梁作为桥台与桥台或桥墩之间的支承，以防止桥台受路堤的土侧压力而向桥孔方向移动，从而使得结构成为四铰框架的受力体系。对于这种桥台(例如一字形桥台)的计算主要包括桥台台身承载力、桥台在本身水平面内的弯曲以及地基承载力验算3项内容。

1. 桥台台身作为竖梁时的承载力计算

台身承载力计算时的作用组合是桥跨上不布置车道荷载，只在台背后填土破坏棱体上布车辆荷载(图13.14)。在这种作用效应组合下，作为竖梁的台身截面上有较大的弯矩，因而产生最不利弯拉内力。这一计算通常取单位桥台宽度进行验算，其步骤如下。

1) 验算截面处的竖向力 N

它包括以下3项。

(1) 桥跨结构的重力在单位宽度桥台上的支点反力 N_1。

(2) 单位宽度台帽的重力 N_2。

(3) 验算截面以上单位宽度台身的重力 N_3。

于是有：

$$N=N_1+N_2+N_3 \tag{13-29}$$

2) 土压力计算

计算土压力时，应计入台背填土破坏棱体上由车辆荷载引起的土侧压力。其压力分布如图13.14所示。

(1) 由填土本身引起的单位台宽土压力 E_T。它呈三角形分布，其计算公式为：

$$E_T=\frac{1}{2}\gamma H_2^2\tan^2\left(45°-\frac{\varphi}{2}\right) \tag{13-30}$$

(2) 由车辆荷载引起的单位台宽土压力 E_c。它呈均匀分布，其计算公式为：

$$E_c=\gamma H_2 h\cdot\tan^2\left(45°-\frac{\varphi}{2}\right) \tag{13-31}$$

(3) 单位台宽的总土压力 E。

$$E=E_T+E_c \tag{13-32}$$

(4) 等代土层厚度 h。

$$h=\frac{\sum G}{Bl_0\gamma} \tag{13-33}$$

式中：γ——台后填土重力密度；

φ——土的内摩擦角；

$\sum G$——布置在 $B\times l_0$ 面积内的车辆荷载；

B——桥台计算宽度；

l_0——台后填土的破坏棱体长度：

$$l_0=H_2\tan\left(45°-\frac{\varphi}{2}\right) \tag{13-34}$$

3）台身内力计算

（1）计算图式。如图 13.14 所示，台身按上下铰接的简支梁计算。这是由于上部结构和背墙间的缝隙已用砂浆或小石子混凝土填实，保证了有牢靠的支承作用。因此，台身受弯的计算跨径为：

$$H_1=H_0+\frac{1}{2}d+\frac{1}{2}c \tag{13-35}$$

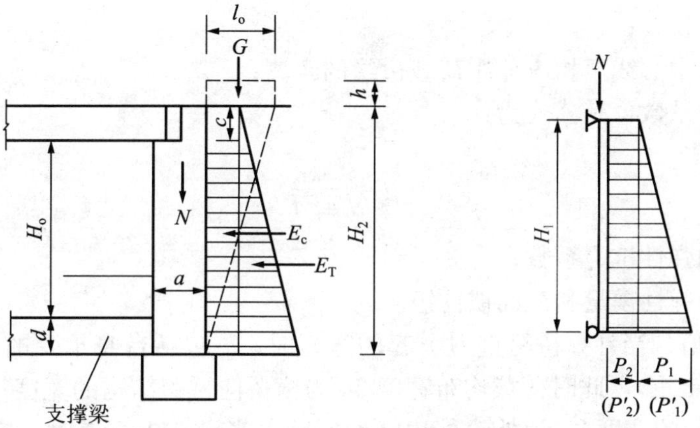

图 13.14　土压力及计算图示

式中：H_0——上部结构与支承梁间的净距；

d——支承梁的高度；

c——桥台背墙的高度；计算受剪时，计算跨径取 $H_1=H_0$。

（2）内力计算。在计算截面弯矩 M 时，轴力 N 的影响可忽略不计，仅在强度验算中考虑。对于台身跨中截面的弯矩为：

$$M=\frac{1}{8}P_2H_1^2+\frac{1}{16}P_1H_1^2 \tag{13-36}$$

台帽顶部截面的剪力为：

$$Q=\frac{1}{2}P_2'H_0+\frac{1}{6}P_1'H_0 \tag{13-37}$$

支承梁顶面处的剪力为：

$$Q=\frac{1}{2}P_2'H_0+\frac{1}{3}P_1'H_0 \tag{13-38}$$

式中：P_1、P_2——受弯计算跨径 H_1 两端点处的土压力强度；

P_1'、P_2'——受剪计算跨径 H_0 两端点处的土压力强度。

4）截面承载力验算

台身应进行跨中截面偏心受压承载力和支点截面的抗剪验算，对于钢筋混凝土的台身应按《桥规》有关公式验算；对于圬工的台身应按《桥规》有关公式验算，可参见式(13－3)和式(13－4)进行验算。

2. 桥台在水平面内弯曲时最大弯矩计算

轻型桥台是一较长的竖直薄墙，在竖向荷载作用下，台身水平面内将发生弯曲，弯曲的程度与地基的变形系数有关。在一般情况下，轻型桥台可当作支承在弹性地基上的短梁计算。

对于这一计算应指出的是，为求得最大弯矩值，需在桥跨上布置车辆荷载(用于局部验算)；设桥台承受的桥跨均布重力为 q_1，横桥向换算的车辆荷载在桥面上的均布压力为 q_2。所以，可设短梁上作用有对称的均布荷载 $q(=q_1+q_2)$，如图 13.15 所示，短梁的最大弯矩产生在中点部位，计算公式为：

$$M=\frac{q}{2\beta^2}\left[\frac{\mathrm{ch}\beta l-1}{\mathrm{sh}\beta l+\sin\beta l}\mathrm{ch}\beta a\sin\beta a+\frac{1-\cos\beta l}{\mathrm{sh}\beta l+\sin\beta l}\mathrm{sh}\beta a\cos\beta a-\mathrm{sh}\beta a\sin\beta a\right] \tag{13-39}$$

式中：l——基础长度；

a——桥台中心线至相应分布荷载边缘的距离；

β——特征系数，其公式为：

$$\beta=\sqrt[4]{\frac{k}{4EI}}$$

式中：k——土的弹性抗力系数；

E、I——桥台弹性模量和截面惯性矩。

q_1和 q_2的取值：当计算桥跨重力引起的弯矩时，q_1包括台身承受的上部结构重力(连同支承梁及其上土重)，此时荷载均布宽度 $2a$ 为横桥向桥跨结构的宽度；当计算车辆荷载引起的弯矩时，q_2的宽度 $2a$ 为外轮外边缘的间距。当设有人行道时，应另外考虑均布在两侧的人群荷载所产生的影响。

3. 基底最大应力计算

轻型桥台的基底应力可分为桥台的作用引起的应力 σ_1 和桥跨的作用引起的应力 σ_2 之和，如图 13.16 所示。桥台的作用包括台帽、台身、基础的结构重力和基础上土的重力。桥跨的作用有桥跨结构的重力和桥面可变作用的竖向力。

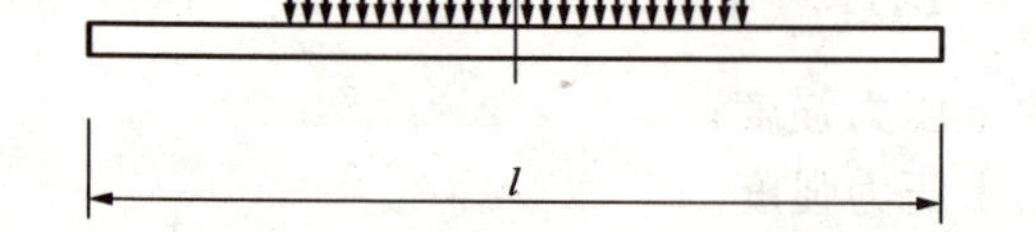

图 13.15　台身在水平面内弯曲的计算图式

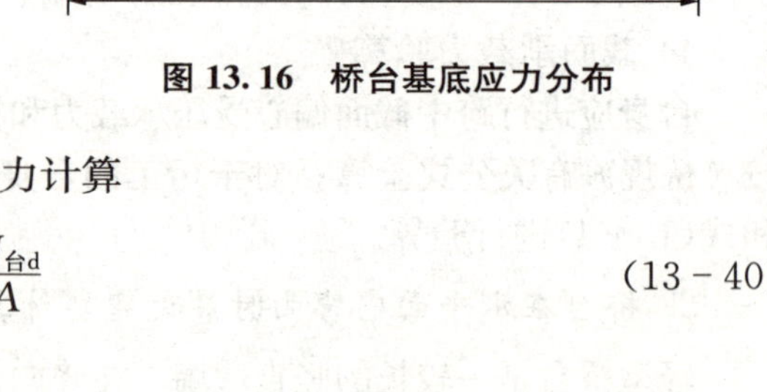

图 13.16　桥台基底应力分布

1) 桥台的作用引起的基底应力按平均压应力计算

$$\sigma_1=\frac{N_{台d}}{A} \tag{13-40}$$

式中：$N_{台d}$——桥台本身内的作用组合值；

A——基底面积(bl)，其中 b 为基础宽度。

2）桥跨的作用引起的最大应力按弹性地基上的短梁计算

$$\sigma_2=\frac{q}{b}\left[\frac{\mathrm{ch}\beta l+1}{\mathrm{sh}\beta l+\sin\beta l}\mathrm{sh}\beta a\cdot\cos\beta a+\frac{1+\cos\beta l}{\mathrm{sh}\beta l+\sin\beta l}\mathrm{ch}\beta a+1-\mathrm{ch}\beta a\cdot\cos\beta a\right] \tag{13-41}$$

式中：各符号意义同前。

13.5.3 拱桥轻型桥台的计算

拱桥重力式U形桥台的验算，是假定桥台不能产生水平变位，水平推力由桥台重力和台后填土的主动土压力平衡。然而对圬工体积较小的轻型桥台，这种假定就不符合实际情况了。在水平推力作用下，轻型桥台将绕基底重心产生一定的转动，因而路堤对台背、地基对基底均产生弹性抗力。于是，整个桥台在外力作用下(结构重力和上部构造传来的作用力)将由桥台重力、台后填土的静止土压力和土的弹性抗力来平衡，这是与重力式桥台验算的根本不同点。

轻型桥台的计算利用了台后土抗力的有利影响，使得桥台尺寸轻型化，但桥台位移将导致主拱内力增加，这一点必须予以足够重视。

1. 轻型桥台计算的基本假定

(1) 桥台只绕基底转动而无滑动。

(2) 台后计算土压力由静止土压力和桥台变位所引起的土的弹性抗力所组成。

(3) 桥台本身的变形相对于整个桥台的位移可以忽略不计。

2. 静止土压力

如图13.17所示，任意高度h_i处的静止土压力强度$p_{j(i)}$的一般式为：

$$p_{j(i)}=\gamma\xi h_i \tag{13-42}$$

将台口以上的土压力化为等效节点力时，则作用在台口处的集中力W_j为(取1m桥台宽度计算)：

$$W_j=\frac{1}{3}p_{j(1)}h_1 \tag{13-43}$$

作用于台身部分的总静止土压力E_j(单位桥台宽度)为：

$$E_j=\frac{\gamma\xi h_2}{2}(2h_i+h_2) \tag{13-44}$$

式中：γ——土的重力密度；

h_i——填土顶面至任意一点的高度(m)；

$P_{j(i)}$——台口处的静止土压力强度；

ξ——压实土的静止土压力系数(表13-3)，也可直接采用试验值。

表13-3 压实土的静止土压力系数ξ

土的名称	ξ	土的名称	ξ
砾石、卵石	0.20	亚粘土	0.45
砂	0.25	粘土	0.55
亚砂土	0.35		

3. 土的弹性抗力强度

设在台口处土的弹性抗力强度为 P_k，即：

$$P_k = k\Delta \tag{13-45}$$

相应的桥台绕基底重心的刚体转角为 θ，于是有：

$$\theta = \frac{\Delta}{h_2} \tag{13-46}$$

距基底重心的水平距离为 x 的土的弹性抗力强度为：

$$\sigma_x = k_0\theta x \tag{13-47}$$

将式(13-45)、式(13-46)代入式(13-47)得：

$$\sigma_x = \frac{k_0}{k}\cdot\frac{x}{h_2}P_k \tag{13-48}$$

台背土抗力对基底重心的力矩为：

$$M_{pk} = \frac{1}{2}p_k h_2\cdot\frac{2}{3}h_2 + \frac{1}{3}p_k f h_2 = \frac{1}{3}h_2(h_2+f)p_k \tag{13-49}$$

基底土抗力对基底重心的力矩为：

$$M_0 = \frac{I_0}{x}\sigma_x = \frac{k_0}{k}\cdot\frac{I_0}{h_2}p_k \tag{13-50}$$

由平衡条件可知：

$$\sum M_c = M_{pk} + M_0 = \frac{p_k}{3}h_2(h_2+f) + \frac{k_0}{k}\cdot\frac{I_0}{h_2}p_k$$

故：

$$p_k = \frac{\sum M_c}{\frac{h_2}{3}(h_2+f) + \frac{k_0}{k}\cdot\frac{I_0}{h_2}} \tag{13-51}$$

式中：$\sum M_c$——作用于桥台1m宽度上的水平推力 H、垂直反力 V、桥台重力 G_1 及地基以上土的重力 G_2、台后静止土压力 W_j 和 E_j 等对基底重心的力矩，向台方向转动者为正；

f——拱的计算矢高；

I_0——基底截面的惯性矩；

h_2、x、θ、Δ——高度、水平距离、转角和位移，如图13.17所示；

k、k_0——台背土和地基土的弹性抗力系数见表13-3，也可直接用试验值。当地基土与台背土为同一类土时，取 $k_0/k=1.25$。

4. 强度验算［图13.17(c)］

1) 台口抗剪强度验算(取1m桥台宽度计算)

$$\gamma_0\left(H - \frac{1}{3}p_k f - \frac{1}{3}p_{j(1)}h_1\right) \leqslant A\cdot f_{vd} + (V+G_2)\mu_f \tag{13-52}$$

式中：γ_0、f_{vd}、μ_f——见式(13-4)；

A——受剪截面面积；

H、V、G_2——1m桥台宽度上的水平推力、竖向力及台顶面以上土重。

其余符号意义同前。

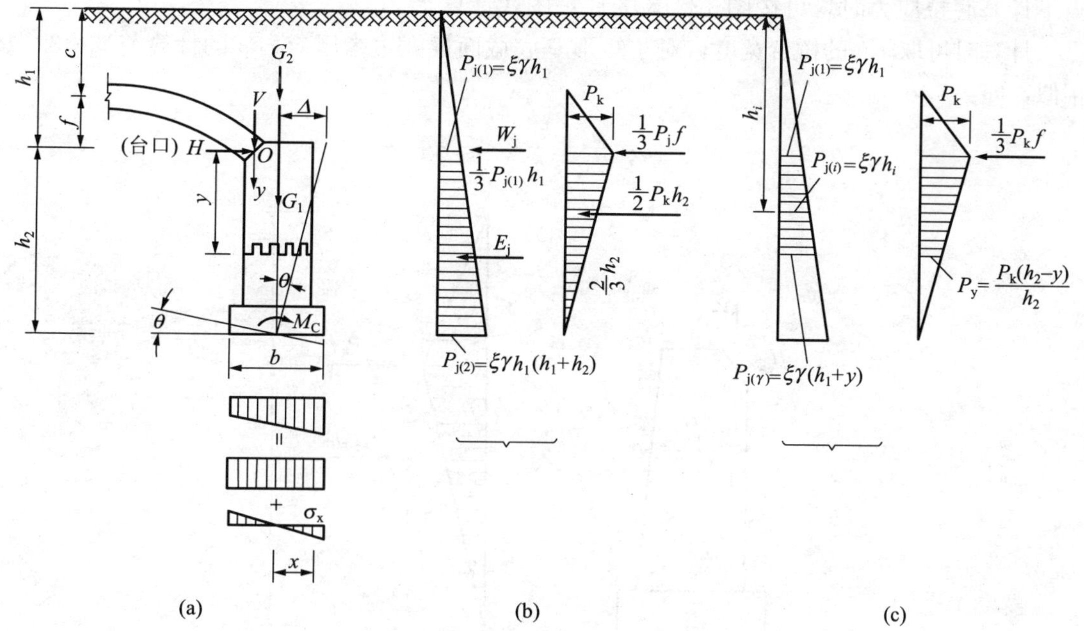

图 13.17　弹性抗力强度计算图式

2）台身强度验算

台身的强度验算按压弯构件进行，由于验算的最大受力截面不在基础顶面，所以求最大受力截面比较复杂，不易精确求出它的所在位置。为了简化计算，近似地用最大弯矩截面来代替最大受力截面，其误差不大。

截面最大弯矩的计算，可取拱脚中心为坐标原点，如图 13.17(a)所示，计算各力对深度 y 处的截面重心轴的弯矩 M_y，并以 $dM_y/dy=0$，解得最大弯矩截面处的位置 y，从而求出最大弯矩值。

对于矮桥台的台身(高度小于 2m)，可取台身底面作为验算截面。台身承载力的计算与桥墩相同。

5. 基底应力验算

当基础设置在非岩石和岩石地基上，且合力偏心矩不超过基底核心半径时，均可按下式计算。

$$\left.\begin{aligned}\sigma_{\max}&=\frac{V+\sum G}{A}+\frac{k_0}{k}\cdot\frac{x_1}{h_2}P_k<[\sigma]\\ \sigma_{\min}&=\frac{V+\sum G}{A}-\frac{k_0}{k}\cdot\frac{x_2}{h_2}P_k\geqslant 0\text{（对非岩石地基）}\end{aligned}\right\}\qquad(13-53)$$

式中：x_1、x_2——基底重心至最大和最小应力边缘的距离；

$[\sigma]$——地基容许承载力；

其他符号意义同前。

当基础设置在坚密岩石地基上，基底的合力偏心距 e_0 超出核心半径 ρ 时，仅按受压区计算基底最大压应力，不考虑基底承受拉力，其计算原理如下。

根据基底弹性抗力对基底重心的力矩等于作用在台上各力对基底重心的力矩的原理，

当不计基底拉应力时，可按图 13.18 的计算图式计算。

计算时可取 1m 的桥台宽度，对于矩形基底截面最大边缘压应力 σ 的计算与式(13－48)相似，即：

$$\sigma=\frac{a}{h_2}\cdot\frac{k_0}{k}P_k\leqslant[\sigma] \tag{13-54}$$

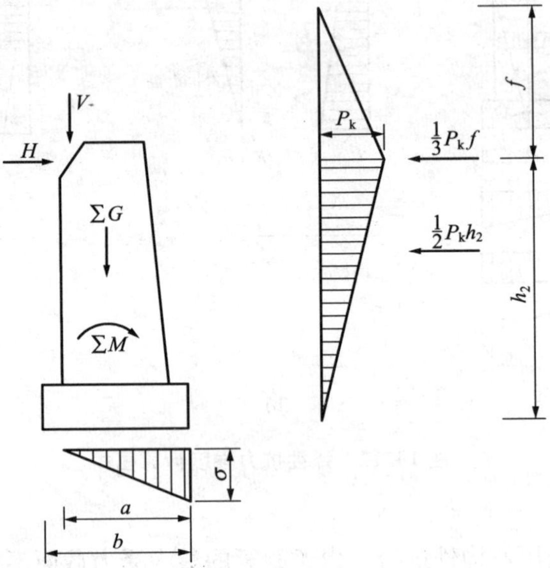

图 13.18　基底出现拉应力时的计算图式

基底的受压宽度 a 可根据总竖向外力$(V+\sum G)$应与基底土的总承载力相等的原则导得：

$$a=\sqrt{\frac{2h_2}{P_k}\cdot\frac{k_0}{k}(V+\sum G)}\geqslant\begin{matrix}0.75b(\text{坚岩})\\0.80b(\text{较差岩石})\end{matrix} \tag{13-55}$$

当所有外力、静止土压力、台背和基底土抗力对基底的短边取力矩时，得：

$$(V+\sum G)\frac{b}{2}-\sum M_c+M_{pk}-\frac{\sigma a^2}{6}=0 \tag{13-56}$$

将式(13－49)、式(13－54)、式(13－55)代入式(13－56)，经整理后得到求土的弹性抗力的最终形式为：

$$[3b(V+\sum G)+2h_2(h_2+f)p_k-6\sum M_c]^2P_k-8h_2\frac{k}{k_0}(V+\sum G)^3=0 \tag{13-57}$$

上列各式中的各符号意义同前。

6. 稳定性验算(取 1m 的桥台宽度计算)

1) 路堤稳定性验算

当桥台向台后方向偏转时，保证台后填土不破裂的稳定系数 K_c 按下式计算。

$$K_c=\frac{P_b}{P_{j(1)}+P_k}\geqslant1.3 \tag{13-58}$$

$$P_b=\gamma h_1\tan^2\left(45°+\frac{\varphi}{2}\right)+2c\cdot\tan\left(45°+\frac{\varphi}{2}\right) \tag{13-59}$$

式中：P_b——台口处被动土压力强度；

$P_{j(1)}$——台口处静止土压力强度；

P_k——台口处弹性抗力强度；

c——土的粘聚力；

φ——土的内摩擦角。

2）抗滑稳定性验算

为了保证桥台基底只有转动而无滑动，应根据拱桥桥台的布载与作用效应组合的要求(见13.1节)，对如下两种可能发生的情况进行抗滑稳定性验算。

(1) 向路堤方向滑动的稳定性验算。当桥台在图13.5所示的作用组合情况下，有向路堤方向滑移的趋势，其抗滑稳定系数K_c为：

$$K_c=\frac{\mu_f(V+\sum G)}{H-E_j-P_k\left(\frac{h_2}{2}+\frac{f}{3}\right)} \tag{13-60}$$

式中：μ_f——基底摩擦系数，见表13-1；

H——考虑桥跨拱背填土静止土压力在内的水平推力；

E_j——台身所受的静止土压力。

(2) 验算向桥跨方向滑动的稳定性。在桥台受到图13.6所示的作用时，特别是在高路堤、小跨径陡拱的工况下，桥台有向桥跨方向滑移的可能性，应加以验算。这种情形下的抗滑稳定性可参照式(13-60)，采用其相应的最不利布载进行计算。

本章小结

桥墩计算纵桥向作用布置有两种，第一种是根据桥墩各截面上产生最大竖向反力进行作用布置，包括相关的永久作用和相邻两孔上一种或几种可变作用，车道荷载中的集中力布置在桥墩两支座中间，用来验算顺桥向墩身强度和地基承载力；第二种是根据桥墩各截面可能产生最大偏心距和最大弯矩时的情况进行布置作用，包括相关的永久作用和仅在一孔布置的几种可变作用(或某种偶然作用)，用来验算桥墩纵向的稳定性、基地应力、最大偏心距和墩身截面承载力。

桥墩计算横桥向布载应按车辆荷载横向布置要求靠桥面一侧布载，验算横桥向桥墩的稳定性、基地应力和偏心距，以及这种情况下的墩身截面承载力。

梁桥重力式桥台验算时的布载为台前桥跨上布置车道荷载、只在台后破坏棱体上布置车辆荷载、在台前桥跨上布置车道荷载同时在台后破坏棱体上布置车辆荷载均用基本组合。

重力式桥墩主要用圬工材料建成，一般为偏心受压构件，截面承载力验算采用基本组合和偶然组合。桥墩截面承载力验算的步骤如下。

(1) 取验算截面。

(2) 验算截面上作用组合设计值的计算。

(3) 截面偏心距的验算

纵桥向布载时，$e_x = M_{yd}/N_{xd}$；横桥向布载时，$e_y = M_{xd}/N_{yd}$。

如果偏心距不满足上述规定，应按下式重新拟定截面尺寸。

$$\gamma_0 N_{xd} \leqslant \varphi \frac{A \cdot f_{tmd}}{\frac{A \cdot e_x}{W} - 1} \quad 或 \quad \gamma_0 N_{yd} \leqslant \varphi \frac{A \cdot f_{tmd}}{\frac{A \cdot e_y}{W} - 1}$$

(4) 抗压承载力的验算。

$$\gamma_0 N_{xd} < \varphi A f_{cd} \quad 或 \quad \gamma_0 N_{yd} < \varphi A f_{cd}$$

(5) 抗剪承载力的验算。

$$\gamma_0 H_{yd} \leqslant A f_{vd} + \frac{\mu_f \cdot N_{xd}}{1.4}$$

重力式桥墩的稳定性验算包括抗倾覆稳定性验算和抗滑动稳定性验算。

$$K_0 = \frac{M_{稳}}{M_{倾}} = \frac{x \sum N_i}{\sum N_i e_i + \sum H_i h_i} \quad K_c = \frac{\mu_f \sum N_i}{\sum H_i}$$

重力式桥台与重力式桥墩相比，其计算荷载不同之处主要是桥台要考虑台后填土的土侧压力和汽车荷载引起的土侧压力。

习　　题

1. 在验算墩台的稳定性或地基承载力时，应怎样考虑水的浮力？
2. 梁桥桥台验算时有哪3种布载方式？试着重指出汽车荷载的选取。
3. 盖梁计算有哪3种图式？在什么条件下盖梁可按简支体系悬臂梁计算？
4. 柔性排架桩墩的集成抗推刚度的定义是什么？
5. 重力式U形桥台验算时，在哪两种工况下前墙和侧墙应分别按相应的独立的挡土墙计算？
6. 设有支承梁的轻型桥台计算时，对于台身的承载力和桥台在水平面的弯曲计算中，应怎样考虑汽车荷载？
7. 拱桥轻型桥台应验算哪两种抗滑稳定性？试着重指出汽车荷载的布载方式和土压力的选取要求。

参 考 文 献

[1] 中华人民共和国交通部. 公路工程技术标准(JTG B01—2003) [S] . 北京：人民交通出版社，2003.

[2] 中华人民共和国交通部. 公路桥涵设计通用规范(JTG D60—2004) [S]. 北京：人民交通出版社，2004.

[3] 中华人民共和国交通部. 公路钢筋混凝土及预应力混凝土桥涵设计规范(JTG D62—2004) [S]. 北京：人民交通出版社，2004.

[4] 中华人民共和国交通部. 公路圬工桥涵设计规范(JTG D61—2005) [S]. 北京：人民交通出版社，2005.

[5] 中华人民共和国交通部. 公路桥涵钢结构及木结构设计规范(JTJ 013—1986) [S]. 北京：人民交通出版社，1986.

[6] 中华人民共和国交通部. 公路桥涵地基与基础设计规范(JTG D63—2007) [S]. 北京：人民交通出版社，2007.

[7] 中华人民共和国交通部. 公路桥梁抗风设计规范 (JTG/T D60-01—2004) [S]. 北京：人民交通出版社，2004.

[8] 中华人民共和国交通部. 公路工程抗震设计规范(JTG/T B02-01—2008) [S]. 北京：人民交通出版社，1989.

[9] 中华人民共和国交通部. 高速公路交通工程及沿线设施设计通用规范(JTG D80—2006) [S]. 北京：人民交通出版社，2006.

[10] 中华人民共和国建设部. 城市桥梁设计荷载标准(CJJ 77—1998) [S]. 北京：中国建筑工业出版社，1998.

[11] 中华人民共和国交通部. 公路桥涵施工技术规范(JTG/T F50—2011) [S]. 北京：人民交通出版社，2011.

[12] 毛瑞祥，程翔云. 公路桥涵设计手册：基本资料 [M]. 北京：人民交通出版社，1995.

[13] 徐光辉，胡明义. 公路桥涵设计手册：梁桥(上册) [M]. 北京：人民交通出版社，1996.

[14] 刘效尧，赵立成. 公路桥涵设计手册：梁桥(下册) [M]. 北京：人民交通出版社，2000.

[15] 顾安邦，孙国柱. 公路桥涵设计手册：拱桥(下册) [M]. 北京：人民交通出版社，1997.

[16] 江祖铭，王崇礼. 公路桥涵设计手册：墩台与基础 [M]. 北京：人民交通出版社，1997.

[17] 金吉寅. 公路桥涵设计手册：桥梁附属构造与支座 [M]. 北京：人民交通出版社，1999.

[18] 姚玲森. 桥梁工程 [M]. 北京：人民交通出版社，2008.

[19] 范立础. 桥梁工程(上、下册)(桥梁工程专业用) [M]. 2 版. 北京：人民交通出版社，1993.

[20] 范立础. 桥梁工程(上册)(土木工程专业用) [M]. 北京：人民交通出版社，2001.

[21] 顾安邦. 桥梁工程(下册)(土木工程专业用) [M]. 北京：人民交通出版社，2000.

[22] 邵旭东. 桥梁工程(土木工程、交通工程专业用) [M]. 北京：人民交通出版社，2004.

[23] 张明君. 城市桥梁工程 [M]. 北京：中国建筑工业出版社，2000.

[24] 林元培. 斜拉桥 [M]. 北京：人民交通出版社，1995.

[25] 雷俊卿，郑明珠，徐恭义. 悬索桥设计 [M]. 北京：人民交通出版社，2002.

[26] 陈宝春. 钢管混凝土拱桥设计与施工 [M]. 北京：人民交通出版社，1999.

[27] 李勇. 钢-混凝土组合桥梁设计与应用 [M]. 北京：科学出版社，2002.

[28] 周远棣，徐君兰. 钢桥 [M]. 北京：人民交通出版社，1991.

[29] 王文涛. 刚构-连续组合梁桥 [M]. 北京：人民交通出版社，1995.
[30] 马保林. 高墩大跨连续刚构桥 [M]. 北京：人民交通出版社，2002.
[31] 邵容光. 混凝土弯梁桥 [M]. 北京：人民交通出版社，1994.
[32] 范立础. 预应力混凝土连续梁桥 [M]. 北京：人民交通出版社，2001.
[33] 葛耀君. 分段施工桥梁分析与控制 [M]. 北京：人民交通出版社，2003.
[34] 李国平. 桥梁预应力混凝土技术及设计原理 [M]. 北京：人民交通出版社，2004.
[35] 项海帆. 高等桥梁结构理论 [M]. 北京：人民交通出版社，2000.
[36] 贺拴海. 桥梁结构理论与计算方法 [M]. 北京：人民交通出版社，2003.
[37] 向中富. 桥梁施工控制技术 [M]. 北京：人民交通出版社，2001.
[38] 周水兴，向中富. 桥梁工程(上、下册)(21世纪高等学校本科系列教材) [M]. 重庆：重庆大学出版社，2001.
[39] 王序森. 桥梁工程 [M]. 北京：中国铁道出版社，1995.
[40] 马尔立. 公路桥梁墩台设计与施工 [M]. 北京：人民交通出版社，1998.
[41] 袁伦一. 连续桥面简支梁桥墩台计算实例 [M]. 北京：人民交通出版社，1995.
[42] 张立明. Algor、Ansys在桥梁工程中的应用方法与实例 [M]. 北京：人民交通出版社，2003.
[43] 王荣辉. 杆、板、壳结构计算理论及应用 [M]. 北京：中国铁道出版社，1999.
[44] 杨炳成. 公路桥梁电算 [M]. 北京：人民交通出版社，1995.
[45] F. T. K. Au，J. J. Wang and G. D. Liu. *Control of reinforced concrete arch bridges* [J]. Journal of Bridge Engineering ASCE，2003，8(1).
[46] J. J. Wang，F. T. K. Au. *Modong Hongshui River Bridge of China* [J]. Journal of the International Association for Bridge and Structural Engineering SEI 2001，11(2).
[47] 王解军，张伟. 汽车荷载作用下梁桥的动力冲击效应研究 [J]. 振动与冲击，2007，26(6)：125-128.
[48] 夏禾. 桥梁工程(上、下册) [M]. 北京：高等教育出版社，2011.
[49] 强士中. 桥梁工程(上、下册) [M]. 北京：高等教育出版社，2011.